2021—2035年国家古籍工作规划重点出版项目
全国少数民族古籍工作『十四五』规划重点项目

古代语文论稿 二编

聂鸿音 著

全国百佳图书出版单位
时代出版传媒股份有限公司
黄山书社

图书在版编目(CIP)数据

古代语文论稿. 二编 / 聂鸿音著. —合肥:
黄山书社,2024.4

ISBN 978-7-5737-1239-4

Ⅰ.①古… Ⅱ.①聂… Ⅲ.①古汉语-文集
Ⅳ.①H109.2-53

中国国家版本馆 CIP 数据核字(2024)第 030084 号

古代语文论稿(二编)
GUDAI YUWEN LUNGAO(ERBIAN)

聂鸿音 著

出品人 葛永波
策　　划 代立媛　张向奎
责任编辑 代立媛
装帧设计 熙宇文化
责任印制 李　磊
出版发行 黄山书社
地　　址 安徽省合肥市蜀山区翡翠路 1118 号出版传媒广场 7 层　邮编:230071
印　　刷 安徽国文彩印有限公司
版　　次 2024 年 4 月第 1 版
印　　次 2024 年 4 月第 1 次印刷
开　　本 787mm×1092mm　1/16
字　　数 325 千字
印　　张 26.25
书　　号 ISBN 978-7-5737-1239-4
定　　价 78.00 元

服务热线 0551-63533706
销售热线 0551-63533761
官方直营书店(https://hsss.tmall.com)

前　言

这里选收了我此前写下的文章55篇，以作为十年前《古代语文论稿》（中国社会科学出版社，2014）的续编。全书内容分为四个部分，即汉语文、西夏语文、其他少数民族语文，以及对学术界一些研究成果的介绍和评论。原来的文稿在不同的杂志上发表，编辑体例各不相同。现在这个论文集在不影响原有内容的前提下统一了体例，主要是把尾注和文末参考文献一律改为脚注，正文相应的文字也做了小的调整。另外，有些文章用到少数民族文字，当年是用照相制版统一置于文末，而契丹字和女真字的电脑字体软件已经在近年由蒙科立公司设计完成，所以这次结集时把电脑字体替换进文中以便阅读，同时也使版面显得美观一些。

我平素不以学术研究为己任，更无意成为学术发展的推动力，只愿多读些书，多思考些问题，不断扩大自己的知识领域，然后把心得拿出来跟学生及同好交流。若偶然得到好评，则嘴上谦虚，内心难免沾沾自喜。若有错误经人指出，也从不自责，与同仁相视一笑而已。此生机缘凑巧，借以谋得稻粱的工作恰是自己酷爱的智力游戏，实为一大幸事。

在"玩儿学问"态度下产生的作品主要有两个来历，一个是在平时读书心得基础上对某个专题的总结，一个是为帮助学生选择研究方向而在某个领域进行的方法试探或者资料准备，少有专为完成科研任务的写作。科学研究历来是允许失败的，失败了本来也属正常，不过是浪费点时间重新再来，可是现在的研究不允许失败，一旦失败则要付出不小的代价。既然这样，就不如我先做个试探，失败也失败在我身上。我没有毕业、提职或者完成课题的压力，失败了也无所谓，至多是手稿永远封存，不拿出去发表而已。

所以说，这本集子里有许多文章不过是搜集和整理材料，谈不上学术创获，目的仅仅是在学术发展的当前阶段为读者提供进一步发挥的空间。至于其中偶尔出现的所谓“观点”，也不过是提供读者参考，自然不敢妄言必是。人类的创造力是无限的。试想，当初作为一项重大发明的电报已因互联网的出现而遭淘汰，又有谁敢说我们今天的学术成果在多年后仍然是不刊之论？将来肯定有一天，我们当前的研究方法甚至基础理论都会被新的学术思想所取代，那时我们应该为此感到欣慰，因为我们的探索有幸作为一滴水保存在了学术史的长河中。

聂鸿音

2022 年 1 月 5 日

目录

CONTENTS

十二世纪党项方音考略

一 引言

本文所谓“党项方言”指的是古西夏王国（1038—1227）境内党项人所说的汉语，分布地域大致相当于今天的宁夏回族自治区北部以及内蒙古自治区和甘肃省中西部。这种方言的文献记载最早产生于公元11世纪下半叶，最晚延续到16世纪初，12世纪至13世纪初是其鼎盛时期。自西夏王朝覆灭以后，党项人逐渐融入其他民族，党项方言也在周边近现代方言的影响下走向了衰落。

此前学界称党项方言为“12世纪西北方言”，或者“宋代西北方言”。严格说来那并不是一种真正意义上的方言，而是西夏境内流行的“番式汉语”，即党项人学说的汉语[①]。这种语言以西北方音为基础，但是在党项音韵系统的制约下出现了若干变异，有些变异的因素不好纳入唐宋之际汉语方言的演化序列，其间一些特殊现象只能称作汉语的“民族变体”[②]。从公元8世纪起，作为后来西夏王国统治者的党项部落在陕西北部的米脂、绥德一带居住了二百余年，至10世纪末才摆脱中原王朝控制，经鄂尔多斯迁往河西，足迹所经都在今天晋方言区的“大包片”范围内[③]。党项人在建国前后长期与中原王朝交往，君臣大多兼通党项语和汉语[④]，只是他们说的汉语略带党项味道，用俗话来说就是“发音不太准确”。然而尽管如此，党项方言的主要特点仍然分别见于现代晋语各方言片，使人想到其间似应存在某种直接或间接的联系，这些联系有很多是现有的音韵构拟所不能充分解释的。

① 西夏境内的居民除了党项人和汉人外，还有少量回鹘人、契丹人和藏族人。本文仅称“党项方言”，是基于译音文献的著译者考虑的，例如《番汉合时掌中珠》作者骨勒茂才的姓氏“骨勒”表明他是党项人。事实上已知的汉—夏译音资料大都出自党项人之手，可能成为例外的只有仁宗时期的佛经译者鲜卑宝源。宝源的姓氏暗示他是鲜卑人，但那多半是对其先祖的追溯，因为鲜卑作为一个实体民族在公元12世纪下半叶已经不存在了。

② 孙伯君：《12世纪河西方音中的党项式汉语成分》，《中国语文》2016年第1期。

③ 用科学方法调查山西方言始于高本汉（B. Karlgren, Etudes sur la phonologie chinoise, *Archives d'études orientales* 15, 1926）。侯精一、温端政的《山西方言调查研究报告》（太原：山西高校联合出版社，1993）提供了迄今最详细的资料。其后的研究扩展了晋方言的范围，本文所谈的方言分片可参见乔全生的《晋方言语音史研究》（北京：中华书局，2008）第39页。

④《宋史》卷四八五《夏国传上》谓西夏开国君主元昊“通蕃汉文字”。西夏建国多年之后可见到西夏帝后具名撰写的夏汉两种文字的施经发愿文。

本文利用出土文献中的西夏译音资料重新整理党项方言的声韵系统，目的是对此前西夏学家构拟的“宋代西北方音”提出修正意见，从而为晋方言史研究提供参考。需要预先说明的是，译音研究依据的基础文献不是《广韵》那样的字典，其中总会有些韵类缺乏有效信息，也就是说，用这种方法永远不能得出一个完整的声韵配合表。另外为节省篇幅，本文在多组例证和多个同音字中仅选少量作为举例，惟求说明问题，不以求全为务，因此仅以“考略”命题，所缺内容或许将来可以再予补充。

二　文献资料及其应用

整理党项方音系统的方法最初来自桥本万太郎的构想①，系统的实践始于龚煌城和李范文②。他们依据的资料是《番汉合时掌中珠》③，这是党项人骨勒茂才于西夏乾祐二十一年（1190）编写的一册蒙学教材，旨在指导党项人和汉人互相学习对方的语言。书中的每个汉字左面都有西夏字译音，通过整理这些译音字可以大致得知党项方言的声韵类分合情况。然而，《番汉合时掌中珠》里的译音字例多来自日常生活用语，尽管看上去为数众多，但是若把它们按照等韵图的声韵呼等分列，则每个位置上的空缺还有不少。为尽量弥补这个缺憾，近年王培培从存世的西夏译中原传统典籍里搜集译音资料，并按韵书格局整理分类④，可以说除佛教文献以外的译音字例基本穷尽于斯。本文使用的资料在《番汉合时掌中珠》基础上增加了同出自 12 世纪的西夏译本《类林》和《大宝积经》。《类林》十卷，乾祐十二年（1181）刻本⑤，系西夏人译自唐代于立政编写的同名类书。汉文原本已佚，借助金代王彭寿增编的《增广分门类林杂说》可以准确解读西夏译文，其间提供的汉语人名、地名和其他专门词语译例在

① 桥本万太郎：《掌中珠のタソグート・汉对音研究の方法》，《中国语学》第 109 号，1961。
② 龚煌城：《十二世纪末汉语的西北方音（声母部分）》，《“中央研究院”历史语言研究所集刊》第 52 本第 1 分，1981；《十二世纪末汉语的西北方音（韵尾问题）》《十二世纪末汉语西北方音韵母系统的构拟》，均载龚煌城《汉藏语研究论文集》，北京：北京大学出版社，2004。李范文：《宋代西北方音》，北京：中国社会科学出版社，1994。
③ 原件藏俄罗斯科学院东方文献研究所，Luc Kwanten, *The Timely Pearl, A 12th Century Tangut Chinese Glossary* (Bloomington: Indiana University Press, 1982) 第 189–265 页初刊照片，李范文《宋代西北方音》发表了最清晰的校录本。全部高清图版由景永时、I.F. 波波娃在《〈番汉合时掌中珠〉整理与研究》（银川：宁夏人民出版社，2018）刊布。
④ 王培培：《夏译汉籍中的古代汉语对音研究》，兰州：甘肃文化出版社，2018。
⑤ 原件藏俄罗斯科学院东方文献研究所。К.Б. Кепинг, *Лес категорий, утраченная китайская лэйшу в тангутском переводе* (Москва: Наука, 1983）第 145—572 页初刊照片，另有史金波、黄振华、聂鸿音《类林研究》（银川：宁夏人民出版社，1993）全文解读。

夏译汉籍中最为丰富[①]，足以囊括其他文献里出现的几乎全部音韵现象。《大宝积经》一百二十卷[②]，12 世纪上半叶译自唐菩提流志编译本，有汉文原本存世，通过对照可以补充世俗文献里所缺的少量佛教词语译音字。当然，西夏人当年翻译所据的汉文底本略有错讹，不同的党项译者限于汉文化水平也会出现对一些汉字的误读，这导致资料中出现了个别不可理喻的译例[③]，不过只要把那些误读的字剔除，文献反映的党项式汉字读音仍然可信。

必须指出的是，此前学者研究西北方言旨在为构拟西夏语音做准备，而非单纯针对汉语本身，所以采用的方法是把汉字分配到译音西夏字所在的声类和韵类里，希望以汉语中古音来解释西夏语，同时以西夏韵书的声韵格局来解释汉语。不难看出，这样得出的结论都在迎合研究者预想中的党项声韵系统，由此不但掩盖了汉语里一些重要的事实，而且难免给人以循环论证的印象。另外，他们似乎完全忽视了当地的古今汉语方言环境，尤其是没有参照后世的方言去寻求对声韵分合的合理解释，这导致他们的构拟结论与方言史的已有知识差距颇大，甚至让人觉得那不像是一种能用于交际的活语言。

本文采用的方法是抛开西夏语声韵构拟的干扰，完全从译音资料内部来归纳党项方言的声韵系统。这方法说来非常简单——在中原韵书里，同一组反切所注的汉字一定读音相同，例如“东”“蝀”“鸫”都是“德红切”，则“东”“蝀”“鸫”的读音必然相同。用同样的思路可以相信，如果同一个西夏字在不同的地方用来音译几个不同的汉字，那么这几个汉字无论等韵地位如何，其读音也应该相同，例如“家”“贾”“嫁”都用西夏字“𗏁”译音，证明“家”“贾”“嫁”在党项人口中读音相同，至少是在他们听来极为相近。这样的研究方法可以称为“译音系联法”，用到的西夏字仅仅被视为标识汉语同音字的抽象符号，此前学者为那些西夏字构拟了什么样的读音则不必顾及。比如在下面的例子里，同一个西夏字可以兼与平声、上声、

① 克平（Кепинг, *Лес категорий*, с. 131-139）做过一个不太完整的《类林》译音字表，龚煌城《类林西夏文译本汉夏对音字研究》（宋文薰等编《考古与历史文化：庆祝高去寻先生八十大寿论文集》下，台北：正中书局，1991）对更多译音字进行了分韵，但仍有少量遗漏。

② 原件藏俄罗斯科学院东方文献研究所，照片刊布于俄罗斯科学院东方文献研究所、中国社会科学院民族学与人类学研究所、上海古籍出版社编：《俄藏黑水城文献》第 21—23 册，上海：上海古籍出版社，2013—2014。

③ 龚煌城：《类林西夏文译本汉夏对音字研究》。王培培：《夏译汉籍中的古代汉语对音研究》第 12—19 页。

去声的汉字对音[①]：

[illegible]＝家（麻）/ 贾（马）/ 嫁（祃）　[illegible]＝书（鱼）/ 鼠（语）/ 数（御）
[illegible]＝提（齐）/ 弟（荠）/ 第（霁）　[illegible]＝龟（脂）/ 癸（旨）/ 季（至）
[illegible]＝褒（豪）/ 宝（皓）/ 报（号）　[illegible]＝盐（盐）/ 琰（琰）/ 焰（艳）
[illegible]＝官（桓）/ 管（缓）/ 罐（换）　[illegible]＝辰（真）/ 肾（轸）/ 慎（震）
[illegible]＝京（庚）/ 景（梗）/ 敬（映）　[illegible]＝恭（钟）/ 栱（肿）/ 供（用）

这表明西夏人在音译汉字时不区分平上去三个声调，由此可以断定汉语的声调没有受到党项人的重视[②]，尽管系联结果本身并不能显示那些声调究竟是怎样读的。

从原则上说，利用西夏译音字来系联汉字不该引发任何疑问，可是此前的研究者都没有采用这个有效的方法。也许是因为掌握的资料不够丰富[③]，也许是因为要强行适应西夏语音特点，也许是对译音中的"音素替代"现象有所误解，导致学者在西夏语框架下对党项方音做出了一些不恰当的分类和阐释。例如李范文看到同在一个西夏韵的字可以与不同韵尾的入声汉字对音，于是他把西田龙雄提出的西夏语构拟方案移植到汉语中，提出入声字在当时读作紧喉元音[④]，这肯定是忽略了下面的诸多情况：

[illegible]＝踏（合）/ 他（歌）　[illegible]＝邑（缉）/ 医（之）
[illegible]＝褐（曷）/ 皓（皓）　[illegible]＝巴（黠）/ 八（麻）
[illegible]＝膝（质）/ 西（齐）　[illegible]＝脚（药）/ 锯（御）
[illegible]＝雹（觉）/ 庖（肴）　[illegible]＝息（职）/ 西（齐）
[illegible]＝脊（昔）/ 济（霁）　[illegible]＝笛（锡）/ 提（齐）
[illegible]＝斛（屋）/ 胡（模）　[illegible]＝笃（沃）/ 都（模）

① 括号里是汉字所属的中古韵类。每个例字的读音构拟和文献出处见本文第七节的同音字谱。
② 从语音史上看，当时西北地区的汉语应该有声调，另一方面，西夏韵书也证明党项语至少有平声和上声两个调类，可是党项语和汉语的声调竟然无一能构成对当关系。这里面的缘故目前还不清楚。
③ 这里判断资料是否丰富的原则是"有效译音"的数量。所谓有效译音是指同一个西夏字在不同地方可以用来音译等韵地位不同的多个汉字，从中可以看出中古声韵类在党项方言里的分合情况。如果一个西夏字只用来音译等韵地位相同的汉字，就相当于"独用"，这样的材料本身不能提供有效的声韵类信息。
④ 李范文：《同音研究》，银川：宁夏人民出版社，1986。西田龙雄：《西夏语韵図『五音切韵』の研究（上）》，《京都大学文学部研究纪要》20，1981。

这是入声和阴声同用的例子。可想而知，如果要说入声字代表了紧喉元音，就必须同时假设相应阴声韵的元音也是紧喉的，而这样一来，汉语里竟然没有普通的松元音了。显然，正确的结论应该是党项方言没有塞音尾[①]，而且塞音尾的丢失并不引起前面元音的变化。

利用西夏译音字的系联只能大致得知党项方言的声韵类别，却不能直接显示那些汉字的读法。多数声韵类的读法不难参照中古音和现代音推出，此外我们还将适当使用一套辅助材料，即西夏人所译佛经咒语里的梵汉对音。孙伯君曾经搜集了几乎全部资料[②]，并从音韵学角度进行了整理分析，其成果可以用为本项研究的参考。不过，咒语翻译总是追求汉字与梵文读音的固定对当，因而使用的汉字较少，而且与汉语相比，梵文的声母丰富但韵母贫乏，很难从中归纳出完整的党项方音系统。幸运的是，通过把梵汉对音与汉字的西夏字译音对照可以看出一个明显的趋势，即中古汉语的声韵类在党项方言中已经大大简化了，例如不再区分声母的清浊（如非敷奉），也不再区分同韵摄内相同等列的韵母（如支脂之）[③]。

三　声类的归并和重新组合

如果某个中古声类的汉字从来不能通过西夏译音字与其他声类系联，我们就判断这个声类从中古以来没有变化。其中五个声类可以简单推定如下：

帮 p　端 t　见 k　精 ts　来 l[④]

更多的西夏字可以同时音译两个或几个不同中古声类的汉字，表明相关的汉语声类发生了归并和重新组合。其中有些声类的归并是此前学者早已看到的，例如在发音方法方面的特点是浊塞音和浊塞擦音声母一律变为相应的清塞音和清塞擦音：

---

① 龚煌城：《十二世纪末汉语的西北方音（韵尾问题）》。
② 孙伯君：《西夏新译佛经陀罗尼的对音研究》，北京：中国社会科学出版社，2010。
③ 照顾到这个特点，本文后面讨论韵母的时候有时只分“摄”和“等”，而不总是强调单独的“韵”。
④ 这一类里包括个别泥母合口洪音字，如“农”（泥母）、“笼”（来母）的西夏译音同用“𗇘”，“糯”（泥母）、“罗”（来母）的西夏译音同用“𗏁”。参见聂鸿音《汉语西北方言泥来混读的早期资料》，《方言》2011年第1期。

[illegible]＝蒲（並）/ 铺（滂）　[illegible]＝盘（並）/ 潘（滂）
[illegible]＝佗（定）/ 他（透）　[illegible]＝杜（定）/ 土（透）
[illegible]＝持（澄）/ 痴（彻）　[illegible]＝纣（澄）/ 丑（彻）
[illegible]＝求（群）/ 丘（溪）　[illegible]＝檠（群）/ 卿（溪）
[illegible]＝在（从）/ 彩（清）　[illegible]＝齐（从）/ 妻（清）
[illegible]＝锄（床）/ 初（穿）　[illegible]＝床（床）/ 疮（穿）

浊擦音声母一律变为相应的清擦音：

[illegible]＝苻（奉）/ 夫（非）/ 敷（敷）　[illegible]＝冯（奉）/ 风（非）/ 丰（敷）
[illegible]＝徐（邪）/ 胥（心）　[illegible]＝嗣（邪）/ 四（心）
[illegible]＝时（禅）/ 诗（审）　[illegible]＝邵（禅）/ 少（审）
[illegible]＝祸（匣）/ 火（晓）　[illegible]＝户（匣）/ 虎（晓）

在发音部位方面的特点是轻唇音并入晓匣二母的合口类。此前龚煌城和李范文认为汉语的非敷奉母仍然读 f-，与读 x- 的晓匣母有别[①]。党项人之所以用相同的西夏字来兼译轻唇音和喉音，只是因为党项语里没有 f-，也就是说，他们把党项人用 x- 对译汉语 f- 解释为本民族的改造。这个推想本身当然正确，但本文考察的毕竟是党项人口中的汉语而非纯正的西北方言，所以可以相信借用喉音替代轻唇音正反映了党项人的实际口音。很明显，正确的做法应该是不强行分割译音字的系联序列，何况那恰与方言中多见的“f/x 混读”现象巧合[②]：

[illegible]＝反（非）/ 翻（敷）/ 樊（奉）/ 化（晓）/ 患（匣）
[illegible]＝风（非）/ 峰（敷）/ 凤（奉）/ 训（晓）
[illegible]＝飞（非）/ 妃（敷）/ 挥（晓）/ 惠（匣）

另一个特点是舌上音并入正齿音，且二三等没有分别：

① 龚煌城：《十二世纪末汉语的西北方音（声母部分）》。李范文：《宋代西北方音》第 260 页。
② 王培培：《夏译汉籍中的古代汉语对音研究》第 142—144 页。

𗐱 = 蛛（知）/ 珠（照）　𗗿 = 朝（知）/ 招（照）

𗏣 = 褚（彻）/ 楚（穿）　𗏇 = 痴（彻）/ 齿（穿）

𗖵 = 湛（澄）/ 镵（床）　𗖿 = 陈（澄）/ 嗔（穿）

以上几个特点除了轻唇音外都是此前众所公认的，且已经得到了梵汉对音的确证，只是舌上音和正齿音合并后的音值还需要说明一下。所谓正齿音可以指三个不大相同的发音部位，即舌面前、舌叶和舌尖后，此前龚煌城构拟为 tɕ（写作 tś）等①，王静如认为是 tʃ 等②，我们选择的是舌尖后塞擦音 tʂ 和 tʂʻ。这虽然与现代晋语许多地区读 ts、tsʻ 不同，但毕竟是北方话最常见的读法，也恰好符合西田龙雄的西夏语构拟（他写作 tš-、tšɿ-）③。由此可以类推到审禅母合并后读 ʂ。日母缺乏直接的系联证据——这个声类的译音西夏字从来不与其他声类同用，而且出现频率很低，考虑到“日”在“守温三十字母”里与“知彻澄”相配，我们从舌上音和正齿音的对应出发推测它是舌尖后浊擦音。

以上声母可以小结如下：

pʻ 滂並	tʻ 透定	kʻ 溪群	tsʻ 清从	x 非敷奉晓匣
tʂ 知照	tʂʻ 彻澄穿床	s 心邪	ʂ 审禅④	ʐ 日

此前未受到充分关注的是某些声类的重组。所谓“声类重组”首先指的是微喻和疑影的细音声类打破了中古的界限，按开合口重新组合为新的两类，其间喻母三四等没有区别。这已经与现代北方话非常相似，可以视为现代北方话格局的早期例证：

开口：

𗢳 = 敖（疑）/ 遏（影）　𗗙 = 霓（疑）/ 衣（影）/ 裔（喻）

① 龚煌城：《十二世纪末汉语的西北方音（声母部分）》。
② 王静如：《西夏语音系导言》，《民族语文》1982 年第 2 期。
③ 西田龙雄：《西夏语韵図『五音切韵』の研究（上）》。
④ “神”（床母）与“身”（审母）、“辰”（禅母）的西夏译音同用“𗗚”，故当归入此类。今北方方言床禅二母字的读音各分塞音和塞擦音两类，其间没有绝对规律，这种现象似乎在当时已露端倪。

[illegible]＝尧（疑）/ 姚（喻）　[illegible]＝医（影）/ 姨（喻）

[illegible]＝幽（影）/ 有（喻）　[illegible]＝一（影）/ 夷（喻）

[illegible]＝烟（影）/ 焰（喻）　[illegible]＝因（影）/ 寅（喻）

[illegible]＝鸯（影）/ 羊（喻）

合口：

[illegible]＝微（微）/ 尉（影）/ 苇（喻）　[illegible]＝文（微）/ 诨（疑）/ 温（影）

[illegible]＝元（疑）/ 渊（影）/ 院（喻）　[illegible]＝魏（疑）/ 卫（喻）

疑母和影母开口洪音字不能通过西夏译音与其他声类系联，这表明它们有独立的声母。李范文把影母设定为 ʔ-[1]，是套用了高本汉构拟的汉语中古音。高本汉本来的目的是把影母和他构拟为零声母的喻母区别开，以便解释影母和喻母平声字在后代为什么会有阴平和阳平的读法区别[2]。现在我们既然认定党项方言的影母细音和喻母同属一类，那么前人为影母构拟的 ʔ- 就没有存在的意义——影母和疑母的洪音都是直接以元音起首的。为了拼写方便，这里建议把音节起首的 i 标作 j，把音节起首的 u 标作 w，那么就有：

j 疑影$_{\text{开细}}$微喻$_{\text{开}}$　w 疑影$_{\text{合洪}}$微$_{\text{合}}$　ju 疑影$_{\text{合细}}$喻$_{\text{合}}$　O 疑影$_{\text{开洪}}$

在以上对音规律里，影母字和疑母字的表现略有特殊。孙伯君曾经指出，影母的“遏”“谒”“嗢”“乙”等字在佛教咒语里总是用来对译梵语的 g-，不合盛唐密宗用疑母字译 g- 的惯例[3]。此前龚煌城对同类现象的解释是，当时的影母字丢失了喉塞声母，但在实际发音的时候产生了一个非音位性的 ŋ- 或 ɣ-[4]。现在看来他恐怕是把问题想得复杂了，其实这不过是番汉对音中常见的“替代”现象。同类的替代现象还有个别疑母字，例如梵文 *yogeśvara* 译作“养宜说啰”，其中“宜”相当于 *ge*；梵文 *garśa* 译作“屹令$_{\text{二合}}$折”，其中“屹”相当于 *ga*。根据翻译的惯例，一旦遇到本民族

① 李范文：《宋代西北方音》第 151 页。
② 高本汉（B. Karlgren），Compendium of Phonetics in Ancient and Archaic Chinese, *Bulletin of the Museum of Far Eastern Antiquities* 26, 1954. 聂鸿音译《中上古汉语音韵纲要》，济南：齐鲁书社，1987，第 25 页。
③ 孙伯君：《12 世纪河西方音中的党项式汉语成分》。
④ 龚煌城：《十二世纪末汉语的西北方音（声母部分）》。

语里没有的外语音节，译者就不得不在母语中选择一个近似的音节来凑合一下。具体说来就是，党项方言里已经没有了 g 声母（*g- > k‘-，*ŋ- > O-），用来译梵语 g- 的影母字和疑母字只是借用来的替代物①，并不意味着部分影母字和疑母字前面存在某种浊辅音②。

中古鼻声母明泥（娘）的西夏译音从来不能与其他声类系联，因此不能提供有效信息。此前知道，作为盛唐密宗的译音传统，汉语明泥两个声母可以按梵文对音大致分为两类，一类对应梵文的鼻音声母，另一类对应梵文的浊塞音声母③。党项方言基本上继承了这个传统，大致的情况是阳声字多对应 m-、n-，入声字多对应 b-、d-④，而阴声字似乎没有表现出明显的规律⑤，给人的初步印象首先是与 m-、n- 对音的情况比盛唐密咒译音多见，下面的例子出自西夏译本《大悲心陀罗尼》⑥：

汉字	对音	梵文	汉译
麻	*ma*	*mahā*	麻诃引
弥	*mi*	*mitava*	弥怛斡
弥	*me*	*hime*	形弥
么	*mu*	*mukha*	么渴
么	*mo*	*namo*	捺么
昧	*mai*	*maitrījiṭa*	昧引啰哩二合即怛
捺	*na*	*namo*	捺么
你	*ṇi*	*kāruṇika*	葛噜你葛

梗摄泥母字在阳声韵里用来对译没有鼻韵尾的 d- 类音节，与盛唐译音作 n- 不同：

① 与党项人习惯不同的是，近现代中国人多用清声母 k- 来替代 g-，例如 Engles 译作“恩格斯”，其中“格”（kə）相当于 g。关于疑母字偶然用来译 g-，也许可以有另一种解释，即当地方言里的疑母字在不同的场合有不同的读法——党项人的日常口语里读作零声母，但僧人在诵咒时为了追求读音准确，就特地使用了汉语西北方言传统的 g-，这有点像汉语方言里常见的“文白异读”。

② 关于影母读零声母有个直接的例子：西夏一个著名的僧官叫做“遏阿难捺吃哩底”，这是梵语 *Ānandakīrti*（庆喜称）的音译，其中用“遏阿”两个影母字合起来模拟梵语的长元音 ā。

③ 马伯乐（H. Maspéro），Le dialect de Tch’ang-ngan sous les T’ang, *Bulletin de l’Ecole française d’Extrême-Orient* 20, 1920. 聂鸿音译《唐代长安方言考》，北京：中华书局，2005，第 31 页。

④《番汉合时掌中珠》用“尼卒”“尼长”之类二合字和加口字旁的齿音字音译西夏的浊声母字，说明党项方言里没有与 ts-、tʂ- 对应的浊塞擦音 dz-、dʐ- 等。

⑤ 龚煌城《十二世纪末汉语的西北方音（声母部分）》对此的解释是，单高元音的阴声字多作 mb-，复元音的阴声字多作 m-。不过这只反映了一个大致的倾向，其间也并非全无例外，事实上阴声字与梵文浊塞音的对应格局与盛唐已有较大区别。至于这个浊塞声母是否带有鼻冠音，就像山西文水话的 mb-、nd- 那样，这不是译音系联法本身能够证明的。

⑥ 对音字例选自孙伯君《西夏新译佛经陀罗尼的对音研究》第 31—38 页。

汉字	对音	梵文	汉译
宁	*de*	*dehi*	宁兮
宁	*dya*	*tadyathā*	怛宁达引

此外还有些译例看不出明显的规律，且不与盛唐密咒一致，其音值只能借助佛教咒语译音来逐一确定。我们大致的构拟是：

b 明入声、阴声部分　　m 明阳声阴声部分
d 泥入声、阴声部分　　n 泥阳声阴声部分

四　中介元音

此前的研究默认党项方言的中介元音格局与中古音一致，即三四等韵都带有 -ĭ- 或 -i-，合口字都带 -u- 或 -w-。然而译音系联反映出的情况并不都符合人们的预期——中古的中介元音格局在党项方言里也有简化。

西夏字译音表明中古同韵摄的一等字和二等字在党项方言里界限分明，但三等字和四等字明显可以通过译音系联起来，这说明党项方言只分为三个“等”[①]。例如：

□ = 连（三等）/ 莲（四等）　□ = 浅（三等）/ 千（四等）
□ = 清（三等）/ 青（四等）　□ = 庆（三等）/ 罄（四等）
□ = 秀（三等）/ 箫（四等）　□ = 縻（三等）/ 迷（四等）
□ = 地（三等）/ 弟（四等）　□ = 里（三等）/ 礼（四等）
□ = 急（三等）/ 击（四等）　□ = 籍（三等）/ 戚（四等）

少量情况表明三等字可以与一等字同用，也可以与二等字同用。前者的例子都集中在齿头音类，后者的例子都集中在正齿音类，这暗示 o 类韵的 ts 组声母和 tʂ 组声

① 龚煌城在研究西夏语韵书时也看到了同样的现象，他认为汉语二等和三等的区别在于介音 i 和 j (Hwang-cherng Gong, A hypothesis of three grades and vowel length distinction in Tangut, *Journal of Asian and African Studies* 46-47, 1994），其中给二等加上 -i- 是绝对不能赞同的，北方话的二等 i 介音大约在清代中期才出现。

母后面没有 i 介音[①]：

[Tangut]＝将（三等）/ 左（一等）　[Tangut]＝骏（三等）/ 宗（一等）
[Tangut]＝谯（三等）/ 曹（一等）　[Tangut]＝松（三等）/ 宋（一等）
[Tangut]＝庄（三等）/ 卓（二等）　[Tangut]＝疮（三等）/ 浊（二等）
[Tangut]＝爽（三等）/ 朔（二等）

进一步设想，tʂ 组声母没有 i 介音并不限于主元音是 o 的音节，在主元音是 ə 的情况下也没有 i 介音，例如“真”读 tʂəŋ 不读 tʂiəŋ，“人”读 ʐəŋ 不读 ʐiəŋ。只是由于声母的特殊地位，它们永远不能与其他等列形成同用关系，所以得不到译音系联法的直接证明。不过，这些读音恰与现代晋语“大包片”大同、太原的读音一样[②]，使人感觉 ə 出现在这里比 iə 更加合理。

中古开合口对立的格局在党项方言的元音 a 前面清楚地保留着，这很像现代晋语里最常见的音型。除此之外，另有部分后元音韵摄的合口字读同开口，说明党项方言的 u 介音不用在后元音前面，中古汉语的 *uɑ 只读作 ɔ，中古汉语的 *ĭwo 只读作 io：

[Tangut]＝骡（合口）/ 罗（开口）　[Tangut]＝坐（合口）/ 苍（开口）
[Tangut]＝果（合口）/ 哥（开口）　[Tangut]＝颗（合口）/ 轲（开口）
[Tangut]＝和（合口）/ 河（开口）　[Tangut]＝龙（合口）/ 凉（开口）

合口介音 u 也不用在重唇音后面：

[Tangut]＝背（合口）/ 贝（开口）　[Tangut]＝裴（合口）/ 沛（开口）
[Tangut]＝幔（合口）/ 马（开口）　[Tangut]＝木（合口）/ 牡（开口）
[Tangut]＝蒙（合口）/ 面（开口）

① 一等字“左”和“曹”在当时的韵母是 ɔ，这里与 o 同用，译音不够精确。
② 高本汉（B. Karlgren），Etudes sur la phonologie chinoise, *Archives d'études orientales* 15, 1926. 赵元任、罗常培、李方桂译《中国音韵学研究》，上海：商务印书馆，1940，第 617—618 页。

五 鼻韵尾的失落和保留

从盛唐时期的密咒译音开始，西北方言的一部分阳声韵字就失落了鼻韵尾，这一特征保存在党项方言里，最为引人注目的是宕摄和果摄的同用：

𗏁＝镑（唐）/婆（戈）　𗏁＝莽（荡）/摩（戈）
𗐱＝堂（唐）/陀（歌）　𗐱＝囊（唐）/那（个）
𗐱＝狼（唐）/罗（歌）　𗐱＝苍（唐）/瑳（歌）
𗐱＝刚（唐）/哥（歌）　𗐱＝将（阳）/左（哿）

为了解释这类现象，李范文把西北方言的宕摄构拟为 õ，认为鼻化的元音听起来介乎 o 和 aŋ 之间[①]，然而根据语音学的常识，鼻韵尾固然可以引起前面元音的鼻化，但纯粹的元音却不可能在没有任何条件的情况下变成鼻化元音。尤其是当我们看到下面涉及入声的译音例子时，更不能相信塞音尾的脱落竟然也会引起元音的鼻化：

𗐱＝洛（铎）/罗（歌）/狼（唐）　𗐱＝作（铎）/左（哿）/将（阳）
𗐱＝狭（洽）/下（马）/咸（咸）　𗐱＝续（烛）/徐（鱼）/松（东）

龚煌城猜想宕摄的中古韵尾 ŋ 可能在党项方言里变成了 -w[②]，这显然不能解释与宕摄有系联关系的果摄怎么会凭空衍生出一个韵尾来——果摄从 *ɑ 到 ow 的变化是不合常理的。事实上对阴阳入三声同用这一事实的正确理解应该是，中古全部入声韵的塞音尾都已脱落，部分阳声韵的鼻音尾在脱落之后引发了前面元音的高化。也就是说，宕摄一等从中古的 *ɑ 高化作 ɔ，三等在 i 介音的影响下进一步高化，变成了 io。

从宕摄可以推到江摄。宕摄三等的正齿音字和江觉二韵可以通过西夏译音系联起来，由此判断江韵和觉韵都是 -o。江摄字和宕摄三等字在敦煌藏汉对音写本里都译作 -aŋ[③]，可以认为这两个韵摄在党项方言里发生了同样的变化：

① 李范文：《宋代西北方音》第 288 页。
② 龚煌城：《十二世纪末汉语西北方音韵母系统的构拟》。
③ 罗常培：《唐五代西北方音》，中央研究院历史语言研究所单刊甲种之十二，1933，第 55 页。

[illegible]＝庄（阳）/ 卓（觉）　[illegible]＝霜（阳）/ 朔（觉）

[illegible]＝疮（阳）/ 窗（江）/ 浊（觉）

从宕摄和江摄还可以进一步推到梗摄。梗摄的二等字与蟹摄二等同用，证明其中古鼻韵尾已经失落，同时也像宕摄和江摄那样发生了主元音的高化，即 *ɐŋ > ε[①]：

[illegible]＝孟（庚）/ 卖（佳）　[illegible]＝铛（庚）/ 豺（皆）

[illegible]＝庚（庚）/ 皆（皆）　[illegible]＝杏（庚）/ 鞋（蟹）

[illegible]＝棚（耕）/ 稗（卦）　[illegible]＝樱（耕）/ 矮（蟹）

有 i 介音的梗摄三四等字可以系联到假摄三等，它们的韵母应该是 -ie：

[illegible]＝卿（庚）/ 枷（麻）　[illegible]＝盈（庚）/ 夜（祃）

[illegible]＝井（清）/ 姐（马）　[illegible]＝丁（青）/ 爹（麻）

[illegible]＝星（青）/ 斜（麻）　[illegible]＝政（劲）/ 蔗（祃）

宕摄读同果摄、梗摄读同蟹摄的汉文记录也见于宋人笔记，例如张师正《倦游杂录》说关右人做诗有“县官伐木入烟萝，匠石须材尽日忙”之句，认为“盖以乡音呼忙为磨方能叶韵”，刘攽《贡父诗话》记载当时的关中方言以“丹青之青为萋”，都说明那时西北话的宕摄和梗摄都没有鼻韵尾[②]。由此可以认定，党项方言这两个韵摄鼻音尾的消失有宋代当地汉语的基础。龚煌城为梗摄阳声构拟了 j 韵尾——二等作 iej，三四等作 jij，目的是解释二等字与蟹摄同用的情况[③]，但这与同属一个系联序列的麻韵发生了矛盾——“姐”和“爹”显然在任何方言里都不可以读作 tsjij 和 tjij。

党项语本身没有鼻韵尾，所有的音节都是以元音收尾的开音节，所以除宕梗二摄以外的阳声韵大致可以认定为党项人对汉语读音的改造。在改造的过程中，中古汉

① 梗摄二等的读音与现代方言差距较大，应该看作党项人自己的改造——现代晋方言大都有鼻韵尾或者鼻化元音。日译汉音作 ei，是用元音尾替代了鼻音尾。

② 周祖谟：《宋代方音》，载《问学集》下册，北京：中华书局，1966。

③ 龚煌城：《十二世纪末汉语西北方音韵母系统的构拟》。

语其他阳声韵鼻音尾的有无偶尔会出现混乱，即使同一译者的作品也在所难免，只是在咸山两摄的表现相对统一。事实上就像宕摄和梗摄那样，咸山摄的二等阳声字也经常与阴声字和入声字同用，而且绝不越出“等”的界限。参照麻韵二等的读法，不难认定咸山摄阳声二等的中古鼻韵尾也已不存，而且没有引起主元音的变化，它们都是a①。现代晋语“大包片”的咸山摄阳声二等一般读不带鼻音尾的 æ 或 ie②，后者的中介元音 -i- 肯定是很晚才出现的：

[illegible] = 槛（槛）/ 馅（陷）/ 限（产）/ 夏（马）/ 匣（狎）

[illegible] = 岩（衔）/ 眼（产）/ 颜（删）/ 鸭（狎）

[illegible] = 湛（豏）/ 叉（麻）　[illegible] = 衫（衔）/ 产（产）/ 沙（麻）

[illegible] = 产（产）/ 札（黠）　[illegible] = 监（衔）/ 间（山）/ 家（麻）

[illegible] = 蛮（删）/ 马（马）　[illegible] = 班（删）/ 巴（麻）/ 八（黠）

[illegible] = 关（删）/ 瓜（马）

咸山摄三四等不与二等系联，但同样可以与阴声和入声同用。不难看出它们的韵母是不带鼻音尾的 ie，这恰好符合现代山西大同话和太原话的形式③：

[illegible] = 验（盐）/ 言（元）/ 严（严）/ 业（业）

[illegible] = 琰（琰）/ 衍（狝）/ 也（马）

[illegible] = 兖（狝）/ 渊（先）/ 阮（阮）/ 月（月）

[illegible] = 祐（盐）/ 缠（仙）/ 车（麻）　[illegible] = 闪（琰）/ 单姓（线）/ 设（薛）

[illegible] = 纤（盐）/ 燮（帖）/ 薛（薛）　[illegible] = 仙（仙）/ 先（先）/ 泄（薛）

译音系联的另一种表现是，有些西夏译音字可以在不同的阳声韵摄间同用，但不与阴声韵和入声韵系联：

① 西夏学家把这个韵母构拟为 ã，那里面的元音鼻化成分是肯定不存在的。

② 高本汉：《中国音韵学研究》第 588—590、599—600 页。

③ 高本汉：《中国音韵学研究》第 90—592、600—606 页。

□＝谭（覃）/ 檀（寒）　□＝堪（覃）/ 看（翰）

□＝三（谈）/ 散（旱）　□＝甘（谈）/ 肝（寒）

□＝凭（蒸）/ 贫（真）　□＝甑（证）/ 晋（震）

□＝针（深）/ 真（真）/ 蒸（蒸）　□＝沉（深）/ 陈（真）/ 秤（证）

□＝深（深）/ 身（真）/ 绳（蒸）　□＝壬（深）/ 人（真）

□＝阴（深）/ 因（真）/ 蝇（蒸）

从现代方言看，如果中古韵尾 m 和 n 合而为一，那么这个新的韵尾一定是 -n，由此判断党项方言的咸山摄一等是 an[1]。另外，如果中古韵尾 m、n、ŋ 合而为一，那么这个新的韵尾在东南诸方言大都是 -n，在西北诸方言大都是 -ŋ[2]，由此判断党项方言的深摄、臻摄和曾摄三等是 iəŋ，而不是前人构拟的 jĩ。

臻摄一等有开口合口两个韵，西夏译音字很少与其他韵字系联，比较清楚的只有一个“□”，这个字用来音译臻摄一等的“浑”“温”和三等的“文”“闻”“问”。结合上面关于疑影微母和臻摄三等的讨论，不难确定西夏的“□”读 woŋ。那么以此类推，臻摄一等开口痕韵是 əŋ，合口魂韵和文韵是 oŋ。

曾摄三等的对音有一个例外，即西夏字“诵”既可以音译蒸韵的“陵”“绫”，也可以音译盐韵的“廉”“帘”“镰”、仙韵的“连”、先韵的“莲”和青韵的“灵”“零”“伶”。前面已知盐仙先青四个韵是 ie，这里把“陵”“绫”两个来母字构拟作 liəŋ，是为了与曾摄其他字的主元音保持一致，同时承认这里的西夏译音是临时的借用，不知是不是因为党项人不能读出 liə 这个音节。

曾摄一等通过西夏译音字与其他韵系联的情况仅见到一例，是借用的三等真韵字。通过参照上述蒸韵和真韵的读音，不难猜想这个韵是 əŋ，这也是曾摄自古至今最普通的形式：

① 咸山二摄的语音格局很像现代山西大同话和太原话。由此想到，这个 an 也并非没有可能是大同话和太原话那种不带韵尾的 æ（高本汉：《中国音韵学研究》第 587—588、597—598 页），本文构拟作 an，完全是从系联结果出发的。

② 典型的是大同话和太原话的 -iəŋ（高本汉：《中国音韵学研究》第 594—596、616—620 页）。在译音系联中，仅凭译音汉字无法判断这类韵母带鼻音尾还是鼻化元音，前人的构拟一律采用鼻化元音，是受了西夏语构拟方案的影响。事实上凡遇汉语阳声字和阴声字通用的情况，无论关涉汉语还是西夏语，都应判断相关的字是非鼻化的、普通的元音韵。参看聂鸿音《西夏语音商榷》，《民族语文》1985 年第 3 期。

[illegible]＝僧（登）/ 辛（真）

通摄的读音是阳声韵中最复杂的问题，孙伯君曾就此作过专门研究[①]。她通过分析《番汉合时掌中珠》和佛教咒语对音字得出的结论是，党项方言的大部分通摄字失落了鼻音尾，读音近于果遇两摄的 -o，只有端组、精组和影组字仍然保留了鼻化的迹象。这个结论可以通过译音系联得到进一步的细化。首先能够确定，一部分汉字可以借助西夏译音字系联到已证明为元音尾的字，这些汉字没有鼻韵尾，且主元音是 o：

[illegible]＝农（冬）/ 笼（钟）/ 炉（模）/ 鲁（姥）/ 露（暮）/ 禄鹿碌（屋）
[illegible]＝龙（钟）/ 陇（肿）/ 凉粮（阳）/ 亮（漾）
[illegible]＝中（东）/ 张獐（阳）/ 帐（漾）
[illegible]＝中忠（东）/ 钟（钟）/ 璋（阳）
[illegible]＝冲虫充（东）/ 重（钟）/ 长苌（阳）
[illegible]＝崇（东）/ 疮床（阳）/ 幢窗（江）
[illegible]＝宫（东）/ 恭龚（钟）/ 姜（阳）
[illegible]＝空箜（东）/ 轲（歌）/ 颗（果）/ 勾（侯）/ 康（唐）/ 旷（宕）
[illegible]＝孔（董）/ 楛（姥）/ 库（暮）
[illegible]＝风丰冯（东）/ 封逢匈（钟）/ 奉（肿）/ 方房（阳）
[illegible]＝红（东）/ 和（戈）

孙伯君注意到，《番汉合时掌中珠》里有几个汉字的西夏字注音借用了中原的“反切法”，例如“通”“同”“铜”“动”“桶”“统”的注音同作“[illegible]”（th-oŋ），“葱”的注音作“[illegible]”（tsh-oŋ），“熊”的注音作“[illegible]”（xi-oŋ），由此她感觉齿头音、正齿音和喉音应该是鼻化元音，可是我们在《类林》和《大宝积经》里看到了与《番汉合时掌中珠》相矛盾的情况——东冬韵透母字可以通过西夏译音系联到阴声歌韵和失落了鼻韵尾的唐韵：

① 孙伯君：《12 世纪河西方音的通摄阳声韵》，《中国语文》2012 年第 2 期。

□ = 通同铜（东）/ 他陀駞（歌）/ 唐棠堂（唐）

□ = 通（东）/ 彤（冬）/ 统（宋）/ 汤（唐）

张惠叶、于银如受到现代晋南、关中方言的启发，希望把通摄内部的读音差异解释为不同的白读层次[①]。然而这个矛盾是不是也可以这样解释，即《类林》和《大宝积经》反映了党项人日常的口语读法，而《番汉合时掌中珠》是一部教材，自然会要求学生做出最准确的发音。这就是说，当时党项人内部也存在汉语水平高低的不同，《类林》和《大宝积经》反映的是普通党项人口中的汉话，通摄字在译者读来大都是没有鼻韵尾的，而《番汉合时掌中珠》编者提倡的是相对纯正的西北方言，通摄的一部分字在他读来有 -ŋ，与失落了鼻韵尾的宕摄分别划然。

如果结合声类来看，则有迹象表明通摄的重唇音和齿头音即使在普通党项人口中也仍然保留着鼻韵尾：

□ = 蒙（东）/ 门（魂）　　□ = 宗（冬）/ 尊（魂）/ 骏（稕）

□ = 送（送）/ 宋（宋）/ 孙（魂）

“蒙”“宗”“送”“宋”都用前面构拟为 -oŋ 的臻摄合口字注音，感觉它们应该分别读作 moŋ、tsoŋ 和 soŋ。

六　主元音

下面讨论阴声韵和丢掉了塞音尾的入声韵。必须预先承认，这部分译音系联结果反映出的元音系统非常简单，其间很可能忽略了一些语音的细微差别[②]。从方块字到方块字的译音有时难以精确表现这类差别，但韵类发展变化的总趋势还是可以看出来的，只是对于偶尔出现的译音例外需要参照语音系统来决定。下面是一个典型的例子：

---

① 张惠叶、于银如：《从今晋南、关中一带汉语方言看宋西北方言通摄阳声韵的层次》，《中国语文》2013 年第 5 期。

② 即使在译音相对精密的佛经咒语里，也偶尔会见到 o 和 u 的混乱，以及 i 和 e 的混乱。

> □＝他佗（歌）/ 桃（豪）/ 道（皓）/ 贪（覃）/ 毯（敢）/ 叹（翰）/ 踏（合）/ 达（曷）

在党项方言系统里，果摄和效摄一等应该是 ɔ，咸摄和山摄一等平上去声应该是 an，入声应该是 a。这些例子全部来自《番汉合时掌中珠》，所以不存在不同译音习惯的差别。我们实在不知道《番汉合时掌中珠》编者之所以这样译音的理由，只好根据对音汉字所在的韵类强行把它们分成 ɔ、an 和 a。

最容易看出也最不会产生疑义的主元音是 i，相关的对音汉字都是三四等，分别来自止蟹两摄以及真梗曾侵摄入声：

> □＝彼（纸）/ 比（旨）/ 毕（质）/ 碧（陌）/ 壁（昔）
> □＝迷（齐）/ 縻（支）/ 眉（脂）/ 密（质）/ 汨（锡）
> □＝提（齐）/ 地（至）/ 笛（锡）
> □＝礼（荠）/ 里（纸）/ 利（至）/ 李（止）/ 历（锡）
> □＝西（齐）/ 膝（质）/ 息（职）/ 夕（昔）/ 析（锡）
> □＝滞（祭）/ 池（支）/ 痴（之）/ 直（职）/ 尺（昔）
> □＝施（支）/ 师（脂）/ 诗（之）/ 虱（质）　□＝入（缉）/ 日（质）
> □＝鸡（齐）/ 冀（至）/ 姬（之）/ 虮（尾）/ 急（缉）/ 棘（职）/ 击（锡）
> □＝裔（祭）/ 霓（齐）/ 椅（纸）/ 伊（脂）/ 医（之）/ 衣（微）/ 乙（质）/ 易（昔）

元音 a 集中出现在二等韵，来自假效二摄以及山咸二摄入声，考虑到假摄的读音从古至今最为稳定，可以判断效摄也是单元音 a 而非前人构拟的双元音 au：

> □＝巴（麻）/ 八（黠）　□＝拏（麻）/ 铙（肴）
> □＝笊（巧）/ 札（黠）　□＝叉（麻）/ 炒（巧）
> □＝家（麻）/ 胶（肴）　□＝华（麻）/ 话（夬）
> □＝下（马）/ 孝（效）/ 狭（洽）/ 匣（狎）

效摄的译音系联结果出现了一个矛盾：上面的例子表明其读音应该是与麻韵相同的a，这可以解释作中古的au丢掉了韵尾u，但事实上“胶”还可以与觉韵的“角”同用西夏字“𗂸”注音，显示其读音是ko，韵母可以解释为中古au的单元音化。对此应该注意的事实是：“胶”“交”读ka的译例来自《类林》，而“交”“教”读ko的译例来自《番汉合时掌中珠》。由于西夏语里没有au这个韵母，所以大多数党项人学说汉语时直接省掉了u，而《番汉合时掌中珠》的编者作为教师，读音就讲究一些——就一般的听觉而言，o比a更加接近于au。本文更倾向于反映普通民众的口语，所以在这里把《番汉合时掌中珠》以“𗂸”译“交”“教”的情况算做例外而删除了。

元音o出现在一等韵，来自遇摄以及宕通二摄入声，其中出现的宕摄铎韵字（*ɑk）证明其元音应该比前人构拟的u略低些：

𗄊=蒲（模）/泊（铎）/濮（屋）

𗇋=墓（暮）/母（厚）/莫（铎）/木（屋）

𗆧=屠（模）/䃝（屋）　　𗌰=炉（模）/鹿（屋）

𗒹=孤（模）/阁郭（铎）/谷（屋）

𗓁=乎（模）/鹤霍（铎）/斛（屋）/鹄（沃）

同样出现在一等韵的果效二摄以及咸山宕三摄部分入声字不能与上述o类系联，说明它们的元音不同。考虑到果摄一等来自中古的ɑ，而遇摄一等来自中古的o，可以感觉这一类的元音应该是位于ɑ和o之间的ɔ。其中效摄一等字在党项方言里发生了单元音化，即*ɑu > ɔ：

𗂧=波（戈）/褒（豪）　𗈪=磨（戈）/毛（豪）

𗋎=刀（豪）/兜（侯）　𗂸=脑（皓）/纳（合）

𗍨=罗（歌）/骡（戈）　𗐫=左（哿）/作（铎）

𗆨=皓（皓）/合（合）/阖（盍）/褐（曷）[1]

① 在合盍曷三个入声韵中，只有晓匣母字读ɔ，其余音节仍读a。

主元音u只出现在三等，来自遇摄、流摄和宕通二摄入声，不能与其他三等韵系联。考虑到三等字有i介音存在，可以估计其主元音是在i影响下高化而成的：

□＝夫（虞）/妇（有）/缚（药）　□＝徐（鱼）/续（烛）
□＝车（鱼）/驹（虞）/脚镢（药）/腹（屋）
□＝诸（鱼）/朱（虞）/帚（有）/竹（屋）
□＝输（虞）/叔（屋）/蜀（烛）　□＝渠（鱼）/局（烛）
□＝鱼（鱼）/愚（虞）/狱（烛）
□＝与（语）/榆（虞）/昱（屋）

遇摄三等读作iu应该没有问题，这个音后来变成了现代的y。由此产生的疑难是怎样解释这里面的流摄三等字——如果流摄三等也是iu，那就应该跟遇摄一起变成现代的y才是，然而流摄在晋方言里最普通的音型却是ieu[①]。如果直接把流摄三等构拟为ieu，却又不好解释“帚”与“诸”“朱”的系联。这里从系连结果出发，仍然把“帚”的韵母认作iu。

元音ε出现在蟹摄和梗摄二等，上文已经证明其中的阳声是没有鼻音尾的ε：

□＝白（陌）/彭（庚）　□＝稗（卦）/棚（耕）
□＝豺（皆）/钗（蟹）/铛（庚）　□＝皆（皆）/庚（庚）/耕（耕）
□＝薤（怪）/斜（麻）/杏（梗）　□＝获（麦）/横（庚）

元音e主要出现在上述咸山摄三四等阳声韵里，下面补充两条入声韵的例子：

□＝也（麻）/叶（叶）　□＝接（叶）/节（屑）

除去上述的深摄、臻摄和曾摄三等外，入声德韵有效的译音例子只有三组：

① 高本汉：《中国音韵学研究》第664—669页。

[illegible]＝国（德）/ 骨（没）　　　　[illegible]＝国（德）/ 孤（模）

[illegible]＝或（德）/ 縠（屋）/ 鹤（铎）

从登韵的 əŋ 类推，德韵开口应该是 ə，合口应该是 uə，可是与德韵字系联的模没铎屋诸韵都是 o 类。大约因为西夏语里没有 uə 这样的音节，所以不得不把它念成 o，犹如日译汉音登韵作 oŋ，德韵作 oku，也是因为日语里没有元音 ə。

小结一下，党项方言一共有八个元音：i、e、ɛ、a、ɔ、o、u、ə。把这些元音分配到各韵摄中，可以大致看出党项方言韵母的格局。下面的表展示的是从译音系联中得到的总体印象，文献中少量译音替代现象不计在内。缺乏有效译音的韵类根据等呼关系推出：

	平上去声			入声		
韵摄	一等	二等	三四等	一等	二等	三四等
通	o/oŋ		io/ioŋ	o		io
江		o			o	
止			i，ui			
遇	o		iu			
蟹	ai，uai	ɛ，uɛ	i，ui			
臻	əŋ，oŋ		iəŋ，ioŋ	ə，o		i，iu
山	an，uan	a，ua	ie，iue	a，ua	a，ua	ie，iue
效	ɔ	a	io			
果	ɔ		iue			
假		a，ua	ie			
宕	ɔ		io	ɔ		io
梗		ɛ，uɛ	ie，iue		ɛ，uɛ	i，ui
曾	əŋ，oŋ		iəŋ，ioŋ	ə，o		i，ui
流	ɔ		io			
深			iəŋ			i
咸	an	a	ie	a	a	ie

七　党项方言同音字谱

下面列出以上举例所用全部对音汉字的构拟读音和文献出处，少量与所在韵类不合的字音以译音系联参酌梵汉对音而定。文献简称和具体位置采用括注附在每个汉字后面：

D＝大宝积经。后面附注卷次和折次，如“D 6.10”指《大宝积经》卷六第 10 折。

F＝番汉合时掌中珠。后面附注叶次和栏次，如“F 23.3”指《番汉合时掌中珠》第 23 叶第 3 栏。

L＝类林。后面附注卷次和叶次，如“L 5.16”指《类林》卷五第 16 叶。

a	pa 巴（L 5.16）班（L 4.2）八（L 3.9）；p‘a 潘（L 9.16）盘（F 23.3）；ma 马（L 3.10）蛮（L 4.31）幔（F 21.1）；t‘a 踏（F 24.2）达（D 1.24）；na 拏（D 6.10）铙（F 21.2）纳（L 4.13）；tʂa 笊（F 23.3）札（L 4.26）；tʂ‘a 叉（D 1.6）炒（F 15.5）湛（L 9.22）镵（F 33.6）；ʂa 沙（L 3.23）衫（F 24.4）产（F 26.4）；ka 家（F 34.1）贾（L 3.32）嫁（F 34.1）交（L 6.11）胶（L 7.15）监（L 7.4）间（F 9.1）；xa 夏（L 3.14）下（F 10.5）孝（L 3.30）咸（L 8.9）槛（F 22.6）馅（F 33.4）限（F 9.1）匣（F 24.2）狭（F 26.2）；a 鸭（F 16.6）岩（F 12.2）眼（F 14.2）颜（L 3.5）
ua	kua 瓜（F 15.2）关（L 9.14）；xua 化（L 6.11）华（L 3.18）话（F 30.1）
ie	tie 爹（F 20.2）丁（F 9.6）；lie 廉（L 4.18）帘（F 23.2）镰（F 26.6）连（L 4.17）莲（F 13.6）灵（L 3.5）零（L 9.10）伶（L 7.31）；tsie 姐（F 20.3）井（F 12.1）接（F 30.2）节（F 9.3）；ts‘ie 浅（F 12.4）千（F 36.4）清（L 6.13）青（L 4.17）庆（L 3.7）罄（F 21.1）；sie 斜（F 8.3）纤（L 3.36）仙（L 5.21）先（L 6.9）星（F 8.3）薛（L 4.22）燮（L 6.11）泄（L 3.14）；tʂie 蔗（F 14.3）政（L 7.2）；tʂ‘ie 车（F 27.1）袩（F 24.6）缠（F 35.6）；ʂie 单（L 3.11）闪（F 9.2）设（F 33.5）；kie 京（L 3.2）景（L 3.18）敬（L 3.22）；k‘ie 枷（F 25.5）檠（F 23.3）卿（L 3.4）；je 也（F 31.3）夜（F 9.4）盐（F 15.3）琰（L 4.24）严（L 3.5）焰（F 7.5）验（F 30.3）言（F 31.2）烟（F 8.6）衍（L 7.8）盈（L 3.24）业（F 19.6）叶（F 14.5）
iue	jue 渊（L 3.34）兖（L 6.22）阮（L 3.31）院（F 28.2）月（L 4.34）
ɛ	p‘ɛ 彭（L 7.28）白（F 7.1）棚（F 22.1）稗（F 16.1）；mɛ 孟（L 3.1）卖（F 26.1）；tʂ‘ɛ 豺（F 16.5）钗（F 25.4）铛（F 23.4）；kɛ 皆（F 27.2）庚（F 9.6）耕（F 27.1）；xɛ 鞋（F 25.2）薤（L 3.36）杏（F 14.1）；ɛ 矮（F 24.2）樱（F 14.1）
uɛ	xuɛ 横（L 9.3）获（L 9.13）

续表

o	p‘o 菲（F 14.2）铺（F 25.5）庖（F 22.1）泊（F 12.2）濮（L 4.17）雹（F 9.2）；bo 墓（F 7.2）母（F 20.2）牡（F 13.3）莫（F 29.1）木（F 5.1）；to 都（L 4.19）笃（L 7.1）；t‘o 屠（L 3.14）土（F 5.2）杜（L 4.24）通（L 4.27）同（F 30.6）铜（F 23.5）彤（L 3.24）统（L 3.31）磚（F 26.5）；lo 炉（F 23.4）鲁（L 3.7）露（F 7.5）笼（F 23.5）农（F 26.5）禄（F 6.5）鹿（F 16.2）碌（F 26.5）；tso 将（L 4.23）；tʂo 朝（F 29.5）招（F 31.1）张（L 3.5）璋（L 3.13）獐（F 16.2）帐（F 21.6）庄（L 3.34）中（F 27.6）忠（F 20.1）钟（L 7.16）卓（L 7.24）；tʂ‘o 初（L 6.33）锄（F 26.6）纣（L 3.6）丑（F 9.6）床（F 23.5）长（L 3.23）苌（L 6.34）疮（F 19.4）重（F 22.1）幢（F 21.1）窗（F 23.2）冲（L 4.6）充（L 3.32）虫（F 17.3）崇（F 8.2）浊（F 11.5）；ʂo 邵（L 4.9）少（L 3.8）霜（F 9.1）爽（L 5.16）朔（L 4.1）；ko 孤（L 3.34）骨（F 19.2）阁（F 21.6）郭（L 5.21）国（F 27.4）谷（F 15.4）；k‘o 梏（L 4.32）库（F 21.6）空（F 4.4）箜（F 32.4）孔（L 6.27）；xo 乎（F 31.4）胡（L 4.12）虎（F 7.1）户（L 9.7）训（L 5.21）方（L 4.1）房（F 5.1）红（F 13.5）匈（L 4.35）风（F 7.5）峰（F 8.6）丰（L 6.33）封（L 5.21）逢（L 3.14）冯（L 6.17）凤（F 16.5）鹤（L 5.16）霍（L 10.1）或（F 20.5）斛（F 15.4）鹄（L 8.18）觳（F 26.1）
io	lio 凉（F 25.2）粮（F 36.1）亮（L 5.13）龙（L 6.27）陇（L 3.24）；ts‘io 谯（L 4.3）；sio 箾（F 32.5）秀（L 6.29）；kio 姜（L 7.10）龚（L 6.15）恭（L 4.12）宫（L 3.14）栱（F 22.3）供（F 21.3）脚（F 19.1）镢（F 26.6）；k‘io 求（F 21.5）丘（D 1.10）；jo 尧（L 3.6）姚（L 6.34）幽（L 7.25）有（F 29.3）鸯（F 17.1）羊（L 4.20）
ɔ	pɔ 汲（D 1.3）褒（L 3.30）宝（L 7.16）报（F 36.2）；p‘ɔ 镑（F 22.6）婆（D 1.3）；mɔ 摩（L 7.9）磨（F 28.3）毛（F 23.1）莽（L 6.29）；tɔ 刀（F 22.6）兜（F 15.2）；t‘ɔ 他（F 29.3）佗（L 6.7）陀（D 1.3）駞（F 16.3）桃（F 14.1）道（L 3.9）汤（L 6.15）唐（L 5.15）棠（F 13.4）堂（F 22.1）；nɔ 那（D 1.3）脑（F 18.3）囊（F 26.4）；lɔ 罗（D 1.6）骡（F 16.4）狼（F 16.4）洛（L 6.30）；tsɔ 左（L 3.5）作（F 23.1）；ts‘ɔ 瑳（D 17.73）坐（F 27.5）曹（L 4.3）苍（L 4.6）；kɔ 哥（F 20.3）果（F 36.4）刚（L 3.5）；k‘ɔ 轲（L 7.12）颗（L 7.16）康（L 3.31）旷（L 4.26）；xɔ 河（F 7.4）和（L 3.31）祸（F 9.5）火（F 23.6）皓（L 5.17）褐（F 24.4）鹤（L 5.4）；ɔ 敖（L 10.8）遏（D 4.46）
i	pi 彼（F 31.4）比（L 3.14）毕（L 7.27）碧（F 12.6）壁（F 5.6）；mi 迷（F 36.5）縻（F 15.5）眉（F 18.5）密（L 10.5）汨（L 3.22）；t‘i 地（F 3.4）提（D 1.3）弟（F 20.3）第（D 4.48）笛（F 32.5）；li 里（F 26.2）礼（F 29.4）利（F 29.5）李（L 3.12）历（F 28.3）；tsi 济（L 6.15）脊（F 18.5）；ts‘i 妻（F 20.4）齐（L 3.2），si 西（L 3.3）四（F 9.3）嗣（L 7.31）膝（F 19.1）息（L 3.16）夕（F 9.5）析（F 31.4）；tʂ‘i 滞（F 35.3）池（L 10.2）痴（F 35.5）持（F 31.1）直（L 6.15）尺（F 24.4）齿（F 15.2）籍（L 3.31）戚（L 3.6）；ʂi 施（L 9.16）师（L 3.5）诗（L 3.19）时（F 3.1）虱（F 17.4）；ʐi 入（F 21.5）日（F 4.6）；ki 鸡（F 13.5）冀（L 3.9）姬（L 3.2）虮（F 17.4）急（F 23.4）棘（L 3.16）击（F 32.6）；ji 伊（L 10.1）夷（L 3.35）姨（F 20.4）椅（F 24.2）衣（F 24.3）霓（F 9.2）医（L 6.7）裔（L 5.13）一（F 11.1）乙（F 9.5）邑（L 9.22）易（L 3.31）
ui	kui 龟（F 17.3）癸（F 9.6）季（L 3.1），xui 飞（L 3.13）妃（L 6.35）挥（F 28.6）惠（L 3.16）；wi 微（L 3.15）尉（L 3.29）苇（F 16.1）魏（L 3.1）卫（L 3.18）

续表

u	tʂu 蛛（F 17.3）珠（F 21.1）诸（L 5.13）朱（L 3.5）帚（F 26.5）竹（L 4.1）；tʂʻu 褚（L 4.13）楚（L 3.2）；ʂu 书（F 27.6）输（D 1.22）鼠（F 16.4）数（F 21.1）叔（L 3.14）蜀（L 3.13）；xu 苻（L 3.24）夫（L 3.18）敷（L 3.31）妇（L 6.33）缚（F 35.4）
iu	siu 胥（L 3.20）徐（L 4.24）续（L 3.10）；kiu 车（L 8.9）驹（L 7.20）锯（F 22.5）；kʻiu 渠（F 12.1）局（F 28.6）；ju 鱼（F 7.3）愚（F 17.6）榆（F 14.4）与（F 29.5）狱（F 30.5）昱（L 6.15）
ai	pai 背（F 18.5） 贝（F 26.1)；pʻai 裴（L 4.13） 沛（L 3.6）；tsʻai 在（F 30.5） 彩（F 26.1）
an	kan 甘（L 5.7）肝（F 18.6）；kʻan 堪（L 4.12）看（F 30.3）；san 三（F 32.3）散（L 3.24）；tʻan 谭（L 7.29）檀（D 1.3）贪（F 35.5）毯（F 34.1）叹（F 27.5）
uan	kuan 官（F 27.5）管（L 4.1）罐（F 22.6）；xuan 翻（L 3.31）樊（L 5.21）反（L 7.27）患（F 19.3）
əŋ	səŋ 僧（D 1.10）；tʂəŋ 针（F 25.4） 真（L 7.8） 蒸（F 33.3）；tʂʻəŋ 沉（F 21.4） 嗔（F 30.1）陈（L 7.27）秤（F 7.2）；ʂəŋ 深（F 12.2）身（F 19.3）神（F 20.6）辰（F 5.1）肾（F 18.6）慎（L 4.31）绳（F 24.6）；ʐəŋ 壬（F 9.6）人（F 17.6）
iəŋ	pʻiəŋ 贫（F 35.6）凭（F 29.2）；liəŋ 陵（L 3.9）绫（F 25.6）；tsiəŋ 晋（L 3.16）甑（F 23.4）；siəŋ 辛（F 9.6）； jəŋ 阴（F 5.1）因（F 27.5）寅（F 10.1）蝇（F 17.3）应（L 4.21）
oŋ	moŋ 门（F 23.2）蒙（F 31.2）；tsoŋ 尊（F 29.5）骏（L 6.27）宗（L 3.30）；soŋ 孙（L 5.5）松（F 13.2）宋（L 3.31）；woŋ 文（F 19.6）诨（F 33.1）温（L 3.5）闻（F 31.6）问（F 30.6）

八 结语

西夏文献中反映的汉语音韵信息与现代晋方言相关，这一设想的提出始于王洪君[①]，然后乔全生系统论述了这一古代方言与现代晋语汾河片相近的声韵特征[②]。随之经过多位学者的不断探索，党项方言与现代晋方言存在亲缘关系已经成了公认的事实。本文提出的党项方音构拟框架在前人结论的基础上做了大幅修正，结果可以证明党项方言与现代晋方言的关系要比学界此前预期的密切得多。12 世纪党项方言里虽然有一些受党项音系限制而产生的变异，如效咸山三摄的二等舒声读 a，但余下的声韵特征

① 王洪君：《山西闻喜方言的白读层与宋西北方音》，《中国语文》1987 年第 1 期。
② 乔全生：《现代晋方言与唐五代西北方言的亲缘关系》，《中国语文》2004 年第 3 期，

如疑影喻母的重新组合、元音的依层级高化等都与历史演变的一般规律相符，甚至许多汉字的读法都可以在现代晋方言各片中找到相同的音型。由此是不是可以设想，唐代的西北方言曾以长安为中心向四周传播，东至山西省，西至甘肃敦煌，北至内蒙古河套地区，一度成了中古时代最有影响的方言之一。这种方言在河西经历了与山西大致平行的发展，其中仍然可以找到现代晋语各方言片里一些古老特征的遗存。

（原载《中国语文》2021 年第 2 期，页 238—253）

十二世纪河西党项方言的文白异读层次

同一个汉字在同一个方言区里根据语境有“读书音”和“白话音”两种读法的选择，这种现象多见于吴方言和闽方言，且一般表现为不成系统的零散现象。本文准备指出公元12世纪党项人说的河西方言里存在另一种类型的文白异读，文白两套读音在鼻韵尾上表现为成系统的两个层次，而且与现代汉语文白异读的产生缘由有异。

一

这里所谓的“12世纪河西党项方音”指的是西夏文献里反映的汉语音韵系统，其分布地域以今天的宁夏回族自治区北部为中心，兼及内蒙古自治区和甘肃省的中西部[①]。基于这种方言写成的众多文献于1909年出土于内蒙古额济纳旗的黑水城遗址，今藏俄罗斯科学院东方文献研究所。这些资料依用途可以分成两类：一类是西夏译中原典籍里的译音字，通过同一个西夏字与不同汉字的对译可以看出当时汉字音的归并情况；另一类是西夏所译汉文密宗佛典里的咒语，这些咒语直接译自梵文，通过与梵文原本对勘，可以得到汉字读音的直观印象。

汉语西北方言在三十多年前正式引起学界关注，研究者主要是龚煌城和李范文[②]。不过应该指出，那时人们研究西北方言依据的基础资料仅仅是1190年的汉语—西夏语音义对照字书《番汉合时掌中珠》，目的是给随后进一步构拟西夏语打下基础，以致其中不少解释都深受前人西夏语构拟结论的影响，并非全都适合于汉语本身，研究者自然也没有考虑这个方言的成因及与其他古今方言的关系。

依据西夏字和汉字对音可以得出河西方言的大致面貌。到目前为止，人们总结出这个方言的主要特征是：

① 今天的陕西省北部也一度处于西夏王国疆域之内，只是迄今没有在当地发现西夏文字的资料。
② 龚煌城：《十二世纪末汉语的西北方音（声母部分）》，《“中央研究院”历史语言研究所集刊》第52本第1分，1981；《十二世纪末汉语的西北方音（韵尾问题）》，载龚煌城：《汉藏语研究论文集》，北京：北京大学出版社，2004。李范文：《宋代西北方音》，北京：中国社会科学出版社，1994。

（1）中古的浊塞音和浊塞擦音声母变成了相应的送气清音，例如“部”“普”同读 pho，“其”“起”同读 khi，“自”“此”同读 tshi①。

（2）一部分中古鼻声母字保留了古来的读法，另有一部分中古鼻音字的声母变成了相应的浊塞音和浊塞擦音，例如“迷”读 bi，“捺”读 da，“尼”读 dʑi②。

（3）中古的入声韵尾全部失落，例如“木”“墓”同读 bo，“息”“西”同读 si，“达”“他”同读 tha，“急”“己”同读 ki③。

（4）中古一部分阳声韵的韵尾失落。

前两项音变被视为盛唐以来西北方言区别于中原方言的重要特征，第三项公认为河西话在后世的特有变化，而第四项虽然在宕梗两摄中大致确定无误④，但其细节却始终没有得到圆满的论证。如所周知，关于阳声韵尾失落的早期文献记载集中见于唐代密宗佛典里用汉字音译的梵文咒语，例如以“莽”译 *ma*，以“曩”译 *na*，以“仰”译 *ṅa*⑤。这个传统在其后数百年间不同民族的文献中多有反映，例如在吐鲁番所出“摩尼文粟特语日曜占卜书”里，作为天干的梗摄字“丙”*pīy*、“丁”*ṭīy*、“庚”*qēy* 的韵尾是 *-y* 而非鼻音⑥。在敦煌所出残唐五代时期的藏汉对音本《千字文》里，绝大多数宕摄字和梗摄字都不带鼻韵尾，对音分别作 *-o* 和 *-e*⑦。同样，在时代稍晚的回鹘文译本《大唐大慈恩寺三藏法师传》里，绝大多数宕摄字和梗摄字也都不带鼻韵尾，对音分别作 *-o* / *-u* 和 *-i* / *-ï*⑧。至于所涉宕梗二摄韵母的真实性质，前人或猜想为舌根擦音尾，或猜想为鼻化元音，这无关紧要，最简单的解释莫如采纳周祖谟的意见，认为

---

① 龚煌城：《十二世纪末汉语的西北方音（声母部分）》。

② 依龚煌城说，相关的声母也可能是带有鼻冠的 mb-、nd-、ndʑ-，这符合现代晋语区一部分地方的情况，参看乔全生在《晋方言鼻音声母的演变》（《山西大学学报》2003 年第 4 期）里的论述。不过仅凭西夏的书面记载，我们不能确定这些声母究竟是浊塞音或塞擦音前面加上了鼻冠，还是鼻音后面产生了除阻。

③ 龚煌城：《十二世纪末汉语的西北方音（韵尾问题）》。李范文在《宋代西北方音》第 325–326 页的想法与此不同，他认为古来的入声韵尾在当时合并成了一个 -ʔ，不过这个假设没能得到其他学者的赞同。

④ 与后代略有差别的是梗摄二等的读音与蟹摄二等相同，例如《番汉合时掌中珠》对音“庚”“皆”同用、“樱”“矮”同用，《类林》对音“孟”“买”同用、“横”“淮”同用。这说明梗摄二等的中古韵母 aŋ 和 uaŋ 在当时读作 ɛ、uɛ 或者 ai、uai，后者恰好符合日译汉音的形式。

⑤ H. Maspérɔ, Le dialect de Tch'ang-ngan sous les T'ang, *Bulletin de l'Ecole française d'Extrême-Orient* 20, 1920. 聂鸿音译《唐代长安方言考》，北京：中华书局，2005，第 29 页。

⑥ F.W.K. Müller, Die „persischen" Kalenderausdrücke im chinesischen Tripiṭaka, *Sitzungsberichte der Preussischen Akademie der Wissenschaften, Sitzung der philosophisch-historischen Classe* 16, 1907.

⑦ 罗常培：《唐五代西北方音》，中央研究院历史语言研究所单刊甲种之十二，1933，第 36—38 页。

⑧ 聂鸿音：《回鹘文〈玄奘传〉中的汉字古音》，《民族语文》1998 年第 6 期。

那表明古来的鼻韵尾已经完全消失了[①]。考虑到“唐密”一派佛教的开创者善无畏、金刚智和不空都是经西域进入长安的，结合此前对摩尼文、藏文、回鹘文乃至汉文文献的研究，可以认定部分阳声韵脱落鼻韵尾是7世纪以后丝绸之路沿线汉语方言的共同特征。然而现在的问题是，当时间进入12世纪末期的时候，这个演化是否还在进行？或者说，鼻韵尾在河西方言的哪些韵里失落了，在哪些韵里还保留着？

要回答这个问题，首先可以利用《番汉合时掌中珠》大致整理出汉字音的分类。具体说来就是，如果看到同一个西夏字与几个不同的汉字对音，那么无论这些汉字的中古音韵地位如何，我们都判断它们的读音相同；如果看到西夏韵书《文海》同一个韵里的西夏字与中古不同韵的多个汉字对音，我们就判断这些汉字的韵母相同。举个简单的例子：《番汉合时掌中珠》里有西夏字“𗧓”，在第6叶第5栏用来音译“罗”，在第16叶第4栏用来音译“狼”，在第16叶第3栏用来音译“骆”，由此我们判断汉字“罗”“狼”“骆”尽管分别属于阴声、阳声和入声，但它们在这里的读音一定相同。

近年孙伯君特别关注了西夏人据梵文音译的佛教咒语，并搜集校理了全部资料，以梵汉对照的形式刊布[②]。这些咒语的问世时间在12世纪下半叶至13世纪上半叶，同样可以认为是河西汉字音的忠实写照[③]。现在如果拿“罗”“狼”去对照咒语里的梵汉对音，就可以看到与“罗”同音的“逻”在《大悲心总持》里音译 *lo*（啰呤$_{二合}$逻迦 = *trailokya*，三界），与“狼”同音的“浪”在《胜相顶尊总持》里音译 *lo*（阿斡浪鸡帝说呤 = *avalokiteśvara*，观世音）[④]。由此可以圆满解释阴阳入声同用的对音例——“罗”“狼”“骆”实际都读 lo，也就是说，“狼”的韵尾 -ŋ 和“骆”的韵尾 -k 都失落了，同时还引起了前面元音的高化。可是，若取咒语的全部梵汉对音与《番汉合时掌中珠》的汉夏对音对比，却引发了一个全新的问题，即这实际上是两套性质不

① 周祖谟在《宋代方音》（载《问学集》下册，北京：中华书局，1966，第656—658页）里举了宋人笔记中的例子，如张师正在《倦游杂录》中说到关右人作诗，有“县官伐木入烟萝，匠石须材尽日忙”之句，认为“盖以乡音呼忙为磨方能叶韵”，又刘攽《贡父诗话》记载当时的关中方言以“丹青之青为萋”。

② 孙伯君：《西夏新译佛经陀罗尼的对音研究》，北京：中国社会科学出版社，2010，第27—38、42—55页。

③ 孙伯君：《西夏译经的梵汉对音与汉语西北方音》，《语言研究》2007年第1期。

④ 原件为西夏天盛元年（1149）合刊本《圣观自在大悲心总持功能依经录》和《胜相顶尊总持功能依经录》，西夏国师鲜卑宝源译。照片刊布于俄罗斯科学院东方研究所圣彼得堡分所、中国社会科学院民族研究所、上海古籍出版社编《俄藏黑水城文献》第4册，上海：上海古籍出版社，1997，第41—51页。

同的材料，二者表现的语音并非处处都像“罗”“狼”读 lo 那样契合，其中最令人费解的就是阳声韵在两类文献中的不同表现。中古阳声汉字在汉夏对音里本来就存在少许混乱的地方，再加上与梵汉对音的矛盾，使得学界至今对这个问题拿不出统一的意见，而事实上鼻韵尾问题恰是我们今天认识河西方言性质的关键所在。

二

宕摄和梗摄在西北方言里已经没有了鼻韵尾，这已经得到了此前大量研究的反复证实，无需再行论证。有必要重新讨论的是另外几个阳声韵摄①。首先应该指出的是，此前的所有研究者都把余下的阳声韵构拟为鼻化元音，也就是说，认为河西方言没有真正意义上的鼻韵尾，这恐怕是受了西夏语音结构的误导。的确，文献中所见党项本语词都是开音节的，但我们似不该设想出一个鼻化元音来强行调和其与汉语音节结构的差异，就像没必要设想出一个喉塞音 -ʔ 来强行调和入声与阴声的差异一样。比如说，当我们把《吾汉合时掌中珠》的对音汉字纳入西夏韵书《文海》各韵之后，就会看到有些韵的对音汉字全部是阳声，绝对不出现阴声字和入声字，这样我们自然应该判断这些汉字都带有真正的鼻韵尾，而没必要虚拟一个鼻化元音出来。下面的例子来自苏敏整理的《文海》平声第 15 韵和第 16 韵的对音汉字②，每个韵都有开口合口两类：

平声第 15 韵（含上声第 13 韵）：

开口一等——臻摄 / 曾摄 / 通摄

本门③根艮 / 灯等腾 / 蒙

合口一等——臻摄 / 通摄

寸巽婚粉④/ 风蜂凤缝奉送松

① 江摄的对音例过少，不能提供明确的语音信息，故本文暂不详述。

② 本文所引对音汉字与《文海》诸韵的对应均采自 M.B. Софронов, *Грамматика тангутского языка* 2, Москва: Наука, с. 13-19, 27-28，其中个别存疑字不计。

③ “本”“门”和后面的“蒙”被等韵图列在合口，我们依惯例取消 u 介音，视为开口。在古来的梵汉对音里，明母字后面的 u 可以是主元音，但不能是介音。例如明母合口字“谟”的对音是 *mo*（曩谟 *namo*，南无），“满”的对音是 *man*（三满多 *samanta*，贤）。

④ 党项语没有轻唇音，党项人用 x- 替代汉语的 f-，所以我们把这些字视为不带 i 介音的洪音字。西夏文献中反映的这种现象与汉语方言里常见的“f / xu 混读”巧合，比如“粉”读 xuŋ，“风”以下几字读 xuŋ。

平声第 16 韵：

开口三等——深摄 / 臻摄 / 曾摄

禀林檩针枕沈审深壬今金襟琴钦饮阴 / 宾民旻亲尽真嗔陈蔯震尘身申神辰肾人斤筋紧银因茵寅 / 凭甑蒸证秤绳

合口三等——臻摄

轮春君军云运

在现代方言里，如果深臻曾通四摄的韵尾合并成了一个，则东南地区多读 -n，西北地区多读 -ŋ。以此类推，我们自然应该选择后者。按照音韵学的传统认识，这些字既然归属同一个韵，其主元音就应该相同，比如像高本汉为三等韵构拟的那个若有若无的短 ĕ。然而考虑到这几个西夏韵的结构完全是汉文韵书的模仿，所以除了开口韵之外，我们似也不必保留可能存在的主元音 ə 以求拼式简单，那么就有：

臻摄曾摄开口一等：əŋ　　臻摄通摄合口一等：oŋ

深摄臻摄曾摄开口三等：iəŋ　　臻摄合口三等：ioŋ

相关对音字的读音举例如下：

əŋ 韵：本 pəŋ，门蒙 məŋ，灯 təŋ，腾 thəŋ，根 kəŋ

iəŋ 韵：禀宾 piəŋ，凭 phiəŋ，民 miəŋ，林 liəŋ，甑 tsiəŋ，亲 tshiəŋ，针真蒸 tʂiəŋ，陈秤 tʂhiəŋ，审身绳 ʂiəŋ，壬人 ʐiəŋ，今斤 kiəŋ，钦 khiəŋ，阴因银寅 iəŋ

oŋ 韵：寸 tshoŋ，巽送 soŋ，粉风 xoŋ

ioŋ 韵：轮 lioŋ，春 tʂhioŋ，君 kioŋ，云 jioŋ

可想而知，北方方言里最常见的尖团音混读（ts / k > tɕ，tsh / kh > tɕh）一定也在晚期的西北地区发生过，一旦把这一点考虑进去就很容易看出，以上例字正是现代兰银方言区乃至陕晋两省北部地区的典型形式。如果认为当地现代方言与 12 世纪河西话之间存在某种历史亲缘，那么我们就没有理由认为这些韵在当年是鼻化元音，因为

əŋ > ẽ > əŋ 这一演化序列在语音史上是不成立的。

以上面确定阳声韵的思路考察下去，还可以解释咸山摄的情况。下面的例子来自苏敏整理的《文海》平声第 24 韵的对音汉字[①]，韵内分开口合口两类，对音字全部是阳声一等，不与阴声和入声相混：

平声第 24 韵（含上声第 22 韵）：

开口一等——咸摄 / 山摄

三甘敢堪坎含鹤 / 半盘判[②]丹檀栏干肝看汉汗安鞍案

合口一等——山摄

断暖官冠观罐酸蒜

根据常识，如果某个汉语方言里发生了韵尾 -m（咸摄）和 -n（山摄）的混并，那一定是 -m 变成了 -n 而非相反，由此可以判定咸山二摄一等字的韵母是 an 和 uan。相关对音字的读音举例如下：

an 韵：半 pan，盘 phan，丹 tan，檀 than，三 san，甘干 kan，坎看 khan，含汗 xan，鹤安 an

uan 韵：断 tuan，暖 nuan，官 kuan，酸 suan

反之，《番汉合时掌中珠》里的一个西夏字既可与汉语的阳声韵字对音，又可与汉语的阴声韵字和入声韵字对音，那么这些汉字的韵母一定是非鼻化的、普通的元音[③]。下面的例子来自苏敏整理的《文海》平声第 18 韵和第 19 韵的对音汉字[④]，其中阳声与阴声和入声相混：

平声第 18 韵（含上声第 15 韵）：

①Софронов, *Грамматика тангутского языка* 2, с. 19.

②“半”“盘”“判”三字韵图列在合口，我们依惯例取消 u 介音，视为开口。理由同上文明母字“本”“门”“蒙”。

③聂鸿音：《西夏语音商榷》，《民族语文》1985 年第 3 期。

④Софронов, *Грамматика тангутского языка* 2, с. 16-17.

开口二等——咸摄 / 山摄 / 假摄 / 效摄

监甲匣狭 / 攀盏产间限八拔 / 霸琶帕茶叉家加枷假嫁下夏 / 爪笊炒交孝

合口二等——假摄

苽寡

平声第 19 韵（含上声第 16 韵）：

开口三四等[①]——咸摄 / 山摄 / 假摄

袦闪罨 / 氈缠然折 / 者车舍阇

平声第 36 韵（含上声第 33 韵）：

开口三四等——咸摄 / 山摄 / 梗摄 / 假摄

检氎蝶 / 免面年念剪肩铁契 / 平瓶明顶听定令岭菁经敬轻卿刑 / 姐野夜

参照假摄的读音，可以认为咸山摄二等的韵母是 a，三四等的韵母是 ie。其中阳声对音字的读音举例如下：

a 韵：攀 pha，盏 tʂa，产 ʂa，监间 ka，限 xa

ie 韵：免 mie，年 nie，剪 tsie，检肩 kie

在丝绸之路沿线的少数民族文献里，咸山摄二三四等字大都是带鼻韵尾的，例如“摩尼文粟特语日曜占卜书”以 *žīm* 译“壬”，以 *sīn* 译“辛”，回鹘文《大唐三藏法师传》以 *yim* 译“炎”，以 *min* 译“绵”，以 *qan* 译“简”，以 *hin* 译“贤”。只是在藏汉对音的《大乘中宗见解》里有“言”*'ge*，“免”*mye*，“天”*'de* 三个对音，显露了山摄鼻韵尾消变的朕兆[②]。由此看来，12 世纪河西方言咸山摄二三四等鼻韵尾的失落应该是《大乘中宗见解》一派汉语方言的进一步发展。现代晋方言太原话和大同话的三四等也表现为完全相同的形式[③]，只是二等在后来衍生了一个 i 介音，这个

① 西北方言的有些三四等韵在汉夏对音和梵汉对音里都没有表现出清楚的界限，读音时常游移于 e 和 i 之间，所以龚煌城主张把三四等字合并起来，认为那时的西夏语和汉语都只有三个“等”。参看 Hwang-cherng Gong, A hypothesis of three grades and vowel length distinction in Tangut, *Journal of Asian and African Studies* 46-47, 1994.

② 罗常培：《唐五代西北方音》，第 53 页。

③ 本文提及的古今汉语方言形式据高本汉《中国音韵学研究》（赵元任、罗常培、李方桂译，上海：商务印书馆，1940）的“方言字汇”。

介音引起了前面声母的腭音化和后面元音的高化（ka > tɕiæ），使其发音变得与三四等相同了。

为了解释鼻音韵尾的存留，我们离析了咸山摄的等列。另在一些情况下，我们还不得不离析同一韵中的声类。孙伯君注意到，汉语通摄阳声韵中端组和精组声母字的表现形式与其他声母字不同，即大部分通摄字已经失落了鼻韵尾，只有端组、精组和影组字仍然保留了鼻化的迹象①。这是一个非常值得效法的观察视角，需要补充的只是，保留着鼻韵尾的通摄字似乎只集中在端组的塞音声类，泥母应该不在此列，因为我们看到《番汉合时掌中珠》里有个“𗏁”字，用来对译通摄的“农”“笼”，也用来对译阴声字“炉”“露”和入声字“禄”“碌”“鹿”，阴阳入声同用表明“农”字应该没有鼻韵尾。当然，这或许可以用当时西北方言的“泥来混读”加以解释，即西夏人实际上是把“农”读成了 lu②，但我们看到在西夏译的《大悲心陀罗尼》里有“屹浓二合钵委怛”（*jñopavītta*）一句，其中同属通摄的“浓”相当于不带韵尾的 ño。另外如孙伯君注意到的，《番汉合时掌中珠》里有“通”“桶”“统”“同”“铜”“动”六个字都用了“𘏠𗴮”作为反切注音，后面一个字从字形到字音都借自汉语的“門”。前面我们已经说过“门”在当时的读音是 məŋ，所以通摄的端透定母字也带真正的鼻韵尾（-uəŋ）而非鼻化元音。

三

如果把上述几个阳声韵摄与同时代的梵汉译音对比，则可以看到明显的矛盾——《番汉合时掌中珠》里除了脱落鼻韵尾的宕梗二摄和保留 -n 韵尾的山摄一等字之外，其他韵类的读音大都不与《大悲心总持》和《胜相顶尊总持》反映的情况相符。如孙伯君所指出的，梵汉对音的总体特点是咸深山臻四个韵摄仍然保留有鼻韵尾③。具体看来，这四个韵摄里只有山摄一等的表现形式与《番汉合时掌中珠》相同，例如：

满：*man* —— 萨满怛 *samantā*，满啰啰二合 *mantra*

① 孙伯君：《12 世纪河西方音的通摄阳声韵》，《中国语文》2012 年第 2 期。
② 聂鸿音：《汉语西北方言泥来混读的早期资料》，《方言》2011 年第 1 期。
③ 孙伯君：《西夏新译佛经陀罗尼的对音研究》第 107—108 页。

珊：*san* —— 珊嚓引啰你引 *sandhāranī*

sañ —— 珊左殢矴 *sañcodite*

干：*kan* —— 你䢘干达 *nīlakaṇṭha*

咸摄字则不分等列，基本的对音指向都是 -m[1]，这与《番汉合时掌中珠》有异：

喃：*nāṃ* —— 萨咄喃引 *sattvanāṃ*

揽：*laṃ* —— 不啰二合揽末 *pralaṃbha*

三：*sam* —— 三末永 *sambhave*

蟾：*śaṃ* —— 蟾渴 *śaṃkha*

剡：*yam* —— 屹哩二合嚓剡 *hṛdayam*

纤：*siṃ* —— 纤诃 *siṃha*

西夏人对梵文 *-m* 还有一种特殊的处理方式，这种方式不见前人使用，需要专门解释一下：

端合口：*tvāṃ* —— 厮麻二合啰端合口 *smaratvāṃ*

嚓合口：*dam* —— 嗢嚓合口 *idam*

啰合口：*raṃ* —— 末唎啰合口 *vajraṃ*

对音字后面附注的“合口”显然在提示音节的尾音是 -m，这就是说，译者口中的汉语里没有 *tvāṃ*、*dam*、*raṃ*（lam）这样的音节。事实上前两例不难理解——第一个是因为汉语的咸摄没有合口字，所以借用了山摄合口字“端”（tuan）；第二个是因为汉语的定母已经清化为 th-，所以借用了当时读作 da 的“嚓”。只有最后一个 *raṃ* 让人困惑，我们想不通译者为什么不选用“啮”字，这个字在《密咒圆因往生集》的“净法界咒”里正用来对译梵文 *raṃ*[2]。

① 这一类中有个例外——咸摄三等字“阎”在“委昤二合阎矴”（*vīryante*）里的对音是 *yan*，其中的韵尾 *-n* 不合规律。这一例外也许是随后的辅音 *t* 造成的，即这个 *t* 在实际阅读时把它前面的 *-m* 同化成了发音部位一致的 -n。

② 孙伯君：《普宁藏本〈密咒圆因往生集〉的八思巴字注音研究》，《中华文史论丛》2009 年第 3 期。

山摄二三等字和臻摄字的对音表现为带韵尾 *-n*/*-ñ* 的音节，没有例外：

> 錢：*can* —— 啊哈$_{\text{重}}$伸錢丁六 *abhiṣiñcantu*
>
> 剜：*van* —— 末遏剜 *bhagavan*
>
> 衍：*yan* —— 萨麻$_{\text{引}}$说$_{\text{引}}$萨衍丁六 *samāśvāsayantu*
>
> 伸：*ṣiñ* —— 啊哈$_{\text{重}}$伸錢丁六 *abhiṣiñcantu*

江通曾三摄的对音例极少，一时很难决定是否带有鼻韵尾。例如有个极罕见的“⿰口⿰尨鳥”字，估计是给“⿰尨鳥”加上口字旁临时造出的，“⿰尨鳥”字《集韵》平声江韵莫江切，则“⿰口⿰尨鳥”也属江韵应该没有问题。这个仅见的江韵字用来对译梵文 *māṃ*，按照通常的认识，梵文的 *ṃ*（*anusvara*）应视为元音的鼻化符号，这似乎暗示“⿰口⿰尨鳥”有鼻韵尾，然而我们却不能解释那个口字旁的功用。按照西夏佛经翻译的传统，给译音汉字加上口字旁的目的是改变声母的读音，例如“捺”读 na 而“⿰口捺”读 da，而这里我们不能判断“⿰口⿰尨鳥”的口字旁是不是用来提示鼻化元音的。通摄仅有的两个对音例似乎引导人们做出鼻化元音的选择。如上所述，“浓”的对音是 *ño*，显示至少有一部分通摄字没有鼻韵尾，据此似可解释同韵的“⿰口隆”，这个字用来对译梵文 *bhrūṃ*（没⿰口隆$_{\text{二合}}$），里面的口字旁应该是用来提示鼻化元音的。

《番汉合时掌中珠》证明曾摄有鼻韵尾，但是开口一等的“能”字很可能是例外。这个字的西夏对音与“那”同用，在佛经咒语里，加上口字旁造出的“⿰口能”和不加口字旁的“能”总是用来对译梵文不带鼻韵尾的音节。例如：

> 能：na —— 斡呤$_{\text{二合}}$能 *varna*
>
> ⿰口能：da —— 齐⿰口能捺 *chedaṇa*
>
> dha —— ⿰口能⿰口能啰$_{\text{引}}$也 *dhadharāya*

很清楚，口字旁在这里的作用是标识声母 n > d 的转换。同样很清楚，“能”的读音是没有鼻韵尾的 na[①]。

① 目前的初步感觉是，非但宕梗二摄，其余通江曾三摄的泥母字似乎都脱落了古时的韵尾 -ŋ。只不过目前掌握的资料有限，还不足以做出有绝对把握的结论。

宕摄和梗摄与《番汉合时掌中珠》一样没有鼻韵尾，其间不出现参差情况，所以是最没有疑问的：

嚷：*ro* —— 末唎嚷 *vajro*

ru —— 葛嚷祢葛 *karuṇika*

商：*śo* —— 商嵘也 *śodhaya*

śu —— 委商宁 *viśuddhe*

ṣu —— 末英商 *bhayeṣu*

桑：*su* —— 桑嚷 *suru*

光：*ku* —— 光嚷 *kuru*

养：*yo* —— 养宜说啰 *yogeśvara*

yu —— 捞屹啰二合养 *cakrāyu*

铭：*me* —— 铭萨嵘引 *mesadā*

mi —— 哑斡呤二合怛英折引铭 *āvartayiṣyāmi*

喻重：*bhe* —— 遏哩二合喻重 *garbhe*

bhi —— 啊喻重伸钱丁六 *abhiṣiñcantu*

矴：*te* —— 麻矴 *māte*

宁：*de* —— 宁兮 *dehi*

ddhe —— 熟宁 *śuddhe*

dya —— 怛宁达引 *tadyathā*

呤：*re* —— 末唎呤二合 *vajre*

ri —— 屹呤二合实捺二合 *kriṣṇa*

形：*he* —— 形形 *hehe*

hye —— 嗌形兮 *ehyehi*

嗌：*e* —— 嗌形兮 *ehyehi*

英：*ye* —— 末英商 *bhayeṣu*

yi —— 哑斡呤二合怛英折引铭 *āvartayisyāmi*

永：*ve* —— 三末永 *sambhave*

vi —— 永涅引 *vidyā*

定：*thi* —— 厮定二合怛 *sthita*

哰：*ri* —— 不哰二合也 *priya*

㗚：*ji* —— 啊㗚捺哆怛引 *ajinajaṭā*

星：*si* —— 星㗘 *siddhā*

sya —— 逻葛星 *lokasya*

兮：*hi* —— 宁兮 *dehi*

四

《番汉合时掌中珠》和佛教咒语都比不得真正的语音学著作，其内部出现些龃龉的情况在所难免。例如咒语译音用字经常会出现 *i/e* 和 *o/u* 的混乱，我们不知道这究竟是出自所据梵文底本的歧异还是缘于两种语言音质的不同。不过抛开一些细节不论，两份材料的最大差别在于处理阳声韵尾的方式，这是可以一望而知的。其集中表现是，《番汉合时掌中珠》失掉了咸摄和山摄二三四等字的中古鼻韵尾，又把深臻曾三摄的韵尾一律读成了 -ŋ，而中古深咸山臻四摄的 -m、-n 两个韵尾则在咒语译音里原样保留了。鼻音韵尾成系统的差别引导我们把《番汉合时掌中珠》和佛教咒语视为 12 世纪河西方言的两个不同层次。根据此前的研究，西夏译的汉文非佛教典籍[1]，乃至佛教著作里除咒语以外的部分，其译音规则都与《番汉合时掌中珠》相符。与此相对的是，佛教咒语尽管有些可能成于蒙元时代，但一律使用了西夏中期开创的梵汉对音系统[2]，二者之间的界限非常清楚。

两个层次的读音各有特定的使用场合。《番汉合时掌中珠》是一部汉语—西夏语音义对译的民间启蒙教材，编者骨勒茂才是个党项乡塾先生，他在书的序言里说：

> 不学番言，则岂和番人之众？不会汉语，则岂入汉人之数？[3]

这部教材显然是针对西夏的普通民众编写的，其语音基础自然是西夏地区最通行

① 龚煌城：《类林西夏文译本汉夏对音字研究》，《考古与历史文化：庆祝高去寻先生八十大寿论文集》下，台北：正中书局，1991；彭向前：《〈孟子〉西夏译本中的夏汉对音字研究》，杜建录主编《西夏研究》5，上海：上海古籍出版社，2010。

② 孙伯君：《西夏译经的梵汉对音与汉语西北方音》，《语言研究》2007 年第 1 期。

③ Luc Kwanten, *The Timely Pearl, A 12th Century Tangut Chinese Glossary*, Bloomington: Indiana University Press. 1982, p. 191.

的汉语口语。现存的西夏文原著和译著的刻本大都出自党项大臣和僧官之手，所有作品的语音系统都相同，使我们认定西夏朝野在日常交往乃至写作时依据的就是以《番汉合时掌中珠》为代表的这套语音。

僧人平时说话乃至翻译显宗佛经时也用这套音，只是在翻译密宗的咒语时才改用另外一套，那无疑是为了满足密宗对念诵咒语的严格要求。按照盛唐以降的密宗传统，诵咒时必须做到读音的绝对准确，否则就会影响咒语的灵验效应，所以选用译音汉字时必须使之最大限度地接近梵文读音，为此译者总是不惜使用多种附注甚至新造怪字来模拟汉语里没有的梵文音节。具体到西夏时代，僧人们虽沿用了个别的传统译音字，例如以“唵”译 *oṃ*，但同时也自造了大量怪字[①]，证明西夏译经僧审音的细致态度不亚于唐密。大约就是出于这个缘由，西夏僧人从其他地方的“标准语”里成系统地借来了一套能准确表示梵文 *-m*、*-n* 的字音，专门用于密咒的翻译。这套标准语很可能是长安话，因为那是不空金刚以后密咒译音最权威的传统。

我们把《番汉合时掌中珠》的语音称作“口语音”，把翻译密咒用的语音称作“诵咒音”，分别相当于方言学所谓的“白话音”和“读书音”。可以想定，这种成系统的“文白异读”现象主要存在于密宗教派的僧侣集团，至多扩展到一些痴迷的信徒中间。他们平常使用的是口语音，而诵咒音则是后来通过学习才掌握的。念经时仅在咒语部分使用诵咒音，其余部分的经文仍然使用口语音，而且诵咒音从来不与日常的口语音混合使用，这是党项人的“文白异读”与现代方言不同的地方。下面简单举例说明其间的区别，语音形式据对音构拟：

译音字	音韵地位	诵咒音	口语音
纤	心盐开三	si̯ĕm	sie
剡	以琰开三	jam	jie
蟾	禅盐开三	ʂan	ʂie
笺	精先开四	tsien	tsie
衍	以狝开三	jan	jie
伸	书真开三	ʂiən	ʂəŋ

① 这证明西夏人翻译咒语不是像宋代中原经师那样大量沿用前代传统的译音字（所谓“顺古译”），而是自己新建了一套用字系统。当然这个系统没有在后世产生足够的影响。

西夏境内有诸多民族居住，其中人口最多的是党项人和汉人，这有利于他们各自母语的保存，也为他们互相学习语言创造了条件。不过就像当代非汉民族学习汉语那样，除非受过专门的严格训练，党项人说的汉语总会受到其母语发音特点的制约而产生变异，所以学术界所谓的“12世纪西北方音”很难说是唐宋西北方言的直接后代，而是在党项音系格局下产生了变异的“党项式汉语”[①]。党项语就像现代的彝语支大多数语言那样，以不带辅音尾的开音节为突出特征，这造成了一系列我们不能确切回答的问题，例如党项式汉语里无论是口语音还是诵咒音都没有入声韵尾，这一现象究竟是西北方言历史演化的结果，还是缘于党项人根本就不会读出塞音尾来从而把它省掉了？后者就像现在的彝人和纳西人不会读塞音尾和鼻音尾那样——他们把所有带辅音尾的音节都改造成了开音节。如果结合地域相接的历史文献，则可以看到汉语塞音尾在12世纪前后的回鹘译音中得到了清楚的反映，而在比西夏略晚一点的蒙古译音(如《蒙古秘史》）中却全然消失了。回鹘语和蒙古语本身可以读出塞音尾，所以应该相信蒙古人所说的汉语脱落了塞音尾是历史演化的结果，然而蒙古人所说的汉语似乎属于后来的北方官话区，不好直接用来证明党项式汉语的实情。

不管怎样，根据塞音韵尾的特殊表现，我们可以考虑把党项式汉语从西北方言分立出来，单独构成丝绸之路方言区的一个“方言岛”。这个方言岛虽然由不同民族的语音特点杂糅而成，但是从总体趋势看，除了塞音韵尾的脱落不好解释外，其他声韵类的读法大都可以在前代的敦煌方言和后代的兰银官话乃至晋语部分地区找到相似之处。至于党项式汉语中那套读书音，事实上是从长安方言借来的，其根本目的仅在利用其中的韵尾 -m 和 -n。当不涉及这两个韵尾的时候，例如宕摄和梗摄，党项式汉语的读书音和口语音就基本上是统一的，可以正常地纳入西北方言的演化序列。

（原载乔全生主编《北斗语言学刊》7，凤凰出版社，2020，页3—16）

① 孙伯君：《12世纪河西方音中的党项式汉语成分》，《中国语文》2016年第1期。

女真文中汉语借词的音韵特点

女真文是12世纪以后在中国北方出现的一种文字，记录的是女真语。在现存的女真文资料中有一批汉语借词，其读音反映了当时东北以至中原地区的汉语音韵概貌，并可以与元代周德清的《中原音韵》相印证。在此之前，学界研究《中原音韵》多参照13世纪的八思巴蒙古文。女真文虽不是字母式的标音文字，但它的出现时间比八思巴字还早百多年，所以也应在汉语音韵史上占有一席地位。事实上，《中原音韵》虽成书于元代，但其音韵特点早在女真时期便已定型了。

一

《金史·完颜希尹传》记载，希尹曾“依仿汉人楷字，因契丹字制度，合本国语，制女真字”。《金史·熙宗本纪》又说，天眷元年（1138），“颁女真小字”。据史书可知，金代曾有两种文字并行国中，一种是太祖完颜阿骨打于1119年颁行的“女真大字”，另一种是熙宗完颜亶于20年后颁行的“女真小字”。这两种文字形体相近，在当时曾共用来翻译经书。后来小字逐渐废弃不用，而大字则一直使用了明代初年。今天我们所能看到的女真文资料只有几通碑刻，以及明代四夷馆所编《女直译语》，用的都是大字，小字资料极少，且多不成文。所以人们通常所说的“女真文”，实际上仅指女真大字而言。

现存最早的女真文碑刻是大定二十五年（1185）的“大金得胜陀颂碑”。在此之前的半个世纪，金国便已灭了北宋王朝，占领了中国北部的广大地区。女真人大量迁入中原，与汉人杂居，汉文化强烈地影响着女真人。与此同时，一批汉语字词也自然而然地进入了女真语文。女真文记录汉字词的手段有两种，一种可称为“音读”，即用读音相同或相近的女真字来音译汉语词，另一种可称为“训读”，即只借用汉字的形体并略加改变，而读以女真语音。“训读”与汉语音韵关系不大，本文所用的都是女真“音读”中的借词和音译词资料。女真语属于阿尔泰语系的满—通古斯语族，和汉语没有亲缘关系，这显然更提高了“音读”汉语借词的可信程度。

女真人音译汉语借词的态度是相当认真的。女真语没有双元音韵母，凡遇到带双元音的汉语借词时，他们总是用两个女真字合起来译。例如当时汉语“毛”字的韵母是 ao，女真人便用读若“马”和“敖”的两个字来对译，意思是 ma + o = mao。当时汉语“揆”字的韵母是 ui，女真人便用读若“库”和“委”的两个字来对译，意思是 ku + ui = kui。这种类似“反切”的译音手段使女真文对汉语借词的译音显得更加准确。

首次用语言科学方法研究女真语文的著作是威廉·格鲁贝的《女真语言文字考》[①]，最近的著作则是金光平和金启孮合写的《女真语言文字研究》[②]。在这期间，国际学术界提出过好几种女真语构拟方案，除格鲁贝和金氏之外，主要的还有李盖提、山路广明和清濑义三郎三家[③]。不过，他们大都是根据《女真译语》中的汉文对音或阿尔泰语系诸语言的同源词来拟测女真语音系统，而对其中的汉语借词则未加专门研究，当然也未能提供一种分析借词音韵的科学方法。事实上，由于女真文并不是一种表音文字，各家的声韵分类也多有不合，所以我们无法借用一套现成的声韵系统来和汉语音韵对照，而只能基于这样一个出发点：如果同一个女真字被用来对译两个以上不同声韵类的汉字，那么只要不是存在什么特殊的借代现象，我们就可以断定，这两个汉字的声韵类在当时是同属为一的。

女真文献中汉语借词的总数并不很多，要据以整理出一套完整的声韵系统是不可能的，所以，下面只把汉语借词的音韵特点与《中原音韵》作一些对比。我们所用的女真字依金启孮的校订，见文物出版社 1984 年出版的《女真文辞典》。以下举例把女真字放在方括号内，接在其后的汉字是《女直译语》的汉字注音，然后是女真字对译的汉字，用冒号与相应的女真字及其汉读区分开。例如我们写成“[呑]察：茶”，意思就是：女真字“呑”在《女直译语》里读若“察”，用来音译汉字“茶”。本文涉及的语音并不复杂，因此只借用汉语拼音方案来标注，不再按惯例使用国际音标。

①Wilhelm Grube, *Die Sprache und Schrift der Jučen*, Leipzig: Kommissions-verlag von O. Harrassowitz, 1896.

② 金光平、金启孮：《女真语言文字研究》，北京：文物出版社，1980。.

③Louis Ligeti, Note préliminaire sur le déchiffrement de »petits carectères« Jourchen, *Acta Orientalia Academiae Scientiarum Hungaricae*, 3.3, 1953；山路广明:《女真文字制字研究》,南方诸语言研究所，1958；清濑义三郎：《女真语音再构成考》，《言语研究》64，1973。

二

女真文中汉语借词的声母有如下五个主要特点：

（1）中古汉语(《切韵》音系)的全浊声母都已变成了相应的清声母。其中奉母读f-，匣母读h-。古浊塞音和浊塞擦音的演化则像《中原音韵》那样分成两条途径：平声字读为送气清音，仄声字读为不送气清音。例如：

[关]卜：部薄——“卜”字为清音帮母，可证对音女真字为b母，在这里用来对译古浊音并母字，说明“部”“薄”的声母在当时已清化为b。

[圣夂]皮因：平——“皮”字在明代为送气清音p-，可证对音女真字为p母，在这里用来对译古浊音并母字，说明“平”的声母在当时也已清化为p-。

[东灭]府温：凤奉——“府”字为清音非母，可证对音女真字为f母，在这里用来对译古浊音奉母字，说明“凤”“奉”的声母在当时已清化为f。

[夭]带：大——“带”字为清音端母，可证对音女真字为d母，在这里用来对译古浊音定母字，说明“大”的声母在当时已清化为d。

[杀]只：治——“只”字为清音照母，可证对音女真字为zh母，在这里用来对译古浊音澄母字，说明“治”的声母在当时已清化为zh。

[吞]察：茶——“察”字为清音穿母，可证对音女真字为ch母，在这里用来对译古浊音澄母字，说明“茶”的声母在当时已清化为ch。

[臾]黑：和，[肖]忽：瑚户——“黑”“忽”二字为清音晓母，可证对音女真字为h母，在这里用来对译古浊音匣母字，说明“和”“瑚”“户”的声母在当时已清化为h。

（2）中古汉语的知母和照母已同读为zh，彻母和穿母也已同读为ch，这与《中原音韵》音系相符。例如：

[盂]住：竹主注，[赤乍]扎安：张彰——知母的“竹”和照母的“主”“住”同用一个女真字来对译，知母的“张”和照母的“彰”同用两个女真字来对译，

说明这些字在当时都读 zh-。

[圥叉] 出温：重充——澄母的“重”和穿母的“充”同用两个女真字来对译，这说明“重”在当时读 ch-，所在的澄母也已由彻母并入穿母。

至于照组二等字和三等字的声母读音在《中原音韵》里是否有分别，学界历来说法不一[①]。然而从女真文的汉语借词来看，照组二等和照组三等声母确实没有构成对立的音。例如第 9 号女真字“吞”（察）作为声母既可用来译二等“策”字，又可用来译三等“昌”字，就是一个明显的证据。当然，这个问题也许另有解释。据我们目前所知，所有的满—通古斯语言中都不存在 zh-：j- 和 ch-：q- 的音位对立，那么，造成汉语借词中照组二等和照组三等声母相混的原因也许仅仅是女真语内部的问题，并不反映当时汉语的实情。

（3）中古汉语的床母原为塞擦音，禅母原为擦音。从中唐以后，这两个声母的类别似乎有重新分划的趋势[②]。在女真文的汉语借词中，也有一部分床母字读为擦音，有一部分禅母字读为塞擦音，具体分类与《中原音韵》相同。例如：

[岂] 师：士事——“师”字为擦音审母，可证对音女真字为 sh 母，在这里用来对译古塞擦音床母字，说明“士”“事”的声母在当时已变为擦音 sh。

[夷抵] 赤恩：丞，[夷攵] 赤因：成——“赤”字为塞擦音穿母，可证对音女真字为 ch 母，在这里用来对译古擦音禅母字，说明“丞”“成”的声母在当时已读为塞擦音 ch。

（4）《切韵》和《中原音韵》音系中都有读作 ng 的疑母，这个声母在女真时代经历了一个逐渐脱落的过程。在 1185 年的“大金得胜陀颂碑”上，女真人把汉语的“原”和“元”译作“抵缶灭”（恩于烟）。女真语本没有声母 ng，这里的第一个读若“恩”的字显然是临时借用来表示汉语疑母 ng 的。而在明代编纂的《女直译语》中，情况就起了变化，最常见的疑母字“兀”一律用来对译零声母的女真字。可见这个汉语古

① 如罗常培《中原音韵声类考》（《中央研究院历史语言研究所集刊》第 2 本第 4 分，1930）认为二者不分，陆志韦《释中原音韵》（《燕京学报》31，1946）认为二者有别。
② 参看陆志韦：《古音说略》（《燕京学报》专号 20，1947）第 11 页。

声母在明代已不复存在，而改读为零声母了。

5.《切韵》和《中原音韵》音系中都有一个独立的微母，这个声母在女真文的汉语借词中没有得到反映。例如女真人把微母汉字“文”译作“夆古”（斡恩），“斡”字是古影母，可以证明“文”字在当时也是没有声母 v 的。

在声母方面有一个问题需要特别指出，这就是精组汉语借词的对音。女真文中的全部字例如下：

[弁]子：子慈思，[弁出]子敖：皂，[禾]素：祖，[禾叉]素温：宗总，[杀攵]只因：靖，[乩为]出卫：翠，[盂]西：犀。

这些汉语借词分属精、清、从、心四个古声类，它们的女真文对音毫无规律可循。造成这种情况的原因大约是女真语里没有 z、c 两个声母，因此，每当遇到汉语的精、清、从三母字时，便不得不借用 s 母字“弁”“禾”，甚至 zh 母字“杀”、ch 母字“乩”来替代，这种现象与契丹语音译的汉语词非常近似，它并不妨碍我们猜测当时的汉语中存在 z（精母、从母仄声）、c（清母、从母平声）、s（心母）三个声类。

三

女真文中反映汉语韵母的资料相对少些，这主要是因为女真语无法区分 m、n、ng 三个辅音韵尾。若从汉语音韵史上看，金代的汉语应该也像《中原音韵》那样，是三个鼻韵尾俱全的，但事实上，女真人在音译汉语借词时总是把它们一律读成 -n。例如：

[友伞]剌安：兰郎——在《中原音韵》中，“安”字在收 n 尾的寒山韵而“郎”字在收 ng 尾的江阳韵，女真人把二者的韵母都译成了 an。

[休攵]里因：麟，[件攵]替因：厅——“麟”字在收 n 尾的真文韵而“厅”字在收 ng 尾的庚青韵，女真人把二者的韵母都译成了 in。

[马叉]鲁温：伦，[王叉]鲁温：隆——“伦”字在收 n 尾的真文韵而“隆”字在收 ng 尾的东钟韵，女真人把二者的韵母都译成了 un。

如前所运，女真语里没有双元音韵母，凡遇到带双元音的汉语借词时，女真人总是用两个字合起来译。其中“”用于皆来韵，“”和“”用于齐微韵（合口），最多见的是“”字，用于萧豪韵。例如：

[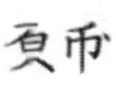]克哀：开，[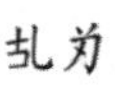]出卫：翠，[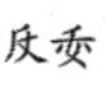]奴卫：内，[]纳敖：瑙。

关于《中原音韵》入声问题，历来争论最多。女真语里没有以塞音收尾的音节，自然也无法反映汉语中是否有塞音韵尾存在，但其中一个值得注意的事实是，女真文中入声汉语借词的对音规律无一不与《中原音韵》的分类相符。具体说来，一个女真字如果用来对译入声的汉语借词，那么，所译的入声汉字必然与该女真字在《女直译语》里的对音汉字属于《中原音韵》的同一个韵。例如：

齐微韵——[]背：北，[]非：笔，[]贵：国，[]一：伊夷椅驿，[]一：益。

鱼模韵——[]没：木，[]住：竹主注。

皆来韵——[]埋：麦，[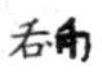]察哀：策。

歌戈韵——[]罗：乐，[]和：盒。

车遮韵——[]里也：列。

据上例可知，周德清在《中原音韵》里把古入声字一律归入阴声韵，肯定有当时的实际读音为基础。也就是说，古入声的 b、d、g 三种塞音尾在元代甚至金代就已失落殆尽了。然而，作为女真语后代语言的满洲语却在这方面提供了一点相反的证据。其中一个典型的例子就是《满洲实录》里的“巴克什”，这个词满文作 *baksi*，意思是“儒者”，显然是音译了汉语的“博士”。“博”读 bak，与《中原音韵》差得很远，而和《切韵》相近，造成这一现象的原因究竟是历史上的还是地理上的，我们目前还不清楚。

四

从本文提供的资料不难看出，女真人所接受的汉字读音和《中原音韵》的声韵分类惊人地近似。据周德清在《中原音韵》的“正语作词起例”中说：“唯我圣朝，兴自北方，五十多年，言语之间必以中原之音为正。”这显然暗示我们，在此之前，所谓“中原之音”的使用区域已不限于中原，而是扩展到了长城以北的广大地方。女真文的资料则更进一步证明，不但蒙古地区，当年女真族的势力范围内也都是通行这套语音系统的。结合女真文碑刻的发现地点来看，“大金得胜陀颂碑”和“海龙摩崖”在吉林省，“进士名录碑”在河南省，“奥屯良弼饯饮碑”在山东省，“奴儿干永宁寺碑”在黑龙江省，“庆源碑”和“北青碑”则在朝鲜，而其文字读音绝无二致，可见当时的东北诸省乃至朝鲜人讲汉语都是通用“中原之音”的。

《中原音韵》参照早期元代戏曲的语音编定，但实际上，书中记录的语音系统却并不是在元代才产生的。现在我们知道，早在关汉卿、郑光祖、白朴、马致远等元曲作家在世前一个多世纪，这套语音便已在淮河以北定型了。女真人把它作为汉语的标准音，金代艺人也据之创作“院本”和“诸宫调”。后来，由元人发起的戏曲运动继承了院本和诸宫调的创作方法，同时也接受了金人的语言。由于这套语音系统与当时的口语十分接近，所以它具有极强的生命力，足以成为现代汉语“官话”的基础。

（原载《固原师专学报》1993年第4期，页62—67）

《同文韵统》中的梵字读音和汉语官话

《钦定同文韵统》六卷，清乾隆十三年（1748）和硕庄亲王允禄等监纂，灌顶普善广慈大国师章嘉胡土克图纂修，乾隆十五年成书，有当年的武英殿刻本和后来的“四库全书”本。清政府编书的目的是参照满汉译音规则建立一套用汉字音译梵文和藏文的规范，以利佛教的普及。王敌非在2011年详细分析过书中满文字母的使用规则[①]，本文试图通过其中的双语对音窥见清人对梵语读音的理解以及当时汉语官话的几个特点。

一

《同文韵统》开始编修的时候距离梵文完整字母表的首次汉译已经过了一千余年[②]。在这一千余年中，出自不同经师之手的汉译字母表有十余种之多[③]，《同文韵统》的编修者认为其中最重要的三种来自僧伽婆罗译《文殊师利问经》卷上《字母品》、不空译《瑜伽金刚顶经释字母品》和《文殊问经字母品》[④]。他们首先要做的工作就是甄别这三分字母表所用的译音汉字，从中选用他们认为读音最接近的。如果读音不符，就参照清政府此前规定的满文汉译用字来改译。事见该书卷一《天竺字母后说》：

> 《文殊问经》《金刚顶经》《师利问经》三部内俱有此天竺字母五十字，而所用汉字各有不同。今于三经内择其与天竺本字音韵相合者取用外，其音韵不合者，于钦定国书十二字头汉字内取用。其无清平字者则用浊平字，无平声字者则用仄声字。

① 王敌非：《满文阿礼嘎礼字母发微》，《满语研究》2011年第2期。
② 存世最早的汉译梵文字母表见法显译《大般泥洹经》卷五《文字品》（417年），载《大正藏》第12册第887页下栏至第888页下栏。
③ 梵文字母的汉译用字对照表见《同文韵统》卷五《大藏经字母同异谱》，以及罗常培的“四十九根本字诸经译文异同表”（《梵文腭音五母之藏汉对音研究》，《中央研究院历史语言研究所集刊》第3本第2分，1930）。
④ 今通行本见《大正藏》第14册第498页上栏至中栏、第18册第338页中栏至339页上栏、第14册第509页中栏至510页上栏。

在历史上各种文字的藏经里，无论是用藏文音译梵文还是用满、蒙文音译藏文，古人都采用一对一的表音字母转写（transliteration），至多再设计几个新的字符（阿礼嘎礼）和几条特定的拼写规则，最终形成的字面读音都会与所译的语言基本相当，但是在用汉字音译梵文的时候就难免有削足适履之感，因为梵文的长元音和许多字母组合都无法用单一的方块汉字来表现。为解决这一难题，《同文韵统》的编修者在卷一《天竺字母后说》里设定了这样的规则：

> 其有本字呼声应长者，三经内用“引”字为记。今照十二字头内有余音字例，将本字叠书，而下一字微小，合为一字。其本字下带别音者，即于本字下将别音字细书，合为一字。其汉字内有音无字者，照释典本身切例，将所切二字并书，合为一字。其一字有二音者，如上音分数多、下音分数少，或下音分数多、上音分数少，则将分数多之字正书，分数少之字细书，合为一字，照国书合声切法急读之，即成一音。俱将反切及喉齿唇舌等音注于其下。其字音相近而呼法不同者，如“嘎”“噶”“噶哈”，“匝”“杂”“杂哈”，“查”“楂”“楂哈”，“答”“达”“达哈”，“巴”“拔”“拔哈”十五字，皆各三字相近，而“嘎”“匝”“查”“答”“巴”五字紧读，“噶”“杂”“楂”“达”“拔”五字缓读，带“哈”字者带喉音读。今将紧缓各读法分别注明。其由此字母所生之字，俱照此例，庶梵字本韵皆了然矣。

这段话的意思是：

（1）梵文长元音用双写字表示，下面的一个字写得小些。例如 *ā* 过去译作“阿引”，现在译作“阿阿”。

（2）梵文辅音带长元音的字母不能用双写字表示，则在主音下面另写一个小字。例如 *kā* 译作“嘎阿”。

（3）梵文字母若无法用一个汉字表示，则并列写两个反切字。例如 *gha* 译作“噶哈”。

（4）梵文复辅音如果主要辅音在前而次要辅音在后，或者次要辅音在前而主要辅音在后，则用大字写主要辅音，用小字写次要辅音。例如 kri 译作“基唎”，kla 译作"嘎拉"①。

（5）译音字下有反切及发音部位、发音方法的附注。在塞音和塞擦音组中，用"紧读"表示清音，用"缓读"表示浊音不送气，用"喉"表示送气。例如 *ka* 译作"嘎古黠切，今用歌阿切，牙，紧"，*ga* 译作"噶歌阿切，牙，缓"，*gha* 译作"噶哈噶哈切，半牙半喉"。

应该承认，这套翻译规则虽然看上去与传统的佛经汉译习惯迥异，但就其规整性来说显然超越了前人，因而能够期望信徒们在诵咒时使用尽可能准确的梵音。清乾隆三十八年（1773）编成的《御制满汉蒙古西番合璧大藏全咒》就是这套规则的具体实践，可以相信，任何一个人经过短暂的训练都可以凭借这套规则把其中用汉字音译的咒语顺利地还原成书面梵文。

二

《同文韵统》卷一《天竺字母谱》里以兰擦体梵字、藏文、满文和汉文对照的形式列出了完整的梵文字母表，以两两搭配的前四个元音为例：

梵文	藏文	满文	汉文
	ཨ		阿
	ཨཱ		阿阿
	ཨི		伊
	ཨཱི		伊伊

大概是考虑到当时阅读的梵咒实际上都是藏文的转写本，所以编者在第二卷以下就不再使用梵字和满文，而直接代之以藏文转写。

《天竺字母谱》提供的梵文字母表及汉字译音如下②：

音韵十六字

a 阿③　*ā* 阿阿　*i* 伊　*ī* 伊伊　*u* 乌　*ū* 乌乌　*ṛ* 唎　*ṝ* 唎伊

①这里对音节中主要辅音和次要辅音的判断受藏语文影响，与现代语音学不尽相同。

②为简明起见，以下直接用梵文的拉丁转写代替兰擦体梵字及读音相当的藏文和满文。

③原书附注："天竺字'阿'为元声，诸字皆根于此。中华字本无此音，故以二字合声读之不得正韵。今用翻切法，酌用厄鸦切。喉。"意思是说汉语里没有 a 这个音节（"阿"字在当时实读 [ə]），用两个字连读也得不出正确的读音来，只好硬性规定所有用来译音的"阿"字都读 [a]。

ḷ 利　*ḹ* 利$_{\text{伊}}$　*e* 厄　*ai* 厄$_{\text{厄}}$　*o* 鄂　*au* 鄂$_{\text{鄂}}$　*aṃ* 昂　*aḥ* 阿$_{\text{斯}}$

翻切三十四字

ka 嘎　*kha* 喀　*ga* 噶　*gha* 噶$_{\text{哈}}$　*ṅa* 迎$_{\text{阿}}$①

ca 匝　*cha* 擦　*ja* 杂　*jha* 杂$_{\text{哈}}$　*ña* 尼$_{\text{鸦}}$

ṭa 查　*ṭha* 叉　*ḍa* 楂　*ḍha* 楂$_{\text{哈}}$　*ṇa* 那

ta 答　*tha* 塔　*da* 达　*dha* 达$_{\text{哈}}$　*na* 纳

pa 巴　*pha* 葩　*ba* 拔　*bha* 拔$_{\text{哈}}$　*ma* 嘛

ya 鸦　*ra* 喇　*la* 拉　*va* 斡

śa 沙　*ṣa* 卡　*sa* 萨　*ha* 哈　*kṣa* 嘎$_{\text{刹}}$

从译音汉字可以看出，有些梵文字母在清代的读法与汉译佛经古来的传统不同。

以“厄”译 *e*，附注“吾禾切，今用遏⿰纟阿切，喉”。梵文的 *e* 传统上读作前半高元音 e，所以不空译作“曀”[*iei]②。《同文韵统》的附注则表明清人读作后元音，看来应该是 ɤ，也就是今天普通话“厄”字的读音，现在一般标作 ə。

以“厄$_{\text{厄}}$”译 *ai*，附注“喉”。梵文的 *ai* 传统上读作双元音，所以不空译作“爱$_{\text{引}}$”[*ai]。《同文韵统》的译音则表明清人读作长元音 əː，这显然是对应藏文“ཨཻ”上面双写的元音符号（*ee*）。

以“鄂$_{\text{鄂}}$”译 *au*，附注“喉”。梵文的 *au* 传统上读作双元音，所以不空译作“奥”[*au]。《同文韵统》的译音则表明清人读作长元音 oː，这显然是对应藏文“ཨཽ”上面双写的元音符号（*oo*）。

以“阿$_{\text{斯}}$”译 *aḥ*，附注“半喉半齿”。梵文的 *aḥ* 传统上视为一个很紧的“收声”，音标大致可以写作 [aʔʻ] 之类。不空译作“恶”[*ak]，目的是借用汉语的入声韵尾来模拟梵语的收声。《同文韵统》的译音则表明清人读作 as，这个音显得有些异样。由于 *aḥ* 在咒语里几乎不见使用，所以我们还无从得知清人口中这个读音的来历是什么。一个类似的情况是梵文的 *niḥsattva*（无有情）在巴利文里会变成 *nissatta*③，当然，这

① 汉语的疑母在当时已经全部脱落了起首的 ŋ-。这里实际上是借用疑母“迎”字的韵尾 -ŋ 来模拟梵文 *ṅa* 的声母。

② 本节引用的不空译音均采自《瑜伽金刚顶经释字母品》，《大正新修大藏经》第 18 册，第 338 页中栏至第 339 页上栏。

③ 需要指出的是，这种音变必须以两个元音之间的 *ḥs* 组合为条件。

虽然可以证明 *-ḥ* 可以在某种条件下变成 *-s*，但毕竟不像是清人读 *-ḥ* 为 -s 的依据。

梵文 *ca* 组字母在唐代以前读作舌面前音 tɕa、tɕʻa 之类，汉文一律用照组三等字对译，例如僧伽婆罗译作“遮”“车”等[1]。这组字母在唐代密教译著中一律读作 tsa、tsʻa 之类，汉文改用精组字对译，例如不空译作“左”“磋”等。《同文韵统》以“匝”译 *ca*，以“擦”译 *cha*，以“杂”译 *ja*，译音汉字均属精组[2]，对应的藏文也是 *tsa*、*tsha*、*dza*，这是历史上密宗佛教特有的读法。罗常培曾认为这反映了梵语方音的不同[3]，刘广和则认为与唐代的汉语方言有关[4]。

以“沙”译 *śa*，附注“师阿切，正齿”。梵文的 *śa* 传统上读作舌面前音 ɕa，与汉语审母三等字相当，所以不空译作“捨”（*ɕĭa）。《同文韵统》对应的满文作“ᡧᠠ”（*ša*），汉译用二等“沙”字，则表明清人读作舌尖后音 ʂa。蒙古佛教界也有类似的读法——蒙古字母表里没有 *ś* 而只有 *š*（一般读作 ʃ），所以梵语的 *śa* 随借词进入蒙古语后常会变成相近的 *s* 或 *š*，例如梵文的 *śasana*（宗教）在蒙古文是 *šasin*，梵文的 *śāntideva*（寂天）在蒙古文是 *šandatiwa*[5]。

以“卡”译 *ṣa*，附注“磕阿切，喉”。梵文的 *ṣa* 传统上读作舌尖后音 ʂa，与汉语审母二等字相当，所以不空译作“洒”（*ʂa）。《同文韵统》对应的满文作“ᡧᠠ”，大概是“ᡧᠠ”（*ša*）的变体，而汉译却作“卡”，附注“磕阿切”，似乎又表明这是个不见于正统古书的“溪母歌韵”字。看来编者预想的读音是 kʻa[6]，这让人感到难以理解。前代文献中没有类似的译例，但我们可以相信《同文韵统》的译法必是基于某些人口中的实际读音。一个类似的情况是，梵文的 *bhikṣu*（乞士）在巴利语作 *bhikkhu*，前者在唐代译作“苾刍”而后者在唐以前译作“比丘”，这多少可以证明 *ṣ-* 在语言史上有变成 *kh-* 的可能性[7]，但巴利语里的音变显然不该是清人读法的源头。

小结一下，《同文韵统》对梵文字母的理解是这样：

---

① 僧伽婆罗译：《文殊师利问经·字母品》，《大正新修大藏经》第 14 册，第 498 页上栏。
② 只有 *ña* 译作“尼鸦”，保留了传统的读音 ɳa。
③ 罗常培：《梵文腭音五母之藏汉对音研究》。
④ 刘广和：《〈大孔雀明王经〉咒语义净跟不空译音的比较研究》，《音韵比较研究》，北京：中国广播电视出版社，2001，第 146 页。
⑤ 正月：《关于回鹘式蒙古文文献中梵语借词的转写特征》，《内蒙古大学学报》2001 年第 6 期。
⑥ 梵文原有读 kʻa 的字母 *kha*，《同文韵统》译作“喀”，这里似乎是要在译音的字形上强生分别。卷三的《西番字母后说》关于梵文字母 *ṣa* 有这样几句说明：“西番无卷舌音‘卡’字，天竺兼‘喀’‘哈’二音，西番例则或用‘喀’字，或用‘哈’字。”我们不明白的是，如果把 *ṣa* 认作卷舌音，那么就不该译成舌根音（书中称做“喉”音）的“卡”。
⑦ 这种音变是有条件的，即只有当 *ṣ-* 跟在另一个辅音后面时才可能发生。

a [a]　*ā* [aː]　*i* [i]　*ī* [iː]　*u* [u]　*ū* [uː]　*ṛ* [ṛ]　*ṝ* [ṛː]

ḷ [ḷ]　*ḹ* [ḷː]　*e* [ə]　*ai* [əː]　*o* [o]　*au* [oː]　*aṃ* [ã]　*aḥ* [as]

ka [ka]　*kha* [k‘a]　*ga* [ga]　*gha* [g‘a]　*ṅa* [ŋa]

ca [tsa]　*cha* [ts‘a]　*ja* [dza]　*jha* [dz‘a]　*ña* [ȵa]

ṭa [tʂa]　*ṭha* [tʂ‘a]　*ḍa* [dʐa]　*ḍha* [dʐ‘a]　*ṇa* [ȵa]

ta [ta]　*tha* [t‘a]　*da* [da]　*dha* [d‘a]　*na* [na]

pa [pa]　*pha* [p‘a]　*ba* [ba]　*bha* [b‘a]　*ma* [ma]

ya [ja]　*ra* [ra]　*la* [la]　*va* [wa]

śa [ʂa]　*ṣa* [k‘a]　*sa* [sa]　*ha* [ha]　*kṣa* [ktʂ‘a]

当然，上面的读音仅仅反映了《同文韵统》规范梵音的理想，当时信徒的实际读法则不得而知。凭经验而论，汉语官话和满语里都没有 *ga*、*dha* 之类浊塞音和浊塞擦音，尽管汉语和满语的使用者根据汉字复原书面梵文应无多大困难，但要想让他们不经训练就能正确地在口中发出这些音来，那实在是不易做到的。

三

《同文韵统》卷二《天竺音韵翻切配合十二谱》以藏文转写形式列出了梵文的各种音节组合，并附有编者设为规范的汉字音译。其中第十一、十二两谱里的汉字还附有经过清人改良的反切注音——上字一律以元音收尾，下字一律以元音开头，使“二字连读成一音”的反切拼读变得极为简易。书的卷三和卷四列出了“西番字母”（藏文）的各种拼写形式，同样附有编者认为规范的汉字音译①。通过分析这些译音字，我们可以得到近代北方汉语发展过程中的一点音韵信息。

与中古音相比，汉语官话的特点之一是精组四等字的声母由舌尖音 ts、ts‘、s 变成了舌面音 tɕ、tɕ‘、ɕ。乾隆八年（1743）成书的《圆音正考》旨在区分尖团音，卷首有一篇“存之堂”序，其中提到：“试取三十六字母审之，隶见溪群晓匣五母者属团，

① 与梵文部分按照字母的翻译不同，《同文韵统》的藏文部分明显有口语作为基础，例如第九谱把藏文的 *byas* 译成“挤压”[tɕiai] 而非“必鸦斯”[pias]。不多的例外如 *myang* 译作“嘛央”[miang]，而现代藏语实际读 ȵiang。

隶精清从心邪五母者属尖，判若泾渭。”这暗示着当时方言里已经出现了所谓“尖团不分”的现象，这一现象在《同文韵统》里可以得到明确的音值证明——藏文有 *ca*、*cha*、*ja* 和 *tsa*、*tsha*、*dza* 两组声母，现代读音分别是 tɕa、tɕ‘a 和 tsa、ts‘a，恰好可以用来作为精组声母演化的鉴别标准。我们从《同文韵统》卷二的“西番字母三十字”里看到，上述两组字母都用汉语的精、清二母字来译：*ca* 组译作四等声母的“齎鸦”（ts- > tɕ-）、“妻鸦”（ts‘- > tɕ‘-），*tsa* 组译作一等声母的“匝”“攃”“杂”，两组间分用划然：

ca 组——精组四等：*ca* 齎鸦 *cha* 妻鸦 *ja* 齎鸦

tsa 组——精组一等：*tsa* 匝 *tsha* 攃 *dza* 杂

采用精组四等字译藏文的 *ca* 组是遵照乾隆皇帝的指示。《同文韵统》卷首所载允禄奏折说到：

> 伏蒙圣训指示，臣等钦遵详酌：谨将第二谱中“秺”“侘”“垞”三字改用“齎鸦”“妻鸦”“齎鸦”三字，其所生之字一并改正。

由此看来，当时译藏文 *ca* 组字母的时候曾经在汉语精组和知组（秺侘垞）之间意见不一，这也许意味着精组四等在变成舌面音之初还没有得到保守派知识分子的承认，而乾隆皇帝在这个问题上却是开明的。

汉语官话与此相关的另一个特点是见组三四等字的声母由舌根音 k、k‘ 变成了舌面音 tɕ、tɕ‘，与来自精组四等的 tɕ、tɕ‘ 合流，然而这一现象在《同文韵统》中不见反映。下面的例字从卷三的第二谱中选出：

ca 组——精组：*ci* 齎 *cu* 苴 *ce* 接 *co* 爵 *chi* 妻 *chu* 趋 *che* 切 *cho* 雀

ka 组——见组：*kyi* 基 *kyu* 居 *kye* 结 *kyo* 觉 *khyi* 欺 *khyu* 驱 *khye* 怯 *khyo* 确

很明显，上下相对的译音汉字在现代读音相同，而对应的藏文却不同——精组细

音字译 *ca* 组，见组细音字译 *ka* 组，无论开口合口，彼此绝不相混，这一现象似乎说明后者的舌面化在当时尚未完成，也就是说，精组四等声母变成了 tɕ、tɕʻ，而见组三四等声母还是原来的 k、kʻ①。在现代汉语方言里，如果见组和精组的舌面化是不同步的，大多是见组三四等声母变为 tɕ、tɕʻ 而精组四等声母还读 ts、tsʻ②，像《同文韵统》这样的情况不符合一般规律。联系上面引述的允禄奏折，我们或许可以设想当时正处在见组三四等声母舌面化的早期阶段，也就是说，大批民众已经把见组三四等声母读成了 tɕ、tɕʻ，但知识分子却像《圆音正考》的作者那样，希望强调其间的历史区别以维持经典旧音的分类。

与中古音相比，汉语官话的另一个特点是在见组二等声母后面产生了 i 介音。这项演化也许在那以前一个多世纪就显露出了某种迹象③，所以《同文韵统》可以为此提供非常清楚的佐证。首先我们在卷三的第六谱里看到，见组二等开口字被用来音译藏文带下加 *ya* 的 *ka* 组字母：

kya 嘉嘎鸦切　*khya* 掐喀鸦切　*gya* 加噶鸦切

我们在卷三的第七谱和第八谱里也看到，见组二等字可以用作三四等的反切上字：

kyan 坚嘉安切　*khyan* 牵掐安切　*gyang* 姜加昂切

毫无疑问，见组二等开口字在当时已经带有 i 介音了。

四

被《同文韵统》用作标准的梵音和藏音肯定是基于纂修者大国师章嘉胡土克图的读法。三世章嘉活佛若必多杰（1717—1786）出生于凉州（今甘肃武威），八岁时进京，

① 这里面有一点需要说明：藏文的 *ky*-、*khy*- 可以在实际口语里读作 ɕ-、ɕʻ-（金鹏主编：《藏语简志》，北京：民族出版社，1983，第 153 页），这在满族人和汉族人听来与 tɕ、tɕʻ 比较接近，但这不能证明那时的见母三四等字已经变成 tɕ、tɕʻ 了，因为如果真是那样，《同文韵统》在翻译藏文的 *ci*、*chi* 和 *kyi*、*kyi* 时就难免出现精组字和见组字的混用。
② 王力：《汉语史稿》，北京：中华书局，1980，上册第 146 页。
③ 麦耘：《〈韵法直图〉中二等开口字的介音》，《语言研究》1987 年第 2 期。

雍正十二年（1734）获封“灌顶普惠广慈大国师”，后来又被新登基的乾隆皇帝封为管理京师喇嘛寺庙的札萨克掌印喇嘛，1772 年至 1779 年在京主持译馆。虽然他在主持《同文韵统》的纂修工作时只是个三十出头的年轻人，但我们相信他此前在北京受到的汉语教育必然基于官话，由此也相信《同文韵统》里的汉字音译规则一定是在当时北京官话的基础上产生的。

与此相反，章嘉国师口中梵语读音的来历却无从猜测。他的第一任佛学教师二世土观活佛罗桑却吉嘉措（1680—1736）是朵麦宗喀（今青海湟中县）人，章嘉国师一生多次进入藏区从多人修学，我们无法判断他接受的是怎样的梵文阅读传统。事实上依当代的情况看，在阅读用藏文转写的梵文咒语时，藏族喇嘛中只有少数人能读作传统的梵音，而绝大多数人都是按照藏文的拼读规则来念诵的，两者之间听上去相差很远。例如梵文的 *prajñā*（智慧，般若）本当读 pradʑɳaː, 而他们读作 tʂaɳa；又如梵文的 *phaṭ*（秘密音）本当读 p‘aʈ, 而他们读作 p‘ɛ。从感觉上说，章嘉国师似乎主张按照字母发音来阅读梵文，但本文前面已经证明他的发音与中原传统不尽相符，看来这个问题一时还难以得到圆满的回答。

（原载《满语研究》2014 年第 1 期，页 5—10）

《同文韵统》中的官话尖团音

"尖团音"通常泛指汉语精组、见组和晓匣母一部分细音字的分化[①]。那部分细音字在 i 介音的影响下分别从近古的舌尖音 ts-、ts‘-、s- 和舌根音 k-、k‘-、x- 变成了现代的舌面音 tɕ-、tɕ‘-、ɕ-，这被公认为汉语官话历史上最重要的演化之一。学界此前就这一演化的发生年代和过程进行过反复而深入的讨论，使用的资料除传统文献外还涉及满文[②]、朝鲜文[③]，以及大量的现代汉语方言，推导出的具体时间虽然小有差异，但都不出 18 世纪范围。然而经验告诉我们，即使同为北方方言，各地区的语音演化也不一定同步，甚至同一地区内青年人和老年人的口语也可能不同，如果再把清代学者的"泥古"精神考虑进去，我们当可不必过分追求对演化时间整齐划一的考证。

本文的介绍基于此前不大被人留意的藏汉对音和梵汉对音。这份资料来自尖团音演化的早期阶段，它不但时间明确，而且还直接显示了皇帝和大臣对尖团音的不同处理方式，从中可以看出统治者的语言面貌和对语言演化所持的态度。相对于大量的民间文献而言，清乾隆皇帝敕编的这部《同文韵统》具有独特的价值。

一　精组声母

《钦定同文韵统》六卷，清高宗于乾隆十三年（1748）委托和硕庄亲王允禄等监纂，国师章嘉胡土克图纂修，两年后成书[④]。这部书的编写目的是参照满汉译音规则建立一套用汉字音译梵文和藏文的规范，希望把人们诵读佛经的口音统一起来。书的卷首载有编书期间大臣的奏章和皇帝的批复，其中有一件写于乾隆十四年七月五日，里面

① 按照传统的习惯，本文说的"精组细音"不包括官话中元音为ɿ的字，"见组和晓匣母细音"包括那以前已经衍生出 i 介音的二等字。

② 冯蒸：《尖团字与满汉对音——论〈圆音正考〉及其相关诸问题》，《汉语音韵学论文集》，北京：首都师范大学出版社，1997。杨亦鸣、王为民：《〈圆音正考〉与〈音韵逢源〉所记尖团音分合之比较研究》，《中国语文》2003 年第 2 期。

③ 金基石：《尖团音问题与朝鲜文献的对音》，《中国语文》2011 年第 2 期。

④《同文韵统》有当年的武英殿刻本和后来的"四库全书"抄本，本文的引述据后者。

谈到了精组字的对音：

> 伏蒙圣训指示，臣等钦遵详酌：谨将第二谱中“秅”“侘”“垞”三字改用“齎鸦”“妻鸦”“齎鸦”三字，其所生之字一并改正。

这段话的意思是说，在卷三“西番字母配合十四谱”的第二谱中，初稿把藏文字母 *ca*、*cha*、*ja* 分别译作知组字“秅”“侘”“垞”，鉴于乾隆皇帝对此提出了异议，于是编者在定稿里改译成了精组声母的“齎鸦”“妻鸦”“齎鸦”，在这三个藏文字母基础上通过附加元音符号产生的其他字母也一律参照改写。下面的对音来自卷三“西番字母配合十四谱”的第二谱至第四谱，可以看出最后定稿中用来比附声母的字无例外地都属精组细音：

ca 齎鸦	*ci* 齎	*cu* 苴	*ce* 接	*co* 爵
cha 妻鸦	*chi* 妻	*chu* 趋	*che* 切	*cho* 雀
ja 齎鸦	*ji* 齎	*ju* 砠	*je* 捷	*jo* 嚼
can 尖	*cin* 津	*cun* 鷷	*cen* 津	*con* 镌
chan 千	*chin* 亲	*chun* 趋温	*chen* 亲	*chon* 诠
jan 笺	*jin* 祲	*jun* 跧	*jen* 祲	*jon* 朘
cang 浆	*cing* 精	*cung* 苴翁	*ceng* 精	*cong* 爵汪
chang 跄	*ching* 清	*chung* 趋翁	*cheng* 清	*chong* 雀汪
jang 将	*jing* 晶	*jung* 苴翁	*jeng* 晶	*jong* 嚼汪

藏文字母 *ca*、*cha*、*ja* 在当时的读音是 tɕa、tɕ‘a、tɕa[①]。皇帝授意《同文韵统》的编者放弃原来的知组字而改用精组声母字，无疑是认为后者比知组的“秅”tʂa、“侘”tʂ‘a、“垞”tʂ‘a 更加接近藏音，那么对这一事实的解释应该只有一个——汉语精清母细音字已经有了新起的读音 tɕ-、tɕ‘-，这套读音尽管还没有在各个社会阶层中普及，但是已经得到了皇帝的认可，只不过一些大臣还保持着 ts-、ts‘- 的老派念法，

① 藏文的全浊声母在现代藏语的多数方言里读成送气清音，不过从藏汉译音看，《同文韵统》的编者显然主张读作不送气清音。参看聂鸿音《〈同文韵统〉中的清代藏文音读规范》，《语言研究》2015 年第 1 期。

认为与藏语 tɕ- 更为相近的是 tʂ- 而不是 ts-。这就是说，在 1748 年前后的不同人群中间，精组细音的舌面化正在不同步地进行中。

藏文有舌尖和舌面两组声母的对立，恰好可以用来验证精组汉字的读音。在卷三“西番字母配合十四谱”的第一谱中我们看到，用来译藏文 *tsa* 组字母的汉字都属精组洪音，用来译藏文 *ca* 组声母的汉字都属精组细音，二者分用划然：

tsa 匝与天竺同	*tsha* 攃与天竺同	*dza* 杂与天竺同
ca 齎鸦齎鸦切，齿头①	*cha* 妻鸦妻鸦切，齿头	*ja* 齎鸦齎鸦切，齿头

精组细音的音值可以借助藏文字母组合 *py-*、*phy-*、*by-* 来进一步确定，这三个书写形式在口语里实读 tɕ-、tɕʻ-、tɕ-，绝不会与 ts-、tsh-、dz- 相混。下面的例子来自卷三“西番字母配合十四谱”的第六谱：

pya 跻鸦	*pyi* 跻	*pyu* 雎	*pye* 跻叶	*pyo* 跻岳
phya 萋鸦	*phyi* 萋	*phyu* 趣	*phye* 萋叶	*phyo* 萋岳
bya 挤鸦	*byi* 挤	*byu* 趄	*bye* 挤叶	*byo* 挤岳

至此可以确信精清从三母的细音字在当时包括皇帝在内的一部分人口中已经完成了从 ts-、tsʻ- 到 tɕ-、tɕʻ- 的演化，只不过心邪二母在《同文韵统》里没有这样清楚的记录，其读音只能从相关的字例中推导出来。

关于字母 *sa*，卷二“天竺音韵翻切配合十二谱”的第一谱中有下列梵汉对音例子：

sa 萨	*sā* 萨阿				
si 西萨伊切	*sī* 西伊	*sri* 西唎	*srī* 西唎伊	*sli* 西利	*slī* 西利伊

为“西”字标注的“萨伊切”让人感到异常——用一等声母和三等韵母相拼有违

① 与藏文 *ca* 组对音的汉字下附注“齿头”而不注“正齿”，是因为编者心目中的正齿音是舌尖后音 tʂ、tʂʻ 而非 tɕ、tɕʻ，并不意味着要求把“齎”“妻”二字的声母读成 ts、tsʻ。参看卷一“天竺字母谱”将梵文舌尖后音字母 *ṭa* [ʈa]、*ṭha* [ʈʻa]、*ḍa* [ɖa]、*ḍha* [ɖʻa] 分别译作照组的“查”“叉”“楂”“楂哈”，下面均附注“正齿”二字。

当时反切的常规，这显然是因为编者希望表现一个特殊的字音，这个音与 si 不同，但最为相近。据发音部位相同的精清从母类推，可以想到“西”字在当时最可能读 çi。正是由于 çi 的声母与梵文的 *s-* 不尽相合，所以《同文韵统》的编者才想到借用“萨”的声母 s 来比附一下。

对于“西”字的用法，乾隆皇帝并没有像对“齎鸦”“妻鸦”那样提出明确的意见，所以我们不知道以“萨伊”切“西”究竟是来自书的初稿还是来自据敕命类推而做出的修改。假如情况属于前者，似乎可以证明心母读 çi 已经得到了大臣们的认可，也就是说，擦音心邪二母的舌面化完成时间略早于精清从三母。不过无论如何我们都可以得出结论说，《同文韵统》里的汉语精组细音已经表现出了明显的舌面化迹象。

二　见晓组声母

关于见溪群晓匣五个舌根音，《同文韵统》里最引人注目的事实是这几个声类的细音字可以用来对译藏文的 *ky-* 类音节，与对译 *c-* 类的精组字分用划然。下面的例字来自卷三“西番字母配合十四谱”的第六谱和第二谱：

kyi 基	*kyu* 居	*kye* 结	*kyo* 觉	*khyi* 欺	*khyu* 驱	*khye* 怯	*khyo* 确
ci 齎	*cu* 苴	*ce* 接	*co* 爵	*chi* 妻	*chu* 趋	*che* 切	*cho* 雀

此前有一种意见认为那时的见晓类细音声母还没有变为舌面音 tɕi、tɕ‘i[①]。这一意见忽略了一个事实，即尽管藏文字母组合 *kyi*、*khyi* 的字面读音是 ki、k‘i，但在口语中实读 ci、c‘i，这听上去与后来官话音的 tɕi、tɕ‘i 最为相似，所以当单纯面对《同文韵统》里“*kyi* 基”“*khyi* 欺”等对音的时候，我们并不能准确判断编者心目中的藏文读法，也就是说，《同文韵统》里的此类藏汉对音难以成为确定舌根音演化的基础资料。事实上我们能够参考的只有书里的梵汉对音，鉴于编者在卷三“西番字母说”里明确指出“今西土僧众诵持梵语仍用天竺原规”，我们相信《同文韵统》是严格按照字面读音取用梵语的[②]。下面的对音例子来自卷二“天竺音韵翻切配合十二谱”的

① 聂鸿音：《〈同文韵统〉中的梵字读音和汉语官话》，《满语研究》2014 年第 1 期。
② 王敌非：《满文阿礼嘎礼字母发微》，《满语研究》2011 年第 2 期。

第一谱：

ka 嘎	*kha* 喀	*ga* 噶	*gha* 噶哈	*ha* 哈
ki 基嘎伊切	*khi* 欺喀伊切	*gi* 机噶伊切	*ghi* 几噶哈伊切	*hi* 希哈伊切

这里为三等字标注的反切与上述心母的标注一样有违洪细搭配的常规。根据同样的推理我们得知，正是因为当时的汉语方言里已经没有了 ki、k'i 之类音节，“基”“机”“几”“欺”“希”等字都读作舌面音，所以编者才不得不借用“嘎”“喀”“噶”“哈”作为反切上字来比附梵语的舌根音。考虑到这些音节在《同文韵统》中出现得非常频繁，我们可以相信那是初稿里原来就有的译法，这意味着汉语舌根音的舌面化已经得到了所有人的认可，包括态度偏于保守的文臣在内。

辅音发生舌面化的必要条件是后面跟随有 i 介音。《同文韵统》里有些例子说明 i 介音的衍生早已在一部分二等字当中完成了，所以舌根音的变化并不限于传统上说的三四等细音，事实上还包括一批二等字，例如见组二等开口字“嘉”“掐”“加”在卷三“西番字母配合十四谱”的第六谱里被用来音译藏文的 *kya* 类音节，在第七谱和第八谱也可以用来充当三四等“坚”“牵”“姜”的反切上字①，那是在用汉语带塞擦音声母的“嘉”[tɕa]、“掐”[tɕ'a]、“加”[tɕa] 来模拟藏文带塞音声母的 *ca*[ca]、*cha*[c'a]、*ja*[ca]。

现在的问题是：假如当时的舌根音已经完成了舌面化，而舌尖音的舌面化也在进行中，那么人们在译音时就应该不可避免地出现精组字和见组字的混用，一如后来李汝珍在《李氏音鉴》（1805）卷一里记载的“香”与“厢”同、“姜”与“将”同、“羌”与“枪”同。然而在《同文韵统》的所有藏汉对音例子中我们却看到，精组细音字译 *c-*、*ch-*、*py-*、*phy-* 而见晓组细音字译 *ky-*、*khy-*、*hy-*，两类之间绝无混用的情况，这就是说，官话史上著名的“尖团音合流”在《同文韵统》中不见明确反映。这一事实或许是清朝君臣对当时语言现状的不同态度所造成的——对于当时正在进行中的舌尖音舌面化，《同文韵统》的编者们未见得一无所知，只不过他们在选用对音字时更倾向于参照传统韵书和前代制定的满文译音规则，以求翻译有据。《同文韵统》卷首载有全书编成后的最后一份奏章，其中说：

① 聂鸿音：《〈同文韵统〉中的梵字读音和汉语官话》。

臣等钦遵圣训，细心寻绎，编成“华梵字母合璧”一谱、“华梵合璧谐韵生声”十二谱，共为一卷。每韵各有阴阳四呼，阳韵四呼用四阳字收声，阴韵四呼用四阴字收声，与“国书十二字头”、《康熙字典》、《音韵阐微》之理皆相符合。谨缮稿本，同前五卷一并恭呈御览。

“国书十二字头”的概念大约始于清太宗之世，现存最早的“十二字头”资料见康熙三十八年（1699）陈子可等编写的《清书全集》，书中记载的满汉对音用字沿袭了清初的翻译规范，这一派著作当是《同文韵统》的重要参考。正如《康熙字典》并不记载康熙时代的字音那样，“十二字头”的对音也不都反映了后世的读法，而《同文韵统》的编者坚持以此为据，完全是出自文臣特有的保守心态。此前学界有一种猜测，认为官话舌根音的舌面化时间略早于舌尖音[①]，于此或许可以形成一定程度的互证。

三　相关的文献记载

在迄今所见的音韵学著作中，最早明确记录汉语尖团音合流的是公元1743年所刊佚名作者的《圆音正考》[②]。乌扎拉文通在卷首的序言里说：

夫尖团之音，汉文无所用，故操觚家多置而不讲。虽博雅名儒、词林硕士，往往一出口而失其音。惟度曲者尚讲之，惜曲韵诸书只别南北阴阳，亦未专析尖团。而尖团之音，翻译家绝不可废。盖清文中既有尖团之字，凡遇国名、地名、人名当还音处，必须详辨。

这段话明确告诉我们，当时写文章的无论是多大的知识分子，都不再讲究尖团音的区别，仅仅是在音译满文专名词时才需要人为地分辨开来。相比之下，《同文韵统》的编写时间比《圆音正考》的付梓晚五年，但其中却反映出尖团音的合流尚未最终完成，

① 王力：《汉语史稿》，北京：中华书局，1980，上册第146页。
② 此前的书籍里有一些模糊的记载容易使人联想到尖团音的分化，但如金基石所说，那恐怕全都不足为凭。参看金基石：《尖团音问题与朝鲜文献的对音》。

也就是说，其所处的语音演化阶段比《圆音正考》略早，这应该是语言在朝野不同人群中不同步发展的表现。

清乾隆年间是北方语言发生重大变革的时代，这时满族臣僚口中的满语正在加速走向衰亡。在《圆音正考》和《同文韵统》刊印之前的1739年，内阁学士雅尔呼达在奏折中就提到当时的“一应文移，略写清文数句，事务原委，粘连汉字清单”[①]，看来大臣们已经不大熟悉满语，没有能力再像旧时那样以满汉对照的形式书写奏章全文了。仅十余年后，译员出身的笔帖式永泰、五达二人在面见乾隆皇帝时也竟然“清语生疏，不能奏对”[②]。事实是，尽管乾隆皇帝采用了许多措施试图挽救满语的颓势，但满语还是在他在位期间基本退出了政治和社会生活的舞台——最初是官员的子弟们不再使用满语，过了一两代人之后就没有几个人会说了[③]。

满语的消亡过程表明当时的语言变化来自下层社会的影响，这种影响层层上达，最终迫使社会的顶层也不得不接受既成的现实。由此我们想到，汉语尖团音的演化即使是在北京也应该表现为一个自下而上的进程。不难假定，演化而成的tɕ-、tɕ‘-、ɕ-最初出现在青年人中间，这些青年长成之后有一小部分人进入朝廷和地方官府，自然要影响到官场的语言面貌。应该注意的是，在语言发生重大演化的时候，知识分子是态度最为保守的人群，他们总是习惯搬用古来的传统批评时音的“错误”，但最终还是对社会的潮流感到无奈。这里面一个有趣的例子是“呆板”一词在当代汉语里的读音改变——这个词多年来一直读作ai^{35} pan^{214}，第一个字音来自《广韵》的“五来切”，属于正统，可是这个音在当代民众口中被常用语“发呆”“呆傻”类化而变成了tai^{55}。尽管教师们总是不厌其烦地按传统字音纠正别人的“误读”，但是群众中“误读”的力量实际上是不可抗拒的，于是政府部门在20世纪80年代终于下了决心，承认tai^{55} pan^{214}为“呆板”的唯一正确读音。从这个道理类推就可以相信，汉语尖团音的演化在编定《同文韵统》的时候已经基本完成，只不过是个别编者不愿承认而已。相比之下，乾隆皇帝对此的态度堪称顺应潮流。

另外一个问题是，朝鲜文献所载汉语见组字音舌面化的时间不能与中原文献形成互证。大约在1776年由司译院编刊的《汉清文鉴》是一部汉、满、朝鲜三种文字对

①《清高宗实录》卷九〇，第3页。
② 事在乾隆十七年（1752）。《清高宗实录》卷四二八，第15页。
③ 滕绍箴：《明清两代满语满文使用情况考》，《民族语文》1986年第2期。

译的辞书，这部书中除了五处特例之外①，在其汉朝译音中完全看不到见组字音舌面化的痕迹。相比之下，金昌祚等在1765年编写的《朴通事新释谚解》显得更加接近当时的口语，但其中明确标记为 tɕ-、tɕ‘-、ɕ- 的见溪群晓母细音字也仅仅占到同类字的18.5%②。晚出的文献所反映的语音演化阶段却比前期的文献要早，对这两种不同的情况应该做出两种不同的解释。首先我们可以相信，《汉清文鉴》全以此前的乾隆《御制增订清文鉴》（1771）为参照，编辑工作实际上只局限于文本之间，并不是当时语言的忠实记录③。至于《朴通事新释谚解》，里面反映的情况确实离奇——按照常理，一个声母的变化总会引发同一条件的所有字音一起发生变化，即使在字音演化初期也不大可能只有一部分变了而另一部分未变，也就是说，不可能出现读“金”为 tɕin 同时又读“今”为 kin 之类情况。这个问题的确难以解释。我们没有理由怀疑素来精于音韵之学的朝鲜学者会发生审音的失误，只能猜测这些记音出自不同的作者之手，反映的是语音演化初期不同人群间的差异，因为《朴通事新释谚解》毕竟是多人合作的成果。

至此我们认识到，汉语精组和见晓组声母的舌面化虽然在18世纪的许多著作中都有反映，但这些资料的性质却不可统一而论，它们有的接近实际语音的记录，有的则是前代译音规则的重复。即使同为实际语音的记录，也有可能是出自不同的人群。正是由于这个道理，我们无法把这一演化按照统一的历史年代排列起来。

（原载《语文研究》2016年第1期，页38—41）

① 金基石指出的这五处特例是：结 tɕie，轩萱眩 ɕiuan，隙 ɕi。
② 金基石：《尖团音问题与朝鲜文献的对音》。
③ 崔宰予：《〈汉清文鉴〉简论》，《民族语文》1997年第5期。

床禅二母佛典译音补议

宋元等韵图的结构表明床母是与照穿对应的浊塞擦音，禅母是与审母对应的浊擦音。现代的汉语音韵学家把床母三等构拟为 dʑ[①]，把禅母构拟为 ʑ，体现了两个声类的对应。然而陆志韦在 1947 年注意到床禅二母在佛典译音里的地位似乎是颠倒的，表明禅母是塞擦音而床母是擦音[②]。这个假定后来在俞敏先生那里得到了充分的证明，他指出后汉三国时代的译经师在音译梵文的时候多用禅母字而几乎不用床母字[③]。鉴于前人没有解释这种现象的成因，本文试图就此做出一点补充。

此前的观察表明床母字在佛典译音中非常鲜见，禅母字出现得相对多些，且总是用来翻译佛典原语的塞擦音 *j*-[dʑ][④]。俞先生曾经列举过后汉三国的译例[⑤]，我们再补充几条时代稍晚的资料，证明这种翻译习惯在其后几百年间没有变化，可以视为公元 8 世纪以前所有人都在遵循的规律：

阇 *ja*/*jva*——阇尼沙 *janeśa*（夜叉名），见姚秦佛陀耶舍共竺佛念译《长阿含经》卷五（《大正藏》1，页 35 下栏）。阇婆隶 *jvala*（炽燃），见元魏般若流支译《正法念处经》卷一六（《大正藏》17，页 97 上栏）。

禅 *jan*/*jhān*——尼连禅 *nairañjanā*（河名），见刘宋求那跋陀罗译《杂阿含经》卷三九（《大正藏》2，页 287 下栏）。禅那 *jhāna*[⑥]（思惟修），见姚秦鸠摩罗什译《大智度论》卷一七（《大正藏》25，页 185 中栏）。

赡 *jam*——赡部 *jambū*（南方洲名），见唐慧琳《一切经音义》卷一（《大正藏》54，页 314 下栏）。

---

① 本文所谈的“床母”仅指床母三等，即现代汉语方言学上所称的“船母”。
② 陆志韦：《古音说略》，《燕京学报》专号 20，1947，第 11—13 页。
③ 俞敏：《后汉三国梵汉对音谱》，《俞敏语言学论文集》，北京：商务印书馆，1999，第 12 页。
④ 禅母字有时看上去似乎是与梵文的清音 *c*- 对音，那实际上是因为翻译所据的原语词是印度俗语（Prakrit）而非梵语。例如“阿阇黎”译自俗语的 *ajaria* 而非梵语的 *ācārya*，“毘舍阇”译自俗语的 *viśaja* 而非梵语的 *piśāca*。见水野弘元著，许洋主译：《巴利文法》，台北：华宇出版社，1987，第 62 页。
⑤ 当年限于篇幅，俞先生在论文里只提取了孤立的梵汉对音字，而没有详细交待原始出处。
⑥ 这里采用的是巴利语形式，相应的梵文是 *dhyāna*。

社 *jya*——鞞杀社 *bhaiṣajya*（药），见唐义净译《根本说一切有部百一羯磨》卷一〇（《大正藏》24，页 498 上栏）。

殊 *ju*——文殊师利 *mañjuśrī*（菩萨名），见北凉昙无谶译《悲华经》卷三（《大正藏》3，页 188 中栏）。

誓/逝 *je*——誓多/逝多 *jeta*（波斯匿王太子名），见唐玄奘译《阿毘达磨大毘婆沙论》卷四〇（《大正藏》27，页 208 下栏），及《大唐西域记》卷六（《大正藏》51，页 899 中栏）。

上/尚/社 *jhā*——和上/和尚/乌社 *upajjhā*①（亲教师），见唐义净译《根本说一切有部百一羯磨》卷一（《大正藏》24，页 456 上栏），及所撰《南海寄归内法传》卷三（《大正藏》54，页 222 上栏）。

以上的译音汉字都属禅母。至于床母，最值得注意的是俞先生举出的一个“蛇”字——《中本起经》用“蛇蛇”来音译梵文的 *yaśas*。原文见后汉昙果共康孟详译《中本起经》卷上（《大正藏》4，页 149 上栏）：

> 于时波罗奈城中有长者，名阿具利，有一子，字曰“蛇蛇”（晋言宝称），时年二十四。称生奇妙，有琉璃屐著足而生。父母贵异，字曰“宝称”。

与这孩子名字相当的词后来多译“耶舍”，对音和词义似乎指向梵文 *yaśas* 的同义阳性词 *yaśa*（称誉）②。当然，如果假定当时把这个词的读音混同于 *śaśa*（兔毛尘），则“蛇蛇”的对音会显得更为贴近。此外，陆志韦也举出过两条时代较晚的例子，即以“述”译 śok（阿述达 *aśokadatta*）③，以及以“实”译 *śikṣ*（实叉难陀 *śikṣānanda*，唐代经师名），俞先生就此指出床母在当时对应擦音 ç。不过令人百思难得其解的是，假如按照公认的音韵学研究结论，当时的床母是塞擦音而禅母是擦音，那么用床母字来译梵文的 *j-* 就是最正常的，而古人何以放弃床母字而采用了禅母字？

对此可以想到两种解释：第一，译经师口中床禅二母的读音与宋元韵图所表示的相反，即床是 ʑ 而禅是 dʑ；第二，译经师口中的床禅二母都是 dʑ。

① 这里采用的是巴利语形式，相应的梵文是 *upadhyāya*。
② 荻原云来：《汉译对照梵和大辞典》，台北：新文丰出版公司（影印），1979，第 1087 页。
③《开元释教录》卷二〇，《大正藏》55，页 702 上栏。

此前学界倾向于第一种解释，但本文准备推荐第二种，对此最著名的文献证据就是敦煌所出“守温韵学残卷”和“归三十字母例”里列出的字母有“禅”而无“床”[①]。很明显，那种“照穿禅审”的格局应该指向梵文式的 *ca*、*cha*、*ja*、*śa* 而非缺乏音系依据的 *ca*、*cha*、*źa*、*śa*。出自沙门之手的描述使我们想到，佛典译音里床禅不分的现象应该与僧人特有的语言习惯有关。

早期译经的僧人除了来自天竺就是来自中亚各地，他们用来诵经的语言或者方言尽管不会完全一致，但都与梵语关系密切。当时先后在西域流行的无论是梵语、巴利语、吐火罗语、于阗语还是所谓“半摩揭陀语”，所用的字母里面都没有 ź-，这说明那些语言里没有 ʑ 这个辅音。我们知道，任何人在初学外语时如果遇到母语里没有的音素或者音节，一般总会不自觉地用母语固有的因素或者音节替代，这样的替代不是随意的行为，而是由第二语言学习者的母语音系和心理习惯双重因素决定的。也就是说，用哪个音来替代哪个音，里面自有语音规律的无形主导，最近似的替代甚至会使第二语言学习者误认为自己的发音是准确的。例如没有受过严格训练的中国人都会把英语的 how[hau] 说成 xau, 从来感觉不到其中存在辅音发音部位的差异。由此想来，进入中国传经的西域僧人也必然会表现出同样的情况。那么现在的问题就是，原本不会读 ʐ 的人在遇到古汉语的 ʐ 时会用什么音来替代？

辅音的性质可以从发音部位、发音方法和清浊三方面来看。从经验上说，这三方面只要有两方面相同，就会让人感觉那是可以用来替代的、最近似的音——中国人把英语的 how[hau] 说成 xau，其中用 x 替代 h，是因为二者的发音方法和清浊相同；把英语的 bee[biː] 说成 piː，其中用 p 替代 b，是因为二者的发音部位和发音方法相同；把英语的 read[riːd] 说成 ʐwiːt，其中用 ʐ 替代 r，是因为二者的发音部位和清浊相同。由此不难想到，母语里没有浊擦音的人在遇到古汉语的 ʑ 时可能采取的替代手段有三种，一种是改作发音方法和清浊相同的相邻部位擦音 z，一种是改作发音部位和发音方法相同的清音 ɕ，一种是改作发音部位和清浊相同的塞擦音 dʑ。由于婆罗米一系的字母表里并没有 za 这个字母，所以我们可以排除第一种可能性，而只剩下后两种——早期译经师把古汉语的 ʑ 或者读成了 dʑ，或者读成了 ɕ, 这两个音相当于拉丁转写的 *j*- 和 *ś*-，恰好与汉译佛典里的两种情形分别形成对应。于是我们就可以想到一个解释，

① 原话是“审穿禅照是正齿音”。

即当时标准汉语的床母和禅母或许仍然分成 dʑ、ʑ 两类，只不过在早期译经师口中因不能读出 ʑ 而混成了一类——大部分人把禅母读成了与床母相同的 dʑ，少部分人把禅母读成了与审母相同的 ɕ，所以床禅二母在佛典里大多用来译 *j*-，偶尔也用来译 *ś*-。

当然必须承认，除了外来僧人以外，包括玄奘、义净在内的东土译经师有时也用禅母字来翻译梵文的 *j*-①，不过那大多是沿用前代已有的译名，即使与当时的汉语方言情况相符，似乎也应视为不同来源读法造成的偶合。何况玄奘是洛州（今河南偃师）人，义净是齐州（今山东历城）人，我们似乎很难把他们的口音统一在某个预先设定的方言下面。

从汉代开始出现的译音规则在公元 8 世纪被不空学派的新规则所取代。床禅二母的汉字在不空翻译的梵咒中不再出现——*ja* 多被译为日母的“惹”[ȵdʑa]，而在慧琳《一切经音义》中则被译为从母的“嵯”[dza]。无论把这种现象归因于梵语方音还是汉语方音②，我们都不得不相信，从那以后的佛典翻译已经不能为床禅二母的读法提供直接证据了。

需要强调指出的是，外民族在初学汉语时使用音素替代而构成的语音系统不宜视为一种汉语方言，更不宜纳入汉语的历史演化序列。我们已经知道床禅二母在《玉篇》和《经典释文》的反切里都有相混的情况，那的确应该视为中古某个汉语方言的特征③，而且是真正意义上的汉语方言。这种现象与本文所谈的佛典译音尽管表面上看来相似，但其性质截然不同，恐怕是不能拿来互证的。

（原载《语文研究》2014 年第 2 期，页 11—12）

① 施向东：《玄奘译著中的梵汉对音与唐初中原方音》，《语言研究》1983 年第 1 期。刘广和：《〈大孔雀明王经〉咒语义净跟不空译音的比较研究》，《语言研究》增刊，1994。
② 罗常培：《梵文腭音五母之藏汉对音研究》，《中央研究院历史语言研究所集刊》第 3 本第 2 分，1930。
③ 罗常培：《唐五代西北方音》，中央研究院历史语言研究所单刊甲种之十二，1933，第 22 页。

从梵文字母表的音译汉字看古代汉语的声调

通过分析佛典里的译音汉字可以获得古汉语声调的一些信息。此前学界使用的方法是拣选专名词或咒语的汉字译音与相应梵文词语的高低两个声调（*udātta*、*anudātta*）进行对比，由此提出后汉三国时代的平声是中高调，去声是中调，可惜上声的译例几乎不见[①]。盛唐以后使用的上声字明显增多，令人感觉当时的上声是高平或高升调，但其他三声的调型则因人而异，如平声在不空的译例中表现为低平调，而在义净的译例中表现为高降调[②]。应该承认这里面有一个不容回避的事实，即梵文的书写形式本身并没有声调标记，我们今天所谓古梵语声调或者重音的位置实际上都是现代语言学家的构拟，在此基础上进行的研究毕竟比不得文献的实证，何况不同派别的僧人往往会有不同的念诵习惯[③]，这不但使得梵文声调或者重音的位置在咒语中不易考定，而且汉字的连读变调或亦难免。考虑到这些情况，本文把研究的基础资料限定在梵文字母表里孤立的汉字对音上，以求在检验此前研究结论的同时归纳古代北方汉语的声调类型。

一

音译的梵文字母最早见西晋竺法护于泰康七年（286）译出的《光赞经》卷七《摩诃般若波罗蜜观品》，但那只是对“文字所入因缘”的解释，并不是完整的字母表。罗常培在1930年整理过一份“四十九根本字诸经译文异同表”[④]，里面列出了不同时代汉译佛典中音译的梵文字母。在这个字表指引下，我们从日本的《大正新修大藏经》

① 俞敏：《后汉三国梵汉对音谱》，《俞敏语言学论文集》，北京：商务印书馆，1999，第49页。
② 刘广和：《〈大孔雀明王经〉咒语义净跟不空译音的比较研究》，《音韵比较研究》，北京：中国广播电视出版社，2001，第145页。
③ 一个众所周知的情况是，现在如果请一位汉传佛教僧人和一位藏传佛教喇嘛来诵读同一首咒语，他们彼此都听不懂对方在念什么。
④ 罗常培：《梵文腭音五母之藏汉对音研究》附录，《中央研究院历史语言研究所集刊》第3本第2分，1930。这个字表后来转录于李荣《切韵音系》，北京：科学出版社，1956，第164页。

里检出七种资料作为研究基础，具体来源如下[1]：

法显译《大般泥洹经》卷五《文字品》，417 年出，见《大正藏》第 12 册，第 887 页下栏至第 888 页下栏。

慧严修《大般涅槃经》卷八《文字品》，424—432 年出，见《大正藏》第 12 册，第 654 页上栏至第 655 页上栏。

地婆诃罗译《方广大庄严经》卷四《示书品》，685 年出，见《大正藏》第 3 册，第 559 页下栏至第 560 页中栏。

善无畏译《大毘卢遮那成佛神变加持经》卷六《百字成就持诵品》，724 年出，见《大正藏》第 18 册，第 41 页中栏。

不空译《瑜伽金刚顶经释字母品》，771 年出，见《大正藏》第 18 册，第 338 页中栏至第 339 页上栏。

智广撰《悉昙字记》，780—804 年出，见《大正藏》第 54 册，第 1187 页下栏至第 1188 页中栏。

慧琳撰《一切经音义》卷二五《辩文字功德及出生次第》，788—810 年出，见《大正藏》第 54 册，第 470 页上栏至下栏。

以上所列资料称不得丰富，而且原书有关梵音的表述也繁简不一，但我相信那里面涵盖了汉译梵文字母表的全部对音情形。这些字母（*akṣara*）都是单独出现的，并不组成词语，因而可以在最大程度上避免连读变调的干扰。

二

汉译的字母表中呈现出一个最明显的趋势，即所有的梵文字母在唐代以前一般对应汉语的平声，在唐代以后则大多对应上声[2]。下面举“毘声”*ta* 组的四个字母和“超声”的七个字母为例，浊送气音 *gha*、*jha* 等以及擦音 *ha* 留待后面讨论：

① 后面征引时只写译撰者的名字以求简明。另外，后面的引文以《大正藏》为准，对于罗常培“四十九根本字诸经译文异同表”中的排印讹脱不再另出校语。

② 刘广和在对比唐代义净和不空的音译咒语时已经注意到了同样的现象，见所著《不空译咒梵汉对音研究》，《音韵比较研究》，北京：中国广播电视出版社，2001，第 75—80 页。

	ta	*tha*	*da*	*na*	*ya*	*ra*	*la*	*va*	*śa*	*ṣa*	*sa*
法显	多	他	陀	那[①]	耶	啰	轻罗	和	赊	沙	娑
慧严	多	他	陀	那	邪	啰	罗	和	赊	沙	娑
地婆诃罗	多上声	他上声	陀上声	那上声	也	罗	罗上声	婆上声	捨	沙	娑
善无畏	多	他	那	曩	也	啰	逻	嚩	奢	沙	娑
不空	多上	他上	娜	曩	野	啰	逻	嚩	捨	洒	娑上
智广	多 怛下反	他 他下反	陀 大下反	那 捺下反	也 药下反	啰 曷力下反	罗 洛下反	嚩 房下反	奢 舍下反	沙 沙下反	娑 娑下反
慧琳	亸 多可反	佗 他可反	掠 那我反	曩 乃朗反	野	啰 上声	砢 勒可反	嚩 舞可反	舍 尸也反	洒 沙贾反	縒 桑可反

上表依时间排列，从中可见法显和慧严以平声字对译所有的梵文字母[②]，地婆诃罗和善无畏开始逐渐转用上声，而到了不空、智广和慧琳那里，则是把几乎所有的旧译平声字都标注为上声，甚至直接用“曩”“嚩”“洒”等上声字来替换旧译。旧译的平声字在地婆诃罗和善无畏那里都有保留，在后者的翻译中尤为多见，这也许是“顺古”的翻译习惯造成的，不可能意味着他们二人口中的平声和上声调型相同。我们知道，在诵读任何一种语言的字母表时，人们通常都会尽量把所有的字母念成“高平调”。如果相信这是人类古往今来的习惯[③]，那么我们就可以得到初步的结论说，法显和慧严译音的平声是高平调，而地婆诃罗、不空、智广和慧琳译音的上声是高平调。由此推论，法显和慧严译音的上声低于平声，而地婆诃罗、不空、智广和慧琳译音的平声低于上声。

去声字不见于唐以前的汉译梵文字母表，只是在唐代以后才开始应用。下面举出元音字母的译例：

① 智广在《悉昙字记》中为“那”字特别标注了“捺下反”的上声读音，由此可以推知早期译音的“那”字一定读平声（诺何切）。

② 此外他们还把梵文的 *ña* 对译作“若”，应是取平声“人赊切”的读音。

③ 直到清代，人们也都是这样诵读梵文字母的。《同文韵统》卷一《天竺字母后说》谓“天竺字皆清平声”，“清平声”即指现代的阴平声（55调）。

	a	*ā*	*i*	*ī*	*u*	*ū*	*e*	*ai*	*o*	*au*
法显	短阿	长阿	短伊	长伊	短忧	长忧	咽①	野②	乌	炮③
慧严	短阿	阿	短伊	长伊	短忧	长忧	咽	野	乌	炮
地婆诃罗	阿	长阿	伊	伊	乌上声	乌	翳	爱	乌	懊
善无畏	阿	—	—	—	—	—	—	—	—	—
不空	阿上	阿引去	伊上	伊引去	坞	污引	曀	爱	污	奥
智广	短阿	长阿	短伊	长伊	短瓯	长瓯	短蔼	长蔼	短奥	长奥
慧琳	榱 阿可反	啊 阿个反	賢 伊以反	缢 伊异反	坞 乌古反	污 坞故反	翳 婴计反	恶 哀盖反	污 襖固反	奥 阿告反

汉语的元音不分长短，早期的译经师大多用“短”“长”二字附注来区分梵文的短元音和长元音。智广继承了传统的方法，而不空和慧琳则倾向于选择汉语不同的声调来模拟，即用上声对译短元音，用去声对译长元音，显然汉语的去声在他们看来要比平声“长”一些。由此估计，不空和慧琳认为梵语的浊送气音和擦音 *ha* 也比其他字母“长”一些，所以用去声模拟，只有智广则仍然使用上声附注：

	gha	*jha*	*ḍha*	*dha*	*bha*	*ha*
法显	重音伽	重音阇	重音茶	重音陀	重音婆	呵
慧严	重音伽	重音阇	重音茶	重音陀	重音婆	呵
地婆诃罗	伽	阇	荼	陀	婆	呵
善无畏	伽	社上声呼	荼	驮	婆	诃
不空	伽去引	鄼去	荼去	驮去	婆去重	贺④
智广	伽重音 渠我反	社重音 音近昨我反	荼重音 音近幢我反	陀重音 音近陀可反	婆重音 薄我反	诃许下反
慧琳	伽渠贺反	醝嵯贺反	搽荼下反去声引	陀陀贺反重	啫婆贺反去声重	贺何驮反

① “咽”字在此当取入声“乌结切”一读，韵母不合法显译音惯例，估计是临时用在这里模拟梵文短元音的。

② “野”字的声调和韵母均不合法显译音惯例，估计是临时用在这里模拟梵文长元音的。

③ “炮”字又见昙无忏译《大般涅槃经》卷八《如来性品》（《大正藏》12，第 413 页中栏），读音（薄交切）不可解，疑为“澳”形讹，字见僧伽婆罗译《文殊师利问经》卷一《字母品》（《大正藏》14，第 498 页上栏）。

④ 许多“唐密”系统的经师都把梵文的清音 *ha* 译成汉语的浊音“贺”，例如把 *svāhā*（圆满）译成“娑嚩贺”，大概是把梵文的 *ha* 读成了相应的浊音 ɦa。

结合前面的字表可以看出，唐人诵读梵文字母表的习惯已经较前人有了改变——他们不像魏晋南北朝经师那样用高平调来读所有的梵文字母，而是使用了两种不同的声调。不空和慧琳用上声对译梵文的清音和不送气浊音，而用去声对译梵文的送气浊音，说明他们口中的去声是区别于“高平调”（上声）的另一种调型。同样，地婆诃罗也用上声对译梵文的清音和不送气浊音，却用平声对译梵文的送气浊音，说明他口中的平声也是区别于“高平调”的另一种调型。我们知道，在不以声调别义的语言里，与“高调”相对的只能是“低调”，因此可以估计不空和慧琳口中的去声是低调，而地婆诃罗口中的平声是低调。与这种读法相类似的是从印度字母发展变化而来的藏文——现代藏族人在读藏文字母表时总是把清辅音字母读成高调而把浊辅音字母读成低调，这或许不是巧合，而是当时中国西部地区一种新生的习惯。

宋代以前的经师在翻译梵文字母表时极少用到入声汉字，共有的例子是把 *aḥ* 译作“恶”，这是借用了“恶”字入声“乌各切”的读音，目的是用汉语的 ak 模拟梵文的“收声”。此外只有慧琳用过“乙”和“力”两个字，即译 *ṛ* 为“乙$_{\text{上声}}$”，译 *ṝ* 为“乙$_{\text{去声引}}$”，译 *ḷ* 为“力$_{\text{短声}}$”，译 *ḹ* 为“力$_{\text{去声长引}}$”。用入声字译音却附注为“上声”或“去声”，显然不合常规，对此可能的解释是，用“乙”译 *ṛ* 是试图用汉字的尾音 -r 来模拟梵文的颤舌元音①，而用“力”译 *ḷ* 则仅仅是为了强调梵音的短促。总之，入声的调型不能借助音译的梵文字母确定。

三

关于调型的结论可以总结在下面的表里。这些结论虽然不如前人的细致，但猜测的成分少些：

	法显	慧严	地婆诃罗	善无畏	不空	智广	慧琳
平声	高平	高平	低	高平	—	—	—
上声	低	低	高平	低	高平	高平	高平
去声	—	—	—	—	低	—	低

① 在大约同时代的“摩尼文粟特语日曜占卜书”里，汉字“乙”可以译成 *ir*，见 F. W. K. Müller, Die„persischen„ Kalenderausdrücke im chinesischen Tripiṭaka, *Sitzungsberichte der Preussischen Akademie der Wissenschaften, Sitzung der philosophisch-historischen Classe* 16, 1907。

译音汉字在佛经咒语里可以囊括平上去入全部四个声调，而在梵文字母表里却至多出现两个，仅仅构成高与低的对立而已。古汉语声调的调型本来就难以从文献里捉摸，凭借这点资料我们自然没有能力拟测古代汉语的调值，甚至无法构建每个经师口中的全部四个声调类型。

结合整个译经史来看，法显和慧严对梵文字母表的处理方式显然代表着纵贯千年的传统——他们把所有的梵文字母都读成高平调，也一律用平声汉字来译音[①]。这一规则在早期的译经中得到了比较严格的遵守，例如把 *tathāgata*（如来）译成“多陀阿伽陀”，就连用了五个平声字，其中包括不送气清音、送气清音和不送气浊音。历史上两个最著名的翻译家鸠摩罗什和玄奘的作品也可以大致归入这一派[②]，这方面时代最为晚近的例子是清代乾隆年间成书的《钦定同文韵统》，编者在书中尽量把每一个梵文字母都译成平声[③]，只是在没有平声字可用的情况下才偶尔借用其他声调的汉字[④]。

公元 8 世纪末期不空和慧琳对梵文字母表的处理方式是唐代密宗佛教盛行的反映——他们也把所有的梵文字母都读成高平调，但一律用上声汉字来译，这种读法后来被真空在《玉钥匙歌诀》里描述为“上声高呼猛烈强”。与这一规则平行的是梵文腭音五母音译法的改变，即在汉语原有正齿音（照、穿等）的情况下却像吐蕃人那样把梵文的 *ca*、*cha* 等字母译成了齿头音（精、清等）。罗常培对此曾经提出了三种可

① 这个传统始于竺法护译《光赞经》卷七《摩诃般若波罗蜜观品》（《大正藏》8，第 195 页下栏—196 页上栏）。原文如下：“一切诸法，以过去者亦无所起，其门所作，是**罗**之门。法离诸垢，是**波**之门。分别诸谊，是**遮**之门。逮得一切诸法之行，亦无所得，亦无所没者，亦无所生者，是**那**之门。一切法离诸号字，计其本净而不可得，是**罗**之门。皆悉超度一切世法恩爱报应因缘，是**陀**之门。一切诸法悉为本无，有无断绝，是为**波**之门。皆悉解结诸法所缚，是**咤**之门。烧尽诸法，逮至清净，是**沙**之门。一切诸法无有罣碍，不得诸事，是**和**之门。断除一切诸法音声句迹所趣，是**多**之门。一切诸法而无有本，不可动摇，是**计**之门。一切诸法而无所起，是**咤**之门。一切诸法得至究竟，是**阿**之门。一切诸法所当作为，皆悉逮得，是**娑**之门。一切诸法皆已时得通不悉节，是**摩**之门。解知诸法从吾我起，是**迦**之门。一切诸法逮得拥护，是**獐**之门。一切诸法逮得诸法之处，是**阇**之门。一切诸法而无所起，是**波**之门。一切诸法而无所起，是**陀呵**之门。一切诸法诸种无所起会，是**奢**之门。一切诸法寂然不起，是**呿**之门。一切诸法犹如虚空而无所生，是**叉**之门。一切诸法皆悉灭尽而不可得，是**尸獐**之门。一切诸法坚住于处而不可动，亦不可得，是**惹**之门。一切诸法慧不可得，是**咤呵**之门。一切诸法逮得所持，是**披何**之门。一切诸法已得闲静，是**车**之门。一切诸法皆已焚烧，是**那**之门。一切诸法而无所作，是**沙波**之门。一切诸法而得至信，是**嵯**之门。一切诸法皆得尽灭，是**迦何**之门。一切诸法得轮数所在。是**咤徐**之门。一切诸法有所住处得无所住，是**那**之门。一切诸法不来不去，不立不坐，不卧不寐，无应不应，无想不想，是**颇**之门。一切诸法不可所奏，是**尸迦**之门。一切诸法不得五阴，是**磋**之门。一切诸法不得他念，是**伊陀**之门。舍一切法而无所得**伊陀**之门。一切诸法不得所在，是**咤**之门。”

② 参看施向东《鸠摩罗什译音研究》，载所著《芝兰集》，北京：人民教育出版社，1999；《玄奘译著中的梵汉对音与唐初中原方音》，《语言研究》1983 年第 1 期。

③ 参看罗常培《梵文腭音五母之藏汉对音研究》附录“四十九根本字诸经译文异同表”的最下面一栏。

④《同文韵统》卷一《天竺字母后说》：“其无清平字者则用浊平字，无平声字者则用仄声字。”

能的解释，即梵语方音的不同、梵语古今的演变或者佛教宗派的关系。他表示倾向于第一种可能性[①]，而刘广和则提出当时译音用字的不同应该是汉语方音的不同造成的——唐代北方有两个通用方言，一个是以洛阳为中心的东部方言，一个是以长安为中心的西部方言[②]。仅就梵文腭音五母和声调的音译法而言，诸多材料证明刘广和的想法更近实际，因为我们看到，即使在近五百年后河西僧人的译经里，以西部方言为基础的咒语翻译仍然显示出了不空一派梵汉对音的某些特点[③]，而河西的僧人与不空学派并无传承关系。

元代以后，历史上的佛经汉译事业进入了尾声，那时最主要的译经师沙啰巴（1259—1314）在作品中还多少保留了不空学派的一些痕迹，我们从他所译《文殊菩萨最胜真实名义经》里选一段最简单的咒语[④]：

阿	阿引	壹	医引	嗢	污引	伊	爱引	乌	奥引	暗	恶紧呼
a	*ā*	*i*	*ī*	*u*	*ū*	*e*	*ai*	*o*	*au*	*aṃ*	*aḥ*

这段咒语实际上是由梵文的十个元音字母加上 *anusvāra* 和 *visarga* 构成的，其中以平声字“阿”“伊”“乌”或入声字“壹”“嗢”对译短元音，以去声字“爱”“奥”对译长元音，有些接近不空学派的风格。然而在此之前，随着国内政治和经济中心向东部的转移，以长安话为代表的西北方言已经逐渐失去了往日的地位，最终完全让位给了以大都音为代表的北方官话。

从现有资料估计，影响佛经音译规则的汉语方言应该不止上述两个，地婆诃罗（613—687）以平声为低调而以上声为高调的翻译习惯或许就是另一种方言的反映。史载地婆诃罗为中印度人，于唐高宗仪凤初年（676）来华，先后在东京太原寺及西京广福寺译经[⑤]。由于东京（洛阳）和西京（长安）恰好是当时两大方言的代表点，我们无法确认他译音所据的方言一定是其中之一。事实上，当时的汉译佛经多是译场内多名僧人的集体成果，其中的“译主”仅负责口译，我们不能想象他在口译梵文字

① 罗常培：《梵文腭音五母之藏汉对音研究》。
② 刘广和：《〈大孔雀明王经〉咒语义净跟不空译音的比较研究》，《音韵比较研究》第 146 页。
③ 孙伯君：《西夏佛经翻译的用字特点与译经时代的判定》，《中华文史论丛》2007 年第 2 期。
④《大正藏》第 20 册，第 820 页下栏。相应梵文参考林光明《新编大藏全咒》第 14 册，台北：嘉丰出版社，2001，第 467 页。
⑤ 地婆诃罗生平见赞宁《宋高僧传》卷二，《大正藏》第 50 册，第 719 页上栏至中栏。

母表或者咒语时会选择笔录所必需的汉字并且加以描述——那应该是“笔受”做的事情。令人感到无奈的是，译主的原籍不足为凭，笔受的原籍又无从考证，再加上梵语阅读习惯与汉语方音彼此交错，在这种情况下，我们如果脱离梵汉对音规律，单纯从译经地点来猜测译者的方音基础，那恐怕不是完全靠得住的。

（原载沈卫荣主编《西域历史语言研究集刊》8，北京：科学出版社，2015，页159—165）

藏文复声母的表音功能及其在上古汉语构拟中的局限

到目前为止，高本汉在20世纪初关于上古汉语存在复辅音声母的主张已经得到了大多数学者的认同，人们在此基础上提出的复辅音声母也从最初的几个增加到了几十个。学界构拟这类声母的关键依据是汉字的谐声关系，随即又扩展到借用其他民族的语言作为佐证。大概是因为藏文的复辅音形式看上去最为丰富，所以人们在构拟上古汉语音系的过程中有时会引用藏文拼写形式以支持自己的推断。这里打算提醒的是，学者在寻找藏文同源词的时候恐怕多少有些忽略了对基础资料性质的辨析，似乎想当然地认定用以拼写词语的所有字母在藏文初创时都是发音的。本文试图提示藏文的辅音声母组合并非在所有情况下都代表了实际语言里的复辅音，藏族人有时会依照传统习惯多写出一两个不发音的字母，也有时会借用某些字母来表示其他的音素。

作为藏汉对音领域最著名的研究成果之一，李方桂列举了公元823年的“唐蕃会盟碑”汉文部分对藏文复辅音的各种音译方式，认为汉译者对许多复辅音都进行了不同程度的省略，例如 *brtsan* 译作“赞”tsan，被看成是省去了声母的前两个辅音[①]，这已经成了当代几乎全部汉藏语研究者笃信不疑的思路。毋庸讳言，学界在从事这样的研究之前实际上是默认了一个前提，即藏文的所有书面形式都是公元7世纪上半叶文字初创时藏语读音的忠实记录。从目前掌握的资料看，这个预置的前提或许并无大差，但毕竟不能用来解释藏文的全部拼读实践。本文试图离开现代的词典，到原始文献中去看看古代藏族人是怎样音译外民族词语的，目的是借此来展示藏文字母一些尚未引起汉语音韵学界重视的表音功能。

我们的初步研究基于这样的假设：当藏族人用藏文来音译外民族词语的时候，如果所译的语言里没有复辅音声母，那么藏文的相应译写形式里就不该出现复辅音，而如果藏文的相应译写形式里出现了复辅音，那就只能证明其中多出的字母不发音，或

①Li Fang-Kuei, The Chinese transcription of Tibetan consonant clusters,《“中央研究院”历史语言研究所集刊》第50本第2分，1979。

者不读作字母本身所代表的那个音。让我们在这个假设的基础上集中观察两份材料，即传世藏族史书《雅隆尊者教法史》和20世纪初在黑水城出土的几张带藏文注音的西夏文佛经残片。这两份材料的写作时间、地点和对译的语言都不相同，通过彼此参证应该更能使人相信其中某些特殊现象的出现绝非偶然。

作为西藏历史名著之一的《雅隆尊者教法史》（*Yar-lung jo-bo'i chos-'byung*）成书于1376年，作者是今西藏自治区南部的雅隆王室后裔释迦仁钦德（Shakya rin-chen bde），原件藏中国民族图书馆。传世藏文史书之间大多存在或多或少的承袭关系，因而各书对中原专有名词的译法基本统一，这里之所以仅选用《雅隆尊者教法史》作为研究素材，主要是考虑到通行的汤池安译本后面附有一个长篇的译名对照表[①]，为读者核对藏文原著的词语拼写形式提供了方便。下面从中选取一些与复声母有关的例子，每则例子后面的出处标出的是汤池安译本的页次。

藏文字母	汉字	译音藏文	读音指向	例词	出处
前加字 *ga*	炀	*g.yang*	yang	隋炀帝 *su'i-g.yang-di*	149
	幼	*g.ye'u*	yeu	幼主 *g.ye'u-chu*	153
前加字 *da*	蒙	*dmon*	mon	蒙哥 *dmon-khe* （蒙古语 *möngke*）	177
前加字 *ba*	西	*bsi*	si	西晋 *bsi-btsin*	148
	晋	*btsin*	tsin	西晋 *bsi-btsin*	148
	宋	*bsu*	su	宋祁 *bsu-khyi*	152
上加字 *ra*	顶	*rding*	ding	灌顶 *kon-rding*	213
上加字 *sa*	蛮	*sman*	man	蛮子 *sman-tse*	152
	汴	*spen*	pen	汴梁 *spen-lang*	152
	顿	*ston*	ton	顿［悟］*ston*	166
	不	*sbo*	bo	不花 *sbo-kha* （蒙古语 *buqa*）	180
	教	*sgya'o*	gyao	释教 *shi-sgya'o*	213
下加字 *la*	刘	*gle'u*	leu	刘［秀］*gle'u*	148
	留	*gle'u*	leu	留守 *gle'u-shu*	149
	辽	*gle'u*	leu	大辽 *ta'i-gle'u*	152

上面的例子说明藏文前加字 *ga*、*da*、*ba* 和上加字 *ra*、*sa* 都可以不发音，另外在

① 汤池安译：《雅隆尊者教法史》，拉萨：西藏人民出版社，1989，第139—226页。

带有下加字 *la* 的情况下，基字 *ga* 也可以不发音。

我们的第二份材料来自几张带有藏文注音的西夏文佛经残片，大概是公元 13 世纪上半叶河西地区的藏族僧人为学习西夏语而写下的，原件 20 世纪初出土于内蒙古额济纳旗的黑水城遗址，今藏俄罗斯科学院东方文献研究所。残片上存留的西夏字和相应的藏文注音最初由聂历山整理发表①，同类的残片在那以后又不断有所发现，戴忠沛对此进行过最详细的汇集和考释②。通过这份资料可以看到，当时的藏族僧人大量使用了二合甚至三合辅音声母来为西夏字注音。尤其值得注意的是，当同一个西夏字在不同的地方出现时，其注音形式往往不尽一致，常常是一处带有复辅音而另一处不带复辅音，或者两处分别带有不同的复辅音，这种“不规范”的标注无疑更能反映当时语音的实情。下面从中选取一些与复声母相关的例子，每则例子后面的出处标出的是聂历山所编词汇表的页次。

藏文字母	西夏字	注音藏文	读音指向	出处
前加字 *ga*	[illegible]	*gno'/no*	no	5
	[illegible]	*gzi'/zi*	zi	8
	[illegible]	*gse'/se*	se	12
	[illegible]	*gsha'/sha*	sha	14
	[illegible]	*gne/ne*	ne	27
	[illegible]	*gnu/nu*	nu	62
	[illegible]	*g.yi/yi*	yi	71
	[illegible]	*g.ri/ri*	ri	71
	[illegible]	*gje'/je'*	je	74
前加字 *da*	[illegible]	*dmi/mi*	mi	6
	[illegible]	*dgi'/'gi'*	gi	29
	[illegible]	*dgu'/bgu*	gu	29
	[illegible]	*dbhi/'bhi'*	bi	33
	[illegible]	*dwi/wi*	wi	35
	[illegible]	*dbu'/'bu*	bu	42
前加字 *ba*	[illegible]	*bji/'ji*	ji	79

①N.A. Nevsky, A Brief Manual of the Si-hia Characters with Tibetan Transcriptions, *Research Review of the Osaka Asiatic Society* 4, 1926.

② 戴忠沛：《西夏文佛经残片的藏文对音研究》，中国社会科学院研究生院博士学位论文，2008。

续表

藏文字母	西夏字	注音藏文	读音指向	出处
上加字 *ra*	[illegible]	*rdi/di'*	di	71
下加字 *la*	[illegible]	*gli/kli*	li	1
	[illegible]	*glu/zlu'*	lu	14
	[illegible]	*zli'/sli'*	li	24
	[illegible]	*kle/le*	le	58
	[illegible]	*kli/li*	li	61

上面的例子说明藏文前加字 *ga*、*da*、*ba* 和上加字 *ra* 都可以不发音，另外在带有下加字 *la* 的情况下，基字 *ka*、*ga*、*za*、*sa* 也可以不发音。

迄今所有的研究都证明唐代以后的汉语没有复辅音声母，西夏语则不但没有复辅音声母，而且辅音韵尾的出现频率也极低，由此我们可以进一步确信，上述对音例子中的藏文辅音组合中一定有一个成分不代表实际读音。当然，我们现在还不能确切回答当时的藏族人为什么有时要故意多写一个赘余的字母，只是隐约地感到那是为了要在同音词之间制造写法上的区别，就像清代的中国人有时会把“英吉利”写成带口字旁的“嘆咭唎”那样。

就前加字的使用方式而言，《雅隆尊者教法史》显然和藏文注音的西夏文残经并无二致。据此我们可以推断，从古代卫藏到西域的不同地区都有一部分藏族人曾经依照这样的方式使用藏文字母组合，说明在藏文的早期历史上必有这种字母用法的源头。

事实上即使面对最古老的资料，我们仍然有理由怀疑书面藏文的某些复声母在当时的口语中是否真的读作复辅音。一个比较典型的例子是“唐蕃会盟碑”东侧的 *'o-lde spu-rgyal*，这个人名在“唐蕃会盟碑”建立之前成书的《通典》（公元 801 年）卷一九〇里就被汉译作“鹘堤悉补野”。“鹘堤悉补野”这个古代圣神的名字来自吐蕃民间传说，因而我们可以相信译音汉字所暗示的读音 **'ol de spu ya* 早在藏文创制之前就存在于藏语之中了。现在的问题是，吐蕃人当年用刚创制的藏文来拼写这个名字的时候，并没有把“野”写成我们预期中不带复声母的 *ya*，却写成了带复声母的 *rgyal*——意外地加上了赘余的字母 *rg-*。尤其值得注意的是，*rgyal*（君王）这个词在“唐蕃会盟碑”的其他地方却可以念成 *gya-*，例如 *rgyal-btsan* 译作“结赞”（*gyal tsan）、*rgyal-bzang* 译作“颊藏”（*gyab zang）。这就是说，同是写作 *rgyal* 的这个音节在当时似乎有 ya 和 gya- 两种读法——显然，藏文拼写形式所代表的读音即使是在早期也不是惟一的，也许就像汉字“车”既可以读作尺遮切（chē）又可以读作九鱼切（jū）一样。由此我们想到，藏文的某些字母组合恐怕自文字创制之初就不代表语言中的复辅音，例如 *bla-ma*“喇嘛”和 *blon*“论，宰相”里都出现了基字 *ba* 和下加字 *la* 的组合，而所有的历史文献和现代藏语方言都表明这两个词在口语里的声母只是单辅音 l-，并没有复辅音 bl- 的任何迹象。

除去不发音的赘余字母之外，藏族人有时也会借用某些字母来表示其他的音。例如不知什么原因，在藏文文献里很少出现用作声母的 *wa*，当需要表示 wa 这个口语读音的时候，人们一般只使用字母组合 *dba*，古今莫不如此。在《雅隆尊者教法史》里我们也可以看到这种用法，下面每则例子后面的出处标出的是汤池安译本的页次：

汉字	译音藏文	读音指向	例词	出处
王	*dbang*	wang	康王 *khang-dbang*	152
元	*dben*	wen	开元 *kha'i-dben*	151

同类的用法还突出地表现在那几张带有藏文注音的西夏文佛经残纸上——其中藏文前加字 *ba* 和 *ma* 实际代表的并不是复声母的起首辅音 b- 和 m-，而是汉语音节中间的合口 -w- 介音①，即：

藏文字母	西夏字	对音汉字	注音藏文	读音指向
前加字 *ba*	𘟙	宣	*bsa'*	swa
前加字 *ma*	𗑱	魁	*mkhi'*	khwi

这种借用前加字来表示介音的方法似乎在当时的河西地区颇为盛行，例如元代著名的僧官封号“管主八”来自藏文 *bka'-'gyur-pa*，指通晓“甘珠尔”的人，其中的 *bka'* 在汉文献里译作合口字“管”，可以证明它在当时某个藏语方言里读作 kwa（*bk-* = kw-）。此外，前加字 *ba* 有时也可以和下加字 *wa* 配合使用，例如藏文史书《土观源流》译“关云长”为 *bkwan yun-chang*，译“关［帝］老爷”为 *bkwan lou-yer*②，其中汉字“关”译作 *bkwan*，这里藏文前加字 *ba* 的作用显然是跟下加字 *wa* 配合起来表示汉语的合口 -w- 介音。

① 聂鸿音：《西夏残经注音藏文的前加字》，《民族语文》1986 年第 2 期。
② 吕澂编校：《藏传中土佛法源流》，华西协和大学《中国文化研究所专刊》乙种第 1 册，1942，页 15—16。

应该承认，本文展示的这几类特殊译音例证在藏文文献中的出现比率并不算高——传统的所谓“藏汉对音文献”里除了一个 *'a* 以外几乎见不到使用复声母的情况[①]，即使是在史籍中，用复辅音来对译汉语单辅音的情况也比用单辅音来对译汉语单辅音的情况罕见。这说明藏文复声母的此类使用方法可能仅仅是一小部分人的习惯，尽管我们相信这种习惯必然来自吐蕃的某个古老传统。然而值得注意的是，上述例子中出现最多的是“辅音 + *l*”和“*s* + 辅音”两类，而这恰恰也是学界构拟的上古汉语中出现最多的两种音型。我不知道这是不是巧合，但这种现象的存在毕竟是不可忽略的，它提醒我们，利用汉字的谐声关系来构拟上古汉语固然无可厚非，但在利用外民族文字特别是利用藏文同源词作为补充证据的时候，千万要谨慎对待其中的复声母，最好能预先对性质不明的藏文例词做出有效的音韵论证。

（原载乔全生主编《北斗语言学刊》1，上海：上海古籍出版社，2016，页 60—66）

① 周季文、谢后芳：《敦煌吐蕃汉藏对音字汇》，北京：中央民族大学出版社，2006。

黑水城出土“转女身经音”初释

俄罗斯科学院东方文献研究所的黑水城特藏里保存着三册《佛说转女身经》，原件系 1195 年西夏皇太后罗氏纪念仁宗去世二周年的施印本，正文后面附有当时人撰写的难字注音。佛经音义类的作品在唐五代文献中多有保存，而晚些时候出自西夏王室的仅此一种。这份“转女身经音”所代表的方言可以用为研究汉语音韵的参考资料。

一

黑水城所出的《佛说转女身经》于 1914 年始见伯希和报道①，孟列夫在 70 年后对之做过详细的描述②。原件共有 TK 8、TK 12、TK 13 三个编号，来自同一规格的雕版，照片已由上海古籍出版社刊布③。三个编号各有不同程度的残缺，拼配所得的完整文本由四部分组成：首先是昙摩蜜多的汉译文，其次是经文中的难字注音，然后是西夏佚名编者撰写的修行法④，最后附有天庆乙卯二年（1195）九月二十日皇太后罗氏的施经发愿文，表明这次施经的目的是纪念夏仁宗（1124—1193）去世二周年。

本文介绍的“转女身经音”是原书的第二部分，共 18 行，音注了 118 个汉字⑤。首行题“经音”，下面有双行小注：

此下实音字。如本韵内无者，就邻韵同声字而借音之。若全无者，但安切脚。

①P. Pelliot, Les documents chinois trouvés par la mission Kozlov, *Journal Asiatique*, Mai-Juin 1914.

②Л.Н. Меньшиков, *Описание китайской части коллекции из Хара-хото*, Москва: Наука, 1984, с. 201-203.

③ 俄罗斯科学院东方研究所圣彼得堡分所、中国社会科学院民族研究所、上海古籍出版社：《俄藏黑水城文献》1，上海：上海古籍出版社，1996，第 198-224、271-298 页。

④ 我们判断这篇“修行法”为西夏人的作品，是因为其中将“六字真言”（*om mani padme hūm*）用汉字音译为“唵麻祢钵能（二合）铭吽”，这是典型的西夏晚期译法，见西夏天庆七年（1200）智广、慧真所编《密咒圆因往生集》中的“观自在菩萨六字大明心咒”，参看孙伯君《普宁藏本〈密咒圆因往生集〉的八思巴字注音研究》，《中华文史论丛》2009 年第 3 期。

⑤《俄藏黑水城文献》1，第 221—222、289—290、296 页。

小注里说的“实音”指的是传统上的“直音”标注法，如“埵音朵”。“本韵内无者”指的是被注音字在韵书中没有同音字的情况，这时编者会借用邻韵的同音字，也就是注音字虽然与被注音字不在韵书的同一个小韵，但在编者读来是一样的，例如以霁韵的“计”音注祭韵的“罽”。假如连这样的同音字也找不到，就采用反切法标注。

“经音”中使用反切注音的有23例，其中与《广韵》和《集韵》相同的7例：

闼，他达切；穴，胡决切；舂，书容切；伪，危睡切；尿，奴吊切；夺，徒活切；庵，乌含切。

与《广韵》相同而与《集韵》不同的3例：

悭，苦闲切（《集韵》丘闲切）；攀，普班切（《集韵》披班切）；诳，居况切（《集韵》古况切）。

与《集韵》相同而与《广韵》不同的2例：

震，之刃切（《广韵》章刃切）；耨，奴沃切（《广韵》内沃切）。

与《广韵》《集韵》都不同的11例：

崛，渠物切（《广韵》衢物切，《集韵》渠勿切）；雅，鱼贾切（《广韵》五下切，《集韵》语下切）；裸，胡瓦切（《广韵》缺，《集韵》户瓦切[①]）；凯，苦改切（《广韵》苦亥切，《集韵》可亥切）；悋，力进切（《广韵》《集韵》良刃切）；嫌，胡兼切（《广韵》户兼切，《集韵》贤兼切）；村，千尊切（《广韵》此尊切，《集韵》粗尊切）；禀，彼锦切（《广韵》《集韵》笔锦切）；抽，丑由切（《广韵》《集韵》丑鸠切）；厕，初事切（《广韵》《集韵》初吏切），藐，弥药切（《广韵》莫角切，《集韵》墨角切）。

① 经文“善女着此衣服璎珞，莫裸形立”，可知“裸”在此义为“肉袒”。《广韵》马韵胡瓦切下无“裸”字，《集韵》户瓦切有“倮”，注：“肉袒也。”当即此字。

除去“藐”字那一条需要在下文另做解释之外，我们可以看出，上列反切无论与《广韵》和《集韵》的具体用字是否相同，其声韵呼等都不出唐宋官韵既定的语音框架，这就是说，“经音”的反切是以唐代以后的某部中原韵书为基础的。目前虽然还不清楚编者依据的是哪一部书，但考虑到黑水城已经有宋版的《广韵》出土[①]，若估计在那前后也会有其他民间韵书传入西夏地区，似也并非全悖情理。

不惟反切，“转女身经音”里有些直音采用的也是《广韵》设定的同音字。这样的例子一共有 50 个，下面从平上去入四声各选一例：

悬音玄（先韵胡涓切），埵音朵（果韵丁果切），渡音度（暮韵徒故切），陆音六（屋韵力竹切）。

需要指出的是，这份“经音”中的“实音”并不仅用于注音，有时还用来提示异体字。属于这类情况的有 10 例：

麄音麁[②]，脅音脇，貌音皃，慙音慚，戱音戲，蟲音虫，臰音臭，餤音焰，礙音导，葢音盖。

这些“实音”或者以本字注异体字，或者以异体字注本字，其声韵虽然一样，但并没有真正起到注音作用——假如读者不认识“脅”字，那么他一定也不认识“脇”字。

二

余下的 34 例直音没有严守中古韵书的声韵分界，这应该视为编者无意间透露的实际口语信息，也是“经音”提供给汉语音韵学的最有价值的资料。这些资料中最多见的是同韵摄间的邻韵互注，基本格局是一二等与三四等不混用，一等和二等也不混用：

① 聂鸿音：《俄藏宋刻〈广韵〉残本述略》，《中国语文》1998 年第 2 期。
② 字今作“粗”。

一等注一等：昙音谈（覃谈），悔音会（队泰）。

二等注二等：懈音戒（卦怪），幻音患（裥谏），狭音匣（洽狎）。

三等注三等：耆音其（脂之），舁音馀（虞鱼），衢音渠（虞鱼），璎音英（清庚），姊音紫（旨纸），恚音位（寘至），愧音贵（至未），誉音喻（御遇），毳音坠（祭至）。

三四等互注：牵音愆（先仙），罽音计（祭霁），蔽音闭（祭霁），怯音箧（叶帖）。

洪细音的界限分明，说明三四等字带有相同的主元音或者介音 i。即使偶尔出现不同韵摄字的互注，洪细音也不会混淆：

三等注三等：阇音成（麻清），弱音肉（药屋），掷音直（昔职）。

三等注四等：诣音议（霁寘）。

最后一例以止摄字（议）注蟹摄字（诣），同类的情况可以追溯到敦煌文献，如《菩萨布萨法》注“底”为“丁里反”，用三等止韵字注四等荠韵字[①]。西夏文献的佐证集中见于《文海》平声第 11 韵和上声第 10 韵，里面的对音汉字也是止摄字与齐韵字通用[②]。真正的例外只有一个“打”字（梗韵二等德冷切），“经音”用“顶”（迥韵四等都挺切）为之注音，二等与四等互注不合音韵规律[③]。如果不考虑这个字，那么我们就可以说，二等韵在“经音”编者口中是独立的一类，从来不与一三四等韵相混。汉字的西夏对音也是同样，例如在《类林》的西夏译本里常出现“𗈪”ka 这样一个表音字，既可以音译假摄的“嘉”“家”“贾”“驾”，也可以音译效摄的“交”“校”、山摄的“间”“简”，以及咸摄的“鉴”。这些汉字虽然所在韵摄不同，但无例外都是二等。

“经音”用清韵的“成”注麻韵的“阇”，情况与《文海》平声第 35 韵的对音

① 张金泉、许建平：《敦煌音义汇考》，杭州：杭州大学出版社，1996，第 1261 页。

②К.Б. Кепинг, *Лес категорий, утраченная китайская лэйшу в тангутском переводе,* Москва: Наука, 1983, с.1[illegible].

③ 或许“打”字在当时的读音真的比较特殊。从同时代女真语的音韵结构看，金太祖名字“阿古打”里的“打”不会读德冷切，而更可能读如后代的 ta，不过 ta 这个读音的来历目前还不清楚。

汉字通用“成”和“舍”一样[1]，表明梗摄字已经失去了鼻韵尾ŋ，只以元音e收尾了。与《文海》音系不同的是，中古汉语的其他两个鼻韵尾以及三个塞音尾在“经音”里还完好地保留着，即使是跨韵摄的直音也不会打乱其间的界限：

m尾注m尾：昙音谈（覃谈）。

n尾注n尾：幻音患（裥谏），牵音愆（先仙），粪音分（问文）。

p尾注p尾：怯音箧（业帖），狭音匣（洽狎）。

t尾注t尾：术音述（术术）。

k尾注k尾：弱音肉（药屋），掷音直（昔职）。

与最后一种情况相似的还有“藐，弥药切”，这是唯一反映了编者口语的反切注音，同样说明觉韵和药韵的韵母已经变得相同[2]，尤其是中古的塞音韵尾k还保留着。

与入声不同的是，平上去三声却偶尔会出现互注的情况，例如以平声注去声的有“诤音争”“粪音分”，以上声注平声的有“睺音后”，以去声注上声的有“怠音代”。考虑到“粪”的同音字有常用的“奋”，“睺”的同音字有常用的“侯”，而编者却偏偏选用了声调不同的字，这使我们相信编者口中平上去三声的界限有时不大严格。

不同声类的直音可以分成几种不同的情况：一种是知母的“冢”注以照母的“种”，可以解释为舌上音与正齿音的合流。第二种是清浊声母的互注，这类例子共有4个：以滂母注並母的如“被音譬”，以定母注透母的如“涕音弟”和“唾音惰”，以奉母注非母的如“腹音复”。这类例子说明编者口中的浊声母已经清化，而且中古的浊塞音全部变成了送气清塞音。第三种是舌上浊音澄母的“柱”注以正齿清音穿母的“处”，这是前两种情况的一并反映。同样的例子在《番汉合时掌中珠》里多见，历来被视为宋代西北方言最典型的声母特征[3]。

有两例关于声母的注音需另作解释：

恚音位，这是以喻母三等注影母。此类情况少见，应该解释为“经音”编者把这两个字都读成了零声母。

①M.B. Софронов, *Грамматика тангутского языка* 2, Москва: Наука, 1968, с. 27.

②“藐”字《广韵》二等觉韵莫角切又三等小韵亡沼切，“经音”注弥药切，故此视同三等字。

③龚煌城：《十二世纪末汉语的西北方音》，《“中央研究院”历史语言研究所集刊》第52本第1分，1981。

毳音坠，这是以澄母注清母。如上所述，“经音”编者口中的舌上音与正齿音已经合流，且全浊声母已经变为送气清音，那么就可以把“毳音坠”理解为彻母或穿母（tʂh-）与清母（tsh-）的互注。在敦煌本《开蒙要训》里有“以彻注清”（蹴音畜）和“以清注穿”（掣音切）的两个例子，可以证明这类情况古已有之，但恐怕只是个别的例外，不好说是全部齿头音和正齿音的合流[①]。

三

通过这些有限的材料可以大致看出“经音”编者口语的主要特点，其中全浊声母清送气化以及知照组合流是西北方言的共性。与此相对的是，《番汉合时掌中珠》表明汉语的辅音韵尾都已不存，相应的字音与阴声合流，鼻音韵尾也极少出现，至少是m与n已经混而为一[②]，然而“经音”里m、n、p、t、k这几个辅音韵尾却表现得十分清楚，特别是入声的完好保留应当视为“经音”与汉语西北方言最明显的区别。

编者口中的汉语方言此前在西夏时代的文献中没有见到过，但在人们熟知的古今其他方言里可以找到类似的佐证，例如具备这些主要声韵特点的有唐代的长安方言[③]，以及现代广东梅县的客家方言[④]。现代客家人的祖先主要是唐宋时期南迁的中原人，这表明“转女身经音”反映的汉语方言与客家话一样，都是唐代长安方言的直接后代。尽管这篇“经音”没有留下编者的丝毫信息，但从感觉上说，那个佚名编者很可能是专为西夏王室服务的汉族知识分子，甚至可能是来自中原的移民。西夏历朝的法会施经活动中一定有汉族知识分子协助，他们为新印佛经撰写的序跋大多为格律规范的骈体文，那种专门的汉语音韵知识不是外民族人能够轻易掌握的。

至于以《番汉合时掌中珠》为代表的另一种方言，我们有理由相信那是在党项语言影响下形成的特殊的民族变体。具体说来就是，《番汉合时掌中珠》所反映的汉语音系里没有入声韵尾，那未见得是古汉语的自然演化，而是因为党项本民族语言里只有开音节，没有接受过专门教育的党项人不会发塞音韵尾，所以就不自觉地把它们省

① 罗常培：《唐五代西北方音》，北京：科学出版社，1961，第84页。
② 王静如：《西夏文汉藏译音释略》，《中央研究院历史语言研究所集刊》第2本第2分，1930。
③H. Maspéro, Le dialecte de Tch'ang-ngan sous les T'ang, *Bulletin de l'Ecole française d'Extrême-Orient* 20.2, 1920.
④ 袁家骅等：《汉语方言概要（第二版）》，北京：语文出版社，2001，第149、154—155页。

略掉了[①]。由此我们是不是可以推出一个结论，即12世纪的西夏境内至少有两种汉语方言并存，学界此前研究的“12世纪西北方言”实际上是党项人学说的汉语，并不是《切韵》音系的直接后代，而本文介绍的“转女身经音”才代表了直接继承了中古汉语的、西夏境内汉族知识分子的读书音。事实上，没有哪一个地区的所有人都说同一种语言或者方言，河西地区世居的汉人与后来的党项人以及汉族移民杂处，这无疑会使西夏的语言格局变得复杂，“转女身经音”所反映的情况仅仅是冰山一角而已。

（原载《北方民族大学学报》2016年第1期，页74—77）

① 对中古汉语的塞音韵尾，不同民族的处理方式不同。党项人予以省略，而日本人则在后面加上了一个元音，例如汉语的“国”（*kok）在日语读koku。

吐峪沟出土“杂字”残卷初探

2010年和2011年，中国社会科学院考古研究所边疆民族考古研究室、吐鲁番学研究院和龟兹研究院联合清理了位于新疆吐鲁番市鄯善县的吐峪沟石窟遗址，发现了数量可观的纸质文献[①]，本文介绍的三纸残片就出自其中。残片的原件经过修复，现藏吐鲁番博物馆，吐鲁番学研究院的李刚博士建议定名为“字指”[②]。本文的目的是介绍这三纸残片并考察其中的汉字注音，指出该书的反切用字既非来自通行的《切韵》系统，也非作者自拟，而是来自一部久已亡佚的南北朝韵书。

一

“字指”作为书题见于汉魏时代的民间启蒙课本，传统上视为“杂字体字书”的一种，归入“小学”类。这种书多用于乡塾教学，所以又称“村书”。陆游《秋日郊居》诗“儿童冬学闹比邻”自注：

> 农家十月乃遣子入学，谓之冬学，所读《杂字》《百家姓》之类，谓之村书。[③]

杂字体字书的篇幅不超过两卷，收单字一千上下，字与字至多组合成词，不能连读成句。全书按字的“义类”分为若干章，不太常用的字可以有简单的音义注释，常用字可以只注字音，可以只注字义，也可以完全不加注释。也有的整本书都不加注释，例如俄罗斯科学院东方文献研究所收藏的Дx. 2822号“杂字”写本[④]。由于这类书的编写质量不高且不能直接指导日常阅读和写作，所以为一部分政府官员和高级知识分

① 中国社会科学院考古研究所边疆民族考古研究室、吐鲁番学研究院、龟兹研究院：《新疆鄯善县吐峪沟东区北侧石窟发掘简报》，《考古》2012年第1期。
② 感谢吐鲁番学研究院的李刚博士告诉我这个信息并提供了原件的照片。
③ 钱仲联：《剑南诗稿校注》，上海：上海古籍出版社，1985，第1783页。
④ 俄罗斯科学院东方研究所圣彼得堡分所、中国社会科学院民族研究所、上海古籍出版社：《俄藏黑水城文献》6，上海：上海古籍出版社，2000，第137—146页。

子所不齿，甚至还会遭到国家禁制，例如《大元通制条格》卷五载：

至元十年五月……村庄各社请教冬学，多系粗识文字之人，往往读《随身宝》《衣服杂字》之类，枉误后人，皆宜禁约。[①]

古来的杂字体字书虽然种类繁多，但仅见于《隋书·经籍志》及其后的少量书目著录，鲜有完本传世。清代几位热心辑佚的学者搜集了其他古书对这类著作的征引，分别见任大椿《小学钩沉》、马国翰《玉函山房辑佚书》、黄奭《汉学堂丛书》和顾震福《小学钩沉续编》，其中可以据书名判断属于杂字类著作的概有汉代郭显卿所撰《杂字指》一卷、三国魏张揖所撰《杂字》一卷、三国魏周成所撰《杂字解诂》一卷、三国吴朱育所撰《异字》一卷、晋代李彤所撰《字指》一卷、南朝宋颜延之所撰《纂要》一卷和梁元帝所撰《纂要》一卷[②]。可惜这些征引只是只言片语，不足以反映原书的体例信息。所幸在敦煌莫高窟藏经洞打开之后，人们终于见到了几种相对完整的杂字体著作，例如有《俗务要名林》《杂集实用要字》《碎金》等[③]，然而这些资料无一能够与本文介绍的残片勘同，因此就目前看来，吐峪沟所出的这三纸“杂字”残片应该来自一部此前未知的字书。

二

这三纸“杂字”的内容彼此相连，是由同一个写卷断裂而来的。现存部分 55 行，每行释 3 字，共释字 155 个，注释简略。纸张下部有残，存完整的字条 120 个左右，上面有 3 个章题，即“声乐十四”“刑罪十五”和“疾病十六”。“声乐”章前面有 12 行 36 个字条，属于上一章的后半部分，列出的是一些常用的动词和形容词，最后 11 条集中于婚育，估计佚失的章题与“人事”有关。

残卷对每个字都有解说，完整的解说格式是“异体字 + 释义 + 注音”。异体字和又音的说解前面冠以符号“—”，意思大致相当于“又作”，例如“攷”字下注“—考”等于说“攷，又作考”，“睽”字下注“苦圭，—古携”等于说“苦圭切，又古携切”。

① 郭成伟点校：《大元通制条格》，北京：法律出版社，2000，第 76 页。
② 刘盼遂：《古小学书辑佚表》，《刘盼遂文集》，北京：北京师范大学出版社，2002，第 475—477 页。
③ 郑阿财、朱凤玉：《敦煌蒙书研究》，兰州：甘肃教育出版社，2002，第 75—138 页。

略引几条如下：

攷，一考。穷也。苦老。

疲，一罢。体倦。防陂。

睽，异也，苦圭，一古携。

刖，一𧿹，又跀。去足。鱼越，一五刮。

如果所解说的字没有异体，则采用“释义 + 注音”的格式。例如：

悉，详尽。私疾。

罚，加小罪。防越。

最简单的解说格式是只注字音，例如“沓”字只注“徒合”，“健”字只注“力践”。只注字义而不注字音的在现存部分中仅见两例，说明注音是这部书的主要目的。

残卷所列相邻的单字大都不能连读成词。偶尔遇到可以连读成词的，作者也会分成两个单字来解释，并在下一字条中用“皆”照应上一字的意义，例如“偷盗”：

偷，一媮，一曰苟且。吐侯。

盗，皆窃取。徒到。

需要注意的是，卷子上的文字多有脱漏和形讹：

妁，时。（按“时”下脱一字。《广韵》市若切。）

妓，其。（按“其”下脱一字。《广韵》渠绮切。）

媾，舌候。（按“舌”当作“古”。《广韵》古候切。）

斩，丁减。（按“丁”疑当作“仄”。《广韵》侧减切。“侧”“仄”音同。）

龢，丁讹。（按“丁”疑当作“乎”。《广韵》户戈切。“户”“乎”同属匣母。）

戮，力遂。（按“遂”当作“逐”。《广韵》力竹切。“竹”“逐”同在屋韵。）

媒，谋合二姓。莫杯。（按“媒”当作“媒”。《广韵》媒字莫杯切。）①

吐峪沟出土的这个卷子显然不是原创，而是某部现成著作的复抄。抄书匠尽管书法尚佳，但是对书的内容，特别是对反切注音还缺乏理解。

三

全书的注音遵循南北朝以后盛行的“反切”法。经与《广韵》对校，可以知道作者采用的反切注字大多不同于传统的《切韵》系韵书，但也都不出中古汉语的声韵框架。略举几例：

萃，徂醉。（《广韵》秦醉切。“秦”“徂”同属从母。）
锒，力当。（《广韵》鲁当切。“鲁”“力”同属来母。）
凯，苦改。（《广韵》苦亥切。“亥”“改”同在海韵。）
迄，许乞。（《广韵》许讫切。“讫”“乞”同在迄韵。）
返，方晚。（《广韵》府远切。“府”“方”同属非母，“远”“晚”同在阮韵。）
写，私野。（《广韵》悉姐切。“悉”“私”同属心母，“姐”“野”同在马韵。）

联系存世的“音义”类著作，可以看出吐峪沟“杂字”有一个突出的特点，即作者在不同地方为同音字注出的反切是相同的。例如“萃”和“顇”同注“徂醉”，“嘉”和“枷”同注“古牙”，“铃”和“伶”同注“力丁”，“䶵”和“篪”同注“徒知”。这样的事实引导我们相信，残卷上的反切不是作者参照自己的口语读音随手写下的，而很可能有某部现成的韵书作为依据。如所周知，反切并没有一套绝对的用字规定，只是在《切韵》问世之后才有了约定俗成，而前代字书的编者或者古书的注释者可以从所需的声类和韵类中任意选字来组成反切，当同声韵的被注释字出现在不同地方的时候，作者随机选用的反切字也往往不同，一如黄淬伯在评述《一切经音义》时所说：

① 另有个别讹误的例子，如“随，先弥”，误作心母支韵开口（《广韵》“随”字旬为切，为邪母支韵合口）。又如“宣，私援”，误作元韵（《广韵》“宣”字须缘切，在仙韵）。这两个讹误的产生原因我们目前还不能解释。

《经音义》之音切，杂散各篇，一字之音，少或数见，多则数十见，而切字颇多更易。[①]

南北朝时期韵书蜂出，可惜没有一部流传至今[②]。现在能够见到的《广韵》出自北宋，是隋代陆法言《切韵》的最终修订本。20世纪初在敦煌莫高窟虽然发现了一些唐代韵书残卷，但都是《切韵》以后的各种“刊谬补缺”之作，其反切用字与后来的《广韵》同属一脉，显然不是本文所论字书的来源。那么我们进一步的假定就是，吐峪沟出土的这三纸“杂字”残片依据的应该是《切韵》之前某部已经亡佚的南北朝韵书。这个假定可以通过以下事实得到证明。

唐人在编定韵书的时候对《切韵》反切的改动不多，但其中有一项最重要的改动，就是变反切上字的“类隔”为“音和”。具体说来就是，前代韵书有时会用重唇音（p、b、m等）和轻唇音（f、v）互为反切，也有时会用舌头音（t、d、n等）和舌上音（ṭ、ḍ、ṇ等）互为反切，后人认为这些反切拼出的语音不谐，所以在修订时一律改作以重唇音注重唇音，以轻唇音注轻唇音。历史语言学据此给出了一个判断语言演化阶段的坐标，即在汉语从上古到中古的演化过程中，首先是一部分舌头音声母变成了舌上音，时间大约在公元6世纪[③]，后来是一部分重唇音声母变成了轻唇音，时间大约在公元11世纪[④]。这样说来，如果我们在哪部书中见到了“类隔”的反切，尤其是舌头音和舌上音类隔的反切，那么就可以判断该书的产生年代在公元6世纪以前。

下面是吐峪沟“杂字”中以轻唇音注重唇音的情况：

鞭，甫绵。（帮母“鞭”以非母“甫”为反切上字。《广韵》“鞭”字帮母卑连切。）

捕，防布。（並母“捕”以奉母“防”为反切上字。《广韵》“捕”字並母薄故切。）

① 黄淬伯：《慧琳一切经音义反切考》，北京：中华书局，2010，第13页。
② 王国维：《天宝韵英陈廷坚韵英张戬考声切韵武玄之韵铨分部考》，《观堂集林》（上），上海：上海书店，1993，第23-27页。
③ 王力：《汉语史稿》，北京：中华书局，2004，第88—89页。
④ 事实上在1008年成书的《广韵》里还保留了少量早期的“类隔”反切，这几个反切就与“杂字”的注音显得比较相近。例如“频”字《广韵》符真切，相当于“杂字”的“扶真”，“疲”字《广韵》符羁切，相当于“杂字”的“防陂”。

瓪，防半。（並母“瓪”以奉母“防”为反切上字。《广韵》“瓪”字並母薄半切。）

弊，扶袂。（並母“弊”以奉母“扶”为反切上字。《广韵》“弊”字並母毗祭切。）

瘼，亡各。（明母“瘼”以微母“亡”为反切上字。《广韵》“瘼”字明母慕各切。）

夢，亡仲。（明母“夢”以微母“亡”为反切上字。《广韵》“夢”字明母莫凤切。）

尤其能说明问题的是以舌头音注舌上音的情况：

诛，丁俱。（知母“诛”以端母“丁”为反切上字。《广韵》“诛”字知母陟输切。）

磔，丁格。（知母“磔”以端母“丁”为反切上字。《广韵》“磔”字知母陟格切。）

篪，徒知。（澄母“篪”以定母“徒”为反切上字。《广韵》“篪”字澄母直离切。“竾”字同。）

如果理解了这些因时代有异而造成的“类隔”现象，那么就可以看出，尽管吐峪沟“杂字”使用的反切上下字与《广韵》多不相同，但除了少量讹字之外，打破中古汉语声韵类别的反切可以说是一例也没有，这就是说，“杂字”注出的字音与《切韵》一系的中原韵书完全一致。就目前所知，唐五代河西方言最典型的代表作是敦煌所出的注音本《开蒙要训》，人们可以从中看到大量与中原声韵不符的字音，例如不区分声母的清浊、不区分同一韵摄内部的不同韵类、不区分声调的平上去，等等[①]。通过对比这两份资料我们可以得出结论说，吐峪沟“杂字”虽然出土于吐鲁番，但不是河西方言使用者的原创，而是在南北朝时期中原某部韵书的基础上形成之后又传入西域的。

（原载《励耘语言学刊》2017 年第 1 辑，北京：中华书局，页 69—75）

① 罗常培：《唐五代西北方音》，北京：科学出版社，1961，第 75—135 页。

黑水城抄本《解释歌义》和早期等韵门法

俄藏黑水城出土文献中有一部题为《解释歌义》的汉文抄本，其详细内容始终不为人知。本文试图从编撰缘起及学术价值两方面对这部书进行初步的探索。事实上，《解释歌义》是现存最早的汉语等韵门法著作之一，又是早期同类著作中最为详细的一种。书中一批前所未见的资料不但展示了汉语等韵学的初始状况，而且还为解决谁是等韵门法创始人这一悬而未决的难题提供了可靠的证据。

一

《解释歌义》原书于 1909 年在内蒙古额济纳旗的黑水城遗址出土，今藏俄罗斯科学院东方研究所圣彼得堡分所，编号 A6①。这是一种纸幅很小的“巾箱本”，现存仅为后半部分，且卷尾也已残佚。全书存 40 叶，凡 7800 余字，由于抄写时的漫不经心，书中的讹误衍夺不在少数，估计抄写者甚至原作者的文化程度都不很高。书的现存部分未见撰者或抄写者题款，仅在首叶题有书名“解释歌义壹畚”，其中“畚”显然当是“本”字。正文由两部分组成，一部分自称为“义”，是对“颂”的逐句解释。全书现存部分有“颂”13 首，依唇、舌、牙、齿、喉五音顺序排列，为原书的第 7 门至第 11 门。下面录出全书的“颂”，凡遇讹字即在其后加括号改正。“义”的部分文字较多，暂不全文抄录，其中有些重要的资料将在下文引及。

解释歌义一畚［本］

帮非互用稍难明，为侷诸师两重轻。信彼理时宗有失，符今教处事无倾。前三韵上分帮体，后一音中立奉形。凡切直须随等次，唯于内转二无名。

舌音切字弟八门　　舌头

① 著录见 Л.Н. Меньшиков, *Описание китайской части коллекции из Хара-хото*, Москва: Наука, 1984, с. 311-312

端透为切四一随，定归本位不抛离。若逢四内双三韵，便证都江丁吕基。于四取四同弟四，齿头两等成其韵。正齿两中一韵处，内三二外表玄微。更将照等二为韵，类隔名中但切之。

舌上音切字　　颂曰

知彻澄娘要切磋，四中三二定音和。若将头尾为其韵，类隔由来无喘［舛］讹。齿头两一还同类，两二须归本位窠。正齿只双而作韵，但凭切体不婑婀。

颂曰

舌音为切理幽微，定字之音悉晓知。唯有韵逢影喻四，音和但切勿生疑。

颂曰

知澄祖［组］下事幽微，通重兼轻分有之。影喻中逢弟四母，总随能切可堪依。

牙音切字弟九门

切时若用见溪群，精一迎来一自臻。照类两中一作韵，内三外二自名分。齿中十字俱明二，韵下舒宽顺四亲。如所引文声下促，弟三切出即为真。

齿音切字弟十门

头将四内一为韵，定向两中一上认。四二相违无可呼，四三四四二名振。正音两一还无切，两二二来言必须。互用皆凭韵次看，已前得误（悟）须归信。

又颂曰

精清从类自为亲，在处应知别立身。长子定居高位主，小儿常作下行宾。尊卑品定还依次，相貌形声不辩［辨］真。虽即久来经隔远，始终元是一家人。

正齿音切字例　　颂曰

正音四一不和平，四二两中一自迎。四四四三平切道，齿头两一又无声。两中二复为凭切，互用幽深以次明。切韵两中一得一，切单韵二一方成。切双韵只还呼一，切韵俱双见二名。以上照穿床等切，细分歌颂显微精。

喉音切字弟十一门

喻切四中一得一，四双随韵必无失。弟三四遇四中三，凭切自然分体质。切韵四时见四名，齿头两等得四一。又将喻内四三切，正齿为音取理实。两一之中外传双，若逢内转三无窒。照中二韵切还凭，自古难明今义出。

复颂七言

喻影穿床与照邪，古来学者昧根牙。浮疎岂得超深奥，审谛方能晓互差。

凭切定知难作准，见形由自足分拿。因兹剖析玄微后，虹玉随珠绝纇瑕。

七言四韵颂曰

切韵名虽自古流，琢磨多是错推求。因君揩决参差后，的当尘毛义始周。入韵八行王氏括，平声十六智家收。目瞻耳听歌贤者，学进无劳未肯休。

七言四韵歌奥

四句幽微理未精，遣余陈义定宗争。音和返教门方立，类隔分三品始成。问意岂殊江浪覆，答词何异海涛倾。若非和泣朝门候，（以下佚）

二

关于上引《解释歌义》13首“颂”的作者，书中明确指出是一名叫做“王忍公”的僧人：

“切韵名虽自古流”句的解义说：忍公是出家之人，故云公，表是释迦家弟子。天竺四姓，出家者皆号释子。谓观智公著撰不群，故于文末用申斯赞。

“入韵八行王氏括”句的解义说：王氏者，其人姓王，名氏，字忍公。

尽管说王忍公“名氏”颇为不合人们的起名习惯，但两段解义毕竟告诉我们，这13首“颂”（赞）是王忍公有感于“智公”的撰著而写成，又附在智公原作之后的。下面几段解义进一步显示出，智公的名字是“智邦”，他写了一部叫做《指玄论》的书，书中首创了拼读韵书反切的门法，并纠正了“古师”（《切韵》的编者们）的一些错误：

“符今教处事无倾”句的解义说：今者，智公建立《指玄论》，谓之是今……儒中有事，但依智邦指教处理，必无倾差也。

“音和但切勿生疑”句的解义说：此句假作音和之切，谓古师暗昧，不达所能切，今智邦解释分剖玄奥之理也。

智邦的《指玄论》本来是书的主体，可惜已经全部亡佚，现在我们只能根据王忍公的“颂”和无名氏的解义窥见其体例一斑：

“入韵八行王氏括”句的解义说：[忍公]将入声六十四字以摄入声。此言六十四字者，但是入声括头，尅实有形者三十五韵，四等重轻，摄之为八行，共是六十四声，不必一一有字。

“平声十六智家收”句的解义说：智公所撰《指玄论》之图简，顿然开豁往日迷滞之情，而又智家将平声五十九韵皆以重轻四等列之十六韵，以包括平声，摄之上去二声。

“音和返教门方立”句的解义说：忍公问：九鱼是何切？答曰：是音和切。又问曰：音和自无盈缩。何者名盈，何者名缩？何者名阴，何者名阳？何者名律，何者名吕？何者名父，何者名母？

“类隔分三品始成”句的解义说：忍公问：丁吕是何切？答曰：是类隔切。又问曰：类隔切者，各有宽狭二义。何者名宽，何者名狭？何者名类，何者名隔？何者名三类，何者名三隔？

“答词何异海涛倾”句的解义说：前来问盈缩、音和、宽狭、类隔两段之义，今先答盈缩、音和，次答宽狭、类隔。音和者，切与韵并子等弟居同。切与子上归一母，韵与子下归一韵，名音和切。音和切者，一得一，二得二，三得三，四得四，切与韵顺，故曰是盈缩音和也。又云：切属律，同母表阴；韵属吕，同父表阳。即是父母阴阳和合之时方有子，有所切之字也。类隔者，切与韵等弟不同名隔，子与切母不同名类。三类者，一者纯类，二者等类，三者即是不和之切也。三隔者，一者纯隔，二者等隔，三者即是不和之切也。又云：上归二母名宽，下归一韵名狭，韵切相违，故曰是宽狭类隔也。帮非端知精照，各有宽狭二义也；见溪群疑晓匣影喻来日，自无盈缩之义也。

从这几则解义推测，《指玄论》一书当由两部分组成，一部分是等韵图，另一部分是智公对忍公所问等韵门法的回答。等韵图编得比较简略，也许所谓“以重轻四等列之十六韵”就是列成16幅等韵图表的意思。智公初编的等韵图只用平声赅摄上、去二声，并没有入声一类，现图中的入声八图六十四字（含空位）是忍公补进去的。这就是说，《指玄论》是由智邦初编，王忍公增补的一部等韵学著作。

著名的宋代等韵图《四声等子》在序言中又把等韵门法称为“关键”，并指出：“关键之设，肇自智公。”音韵学界长期以来不知道这位始创等韵门法的“智公”是谁，而现在我们凭黑水城出土的《解释歌义》已经大致可以相信，这位智公应该就是《指玄论》的作者智邦。至于《指玄论》一书，则可以联系到宋代郑樵《通志·艺文略二》里著录的那种三卷本《切韵指元论》。郑樵没有写出这部书的作者姓名，如果考虑到宋人常为避皇帝祖讳而改“玄”为“元”的事例，现在我们似可相信它就是智邦和忍公所作，换言之，《解释歌义》中说的《指玄论》和《通志》著录的《切韵指元论》很有可能是同一种书。附带说，宋代晁公武在其《郡斋读书志》里也提到了三卷本的

《切韵指玄论》，并说是“皇朝王宗道撰”。这个《切韵指玄论》和《通志》著录的《切韵指元论》仅仅是书名偶然相同，内容却毫不相干，因为据《尚友论》卷九记载，王宗道是嘉定年间（1208—1224）进士，而郑樵则在此之前半个世纪就故去了，王宗道写的书郑樵是见不到的。

三

《解释歌义》的现存部分没有明确写出它和《指玄论》的编撰年代，我们只能根据书中透露的线索来进行一些推测。比较引人注目的线索是“自古难明今义出”一句的解义，其中明引《指玄论》说：“指玄曰：今评论曰：义自唐以来未见其义所出，斯论其哉美矣[①]。”这里既然把“自古”解成“自唐以来”，那么我们当可据此断言《指玄论》编撰时间的上限是唐朝灭亡的公元 907 年，也就是说，《指玄论》应该是五代或宋时的作品。至于《指玄论》和《解释歌义》编撰的时间下限，我们可以通过其分韵和反切两个方面来认识。

首先从分韵上看，可以发现《指玄论》采用了一种极为罕见的韵类格局。“前三韵上分帮体”和“后一音中立奉形”两句的解义都说到《指玄论》收录“平声五十九韵，并上去入声共有二百七韵”，“入韵八行王氏括”句的解义又说到该书的入声有三十五韵。这样算来，《指玄论》的韵类就应是平声 59，上声加去声 113，入声 35，这与《广韵》平声 57，上声加去声 115，入声 34 的韵类格局有差别。《解释歌义》没有提供各韵的韵目，所以人们还无法确定《指玄论》比《广韵》多出的韵和减少的韵究竟是什么，但尽管如此，我们毕竟可以相信智邦和王忍公在编撰《指玄论》的时候一定是参照了《广韵》之前的另一部韵书，而并没有见到《大宋重修广韵》，否则他们是不会置政府颁布的标准于不顾而另搞一套的。

其次从反切上看，可以发现《解释歌义》用以说明门法的反切例子并非引自《广韵》。在这部书的全部 72 例反切里，有 26 例是和《广韵》不同的。除去一些明显的误字以外，其中最常见的是反切上字和被切字不同等列，如德山切讀（《广韵》陟山切）、丁釃切知（《广韵》陟离切）、德章切张（《广韵》陟良切）、女沟切羺（《广

① 末三字疑当作“美矣哉”。

韵》奴沟切）、澄丁切庭（《广韵》特丁切）、娘尊切廳（《广韵》奴昆切）、池草切道（《广韵》徒皓切）、居梢切交（《广韵》古肴切）。这种现象在等韵学上习惯称为“类隔切”，被认为是早期韵书反切的典型特征之一，在此它证明了《解释歌义》编撰的时间下限是《广韵》问世的宋大中祥符元年（1008）。结合以上线索我们可以相信，《指玄论》和《解释歌义》当写成于公元10世纪间。

《解释歌义》撰成之后的流传情况自然无法估计，但现在我们见到的这个本子却可以使人大致想定它是西夏人所抄，这不但因为与它同时出土的大量黑水城资料都是12世纪到13世纪初期的西夏文献，而且因为这个抄本本身也显示了一点非中原抄本的特征。首先，12世纪间的宋朝人在写书时大都避讳“玄”字，或者缺其末笔，或者索性改“玄”为“元”，但《解释歌义》通篇不见这类讳例。其次，书中在解释王忍公的姓名时说“王氏者，其人姓王，名氏，字忍公”，其中的“名”字应该是抄写者妄增。以“氏”为名决然不合汉人习惯，这在中原地区是常识，但在世居西北的西夏番人之间却不然。事实上，不但是平民百姓，即使是西夏的高级番人知识分子有时也弄不清汉人名字的结构。例如在西夏乾祐十二年（1183）政府刻字司刻印的西夏译本《类林》里，就屡屡出现称诸葛亮为“葛亮”，称申屠刚为“屠刚”之类错误[①]。

四

一般认为，在《韵镜》《通志·七音略》《四声等子》《切韵指掌图》等宋代韵图的文字说明部分已见等韵门法的雏形，这些以指导反切拼读为目的的等韵门法集大成于元代刘鉴的《经史正音切韵指南》和明代真空的《直指玉钥匙门法》，但事实上早在公元10世纪的《解释歌义》便已展现了绝大多数等韵门法的端倪。下面我们可以看到，刘鉴的十三门法中有十二门（日寄凭切除外）见于《解释歌义》，而真空补充的七门也至少有两门是古已有之的。

音和　“音和者，切与韵并子等弟居同，切与子上归一母，韵与子下归一韵，名音和切。”按这里说的“切”等于“反切上字”，“韵”等于“反切下字”，“子”等于“被切字”。

① 史金波、黄振华、聂鸿音：《类林研究》，银川：宁夏人民出版社，1993，第106、57页。

类隔　“类隔者，切与韵等弟不同名隔，子与切母不同名类。”

窠切　“两二还归本位窠”，义曰：“如用知彻澄娘等中字为切，将精从心邪两等中弟二字为韵，即切本母下字为音和。”

轻重交互　《解释歌义》作“帮非互用”，义曰：“互用者，是切脚之名。”按这里不称帮非为重轻，是因为书中以重轻代指开合口，即解义所谓“开口成重，合口成轻”。

振救　“四三四四二名振”，义曰：“如用归精清从心邪中字为切，将四等中弟三字、弟四字为韵，即切本母下弟二字为音和也。”

正音凭切　“如用归审穿禅床照中字为切，将四等中弟三字为韵、弟四字为韵，俱为凭切也。”

精照互用　“正音两一还无切”，义曰：“无切者，互用也。如用归精清从心邪中字为切，将审穿禅床照两等中弟一字为韵，即切照等中为互用。”

寄韵凭切　“如用归照等中字为切，将精等中弟二字为韵，即为凭切。”

喻下凭切　“如用晓匣影喻母中弟三弟四为切，将四等中弟三字为韵，即为凭切。”

通广、侷狭　“用帮等中字为切，将精清从心邪两等中弟二字为韵，即切本母下弟四字，如弭箭切面。若遇侷者即切弟三字，如笔悚[懔]禀，狭者方蟾砭是也。”“如用帮等中字为切，将审穿禅床照两等中弟二字为韵，即切本母下弟三字，如弭阐免。若遇广通即切弟四字，如弭正切諂是也。”

内外　“用帮等中字为切，用审穿禅床照两等中弟一字为韵，若是外转切弟[二]字，如布删班，内转切弟三字，如彼侧逼是也。”

以上是刘鉴总结的门法条目，下列两条则旧以为是真空的发明：

前三后一　“前三韵上分帮体，后一音中立奉形”，义曰：“如用帮等中字为切，用前三为韵，即切本母下字为音和。”“如用非等中字为切，用后一音为韵，即切本母下字为音和。”

三二精照寄正音和　“切双韵只还呼一”，义曰：“如用照等中弟二字为切，将照等中弟一字交互为韵，即切照等中弟二字，如充山切獼是也。”

以上摘引的《解释歌义》原文已清楚地显示出，在公元10世纪的这部作品中不但出现了后代绝大多数等韵门法的内容，而且还直接出现了不少门法的名目。尽管现在我们还不知道智邦在《指玄论》里是否已经把这些门法分门别类地列了出来，但是《解释歌义》对此类问题的论述竟然如此明确，如此具有系统性，这实在使我们不能不相信《指玄论》和《解释歌义》就是元明等韵门法著作的直接或间接的源头。当代的音韵学著作往往认为等韵门法最早出现于南宋，后来又有刘鉴和真空的发明，这在现在看来恐怕是不对的。

众所周知，早期从事等韵学研究的都是佛教僧侣和一些民间小知识分子，这些人有不少连名字都没有保存下来，因此他们的著作也不会流行得很广。现存包括《解释歌义》在内的等韵学著作中或多或少都有一些解释韵图归字或指导拼读反切的“歌诀”，这些歌诀的内容大致一样，但具体文字则颇有差别，这似乎表明各位作者在自撰歌诀的时候并未参考前代的现成著作，而仅仅是总结了民间流行的一些拼读反切的窍门。或者可以说，门法歌诀有些像现代小学语文教师为帮助学生识字而自编的一些熟语，例如说“告”字是“一口咬掉牛尾巴”之类。这些熟语作为某种权宜的教学辅助手段自然是有效的，但是它们却往往与语文科学本身不符，因此难免被专家学者看成是登不得大雅之堂的东西。事实上，从古到今的中国学者对等韵门法的评价也充满了同样的矛盾，部分学者强调它在初等教学中的实用性，认为这是受人欢迎的等韵典要；另一部分学者则强调它在专业理论上的非科学性，认为这是误人子弟的妄生枝节。对等韵门法作出总体性的价值评判不是本文的任务，这里最后仅提请汉语音韵学界注意以下两个事实，以利将来的讨论。第一，《解释歌义》中不止一次地指前代韵书的编者“暗昧”“不达政理”，同时声明作者制作韵图和门法歌诀是对前人错误的匡正，这显然是由于智邦和王忍公不懂得古音不同于今音的道理，犯了以今律古的错误。尽管我们可以考虑到时代的局限而不必就此责难作者，但这一事实毕竟证明了门法歌诀从产生伊始就建立在了错误的理论基础之上。第二，《指玄论》的作者智邦和既是《指玄论》的作者又是《解释歌义》中“颂”的作者的王忍公是同时代人，他们之间的交往还十分密切，这显然说明，即使是在最早期阶段，等韵图和门法也是同时产生的。现在有一派占主导地位的意见认为门法的出现是在韵图的编纂之后，例如李新魁在《汉语等韵学》（中华书局，1983 年）一书中说：“韵图既成，法有未善，后人为例以明之，为读韵图者之一助。”现在看来，李先生的这种说法似应再加考虑。打一个也并不太恰当的比方——作为“现代等韵图”的汉语拼音方案，在图表之后不是也要同时附上几条说明么？

（原载《宁夏大学学报》1997 年第 4 期，页 14—17）

字义对字音的影响

自从清代一些学者提出了“因声求义”的训诂原则以来，人们都已认识到，通过“假借”的方法，字音有时可以改变字义。反过来说，字义在某种条件下是不是也可以改变字音呢？事实上这也是完全可以的，下面选几个常见的字来说明这一现象。

场，《广韵》阳韵澄母直良切，按照古今声韵对应规律，现代普通话应读cháng，人们称农村的“场院”为cháng yuàn，符合规律。可是在“农场”之类的词里，“场”却读作上声的chăng，违反了规律。这个例外的字音可认为是受“工厂”的影响变来的。在人们看来，“农场”是进行农业生产的单位，“工厂”是进行工业生产的单位，“厂”和“场”两个词素在意义上有相似之处，所以在上声字“厂”的影响下，本属平声的“场”也变读作上声了。推而广之，“操场”“场地”“场所”“饲养场”的“场”也都读chăng。

诬，《广韵》虞韵微母武夫切，现代普通话本应读阳平调的wú，可是字典注音都是阴平调的wū，不符合声韵对应规律。这个例外的字音可认为是受“污”字的影响而变的。“污”的意思是“脏的”，“诬”的意思是“捏造事实”，而“捏造事实”往往被人理解成“说坏话”“说脏话”，所以“诬蔑”这个词现在大都写成“污蔑”。这样，在阴平字“污”的影响下，本属阳平的“诬”也就变读作阴平了。《广韵》同小韵还有“巫”字，本来也读wú，现在人们称“巫婆”为wū pó，大约是又进一步受了“诬”字的影响。

纪，《广韵》止韵见母居里切，本应读上声的jĭ，与“自己”的“己”同音，现在人们读成去声的jì，违反了对应规律。这个例外的字音可认为是受“记”字的影响而变的。“纪”和“记”都有“记载”的意思，在现代汉语的一些词里，这两个字往往可以通用，例如“纪念”又可写成“记念”，“记录”又可写成“纪录”，“记要”又可写成“纪要”，等等。于是在去声“记”的影响下，本属上声的“纪”也就变读作去声，甚至在一些不能与“记”互换的词，如“纪纲”“世纪”里，“纪”字也一律读作 jì 了。

颗，《广韵》果韵溪母苦果切，本应读上声的 kě，现在人们都读平声 kē，与对应规律不符。这个例外的字音可认为是受“棵”的影响变来的。现代汉语的“颗”和“棵”都是量词，意义和用法有不少相似之处，它们的谐声偏旁又都是“果”，所以在平声字“棵”的影响下，本属上声的“颗”也就变读作平声的 kē 了。

懈，《广韵》卦韵见母古隘切，本应读 jiè，现代字典注音为 xiè，与对应规律不符。这个例外的读音可认为是受了“解”字的影响。“解”字本有两个音，一个读 jiě，意思是“使放松”或“使分散”；另一个读 xiè，意思是“自己放松”或“自己分散”，二者之间是使动和自动的关系。“懈”的意思是“思想放松”或“精力分散”，如“懈怠”“松懈”等，这恰与读 xiè 的“解”十分相近，于是在“解”的影响下，本应读 j 声母的“懈”就改变了声母，读作 xiè 了。

蹙，《广韵》屋韵精母子六切，本应读 zú，现代字典注音都是 cù，不符合对应规律。这个例外的读音可认为是受“促”字的影响变来的。“蹙”和“促”都可以表示距离的迫近，前者如李华《吊古战场文》的“两军蹙兮生死决”，后者如熟语“促膝谈心”等，于是在比较常用的“促”字影响下，多用于书面语的“蹙”就也读 cù 了。

字义影响字音，使字音发生变化，这或许可以看成古今音变规律之外的规律。

（原载《字词天地》第 7 期，1985，页 86—87）

“波罗密多”还是“波罗蜜多”？
——利用音韵学校勘佛经的一个实例

梵语 *pāramitā* 义为“到彼岸”，是最常见的佛教术语之一。这个词长期以来没有统一的音译法，写经者似乎总是在“波罗密多”和“波罗蜜多”之间犹豫不决，从敦煌写本到近代出版物莫不如此。以最通行的日本《大正新修大藏经》为例，尽管书中在绝大多数地方都写作“蜜”，但使用“密”的情况也有所见。一个有趣的事实是，唐不空译《仁王护国般若波罗蜜多经》里用的是“蜜”，而良贲著《仁王护国般若波罗蜜多经疏》里用的却是“密”①。现在的人们整理佛教典籍，在遇到这两个字的时候通常一仍其旧，不予校订，而本文要讨论的问题就是：在音译 *pāramitā* 的时候，我们究竟应该在“密”和“蜜”中间选择哪一个？

“密”和“蜜”字形相似，近古以来的读音也相同，这很容易使人忽视它们之间的区别。事实上这两个字在隋唐时代并不同音，其间的细微差异恰可以引导我们确信，梵语 *pāramitā* 的原始翻译应该是“波罗蜜多”，而“密”则是后起的讹字。

在隋唐时代的中古汉语里，“密”和“蜜”都属入声质韵：“密”字美笔切，《韵镜》填在三等；“蜜”字弥毕切，《韵镜》填在四等，两个字恰好构成了一对“重纽”。尽管学界公认质韵字的基本音型是 -it，但反切用字的不同毕竟说明两个被注音字的读音有些区别，只不过音韵学家长期以来都不能回答其间的区别究竟是什么②。现在，就本文讨论的“密”和“蜜”而言，可以说多少有一点线索。我们看到，唐代慧琳《一切经音义》卷二十五“辨文字功德及出生次第”把梵文字母 *ṛ* 和 *ṝ* 分别译作“乙上”和“乙去声”③。作为这种读法的佐证，我们还看到在朝鲜译音里“乙”是 *eul*，而“一”

① 参看《大正新修大藏经》第 8 册第 834 页下栏和第 33 册第 429 页上栏。

② 关于《广韵》重纽的讨论始于 20 世纪 40 年代王静如的论文《论开合口》（《燕京学报》29，1941），另参看董同龢《广韵重纽试释》（《国立中央研究院历史语言研究所集刊》第 13 本，1948），及周法高《广韵重纽的研究》（《国立中央研究院历史语言研究所集刊》第 13 本，1948）。相关的问题至今没有一致的结论。

③《大正新修大藏经》第 54 册，第 470 页下栏。

是 *il*[①]。“乙”字《广韵》於笔切，《韵镜》填在三等，“一”字《广韵》於悉切，《韵镜》填在四等，恰好构成了质韵的另一对重纽，与“密”和“蜜”的情况正相对应。从这一现象出发，我们可以认为中古汉语的质韵重纽三等元音要比重纽四等的开口度稍大一些，从而得到以下对音规则：

重纽三等　乙 *ṛ*　密 mṛ(t)

重纽四等　一 *it*　蜜 *mit*

根据这样的对音规则可以判断，要音译梵语 *pāramitā* 中的 *mit*，正确的字是“蜜”而不是“密”。这个规则还可以应用于汉译佛经中其他词语的校订，比如梵文 *amṛta*（不死）当译“阿密哩多”而不当译“阿蜜哩多”。

（原载《文献》2008 年第 3 期，页 170—171）

① 所谓的“朝鲜译音”在唐代传入朝鲜半岛后经过了几次规范化，现在的形式不一定是原始形式，但我相信在译音规范化的过程中人们始终试图有意保持重纽间的区别。当然，这类区别在质韵的唇音声母中没有表现出来——“密”和“蜜”的朝鲜译音都是 *mil*。

一文双语：西夏文字的性质

一个多世纪以来，学界默认由西夏景宗元昊敕命创制的西夏文记录的是西夏语，这个说法后来受到了质疑，因为西夏本土文献里从未出现过“西夏语”或者“党项语”这样的词——党项人称其语言为“𗼇𗟲”mji² ŋwu̱¹（番言）①，就如同称自己为“𗼇𗂧”mji² dźjwu¹（番人）一样②。另外，考虑到西夏文献中还有“[illegible]”mjɨ² nja̱²（弭药）这样一个自称③，所以克平强烈主张采用 Mi-nia（弭药）或者 Mi（番）来称呼这个民族和语言，而反对再用“西夏”或者 Tangut（党项）④。这个主张当然有理有据，但是“西夏语”作为专业术语毕竟已被学界沿用成习，自然不宜强求改换，而本文之所以采用“番语”这个名称来替代惯称的“西夏语”，乃是为了区别于同样用西夏文字记录的另一种罕见的语言。

一

1986 年，西田龙雄公布了他对西夏文诗歌《月月乐诗》的研究成果⑤。原件为西夏乾祐十六年（1185）刻字司刻本，是一首杂言体的“歌行”。全篇在四句序诗下面分为十二章，从正月到腊月依次吟咏一年的物候和人事，每章再分为两阕。上下阕表达的意思完全相同，对应的字义一般也无大差，但是使用了两套大不相同的词汇。进一步的观察表明，下阕使用的都是其他文献中常见的词，比较易懂，而上阕使用的多数词却只见于西夏字典，一般不在普通的文献里出现，解读起来稍感困难。如此前所

① 本文使用的西夏字音采用李范文《夏汉字典》（北京：中国社会科学出版社，1997）引用的龚煌城构拟，其中 ś=ɕ，ź=ʑ，˙=ʔ，音节后的上标数字是调类，调类不明的上标作“0”。其他现代少数民族语形式采用国际音标。

②Luc Kwanten, *The Timely Pearl, A 12th century Tangut Chinese glossary*, Bloomington: Indiana University Press, 1982, p. 190-191.

③ 汉译名见《新唐书》卷二二一《西域传》，吐蕃史籍中的藏文形式作 *mi nyag*。

④K.B. Keping, Mi-nia (Tangut) self-appellation and self-portraiture in Khara-Khoto materials, *Manuscripta Orientalia* 7.4, 2001.

⑤ 西田龍雄：《西夏語『月々樂詩』の研究》，《京都大学文学部研究紀要》25，1986。

知，西夏境内的党项人分为“黑头”和“赤面”两个部族[①]，于是西田龙雄由此估计上阕来自游牧民使用的“黑头语”，下阕来自农耕民使用的“赤面语”[②]，或者说，上阕代表了上层人士使用的文言，下阕代表了下层民众使用的俗语。克平的看法与西田有所不同，她认为这两套词汇的区别仅在各自的应用场合，上阕的那些词属于特殊情况下使用的“仪式语”，而非国人在日常生活中的通行语[③]。那么现在的问题在于，无论是“文言”和“俗语”，还是“仪式语”和“通行语”，都意味着那不过是同一种语言的变体，而这样的变体无论表现为古今音还是方言，其间都应该存在比较清楚的语音对应规律。可是西田龙雄通过比较研究却又发现，下阕的词大都与藏缅族诸语言有亲缘关系，而上阕的词则全然寻不到来历，这显然暗示这两套词并非同一种语言的变体。要对这一矛盾寻得一个可能的解释，我们不妨首先看看这两种语言究竟应该叫做什么。《月月乐诗》“七月”章的上下阕有这样对应的两句：

[illegible]	[illegible]	[illegible]	[illegible]	[illegible]
ljwịj^{1}–dźjɨ^{0}	mei^{2}–dzu^{2}	tjïj^{2}	sjï^{1}	lew^{2}
勒尼	骏马	鞍	木	白

勒尼骏马白木鞍。

[illegible]	[illegible]	[illegible]	[illegible]	[illegible]
mjï^{2}–zjï^{1}	rjar^{2}–tjɨ̈j	…	jï^{2}	phiow^{1}
番子	骏马	软	鞍	白

番子骏马白软鞍。

“十一月”章的上下阕有这样对应的两句：

①Н.А. Невский, О наименовании тангутского государства, *Записки Института Востоковедения АН СССР*. 2.3, 1933.

② 西田龙雄把这两种语言的名称搞颠倒了，上阕似乎应该是“赤面语”而下阕应该是“黑头语”，不过本文不准备讨论族群的划分和命名问题。

③K.B. Keping, Tangut ritual language, Б. Александров сост., *Ксения Кепинг, Последние статьи и документы,* Санкт-Петербург: Омега, 2003.

[illegible] [illegible] [illegible] [illegible] [illegible] [illegible] [illegible]

ljwij^{1}-no^{2}　kar^{1}　ɣjwəj^{1}　bji^{2}-tśjjij1　dźji^{0}-lhjwo^{1}　no^{2}　mji^{1}-tśhiow^{1}

勒子　目　横　步行　往还　爱　不障

勒子侧目走来走去不失爱。

[illegible] [illegible] [illegible] [illegible] [illegible] [illegible] [illegible]

mji^{2}-zji^{1}　mej^{1}　dow^{1}　rjɨr^{2}-lja^{1}　wjɨ^{2}-wjij^{1}　dzu^{1}　mjij^{2}–lụ^{2}

番 子　目　斜　dirc- 来　dirc- 往　爱　不碍

番子侧目走来走去不失爱。

“侧目”克平译作“cross-eyed”（横目）①，其实际含义难以查考，姑且置之不论。值得注意的是以上两例的下阕都出现了“[illegible]”mji^{2}-zji^{1}（番子）一词，意思是“番部的男青年”，所以下阕应该依前人的判断视为通行的“番语”。上阕对应的位置上出现了“[illegible]”ljwij^{1} dźjɨ^{0}和“[illegible]”ljwij^{1} no^{2}两个词，后者的意思显然是“ljwij^{1}部的男青年”，而前者则应该是部族的全称。迄今在所有的西夏文献里都没有发现与ljwij^{1} dźjɨ^{0}对应的汉语词，所以人们此前将它勉强音译作“勒尼”②，当然也不妨音译作“洛责”③。我们这里采用了“勒尼”的音译，并把他们的语言称作“勒尼语”，并非出自什么特殊的考虑，而只是想在此基础上进一步说，“[illegible]”ljwij^{1} dźjɨ^{0}（勒尼）与“[illegible]”ljwij^{1} dźjị^{2}（赤面）音近④，根据“音近义通”的原则，可以相信“勒尼”隐含的意义是“赤面”，那么答案就如克平所言，《月月乐诗》每章的上阕是人们称作“赤面语”的勒尼语。通过对照上下阕的语意，再查阅存世的西夏字典，不难分别列出两种语言的词汇表，当然，其中有少量“虚字”（如否定词“[illegible]”mji^{1}，不）是两种语言共用的。

①K.B. Keping, Mi-nia (Tangut) self-appellation and self-portraiture in Khara-Khoto materials.

② 聂鸿音：《勒尼——一种未知的古代藏缅语》，《宁夏大学学报》1996年第4期。

③ 黄振华：《西夏“龙”（洛）族试考》，《中国藏学》1998年第4期。

④ 这里判断西夏的“[illegible]”dźjɨ^{0}与“[illegible]”dźjị^{2}（赤面）为近音字，是因为构拟为松元音和紧元音的西夏字在文献中可以通假，例如“[illegible]”gjij^{1}（殊）可以假借作“[illegible]”gjịj^{1}（利），参看孙颖新《再论西夏文献中的通假现象》，《语言研究》2019年第3期。

二

勒尼语词的语音形式罕见，西田龙雄已经指出那些词不能像番语一样在彝缅诸语言里寻得来源。毋庸讳言，当代学者在田野调查中依据的词语表远不足以解释数百年前的文献语言，加之勒尼语的资料存世很少且解读困难①，这使得我们缺乏全面深入研究的基础。不过尽管如此，仍然有迹象表明勒尼语与中印边境的僜语之间似乎存在某种联系②，确实与西田龙雄列举的彝缅语有明显区别。当今学界普遍认为西夏语（番语）属于羌语支而非彝语支或缅语支，这样，如果我们把涉及番语的比较资料换成羌语支语言，那么就还可以有下列情况作为西田研究的补充③：

白——勒尼语“𗤁”lew^{2} = 达让僜语 lio^{53}；番语“𗤋”phiow^{1} = 史兴语 phu^{33}，纳木义语 phu^{55} lu^{55}。

黑——勒尼语“𗤃”mur^{1} = 达让僜语 mɑŋ^{53}，另据本尼迪克特归纳的资料（第357号），还有列普查语的 muk，缅语的 muik 及卢舍依语的 muːk 等④；番语“𗤄”nja̱^{1} = 普米语 ɳɑ^{13}，尔龚语 ɳa ɳa，木雅语 ɳi^{55} ɳi^{33}。

红——勒尼语“𗤅”śjwi^{2} = 达让僜语 ɕi^{31}；番语“𗤆”njij^{1} = 尔苏语 ɳi^{55}，木雅语 ni^{55} ni^{33}，扎巴语 n̥i^{55} n̥i^{55}。

汉族——勒尼语“𗤇”khwa^{2} = 达让僜语 khi^{55}；番语“𗤈”zar^{1} = 扎巴语 dʑa，贵琼语 dʑɛ，尔苏语 ndzɑ。

在语法方面，番语和羌语支语言共有一个重要的特征，即在谓词前面会频繁出现兼表“趋向”和“体式”的整套前缀⑤，而这一特征在勒尼语里表现得并不突出。在《月月乐诗》里我们看到，番语带前缀的谓词大都对应于勒尼语不带前缀的谓词，例如：

番语前缀“𗤉”·a^{0}（向上方 + 完成体）：

---

① 现存的勒尼语料全部来自20世纪初俄国考察队在黑水城遗址的考古发现。除去这里使用的《月月乐诗》以外，《大诗》《格言诗》《新集锦合道理》等西夏格言集里也有少量勒尼语的句子。

② 聂鸿音：《勒尼——一种未知的古代藏缅语》。

③ 用于跟勒尼语比较的僜语词选自孙宏开、陆绍尊、张济川、欧阳觉亚《门巴、珞巴、僜人的语言》（北京：中国社会科学出版社，1980）书后的词汇附录。用于跟番语比较的羌语支语词选自《藏缅语语音和词汇》编写组编《藏缅语语音和词汇》，北京：中国社会科学出版社，1991。

④ P. K. Benedict, *Sino-Tibetan, A Conspectus*, Cambridge, 1972. 本文引述据乐赛月、罗美珍译《汉藏语言概论》，中国社会科学院民族研究所语言室，1984。

⑤ 克平：《唐古特语表示动作方向的范畴》，《语言研究》1984年第2期。

番语	勒尼语
ɣjiw^{2}-ŋwər^{1} ˙a^{0}-bji^{2}（青鹃 dirc- 啼）	ŋwə^{1}-rjir^{2} tśhji̱w^{1}（青鹃啼①）
śjɨ^{2} dźjwa^{1} ˙a^{0}-bie^{2}（草梢 dirc- 枯）	kji̱^{1} lji̤^{2} tśjwiw^{2}（草头黄）

番语前缀“”nja^{1}（向下方 + 完成体）：

番语	勒尼语
lji̤^{2} nja^{1}-me^{2}（羊 dirc- 眠）	mjo^{2}-no^{2} ˙ji^{2}（羊子眠）
dźju^{2} nja^{1}-da̤^{2}（鹤 dirc- 唳）	mər-wer^{1} tśhji̱w^{1}（仙鹤啼）

番语前缀“”kjɨ^{1}（向内方 + 完成体）：

番语	勒尼语
dźji^{0} kjɨ^{1}-kowr^{2}（观 dirc- 爱 = 爱观看）	khju^{2}-lhjwij^{1} rejr^{2}（观看乐 = 爱观看）
njwɨ^{2}-gji̱w^{1} kjɨ^{1}-tjwɨ^{1}（春牛 dirc- 打 = 打春牛）	tśhji̤^{1}-mju̱^{2} rjɨr^{1}（土牛打 = 打耕牛）

番语前缀“”wjɨ^{2}（向外方 + 完成体）：

番语	勒尼语
tshjɨj^{1} wjɨ^{2}-to^{2}（户 dirc- 出 ＝ 公开了）	kwar^{1}-sji^{1} phiow^{1}（显现白 ＝ 公开了）
rjɨr^{2}-lja^{1} wjɨ^{2}-wjij^{1}（circ- 来 dirc- 往 ＝ 走来走去）	bji^{2}-tśjjij^{1} dźji^{0}-lhjwo^{1}（步行往还 ＝ 走来走去）

番语前缀“”dja^{2}（离心方 + 完成体）：

番语	勒尼语
dźjwij^{2} dja^{2}-sjwij^{1}（夏 dirc- 明 = 明显是夏天了）	˙a^{0}-ŋwər^{1} mej^{1}（夏青明 ＝明显是绿色的夏天了）
źju^{2} dja^{2}-sar^{2}（鱼 dirc- 散）	nji^{2} mji^{1}-śio̱^{1}（鱼不聚 ＝ 鱼不聚集在一起）

① 这三个西夏字的字面意思是“天日说”，前两个字在这里用作杜鹃的别称（依西田龙雄说）。

番语前缀“[illegible]” rjir^2（不定方＋完成体）：

番语	勒尼语
[illegible] rar^2-mjijr^2 rjir^2-wjij^1 （过者 dirc- 往＝经过的人走了）	[illegible] rer^2 dźjwu^1 bji^1-tśhjij^1 （行人步行 ＝ 经过的人走了）
[illegible] sji^1 phej^1 rjir^2-bji^2 （树间 dirc- 啼）	[illegible] lhejr^2 phjo^1 tśhji̱w^1 （树脊啼）

很明显，如果像前人那样假定勒尼语和番语是同一种语言的变体，就像北京话和广东话那样，我们就很难相信它们的差别怎么会如此巨大——其间全然没有一望而知的语音对应关系。因此，我们应该认定勒尼语和番语是用西夏文字记录的两种不同的语言，它们甚至不属于同一个语支。说勒尼语的人和说番语的人肯定不能实现口语交流，我们没有理由把它们混为一谈。

三

现存的西夏文献主要是佛教著作和中原典籍的译本，此外还有一些官私文书，这些数量巨大的文献全部用番语写成，用勒尼语写的竟然没有一件。经典著作和官府文告的预期阅读者肯定是最广大的人群，所以采用的番语也一定是世居河湟地区的党项底层民众中通行的语言。与此相对的是一首歌颂西夏君王先祖的诗，题为“夏圣根赞歌”①。值得注意的是，题目上通常译作“夏”（西夏）的那个字是“[illegible]” ljwij^1（勒）而不是常用的“[illegible]” mji^2（番），这表明作为西夏统治者的那个部族是“勒尼”，他们的母语是勒尼语而不是番语。统治阶层的人数自然少于被统治阶层，所以勒尼语在西夏境内远不如当地传统的番语那样普及。

统治者和被统治者所持的语言不同，这是因为对于公元10世纪末期的河西来说，后来成为统治者的李继迁属于一个外来的部族。大约在公元6世纪，被中原史书称作“拓跋部”的党项人生活在青海的河湟地区，后来迁徙到松州（今四川松潘）一带，盛唐时期因不堪吐蕃的侵扰，其首领向唐玄宗请求内徙，随即被安排在庆州（今甘肃庆阳）。大约百年之后，实力增强的拓跋部脱离了北宋的统治，转而向河西发展，随后很快统

①Е.И. Кычанов, Гимн священным предкам тангутов, *Письменные памятники востока Ежегодник* 1968, Москва: Наука, 1970.

一了当地的党项各部，最终建立了西夏王朝[①]。在几个世纪的迁徙过程中，这个部落沿途能接触到的主要是藏族和汉族，所以纯粹作为猜测，勒尼语或许与某种久已失传的藏语康方言有些联系[②]。后来统治西夏二百年的王族都是李继迁的子孙，他们的语言只在这个部族的小范围内使用，而河西本地数量众多的番人仍然使用他们的番语，这可以解释存世文献中的勒尼语资料大大少于番语资料的缘故。

从清代满语的使用情况可知，古代少数民族政权治下的被统治者不一定要掌握统治阶层的语言，但统治者一般都要兼通被统治阶层的语言。如果外来的统治者受到当地语言文化影响过大，他们甚至会在不太长的时间内完成语言的转用。事实上存世的勒尼语料全部来自公元 12 世纪 80 年代刊刻的文学作品，并且全部都有同样内容的番语附在后面以便大众理解，而在那以后直至西夏覆亡的 40 年间再没有勒尼语的作品出现，那么从清代的语言情况类推，我们可以感觉到勒尼语也经历了与满语类似的衰亡过程。

勒尼语在衰亡的过程中肯定受到了番语的影响，至少是从番语里吸收了一些新的东西。其间最突出的表现是数词。在《月月乐诗》里没有出现数词“一”，下面是“二”到“十一”这十个词与番语的对照：

汉义	勒尼语	番语
二	[illegible] rjɨr^{1} lọ^{2}	[illegible] njɨ̠^{1}
三	[illegible] lhejr^{2} giu^{2}	[illegible] sọ^{1}
四	[illegible] kwej^{1} ŋwər^{1}	[illegible] ljɨr^{1}
五	[illegible] tśjɨr^{2} lu^{2}	[illegible] ŋwə^{1}
六	[illegible] źjiw^{1} we^{1}	[illegible] tśhjiw^{1}
七	[illegible] ŋwər^{1} kạ^{1}	[illegible] śjạ^{1}
八	[illegible] njɨ̠^{1} ljɨr^{1}	[illegible] ·jar^{1}
九	[illegible] ljɨr^{1} ŋwə^{1}	[illegible] gjɨ̠^{1}
十	[illegible] njɨ̠^{1} ŋwə^{1}	[illegible] ɣạ^{2}
十一	[illegible] ŋwə^{1} tśhjiw^{1}	[illegible] ɣạ^{2} lew^{1}

看得出来，勒尼语原有的数词只到“七”为止，“八”至“十一”四个词是利用番语的基数词凑成的——“八”是番语的“二四”，“九”是番语的“四五”，“十”

① 对这段历史的简明叙述见白滨：《党项史研究》，长春：吉林教育出版社，1989，第 3—8 页。
② 聂鸿音：《试析西夏语表“五色”的词》，《民族语文》1991 年第 3 期。

是番语的“二五”，“十一”是番语的“五六”，即单数用加法，双数用乘法。这种计数法应该是勒尼语的使用者在迁入河西后受当地番语的影响而产生的①。

另外根据前面的介绍，勒尼语似乎原本没有专门的谓词趋向前缀，但是《月月乐诗》里却偶然出现了几例，给人的印象同样是受了番语的某种影响才产生的。比如“四月”章有一处使用前缀“□”kjɨ¹ 的例子，对应番语的前缀“□”˙a⁰：

勒尼语	番语
□□□□ ˙a⁰-ŋwər¹ kjɨ¹-khjij²	□□□□ dźjwij²-lu² ˙a⁰-to²
（盛夏 dirc– 至 = 到夏季了）	（夏季 dirc- 出 = 到夏季了）

“五月”章有一处使用前缀“□”dja² 的例子，对应番语的前缀“□”nja¹：

勒尼语	番语
□□□ dja²-mji¹-thar²	□□ khjwɨ¹ nja¹-djɨj²
（dirc- 不移 = 不移动）	（dirc- 定 = 固定）

勒尼语和番语虽然都使用了前缀，但表示的趋向含义不同，其中的缘故一时还不清楚。或许这是勒尼语走向衰亡时必然出现的混乱现象。这就像清代的满语走向衰亡时那样，逐渐有越来越多的人不能正确使用满语了，即使是大臣的奏折里也写不出几句符合语言规范的话来②。

四

收字最全的西夏字典《同音》记载西夏字的总数是6133个，但李范文据存世本算来只有五千八百多一点③。如所周知，西夏字是由一个人一次创制完成的，并没有经历汉字那样不断丰富演化的漫长过程，所以从感觉上说，初创的西夏字不应该有那么多，尤其是里面没必要有大量同义字存在。现在值得注意的是，这些成对的同义

① 珞巴语的“八”（piː ṇi）是由“四”（apiː）和“二”（aṇi）的词干组合而成的，见孙宏开等《门巴、珞巴、僜人的语言》第127页。不过这与勒尼语很可能只是类型的巧合，其间似乎不像有历史演化关系。
② 对满语衰亡过程的描述见滕绍箴《明清两代满语满文使用情况考》，《民族语文》1986年第2期。
③ 李范文：《同音研究》，银川：宁夏人民出版社，1986。

字仅仅是读音有别，而在词性和用法上并没有丝毫差异，其中有些还在《月月乐诗》的上下阕里表现为明确的对仗关系。毫无疑问，对这类同义字的解释只能从词源上考虑[①]，即当初的文字设计者为来源不同的同义词造出了不同的字，具体说来就是，造字者为番语和勒尼语各自设计了一批专用的字，尽管这些字的意义相同，但各异的字形仍然标志着它们的读音区别。假如我们把专为记录勒尼语和专为音译汉语的字都去掉，那么余下的番语字数恐怕就只有一半了。可想而知，在最初颁布的西夏字中，当时的番人只需要认识用来记录番语的那部分字，就可以自如地应付日常的阅读和写作，而没有必要把那六千左右西夏字全部记忆下来。也就是出于这个原因，西夏的乡塾教材如《番汉合时掌中珠》《三才杂字》《新集置掌碎金》等仅收录了番语词，而让那些民间不使用的勒尼语词永远封存在字典当中了。西夏学界此前默认西夏文记录的是单一的“西夏语”，正是因为只关注乡塾教材而忽略了字典里的勒尼语专用字。语言学界此前在研究藏缅语发展史的时候总感到西夏语的材料充满了矛盾，也正是因为没能区分番语和勒尼这两种不同的语言。

存世的文献没有记载当初夏景宗元昊敕命创制西夏字的原则，我们只知道实际执行者名叫“野利仁荣”[②]，他的姓氏容易让人联想到契丹（野利≈野律）[③]。假如野利仁荣真的是契丹族，那么可想而知，他必须兼通勒尼语和番语才能服务于早期的西夏朝廷。这两种语言对他来说都是外语，所以他无需去刻意追究其间的区别，只要笼统地看作“番语”就可以了。

有迹象表明，野利仁荣设计的西夏文字体系有可能是通过“衍生”的手法逐步造出的[④]，也就是说，他先造出了一批为数不多的“初文”，随之在初文的基础上添加一笔或几笔再造出与原字意义相关的新字，这样一步一步地添加下去，可以形成若干个大小不同的“字族”。由此我们设想，如果两个西夏字的字义相同或相近，其间的区别仅在于一个比另一个多了个“偏旁”，那么不带偏旁的字应该是先造的，而带偏旁的字应该是后造的。可是我们看到了下列矛盾的情况：

① 聂鸿音：《西夏词源学浅议》，《民族语文》1995 年第 5 期。

②《宋史》卷四八五《夏国传上》：“元昊自制蕃书，命野利仁荣演绎之，成十二卷，字形体方整类八分，而画颇重复。教国人纪事用蕃书，而译《孝经》《尔雅》《四言杂字》为蕃语。”

③G. Devéria, L'Écriture du royaume de Si-hia ou Tangout, *Mémoires présentés par divers savants à l'Académie des Inscriptions*, 1 série, 11.1, 1898.

④ 龚煌城：《西夏文的意符和声符及其衍生过程》，《“中央研究院”历史语言研究所集刊》第 56 本第 4 分，1985。

番语：“[illegible]”mji^{2}（番人）> 勒尼语“[illegible]”dźjɨ^{0}（番人）

番语：“[illegible]”ljij^{2}（观看）> 勒尼语“[illegible]”khju^{2}（观看）

勒尼语“[illegible]”khjij^{2}（乐）> 番语：“[illegible]”biej^{1}（乐）

勒尼语“[illegible]”khjij^{2}（至）> 番语：“[illegible]”njɨ^{2}（至）

上面四例中的后一个字都是在前一个字的左面添加“[illegible]”dzjwo^{2}（人）造出的，按照西夏字的衍生原则可以判断左面加了“人字旁”的字是后起的“孳乳字”。把前两例和后两例对比之后可以相信，野利仁荣并不是先造了所有的番语字再造所有的勒尼语字，也不是先造了所有的勒尼语字再造所有的番语字，他在造字之初就是不刻意区分这两种语言的。

与此相应的是，官修韵书《文海宝韵》卷首有一篇残损严重的序言①，正德六年（1132）版《同音》卷末也有一篇跋语②，其中在提及景宗敕命创制文字时使用的词都是“[illegible][illegible][illegible]”mji^{2} ˙jwɨr^{2} dji^{2}（番文字）而非“[illegible][illegible][illegible]”ljwij^{1} ˙jwɨr^{2} dji^{2}（勒文字），显然这是西夏朝野对自己文字的统一称呼。由此可以理解，虽然最初创制的文字记录了两种语言，但是西夏人在随后编字典时并不刻意区分语种，也就是说，他们没有分别编出一部“番语字典”和一部“勒尼语字典”。在篇幅最大的韵书《文海》里，编者可以在注释中说明某个字是用来音译汉语的，某个字是用来音译梵语的，却从来不见特别指出某个字是用来记录勒尼语的。勒尼语词和番语词在西夏字典里大都表现为简单的互训关系，说明编者仅仅把它们当成了单纯的同义词来处理。以关于“黑”的两个字条为例③：

平声 21 韵：

[illegible][illegible]……[illegible][illegible] nja̲^{1} tja^{1}……ljɨ^{1} mur^{1} 黑（番语）者，……黑（勒尼语）也。

平声第 75 韵；

[illegible][illegible][illegible][illegible] mur^{1} tja^{1} nja̲^{1} mur^{1} 黑（勒尼语）者，黑（番语）也。

① 史金波：《〈文海宝韵〉序言、题款译考》，《宁夏社会科学》2001 年第 4 期。
② 李范文：《同音研究》，第 482 页。
③ 史金波、白滨、黄振华：《文海研究》，北京：中国社会科学出版社，1983，第 187、286 页。

勒尼语和番语的语音系统和音节结构特征基本没有差异，所以《文海》的编者可以毫不费力地把记录勒尼语的字和记录番语的字同编在一个韵里，而没有必要像附和汉语的特征那样，为专门用来音译汉语鼻韵尾音节的西夏字另设韵部①。

毫无疑问，早期字典的编者应该兼通番语和勒尼语，但是到了公元12世纪下半叶，有能力同时应用两种语言的政府官员就明显减少。除了《月月乐诗》那位佚名的作者外，兼通两种语言的大约只有梁德养一人。梁德养是仁宗朝的御史承旨兼番大学院教授，他编校的急就章体字书《同义》和民间格言集《新集锦合道理》里面都出现了勒尼语的字句②，可以看作这种语言在文献里的最晚记载。

由政府在相隔不长的时间内创制两套不同的文字来记录同一种语言，这情况在中国历史上已有所见，例如辽朝创制了契丹大字和契丹小字，使用者在写作时可以任选一种。然而由政府颁布一套文字来同时记录两种语言的情况则仅见于西夏，这在中国文字史上是一个值得继续探讨的有趣问题。如所周知，元代曾由帝师罗古罗思监藏仿照藏文设计了一套“八思巴字母”，当初的意图本是用来“译写一切文字”，但是在实际应用中却遇到了极大的困难。从迄今掌握的资料看，除了记录蒙古语的一些短篇的皇家诰命以外，并没有民间文人尝试用八思巴字从事写作，这种文字最终仅仅是作为汉语的拼音符号而存在了。那么，西夏的这套文字居然可以同时用于番语和勒尼语的文学创作实践，这里面的决定因素究竟在哪里呢？

（原载《宁夏社会科学》2019年第5期，页170—175）

① 例如《文海》平声第16韵收录的西夏字就是专门用来音译汉语 iəŋ 和 uəŋ 两个韵母的。
② 两种书的全文解读分别见李范文、韩小忙《同义研究》，载李范文主编《西夏研究》1，北京：中国社会科学出版社，2005；Е.И. Кычанов, *Вновь собранные драгоценные парные изречения*, Москва: Наука, 1974。

西夏字典中的非常规反切

一

唐宋韵书注音采取反切的方法，即用一个代表声母的字和一个代表韵母的字合起来表示被注释字的读音。按照常理，反切上字与被注释字的声类一定相同，反切下字与被注释字的韵类一定相同，如果不是传抄或刊刻中出现了讹字，那么在后人看来不合常规的反切就都可以视为不同时代语音演化的反映。这些看来不合常规的反切在传统上称为“类隔”，一般只与声类有关，例如《广韵》用“符”作为“频”的反切上字（符真切），是因为汉语史上清重唇音的分化在那时还没有最终完成。

在中原文化的影响下，西夏字典的注音也一律采用反切法。然而与唐宋韵书不同的是，西夏人做的反切有时会打破字典既定的声韵分类，并且明显不能用历史音变来解释。这类非常规现象在反切上字和反切下字中都会出现，只不过并非每个西夏字所属的声类都能像韵类那样根据韵书来准确认定，所以分析反切下字比分析反切上字更容易整理出可信的规律。

集中使用反切注音的西夏字典有两部，一部是官修的韵书《文海》[①]，另一部是几份佚题的抄件，刊布者参照体例拟题作“音同文海宝韵合编”[②]，以下简称“合编”。这两部字典保存了足够数量的反切注音，借用清代陈澧首创的“反切系联法”[③]，人们能够在那些资料的基础上大致整理出党项语的声韵系统。

1983 年，黄振华在系联《文海》反切的过程中首先注意到书中有少量反切下字与被注释字所属的韵类不同，不过他只是顺便提及某韵的字“亦用作”某韵的

① 俄罗斯科学院东方研究所圣彼得堡分所、中国社会科学院民族研究所、上海古籍出版社：《俄藏黑水城文献》7，上海：上海古籍出版社，1996，第 122—176 页。

②《俄藏黑水城文献》7，第 233—258 页。“音同文海宝韵合编”当然不会是书的原题，本文简称为“合编”，是遵照西夏学界的惯例。

③ 陈澧：《切韵考》，成都：成都书局，1929，第 2—3 页。

反切下字，而没有给出具体的西夏文①。这类情况在他的研究中一共涉及七例，对照《文海》原件，可以知道这七个例字都属平声，即第38韵的“詖”kiẹj^{1}和“姡”khiẹj^{1}、第59韵的“祾”tsjụ^{1}、第61韵的“㢬”tśjij^{1}、第67韵的“𤼵”zji^{1}、第68韵的“娦”tə̣^{1}，以及第89韵的“莚”wor^{1}。

“合编”的反切注音录自《文海》。韩小忙从中收集到了另外一些不合语音常规的注释，其中关于反切下字的有五例②，即平声第63韵的“綁”pạ^{1}和“紌”kạ^{1}、平声第59韵的“莚”pjạ^{1}、上声第14韵的“薄”ŋa^{2}，以及上声第32韵的“纔”wjij^{2}。

二位先生没有对这些反切给出解释，估计是简单地视之为字典原本的疏忽。不过应该考虑的是，所谓的“疏忽”可能意味着两种不同的情况，一种是字典的编写者和刊刻者因粗心而写下了讹字，另一种是编写者出于某种原因而在无意间违反了既定的字典体例。前者当然属于真正的错误，可以置之不论，而后者则为我们留下了探讨空间。如所周知，西夏字典是在短时间内编写完成的，并没有像中原韵书那样经过几百年的刊谬补缺，其质量自然不能与中原韵书相比，其间字形和体例两方面的失误并存也属正常，可是若说那些非常规的反切都是讹字，我们显然缺乏足够的证据。

保存至今的《文海》和“合编”都是残本，此前的成果集中于整理文献本身，并不着意于语文学研究，所以对那些非常规反切的搜集并不完全。事实上我们还可以参照更多的资料补充一批例子，把这些反切放在一起，可以看出那些违反字典编纂常规的地方并非偶然出现的孤立现象，也并非全然不可理喻。

二

《文海》和“合编”里非常规的反切可以分成两类。第一类是平声韵字和对应的上声韵字互注，下面例子中给出的反切格式仿“东，德红”③：

① 史金波、白滨、黄振华：《文海研究》，北京：中国社会科学出版社，1983，第87—108页。
② 韩小忙：《〈同音文海宝韵合编〉整理与研究》，北京：中国社会科学出版社，2008，第578页。
③ 在每则反切后面的括号中，“~”号前给出的是该字条中被注释字所在的声调和韵类，“~”号后给出的是反切下字所在的声调和韵类，例如“毻，莈䌊（1.51 ~ 2.44）”表示被注释字“毻”在平声第51韵，反切下字“䌊”在上声第44韵。西夏语的平声和上声分别用数字1和2标示。

[illegible]，[illegible]（1.51～2.44）　　[illegible]，[illegible]（1.67～2.60）

[illegible]，[illegible]（1.70～2.62）[1]　　[illegible]，[illegible]（1.84～2.76）

[illegible]，[illegible]（1.89～2.80）　　[illegible]，[illegible]（2.14～1.17）

有些注释还在上声反切下字的后面多写了一个“平”（[illegible]）字，提示把上声反切下字改读平声。以下例子中最后面的“平”是意译：

[illegible]，[illegible]（1.14～2.12 平）　　[illegible]，[illegible]（1.14～2.12 平）

[illegible]，[illegible]（1.37～2.34 平）　　[illegible]，[illegible]（1.41～2.36 平）

[illegible]，[illegible]（1.45～2.40 平）　　[illegible]，[illegible]（1.49～2.42 平）

[illegible]，[illegible]（1.49～2.42 平）　　[illegible]，[illegible]（1.61～2.54 平）

[illegible]，[illegible]（1.65～2.58 平）　　[illegible]，[illegible]（1.70～2.62 平）

[illegible]，[illegible]（1.79～2.72 平）　　[illegible]，[illegible]（1.82～2.74 平）

西夏的《文海》分“平声”和“上声入声”两卷，两卷中的各韵可以依次相配[2]，犹如《广韵》“东”之与“董”、“江”之与“讲”。上面所有的反切都严格遵守了西夏韵书平声和上声的相配关系，即被注释字和反切下字只在声调有别，而韵母则完全一样。

非常规反切的第二类是同韵摄但不同韵的字互注，犹如以“东”注“冬”、以“支”注“脂”。下面按照龚煌城的构拟方案补充标出被注释字和反切下字的韵母[3]，首先是同声调字的例子：

[illegible]，[illegible]（1.10 ji～1.11 ji）　　[illegible]，[illegible]（1.10 ji～1.11 ji）[4]

[illegible]，[illegible]（1.38 iej～1.34 iej）　　[illegible]，[illegible]（1.38 iej～1.34 iej）

---

① 这个字条的反切下字后面写有一个“油”（[illegible]）字，其实际含义目前还不清楚。

② 桥本万太郎：《「文海」の“韵”の音韵组织について－タグート语音韵论》I，《言语研究》41，1962。

③ 李范文：《夏汉字典》，北京：中国社会科学出版社，1997，“凡例”第 1–3 页。

④ 这两组反切的下字“[illegible]”恰好是后面一个韵的韵目。也许是因为“[illegible]”“[illegible]”“[illegible]”三个字紧紧相连，所以编者就顺手把“[illegible]”拿来充作了反切下字。

[illegible]，[illegible]（1.59 jụ ~ 1.3 ju）	[illegible]，[illegible]（1.61 jịj~ 1.36 jij）
[illegible]，[illegible]（1.63 ạ ~ 1.80 ar）	[illegible]，[illegible]（1.63 ạ ~ 1.80 ar）
[illegible]，[illegible]（1.63 ạ ~ 1.80 ar）	[illegible]，[illegible]（1.63 ạ ~ 1.80 ar）
[illegible]，[illegible]（1.63 ạ ~ 1.80 ar）	[illegible]，[illegible]（1.64 jạ ~ 1.82 jwar）
[illegible]，[illegible]（1.64 jạ ~ 1.82 jwar）	[illegible]，[illegible]（1.64 jạ ~ 1.82 jwar）
[illegible]，[illegible]（1.67 jị ~ 1.9 ie）	[illegible]，[illegible]（1.68 ə̣ ~ 1.27 ə）
[illegible]，[illegible]（1.89 or ~ 1.49 o）	[illegible]，[illegible]（1.91 owr ~ 1.57 iow）
[illegible]，[illegible]（1.92 jɨr~ 1.30 jɨ）	[illegible]，[illegible]（2.32 jij ~ 2.33 jij）

同韵摄但不同声调的字也偶尔可以互注：

[illegible]，[illegible]（1.88 jiwr ~ 2.40 jiw）　[illegible]，[illegible]（1.91 owr ~ 2.47 ow）

需要说明的是，这些韵母间的差别实际上不如语音构拟方案显示的那么大。事实上一些韵的 r、w、j 之类尾音以及标示长元音和紧元音的下置符号是当代语言学家加上去的，目的只是为了区别韵书里的分类，并不一定有足够切实的文献证据。不过，即使采用了这些手段，也仍然有少量的韵母无法区别，例如平声第 10 韵和第 11 韵还是只好都标作 ji。

通过以上例子可以看出，西夏著者对字典的编纂体例还缺乏足够的理解，这导致书中的注音没有像《广韵》那样严守韵书的分类，但尽管如此，他们做出的反切仍然以字音相近为准则。于是我们相信，这些不合常规的反切里没有讹字。

三

按照中原韵书的惯例，不同韵的字不可以互为反切，即使附注“平”字也不可以，例如“通”字“他红切”不能作“他孔切”，也不能作“他孔切平”。通过进一步的观察还可以得知，打破韵类界限的并不限于反切注音，西夏人在用形声法造字时也有同样的表现。下面几个西夏形声字的例子选自《文海》的前几个韵：

“□”ju^1 从“□”ju^2 得声，前者在平声第 2 韵而后者在上声第 2 韵。

“□”gju^1 从“□”gju^2 得声，前者在平声第 3 韵而后者在上声第 3 韵。

“□”xu^2 从“□”xu^1 得声，前者在上声第 4 韵而后者在平声第 4 韵。

“□”bu^1 从“□”bu^2 省声，前者在平声第 5 韵而后者在上声第 5 韵。①

有些意义相同或者相近的字也表现为平声和上声的对应，其间反映了西夏语言里某种固有的区别。西田龙雄称这样成对的字为“双生字”②，例如：

得到　□ rjir^1（1.79）~ □ rjir^2（2.72）

　　　□ rjor^1（1.90）~ □ rjor^2（2.81）

嫌恶　□ khie^1（1.9）~ □ khie^2（2.8）

　　　□ khio^1（1.50）~ □ kio^2（2.43）

其　　□ thja^1（1.20）~ □ thja^2（2.17）

谁　　□ sjwɨ^1（1.30）~ □ sjwɨ^2（2.28）

这些“双生字”在同一部佛经的不同本子里可以换用，其中最常见的是平声的“□”rjir^1（得）也可以写成上声的“□”rjir^2（得），平声的“□”thja^1（其）也可以写成上声的“□”thja^2（其）。例如俄罗斯科学院东方文献研究所收藏有《大宝积经》卷十七的两个抄本（инв. № 411、7377），其中存在这样的情况③：

“□”rjir^1（得）和“□”rjir^2（得）：

411：□ □ □ □ □

　　we^1 mjij^1 tsjir^1 zew^2 rjir^2

7377：□ □ □ □ □

　　we^1 mjij^1 tsjir^1 zew^2 rjir^1

对译：生 无 法 忍 得

① 韩小忙在《〈同音文海宝韵合编〉整理与研究》中第 578—580 页列出了更多不合常规的形声字例，其中有些与本文讨论的情况相符。
② 西田龙雄：《西夏语研究と法华经（Ⅳ）》，《东洋学术研究》45.2，2006。
③ 感谢孙颖新博士提供了《大宝积经》卷十七不同抄本对校的例子。

汉本：得无生法忍。

"□" thja^{1}（其）和"□" thja^{2}（其）：

411：□ □ □ □ □ □ □ □

ljɨ̠^{1} wjij^{2} lju^{2} tshjij^{2} thja^{1} tśhja^{1} lə^{1} ɣia^{2}

7377：□ □ □ □ □ □ □ □

ljɨ̠^{1} wjij^{2} lju^{2} tshjij^{2} thja^{2} tśhja^{1} lə^{1} ɣia^{2}

对译：宝 锁 庄 严 其 上 覆 盖

汉本：庄严宝锁弥覆其上。

不必再举同韵摄"双生字"的例子，我们已经可以相信，西夏字典中非常规反切所反映的并不是孤立的现象，而是党项语言使用者当中普遍存在的习惯。

四

《文海》平声第 88 韵只有以"□"kjiwr^{1}起首的一个小韵，共四个字，读音完全相同，这决定了任何人都无法在本韵内部为"□" kjiwr^{1} 找到合适的反切下字。在这种情况下，编者借用其他韵的字就是不得已的，如前面所举的例子，这里使用的反切下字是上声第 40 韵的"□" ɣjiw^{2}。不过现在的问题是，《文海》的大多数韵类都有足够的同韵字可供选择，而西夏人却偏偏选择了其他韵的字来充当反切下字，有时还要多写一个"平"字作为附注，这岂不是舍近求远了么？

西夏字典《同音》的新旧两个版本表明不同的字典编者对声调的处理方式有所不同——在西夏正德六年（1132）的版本中，声韵相同的平声字和上声字被放在了同一个字组，说明声调的差别在编者看来是可以忽略的，而乾祐年间（1170—1193）的重订本则把平声字和上声字分开排列了①。试想，如果由正德六年版《同音》的编者来编写《文海》，那将会发生什么情况？毫无疑问，里面肯定会出现平声字和上声字互切的例子。

① 桥本万太郎：《西夏国书字典同音の同居韵》，《言语研究》43，1963。

《文海》和“合编”的具体成书过程未见详细记录，目前能见到的只有一篇残损极为严重的《文海宝韵》序言[①]，表明前者大概是在西夏建国之初由皇帝敕命几个大臣合作的成果。现在我们是不是可以这样假定《文海》的编纂过程，即字典的体例和分韵收字都是预先统一制定的，但具体词条的写作则由多人分头完成。这样，负责注音的人如果像旧版《同音》的编者那样理解和处理西夏字的声调，那么在《文海》中出现平声字和上声字互切的情况就难以避免。我们不知道《文海》初稿写成之后是否有人负责统一的编校工作，然而几乎可以肯定的是，即使那个统稿人像新版《同音》的编者那样主张区分平声字和上声字，当面对已经写成的初稿时也不好大加改动，于是他只在平声卷的上声反切下字后面补写了一个“平”字，以提醒读者这个字要按平声来读。当然如本文前面所示，有六个上声反切下字的后面没有附注“平”，我们不知道那是不是统稿人的疏忽。

党项语的声调可以用作构词的手段[②]，证明平声和上声的区别确实存在，其调值也许一个是高平，一个是低升[③]，但我们还不十分清楚这两个声调在言语流中的具体表现以及党项语使用者对它们的认知程度。古代文献表明中国北方的少数民族似乎都不在意区分声调，例如契丹人音译的汉语词有时可以采用双写契丹小字的方法对应汉语的去声，有时也可以不采用任何特殊方法，把汉语的去声混同于平声和上声[④]。同样道理，在写有藏文对音的西夏佛经残卷中，平声字的藏文对音往往会比上声字多出一个前加的辅音字母[⑤]，似乎说明当时的人们也曾尝试用某种手段表示党项语声调的区别，只不过这种方法没有得到彻底的贯彻，所以没有前加字母的平声译例也有所见。事实上迄今所有的资料都指向同一个结论——当地人认为字词的声调不一定要通过某种附加手段体现在书面上，在日常注音和编写字典的时候重视声调当然最好，而在某些地方忽略其间的差别也无大碍。

在这个认识的基础上再来看上述第二类非常规的反切，我们设想那同样是字典编纂者忽略了韵类间的细微差别而导致的结果，只是目前的西夏语音构拟方案还不能准确地揭示那些差别究竟细微到了什么程度。不过无论如何，非常规反切的存在毕竟说

---

① 史金波：《〈文海宝韵〉序言、题款译考》，《宁夏社会科学》2001 年第 4 期。
② 龚煌城：《西夏语的音韵转换与构词法》，《“中央研究院”历史语言研究所集刊》第 64 本第 4 分，1993。
③ 荒川慎太郎：《夏藏对音资料からみた西夏语の声调》，《言语学研究》17—18，1999。
④ 沈钟伟：《契丹小字汉语音译中的一个声调现象》，《民族语文》2012 年第 1 期。
⑤ 荒川慎太郎：《夏藏对音资料からみた西夏语の声调》。

明了一个事实，即西夏字典也像中原韵书那样，在编纂之初就与人们的实际口语有一定的差距[①]。西夏人仿照中原韵书编纂党项语的字典，其间虽然尽力将党项语音系统纳入中原韵书的框架，但总是难免流露出口语的点滴信息。我们可以说，中原人据《切韵》反复修订而成《广韵》，其指导思想是从文献到文献，而西夏人仿《广韵》编成《文海》，其实践是在文献基础上加进了少量口语成分，这似可视为在对韵书编纂规则缺乏理解的基础上意外引发的创新。

（原载《宁夏师范学院学报》2015 年第 5 期，页 68—72）

① 中原韵书有些韵类的界限是编者出于某种目的而故意设置的，如“支”“脂”“之”的三分。

西夏诗歌用韵考

通过归纳古代诗歌的用韵规律可以大致得知作者口语的某些特点，藉以验证已有的音系构拟结论，这是汉语音韵学常用的研究方法之一。本文试图采用这种方法来讨论西夏的韵母系统，研究结果表明西夏韵书《文海》不像是党项语的忠实再现，进一步说，《文海》的性质是学界在着手构拟西夏语音系统之前必须仔细考虑的前提。

一

1926年，聂历山研究了几件附有藏文注音的西夏文佛经残片，指出其中一件含有一首七言十二句的残“偈”，一律押i韵[①]。这是西夏韵文的概念首次进入学界视野，只不过聂历山的意见在今天看来并非全无可疑，因为残片上的韵脚仅表现为奇数句尾同一个“𗒹”$mjij^1$字的多次重复[②]，照例不宜算作真正的押韵，何况按照佛经的传统体裁，由外民族文字译来的偈颂一般不会是韵文。类似的情况也发生在对西夏原创作品的解释上。克恰诺夫在1989年分析过西夏宫廷诗“造字师颂”的格律[③]，其中像是韵脚的地方也无非“𗧓”$lhjij^2$、“𗗙”dji^2等字在排比句中的反复使用，而其他地方“韵脚”的出现似无规律可循。看来这类例子应该视为诗文用字在特定位置上的偶合，而非作者有意施展的文学手段。

2001年，荒川慎太郎对西夏韵例进行了真正意义上的整理研究。他在一篇出色的论文里指出了西夏文《三代相照语文集》里的五首诗存在押韵现象，并据以讨论了西夏语同一个元音音位内不同韵类之间的“同用”关系[④]。其后孙伯君又在《贤智集》

①Nicolas Nevsky, A Brief Manual of the Si-hia Characters with Tibetan Transcriptions, *Research Review of the Osaka Asiatic Society*, No. 4, 1926, p. 18.

②戴忠沛：《西夏文佛经残片的藏文对音研究》，中国社会科学院研究生院博士学位论文，2008，第34–35页。

③Е.И. 克恰诺夫：《献给西夏文字创造者的颂诗》，赵明鸣译，载白滨等编《中国民族史研究》（二），北京：中央民族学院出版社，1989。

④荒川慎太郎：《西夏诗の脚韵にられる韵母について——〈三世属明言集文〉所收西夏语诗》，《京都大学言语学研究》20，2001。

里发现了大量同样类型的韵语[①]。根据迄今所知，《三代相照语文集》和《贤智集》是收录西夏押韵资料最多的文献。本文即试图对这两部书中的资料加以综合，希望通过分析具体的韵例引发针对西夏韵书《文海》性质以及西夏音系构拟前提的进一步思考。

《三代相照语文集》或译“三世属明言集文”“三代相照言集文”，沙门慧照、道慧编，13 世纪陈杨金活字印本，不分卷 1 册，41 叶，西夏劝世诗文集，诗有韵。《贤智集》又题“鲜卑国师劝世集”，西夏乾祐十九年（1188）成嵬德进编，杨慧广捐刻本，不分卷 1 册，43 叶，西夏国师鲜卑宝源的诗文集，收录诗文 21 篇，诗有韵。这两部书 1909 年同时出土于内蒙古额济纳旗的黑水城遗址，今藏俄罗斯科学院东方文献研究所[②]，原件尚未刊布，本文参考的是上海古籍出版社蒋维崧、严克勤二位先生 20 世纪末在圣彼得堡拍摄的照片，以及荒川慎太郎和孙伯君据原文的选录[③]。需要说明的是，对文学作品的解读是西夏学的难题之一，党项语有很多特殊的表达手法我们至今还不能领悟，加之文集里有韵与无韵的诗文相杂，所以本文收集的诗歌并不敢说是在彻底解读这两部书的基础上做出的穷尽式研究。不过尽管如此，我们还是相信据此整理出的押韵字足以反映西夏诗歌的总体面貌。

通过此前对西夏文学作品的初步考察我们得知，西夏人以党项民间风格创作的杂言体诗歌以及仿中原风格的骈体文一般仅强调对仗而不强调押韵[④]，真正押韵的作品都是以汉文古风或者坊间俗曲为蓝本的拟作，其句式一般为五言或七言，偶尔杂以三言，有些作品的标题上甚至还保留着“杨柳枝”之类的中原曲牌名。在中原诗歌影响下产生的西夏作品遵循着中原传统的押韵习惯——在最常见的五言和七言古风中，通常是偶数句入韵而奇数句不入韵。例如《贤智集》里“劝亲修善辩”结尾那首七言诗的前四联：

[illegible]（韵）。

① 孙伯君：《西夏俗文学“辩”初探》，《西夏研究》2010 年第 4 期。
② 这两部书的著录见 З. И. Горбачева и Е. И. Кычанов, *Тангутские рукописи и ксилографы*, Москва: Издательство восточной литературы, 1963, с. 54, 58。
③ 荒川慎太郎对《三代相照语文集》的西夏录文和日文翻译见《西夏詩の脚韻にられる韻母について——〈三世属明言集文〉所収西夏語詩》，第 211—221 页。孙伯君对《三代相照语文集》和《贤智集》的录文和汉译分别见《西夏俗文学“辩”初探》（《西夏研究》2010 年第 4 期）、《元代白云宗译刊西夏文文献综考》（《文献》2011 年第 2 期）和《西夏曲子词〈杨柳枝〉初探》（《宁夏社会科学》2011 年第 6 期）。
④ 聂鸿音：《〈文海〉探源》，《固原师专学报》1990 年第 3 期。

[illegible]，[illegible]（韵）。
[illegible]，[illegible]（韵）。
[illegible]，[illegible]（韵）。

像中原的诗歌一样，西夏诗歌的首句也是既可以入韵又可以不入韵。《贤智集》里“劝骄辩”开头的五言诗是首句入韵的例子：

[illegible]（韵），[illegible]（韵）。
[illegible]，[illegible]（韵）。
[illegible]，[illegible]（韵）。

中国文学史上出现过每句用韵的诗歌（所谓“柏梁体”）。与此相应，西夏民间俗曲（曲子辞）风格的押韵同样不一定限于偶数句，奇数句也经常可以入韵。《三代相照语文集》里“人水道人受觉歌”的前两阕是每句入韵的例子[①]：

[illegible]（韵），[illegible]（韵）。[illegible]（韵），[illegible]（韵）。
[illegible]（韵），[illegible]（韵）。[illegible]（韵），[illegible]（韵）。

参照汉文《诗经》韵字的整理经验，我们相信符合以上规律的句尾西夏字应该入韵，反之就不入韵。当然，西夏诗歌偶然会出现失韵的情况[②]，而且不像中原格律诗那样刻意避免使用相同的字，这尽管反映了西夏俗文学不成熟的一面，但与我们正确判断押韵字的基本原则并无矛盾——经常在偶数句末一起使用的那些字应该是入韵的。

西夏诗歌押韵一般是一韵到底，有时也会在中间换韵。换韵的位置没有规律，也就是说，不像中原的长篇古风那样一般以四联为一个押韵组。

① 荒川慎太郎关注的那几首诗就是每句入韵的。
② 本文所谓的“失韵”仅限于偶数句而言。“柏梁体”诗歌的奇数句若偶然出现失韵，我们一律算作正常的不入韵。

二

下面是从西夏文《三代相照语文集》和《贤智集》里收集到的韵例，同一首诗歌中间换韵的以“/”号分割，同一小标题下收有两首以上诗歌的以“//”号分割。

《三代相照语文集》：

“白云大师解了歌”（七言）：[illegible] / [illegible]

“法雨尊者闲乐歌”（七言）：[illegible]

“师之塔前颂”（七言）：[illegible]

“赞师之像偈”（七言）：[illegible]

“出家养道偈”（七言）：[illegible]

“八禁法规偈”（杂言）：[illegible]

“人水道人受觉歌”（杂言）：[illegible][1] [illegible]

“夏国本道门风颂”（七言）：[illegible] / [illegible]

“三大断歌”（杂言）：[illegible] / [illegible] / [illegible]

“寂寂歌”（杂言）：[illegible]

“火焰偈”（杂言）：[illegible]

“值处实指有灵偈”（七言）：[illegible] / [illegible] / [illegible]

“众老指要患纲偈”（五言）：[illegible] / [illegible] / [illegible][2]

“心行礼”（杂言）：[illegible]

“心行法”（七言）：[illegible]

“成熟相”（七言）：[illegible]

“先入偈”（七言）：[illegible]

“日行歌”（七言）：[illegible] / [illegible] / [illegible]

“正眼偈”（七言）：[illegible]

---

①“[illegible]”nwə¹ 失韵，依字义似当作“[illegible]”tśji¹（知）。下文的讨论不包括这个韵例。

②“[illegible]”ɣier¹ 失韵，或许是“[illegible]”si¹（死）的误写。下文的讨论不包括这个韵例。

"劝诫成道偈"（五言）：[illegible] / [illegible] / [illegible][1] [illegible]

"常粮偈"（七言）：[illegible]

"依礼经日偈"（五言）：[illegible]

"平平心行偈"（五言）：[illegible]

"安居偈"（五言）：[illegible]

"见行偈"（七言）：[illegible]

"禁戒偈"（五言）：[illegible]

"坐帐偈"（五言）：[illegible]

"顿见偈"（五言）：[illegible]

"劝欲偈"（七言）：[illegible]

"骂醉人悟虚"（七言）：[illegible]

"举目在礼劝"（七言）：[illegible]

"伤欲色道障"（七言）：[illegible][2] [illegible]

"思灭名利人"（七言）：[illegible]

《贤智集》：

"劝亲修善辩"（七言）：[illegible]

"劝骄辩"（五言//五言//七言）：[illegible] // [illegible][3] [illegible][4] [illegible] // [illegible]

"谗舌辩"（杂言//七言）：[illegible] // [illegible]

①"[illegible]"śio¹ 字失韵。奇怪的是，这一联中相应上句的末一字却是入韵的："[illegible]"njwi²。似乎这一联上下句的位置互倒。
②"[illegible]"sju² 失韵，原因不明。
③"[illegible]".ŋwu¹ 失韵，或许是"[illegible]"ljij²（见）的误写。下文的讨论不包括这个韵例。
④"[illegible]"lhjụ² 失韵，依词义似当作"[illegible]"rjir¹（获得）。下文的讨论不包括这个韵例。

“劝哭辩”（杂言//五言）：[illegible]//[illegible]

“浮泡辩”（杂言）：[illegible] [illegible]/[illegible]/[illegible]/[illegible]

“骂酒辩”（五言）：[illegible]

“骂财辩”（五言//杂言）：[illegible]//[illegible]//[illegible]①//[illegible]②[illegible]③[illegible]④[illegible]

“除肉辩”（七言）：[illegible]

“无明凋伏权贵赞”（七言//七言）：[illegible]//[illegible]⑤[illegible]

“心病偈”（五言）：[illegible]

“三惊奇”（杂言//杂言//杂言）：[illegible]//[illegible]⑤[illegible]//[illegible]

“自在正见诗”（杂言//五言）：[illegible] [illegible]//[illegible]

“因本教学论·外道意法”（七言）：[illegible]

“小乘意法”（七言）：[illegible]

“惟识之意法”（七言）：[illegible]

“中乘之意法”（七言）：[illegible]

“富人慈悲贫人颂”（五言//七言//七言）：[illegible]//[illegible]⑦[illegible]//[illegible]

“显真性而劝修法，汉音杨柳枝”（杂言）：[illegible]

①“[illegible]”no² 失韵，原因不明。
②“[illegible]”ɣa¹ 失韵，原因不明。
③“[illegible]”ka²、“[illegible]”·wejr² 二字失韵。奇怪的是，这两联中相应上句的末一字却是入韵的：“[illegible]”ljɨ¹、“[illegible]”wjijr²。似乎这两联上下句的位置互倒。
④“[illegible]”lia² 失韵，原因不明。
⑤“[illegible]”tshjij² 失韵，原因不明。
⑥“[illegible]”ŋwu¹ 失韵，或许是“[illegible]”ljij²（见）的误写。下文的讨论不包括这个韵例。
⑦“[illegible]”tśhju¹ 失韵，原因不明。

三

汉语音韵学界在归纳《诗经》韵部的时候遵循着这样一个推理，即“∵ A=B、B=C, ∴ A=C”,就是说,如果我们看到甲字可以和乙字押韵,且乙字又可以和丙字押韵,那么即使没有实际文献的证据，也可以判断甲字一定可以和丙字押韵。根据这个推理，我们可以把整理出的西夏韵字初步归纳成三个韵部。在下面的字表中，西夏韵的标号遵照西夏学界通常的习惯①，同一个韵内西夏字的排列次序依据《韵镜》一系汉语等韵图，音韵地位不详的字列在每个韵部最后。每个西夏字后面的标音来自李范文先生转引的龚煌城构拟建议②，其中偶然出现的笔误直接据龚煌城的西夏语音系统改正，一般不再另出校语。

1./**u**/ 部

R1（平 1 韵 / 上 1 韵）：□ bu^1，□ ku^1，□ gu^1，□ khu^1，□ lwu^1/ □ bu^2，□ tsu^2，□ swu^2，□□ ·u^2，□ lwu^2

R2（平 2 韵 / 上 2 韵）：□ tśhju^1，□ dźju^1/ □ dźju^2，□ ju^2，□ lju^2

R3（平 3 韵 / 上 3 韵）：□ dju^1，□□ gju^1/ □ dzju^2，□ sju^2，□ lju^2，□ ljwu^2

R4（平 4 韵 / 上 4 韵）：□ du^1

R5（平 5 韵 / 上 5 韵）：□ thwu̲^{1}/ □ phu̲^{2}，□□ dzu̲^{2}，

R7（平 7 韵 / 上 6 韵）：□ śju̲^{1}，□ ·ju̲^{1}/ □ dju̲^{2}，□ gju̲^{2}，□ dźju̲^{2}

R50（平 48 韵）：□ śjwo^1

R51（平 49 韵 / 上 42 韵）：/ □ to^2，□ do^2

R53（平 51 韵 / 上 44 韵）：/ □ phjo^2，□ śjwo^2

R54（平 52 韵 / 上 45 韵）：□ pho̲^{1}

R55（平 53 韵 / 上 46 韵）：□ bio̲^{1}

R57（平 55 韵 / 上 48 韵）：/ □ ŋjow^2

R61（平 58 韵 / 上 51 韵）：/ □ ku^2

---

① 经过整理的西夏韵标号见李范文主编《西夏语比较研究》，银川：宁夏人民出版社，2004，第 21—24 页。
② 李范文：《夏汉字典》，北京：中国社会科学出版社，1997。

R62（平 59 韵 / 上 52 韵）：□ dju̥^{1}，□ kju̥^{1}，□ gju̥^{1}，□ tsju̥^{1}，□□ lju̥^{1}/ □ lhju̥^{2}，□ dzju̥^{2}，□ sju̥^{2}

R75（平 72 韵 / 上 64 韵）：/ □ ljọ^{2}

R81（平 76 韵 / 上 70 韵）：□ jur^{1}，□ rjur^{1}

R95（平 89 韵 / 上 80 韵）：□ wor^{1}

R97（平 91 韵 / 上 82 韵）：/ □ ŋowr^{2}

声韵不详：□、□

2./i/ 部①

R8（平 8 韵 / 上 7 韵）：/ □ ·we^{2}

R9（平 9 韵 / 上 8 韵）：□ khie^{1}，□ gie^{1}/ □ kie^{2}

R10（平 10 韵 / 上 9 韵）：□ wji^{1}，□ dźji^{1}/ □ śjwi^{2}，□ lji^{2}

R11（平 11 韵 / 上 10 韵）：□ phji^{1}，□ thji^{1}，□ thjwi^{1}，□□□ gji^{1}，□ tshji^{1}，□ zji^{1}，□ ·ji^{1}，□ lhjwi^{1}/ □ bji^{2}，□ nji^{2}，□ njwi^{2}，□ gji^{2}，□ tshji^{2}

R13（平 13 韵）：□ gie̱^{1}

R14（平 14 韵 / 上 12 韵）：□ lhji^{1}/ □ dji^{2}，□ śjwi^{2}

R28（平 27 韵 / 上 25 韵）：□ lə^{1}

R29（平 28 韵 / 上 26 韵）：□ śiə^{1}/ □ tśiə^{2}

R30（平 29 韵 / 上 27 韵）：□ ljɨ̱^{1}

R31（平 30 韵 / 上 28 韵）：□ tsjɨ̱^{1}，□ tsjwɨ̱^{1}，□ sjwɨ̱^{1}/ □ njɨ̱^{2}

R33（平 32 韵 / 上 29 韵）：□□ ljɨ̱^{1}/ □ njɨ̱^{2}

R34（平 33 韵 / 上 30 韵）：□ mej^{1}，□ sej^{1}

R35（平 34 韵 / 上 31 韵）：□ ɣiej^{1}，□ ɣiwej^{1}

R36（平 35 韵 / 上 32 韵）：□ wjij^{1}, □□ tśhjij^{1}, □□ dźjij^{1}，□□ śjij^{1}/ □ wjij^{2}，□ tśjij^{2}，□ dźjij^{1}，□ śjwij^{2}

R37（平 36 韵 / 上 33 韵）：□ pjij^{1}，□□ phjij^{1}，□ mjij^{1}，□ tjij^{1}，□ njij^{1}, □ gjij^{1}，□□□□ ·jij^{1}，□ ljij^{1} / □□ bjij^{2}，□ tjij^{2}，□□□□ djij^{2}，□ njij^{2}，□□ tsjij^{2}，□

① 荒川慎太郎《西夏诗の脚韵にられる韵母について——〈三世属明言集文〉所收西夏语诗》把这个韵部的主元音构拟为 e。

□ sjij^{2}，□ ljij^{2}，□ lhjij^{2}

R38（平 37 韵 / 上 34 韵）：□ khẹj^{1}

R40（平 39 韵 / 上 35 韵）：□ djịj^{1}，□□ khjịj^{1}，□ gjịj^{1}，□ tshjịj^{1}，□ dźjịj^{1}，□ jịj^{1}，□ ljịj^{1}/ □ bjịj^{2}，□ djịj^{2}，□□ dzjịj^{2}，□ sjịj^{2}，□□□ ljịj^{2}，

R42（平 41 韵 / 上 36 韵）：□ sjwij^{1}

R43（平 42 韵 / 上 37 韵）：□ bjɨj^{1}，□ tjɨj^{1}，□ dzjɨj^{1}，□ sjwɨj^{1}，□ tśhjɨj^{1}，□ tśhjwɨj^{1}，□ śjɨj^{1}/ □ bjɨj^{2}，□□ djɨj^{2}，□ dzjɨj^{2}，□ ljɨj^{2}

R44（平 43 韵 / 上 38 韵）：□□ swew^{1}，□ lhew^{1}/ □ lew^{2}

R63（平 60 韵 / 上 53 韵）：/ □ kiẹj^{2}

R64（平 61 韵 / 上 54 韵）：□ phjij^{1}，□ bjij^{1}，□□ tjij^{1}，□ djij^{1}，□□ ①kjij^{1}，□ gjij^{1}，□ dzjij^{1}，□□□ zjij^{1}，□ dźjij^{1}，□□ ljij^{1}/ □ bjij^{2}，□ tshjij^{2}，□ zjij^{2}，□□ ljij^{2}②，□ ljwij^{2}，□□ lhjij^{2}③

R65（平 62 韵 / 上 55 韵）：□ tjɨ̣j^{1}，□ ljɨ̣j^{1}/ □□ tjɨ̣j^{2}，□□□ ljɨ̣j^{2}

R69（平 66 韵 / 上 59 韵）：/ □ ɣie^{2}

R70（平 67 韵 / 上 60 韵）：□ ljɨ^{1}/ □ wjɨ^{2}，□ tjɨ^{2}，□ djɨ^{2}，□ lhjɨ^{2}

R72（平 69 韵 / 上 61 韵）：□ śjɨɨ^{1}，□ ljɨɨ^{1}/ □ ljɨɨ^{2}，□ dzjɨɨ^{1}

R77（平 73 韵 / 上 66 韵）：/ □ rejr^{2}

R79（平 74 韵 / 上 68 韵）：/ □ mjijr^{2}，□ jijr^{2}，□□□□ rjijr^{2}

R84（平 79 韵 / 上 72 韵）：□ rjir^{1}/ □ kjir^{2}，□□ rjir^{2}

R90（平 84 韵 / 上 76 韵）：/ □ dwər^{2}

R92（平 86 韵 / 上 77 韵）：□ gjwɨr^{1}，□ dzjwɨr^{1}/ □ jɨr^{2}，□ rjɨr^{2}

R93（平 87 韵 / 上 78 韵）：□ dwewr^{2}

R101（平 93 韵 / 上 86 韵）：□ tsjɨ̱r^{1}/ □ tsjɨ̱r^{2}，□ ·jɨ̱r^{2}

声韵不详：□、□、□、□

① “□”字音韵地位据韩小忙《〈同音背隐音义〉整理与研究》，北京：中国社会科学出版社，2011，第 539 页。

② “□”字《夏汉字典》注音原误作 thạ，据韩小忙《〈同音背隐音义〉整理与研究》第 652 页改。

③ “□”“□”二字音韵地位据韩小忙《〈同音背隐音义〉整理与研究》，第 579 页。

3./**a**/ 部

R17（平 17 韵 / 上 14 韵）：/ 𘟣 dza[2]

R18（平 18 韵 / 上 15 韵）：𘝾 tśia[1]

R25（平 24 韵 / 上 22 韵）：𗗙 sã[1]

R66（平 63 韵 / 上 56 韵）：/ 𗋕 dạ[2]，𗫲 lạ[2]

R85（平 80 韵 / 上 73 韵）：𗷖 rar[1]

四

上面整理的韵部给人一个突出的印象，即党项人作诗用韵的标准相当宽松。按照中原人写诗或读诗的习惯，其中大概只有同一韵摄内部的“邻韵通押”可以接受，比如同属第 1 摄的第 1 韵至第 7 韵通押、同属第 9 摄的第 50 韵至第 57 韵通押，同属第 2 摄的第 8 韵至第 14 韵通押、同属第 5 摄的第 28 韵至第 33 韵通押，等等①。除此之外，我们看到西夏诗歌用韵还有以下特点是唐宋古体诗歌所不具备的：

（1）平声字和上声字可以通押，声调差别在西夏诗歌中不见反映。

（2）相邻的韵摄可以通押，元音舌位高低较明显的差别在西夏诗歌中不见反映。

（3）普通元音和相应的紧喉元音可以通押，元音的松紧差别在西夏诗歌中不见反映。

（4）普通元音和相应的卷舌元音可以通押，元音卷舌与否的差别在西夏诗歌中不见反映。

前两个特点不妨看成民间作品共有的缺陷，例如当代中国最著名的歌曲《东方红》首阕以“红”hóng、“升”shēng、“东”dōng、“星”xīng 为韵，四个押韵字中出现了两个不同的声调和三个不同的主元音，尽管与文人讲求的韵律不符，但也没有给人太多异样的感觉。当然，《东方红》韵脚差强人意的和谐在某种程度上是借助共有的鼻音韵尾 ng 来实现的，而对于辅音韵尾贫乏的西夏语来说，主元音不同所造成的不和谐感可能会略为明显一些。在前面的韵例里出现了前元音 i 和 e 同在一部、后元

① 这里的韵摄归并遵照了西田龙雄的意见（《西夏语韵图〈五声切韵〉の研究》上，京都大学文学部研究纪要 20，1981），经过整理的西夏韵摄和韵类的对应关系见李范文主编《西夏语比较研究》，银川：宁夏人民出版社，2004，第 25—26 页。

音 u 和 o 同在一部的现象，则更会加重我们对西夏诗歌“韵缓”的认识。

后两个特点与当前人们对西夏语音的阐释有关。苏敏和克恰诺夫在 20 世纪 60 年代发现，西夏韵书里同一声调内部各韵的排列表现为一大三小的四个循环组，但没有资料能够证明各循环组之间的音质区别[①]。后来西田龙雄做出了一个著名的假定，即把其中由第 1 韵至第 58 韵构成的“大循环”解释为“普通元音系列”，把由第 59 韵至第 75 韵构成的“小循环”解释为“紧喉元音系列”，把第 76 韵以后的“小循环”解释为“卷舌元音系列”[②]。应该承认，西田先生对紧喉元音和卷舌元音的构拟理由并不能令人完全信服，不过无论如何，这几个韵母系列的划分却是始终让学界确信不疑的。现在的问题是，藏缅语族彝语支的不少语言都有松紧元音和平舌卷舌元音的对立，在这些语言中，松元音与紧元音、平舌元音与卷舌元音给予母语者的听觉感受截然不同，即使是在用韵最为宽缓的民间俗文学作品中，这些元音一般也不会被用作同一首诗的韵脚，而现在我们既然看到所谓“紧元音韵母”和“卷舌元音韵母”频频与普通元音押韵，那么难免会对此前人们构拟这两类特殊韵母的正确性产生怀疑。

关于这个问题，《番汉合时掌中珠》还可以提供汉字对音的佐证。从苏敏整理的资料中可以看到，《番汉合时掌中珠》在音译汉语普通元音的时候并没有仅仅选用带普通元音的西夏字，而是兼用了被人们构拟为紧元音或者卷舌元音的西夏字。例如西夏平声第 1 韵（页 6）、第 59 韵（页 38）和第 76 韵（页 46）的字同用来对译汉语读 u 的字，西夏平声第 11 韵（页 11—12）、第 67 韵（页 42）和第 86 韵（页 51）的字同用来对译汉语读 i 的字，等等[③]。普通元音、紧喉元音和卷舌元音在译音中同用，说明这三个元音系列之间并没有人们想象中那样大的音质区别，换句话说，西夏语元音的松紧和卷舌与否在番汉对音中同样不见反映。

如所周知，《番汉合时掌中珠》是西夏民间俗字书的代表，其中描摹党项口语读音的细致程度在全部西夏文献中首屈一指。现在我们既然看到西夏诗歌的押韵规律与《番汉合时掌中珠》的对音规律基本相合，那么自然可以相信西夏诗歌的押韵是以当时党项的口语读音为基础的。

---

①M.V. Sofronov, E. I. Kychanov, Researches concerning the phonetics of the Tangut language, *Acta Orientalia Academiae Scientiarum Hungaricae* 18, 1965.

② 西田龙雄：《西夏语韵图〈五声切韵〉の研究》（上）。并参看王静如《西夏语音系导言》，《民族语文》1982 年第 2 期。

③M.B. Софронов, *Грамматика тангутского языка* 2, Москва: Наука, 1968. 上面括号中的是例子所在的该书页次。

五

《番汉合时掌中珠》的对音不能对西夏韵书《文海》形成印证，王静如曾经于此做出过解释，他猜想《文海》代表的是书面语言和文言，而《番汉合时掌中珠》代表的则是俗语和白话①。现在需要考虑的是，假如《文海》确实代表的是“文言”，那么在同一个时代的同一片地区，党项族人的书面语和口语之间怎么会存在如此巨大的差别？进一步说，《文海》的音韵系统真的来自一个当时实际存在的活语言么？

存世《文海》刻本的卷首序言已全部亡佚，《文海宝韵》抄本的序言也残损极为严重，虽经勉强缀合②，仍然不能为我们提供多少有价值的信息。到目前为止，我们对《文海》一类西夏韵书的编纂目的、编纂原则和编纂程序几乎一无所知，能够形成共识的只有一点，即《文海》的体例表明它是以《广韵》一系中原韵书为蓝本的。不过学者们没有继续讨论的是，所谓“以《广韵》为蓝本”实际上可以有两种不同的解释——第一，西夏人首先整理研究了党项语的音韵系统，然后参照中原韵书体例编纂了一部党项语的韵书，目的是在国内用作诗文的押韵规范；第二，西夏人首先拿来了中原韵书的框架，然后按照大致的语音对应关系把自己的文字套进其中，目的是用作国人学习新创文字的工具。在这两种解释当中，我建议选择第二种。

本文整理的诗歌韵例说明《文海》并没有成为西夏文学创作的押韵规范，这一点可以确信无疑。需要补充的是，中原的《切韵》对当时的汉语音韵系统进行了细致的辨析，那并不是编者陆法言等几个人的功劳，而是魏晋南北朝以后三百余年间众多学人知识积累的结果。与此相对，西夏皇帝敕命初编《文海》时距离西夏文字创制不过百年，如果说当时西夏国内有些知识人士能够准确分辨自己语言里单一的音素，那应该不无可能，但如果说他们有能力对自己的语言进行田野调查般的系统归纳和整理，恐怕令人难以置信。事实上，西夏的音韵学只是对中原的机械模仿，这固然使得党项学者能够正确地套用汉语音韵学的一部分概念和方法来解释党项语言，例如他们懂得对声母按“五音”或“七音”进行分类，也懂得利用反切来标注西夏字音，可是一旦遇到不能应用于西夏语的汉语音韵学术语时，他们就会感到无法理解，例如西夏语里

① 王静如：《西夏语音系导言》。
② 史金波：《〈文海宝韵〉序言、题款译考》，《宁夏社会科学》2001 年第 4 期。

没有“四声”，于是他们在翻译汉语的“平”“上”“去”“入”这四个声调名称时竟荒唐地采用了意译[①]。当然，我们也并不是说西夏人全无创新，例如他们知道根据“七音”次序来重新编排《文海》韵内的诸纽，这无疑比《广韵》一系韵书杂乱无章的声纽排列显得高明，只不过这种漂亮的处理方法应该视为词典编纂的技术手段，恐怕并非出自音系学的深层考虑。

现存资料不足以确证《文海》的真正来源，也许当年西夏人的参考书除了《广韵》之外还有徐锴的《说文解字系传》和《说文解字篆韵谱》之类[②]，不过无论如何我们都可以说，《文海》尽管在推广和规范西夏文字方面起到了关键作用，但就编纂体例而言，它却是一部“削足适履”的作品，编者的一切努力都是要把党项语音系统强行纳入中原韵书所表现的中古汉语音系当中。认清了这一点，我们就可以理解全部存世语料——番汉对音、藏文注音以及本文总结的诗歌用韵都不能印证《文海》分韵的缘故，也可以理解西夏学家在没有足够实证的情况下使用紧元音和卷舌元音来区别《文海》韵摄的理由。很明显，《文海》的分韵与《广韵》一样苛细，人们在构拟中古汉语的时候可以借助m、n、ŋ、p、t、k这六个辅音韵尾来把许多主元音相同的韵区分开，而西夏语的辅音韵尾至多只有一个[③]，导致人们在构拟西夏语音时不能使用像构拟汉语那样多的区分手段，捉襟见肘就是理所当然的。

如果像我们所感觉到的，《文海》分韵仅仅是人造的系统而非党项语言的实录，那么，我们构拟西夏语的前提条件就难免发生动摇。我们似乎应该建立这样一个概念，即《文海》分出的上百个韵在党项人的口语中并非个个读音不同，而现有的《文海》拟音更应该看成是对西夏字“声韵呼等”之类等韵地位的直观表述。事实上，我们不妨参照西夏文献里的番汉对音、藏文注音以及诗歌用韵为其中一些韵母做出相同的构拟，而不必拘泥于《文海》分韵而在没有实证的情况下利用一些人为的手段强行区分它们。

（原载《西夏研究》2013年第1期，页17—26）

① 西田龙雄：《西夏语韵图〈五声切韵〉之研究》，京都大学文学部研究纪要20，1981，第122-123页。
② 聂鸿音：《〈文海〉探源》，《固原师专学报》1990年第3期。
③ 这个辅音韵尾可能是n，也可能是ŋ，尽管从感觉上说后者的可能性更大一些，但还是找不到决定性的证据。

西夏语声调研究的新课题

对西夏语声调的研究是西夏语音学中最为薄弱的一环，过去学术界一直以为是发表的原始材料不足所致，然而在几乎全部西夏字典都已披露于世的今天，人们却惊奇地发现新的资料不但没有使问题得以顺利解决，反而给研究者带来了更深的迷惘。根据目前对西夏语言的了解程度，我现在还无力彻底澄清这一系列事实的真相，所以打算在此把有关的资料全盘托出，以期待西夏学界和语言学界的专家们共同来解决这一无法回避的难题。

一

此前我们对于西夏语声调的认识主要来源于两种书，一种是西夏人自撰的韵书《文海》①，另一种是俄国西夏学家聂历山编录的西夏文字典手稿②。前者的“杂类”部分明显以“平声”和“上声”分部，并且提供了205个带有反切注音的上声字；后者则据西夏抄本韵书《文海宝韵》为80%的平声和上声字标出了所属的韵类。由于《文海》仅存平声部分，《文海宝韵》原书又在20世纪40年代以后一度下落不明，所以后人对西夏上声字的判断便基本以聂历山的述录为准，在此基础上学者们得出的一致结论是：西夏语只有两个声调——平声和上声。

可是人们在研究中同样发现，似乎还有迹象表明西夏语中另有其他声调存在。聂历山在《唐古特语文学》里便指出了以下两个颇为引人注目的事实③：第一，在《文海》和另一个不知名的西夏字典残卷中可以看到少量平声字被加上了“上声也”或“平去”之类附注；第二，在抄本《文海宝韵》中明确地出现了“入声”的西夏文标题。关于这种情况，苏敏在《西夏语语法》一书中专门写了一节文字来进行讨论④，其中他不

① 史金波、白滨、黄振华：《文海研究》，北京：中国社会科学出版社，1983。
②Н.А. Невский, *Тангутская филология*, Москва: Издательство восточной литературы, 1960.
③Невский, *Тангутская филология*, с. 128-130.
④М.В. Софронов, *Грамматика тангутского языка*, Москва: Наука, 1968, кн. 1, с. 92-97.

但肯定了聂历山所述事实的正确性，而且还进一步指出了西夏字典中还有用“清”“浊”来标示声调的情况。至于这种现象的起因，他假设是西夏语的历史音变所致。具体说来，苏敏认为早期的西夏语只有“平”“上”两个声调，后来到了西夏末世这两个声调各分为二，平声中又分出一类去声，上声中又分出一类入声，于是两个声调变成了四个。1982年，王静如著文支持这个假设，并且引了白族语言中松紧元音对声调产生影响的实例来对之进行补充论证[①]。然而由于聂历山和苏敏都未能详细提供西夏字典中去声和入声的具体字例，多数学者又没有机会亲手翻阅俄国所藏有关抄本的原件，所以讨论也始终没能再深入下去。

事实上从那以后我们还看到有其他类型的原始资料暗示了西夏语的声调分类，例如写于1173年的《五音切韵序》中说“今文字之五音者，平上去入各有字母以明之”[②]，而写于1180年左右的《三才杂字序》则说《同音》的编定是“新旧既集，平上既正”[③]。这两则资料对西夏语声调数目的叙述是不同的，但由于它们仅仅是即兴写作的短文而并非对语言的科学描述，所以研究者大都置之不论，有关的问题也作为一个悬案一直保留了下来。

二

20世纪90年代初，失踪40年的《文海宝韵》抄本原件由原装裱师的家属在家中意外寻得，并交还俄罗斯科学院东方研究所圣彼得堡分所，使得沉寂了十多年的西夏语音学界重又感到兴奋。

题为《大白高国文海宝韵》的这部抄本共有百余纸，首尾残缺，现存部类标题有“平声第一”和“上声入声第二”，此外还有一个残损严重的“杂类”部分。这部韵书的分韵和列字与刻本《文海》一致，只是对每个西夏大字的注释极其简略，有许多常用字下甚至是一个字的注释也没有。如果不是考虑到它们的韵部数目完全相同，人们甚至会认为抄本《文海宝韵》和刻本《文海》之间的关系就像详本《广韵》和简本《礼部韵略》的关系一样。这部书的最大价值在于它的上声部分。《文海》的上声一卷全佚，

① 王静如：《西夏语音系导言》，《民族语文》1982年第2期。
② 西田龙雄：《西夏語韻図『五音切韻』の研究（上）》，京都大学文学部研究纪要20，1981，第122页。李范文：《同音研究》，银川：宁夏人民出版社，1986，第24页。
③ 聂鸿音、史金波：《西夏文〈三才杂字〉考》，《中央民族大学学报》1995年第6期。

聂历山字典过录《文海宝韵》又时有缺漏，以致现在还有一批西夏字因所属的韵类不明而无法拟音。这些字主要是西夏字典《同音》中的所谓“独字”，可以预料，随着《文海宝韵》的全文刊布，《同音》绝大部分“独字”的韵类可望很快得到解决。

由俄罗斯科学院东方研究所圣彼得堡分所、中国社会科学院民族研究所和上海古籍出版社合编的《俄藏黑水城文献》于1996年底开始在上海出版，《文海宝韵》抄本的全部照片编在第七册，同一册内还收有一种拟题为“音同文海宝韵合编”的残卷，也就是聂历山和苏敏都提到标有去声字的那种书。

《音同文海宝韵合编》有几种不同的抄本，其主要部分是一些互不相连的断片，估计原书是卷子装。这部书依《同音》以声母为纲编排，具体列字次序和西夏学界所谓“新刊本《同音》”相同，而与当前中国通行的李范文《同音研究》中校录的旧刻本有一定差异。《音同文海宝韵合编》的释字体例是在每个大字下先列《同音》注释，次列《文海》的字形说解，然后是释义、反切，最后在每例反切下多写一两个字以指明该西夏字所在小韵（纽）的声调，其中释义部分比《文海》相应字条的释义简略一些。这部书的现存部分并未透露关于书名的丝毫消息，《俄藏黑水城文献》第七册为之拟题为“音同文海宝韵合编”，完全是从书的体例上考虑的。不过现在需要补充的是，西夏字书《三才杂字》的一种版本（俄藏8081号）末尾有一则乾祐十八年（1187）的残跋，说到“此杂字者宝韵手镜”如何如何，估计是作者在声明他编纂《三才杂字》时曾参考了《宝韵》（文海宝韵）和《手镜》两本书[①]。我们知道，西夏各书序跋中提到的字典如《文海宝韵》《同音》《三才杂字》《五音切韵》等都在黑水城保存了下来，唯有《手镜》至今杳无消息，而现存的文献中也恰好只有这种《音同文海宝韵合编》没有明确的书题，这一事实会使我们很自然地把这部不知其名的卷子式字典和《手镜》联系起来，或许它就是《手镜》也未可知。

在现存的西夏字典中，卷子式的《音同文海宝韵合编》是质量最糟糕的一个本子。抄写人使用的蝇头小楷本来就因笔画过细而字迹不清，再加上该书又是抄在一部佛经的纸背，正面透墨浓重，更使文字至难认。我因得参加编辑《俄藏黑水城文献》的工作之便，在《同音》《文海》的帮助下对全书勉强进行了一次通读，发现该书最有音韵学价值的部分乃是每例反切之下附注的声调，这些声调附注为《音同文海宝韵合编》

①聂鸿音、史金波：《西夏文〈三才杂字〉考》。

所独有，其他西夏字典中均不见此例，这一点已经由聂历山和苏敏指出过了。

三

经过尽力辨认，可以从卷子本《音同文海宝韵合编》中发现20个小韵（纽）的声调附注与西夏学界通常对它们的归类不符。当然这很可能不是现存残卷中的全部，因原件字迹不清导致的摘选遗漏似亦难免。

下面是这20个字在《同音》和《文海宝韵》中的归属情况，声韵的确定主要以李范文《同音研究》为准，括号中的《同音》字位代码也依李先生设计，其中前两个数字表示该西夏字在《同音》旧刻本的哪一页，中间的英文大写字母表示蝴蝶装每叶的哪一面，最后两个数字表示该字为第几行的第几个字。

注“平去”——“□”（10B46）：轻唇音，平声31韵；“□”（10B64）：轻唇音，平声69韵；“□”（11A14）：轻唇音，平声15韵；“□”（11B32）：轻唇音，平声19韵；“□”（12B12）：舌头音，平声39韵；“□”（39A43）：正齿音，平声28韵；“□”（39A57）：正齿音，平声78韵；“□”（39B42）：正齿音，平声29韵；“□”（47B47）：舌齿音，平声74韵。

注“上入”——“□”（27B18）：牙音，上声73韵；“□”（27B58）：牙音，上声30韵[①]；“□”（28A17）：牙音，上声21韵；“□”（28A56）：牙音，上声25韵。

注“去”——“□”（11B53）：轻唇音，上声36韵；“□”（46B62）：舌齿音，上声14韵；“□”（48A12）：舌齿音，平声61韵。

注“平上”——“□”（11B35）：轻唇音，平声78韵；“□”（27B37）：牙音，上声29韵。

注“上去”——“□”（48A14）：舌齿音，上声54韵。

注“平去清”——“□”（46B65）：舌齿音，平声17韵。

事实上在现存的《文海》平声部分里也有少量字带有相似类型的声调提示。下面是这些字及其在《文海》中的归韵情况，《文海》字位代码依史金波等在《文海研究》中的设计，其中齐线点前面的数字表示该西夏字在《文海》刻本的哪一页，后面的三

①《同音研究》注“韵类不详”，按今与《文海宝韵》抄本对校，知为上声30韵字。

个数字表示该字在蝴蝶装每叶的哪一面以及是第几行的第几个字。

“䋯”（19.161）：平声 13 韵，注“上声是也”；“𗈪”（49.222）：平声 38 韵，注“以上［声］说”；“𗈫”（49.231）：平声 38 韵，注“以上［声］说也”；“𗈬”（50.241）：平声 39 韵，注“上声二”；“𗈭”（82.252）：平声 78 韵，注“上声是也”[①]；“𗈮”（83.112）：平声 78 韵，注“上声是也”；“𗈯”（92.231）：平声 94 韵，注“上声是”；“𗈰”（92.241）：平声 94 韵，注“上声也”。

一望而知，《文海》和《音同文海宝韵合编》的声调附注只有一例相符，这就是“𗈭”——同一个字在《音同文海宝韵合编》注“平上”，而在《文海》编入平声却注“上声是也”。除此之外，《音同文海宝韵合编》附注为“平去”的字在《文海》里一般都是普通的平声。另作为一个特例，“𗈮”字在《音同文海宝韵合编》里附注为“平去”，但在《文海》却注为“上声是也”。很明显，《音同文海宝韵合编》和《文海》在这个问题上是不能互证的，它们的声调附注或许有不同的来源。从《音同文海宝韵合编》来看，西夏语的平声似与去声比较接近，上声似与入声比接近，后者又恰好符合抄本《文海宝韵》的部类标题“上声入声第二”，可是《文海》却又无疑义地显示出了西夏语的平声与上声的密切关系。几年前我曾就《文海》的分韵与中原传统的小学著作进行过对比，感觉到如果我们假定《文海》在编纂过程中参照了中原的小学著作，那么从徐锴的《说文解字篆韵谱》和宋代汉语方音推测，西夏语韵书的平声和入声似为一类，上声和去声似为一类[②]。现在看来这种推测很可能至多与中古汉语西北方言有关，而并不能用来解释西夏语言的实情。

从总的趋势来看，《音同文海宝韵合编》如果以两个字来附注声调，那么其中第一个字大多就是所注西夏字在《文海宝韵》的实际归属，例如注“平去”的字实际都收在平声类，注“上入”“上去”的字实际都收在上声类。这似乎引导人们设想这是以第一个字来标示韵书的声调，而以第二个字来标示实际语言中的异读，可是“平上”和“去”的附注又否定了这种可能性，因为被《音同文海宝韵合编》注为“平上”和“去”的西夏字在《文海宝韵》中都是既有收在平声类又有收在上声类的。以上事实使我们感觉到《音同文海宝韵合编》的声调附注似乎带有相当程度的任意性，至少我们可以认定在最初敕编的《文海宝韵》里是不可以出现这类现象的。

① “声”字《文海研究》原误译“音”。
② 聂鸿音：《“文海”探源》，《固原师专学报》1990 年第 3 期。

四

应当承认，西夏人用“平”“上”“去”“入”四个字来标示西夏语的声调完全是语言学上的误会，因为这四个西夏字仅仅是汉语的机械意译，在西夏语中已不再具有调类代表字的功能。不过由此我们似乎也可知道，西夏人对于母语中声调的认识是在中原汉语文学的直接影响下形成的。进一步说，西夏人应该具有正确分辨母语声调的能力，西夏韵书中的声调附注也有当时的实际读音作为基础，现在我们的课题仅仅是要为这些声调附注的出现寻得合理的解释。

在可能估计到的解释中，“又音”的想法可以首先排除。虽然一字数读的现象在中原汉语韵书中出现频繁，但西夏字典却并非如此。众所周知，中原韵书里的一个汉字下若附注有“又音某某切”，那么在相应的其他地方一定会再次出现这个汉字，或者说，一个汉字有几个“又音”，这个字就会在不同的地方出现几次，而与此相对，西夏字典中的一个西夏字却永远只出现一次，这可以看成是西夏字典编纂的一条铁则。再有，中原韵书的又音往往只针对所注的某一个汉字而言，一个小韵（纽）的全部字都具有同样又音的例子极为少见，而西夏字典中的声调附注却毫无例外地是针对整个小韵的全部字而言的，这可以看成是西夏字典编纂的另一条铁则。综合这两种情况，我们不难断定西夏的“平去”“上入”之类附注并不意味某些西夏字在当时既可以读成这个声调又可以读成那个声调。换句话说，一个西夏字即使有两种不同的读法，那也肯定不会是“共时”的自由变读，至多是字音在不同历史阶段的变异。

我们再回到苏敏的意见上来。无庸否认，若说西夏字典中的声调附注是西夏语历史音变的反映，这个假定将能解释较多的文献语言事实并且遇到较少的矛盾。具体说来，我们需要论证这样一种可能性，那就是西夏语（番语）在公元 12 世纪初至 13 世纪初的 100 年间经历了三个连续的发展阶段——没有声调的第一阶段，只有平上两个声调的第二阶段，以及平上去入四声齐备的第三阶段。其中第一阶段可以定位于《同音》旧刻本问世的正德六年（1132）前，第二阶段可以定位于《同音》新刻本刊行的乾祐十八年（1187）前，而第三阶段则不妨以《音同文海宝韵合编》抄卷为标志，时间估计在 13 世纪初期。这样三个阶段的划分可以从西夏文献学和汉藏语历史语音学两个领域得到一定的支持。

首先从西夏文献中看，我们可以发现目前所知编撰时间最早的字典《同音》原是基本不区别声调的，即把现代西夏学家认为声母韵母相同而声调不同的西夏字都视为同音字并编在一个小韵里，而到了 50 年后的修订本中，这些声调不同的字则被清清楚楚地分辨开了——平声字列一个小韵，上声字列为另一个小韵[①]。过去有些学者把这简单地解释为词典编纂体例上的问题，但现在我们若猜想《同音》新旧版本的差别应该有不同时期的语言作为基础，那也并非不合情理，因为后人在修订前人的字典时常会自觉或不自觉地反映后代的一些语言实情，这已是众所周知的汉语史上的事实。同样道理，抄写年代很晚的《音同文海宝韵合编》里的声调附注并不见于此前的任何字典，因而也可以认为是修订者参考当时的实际语言添加上去的，它们反映了西夏语末期的声调分化情况。这样看来，西夏语声调的产生和发展恰与西夏字典体例的发展进程相符，它应该不是偶然的。

其次，从汉藏系语言的语音发展史上看，有些事实似乎也暗示了西夏声调的发展历程。从目前的研究成果中我们知道，汉藏系语言的早期特点之一就是辅音声母和韵尾丰富而声调贫乏，甚至很可能在最初是没有声调的，后来随着一批复辅音声母的单辅音化和辅音韵尾的脱落，声调才作为一种区别词义的补偿手段应运而生。另外如所公认，汉藏系语言声调的产生和分化都决定于声母和韵母，早期声母和韵母都相同的字音在晚期原则上一定带有相同的声调。这反映在西夏字典中便是上文谈过的那个事实，即《音同文海宝韵合编》的声调附注永远适用于一个小韵中的全部西夏字，而并非专对小韵中的某一个字而言，也就是说，同一个小韵中绝对不出现某几个字注以“平去”，另几个字注以“上入”之类现象。这也符合语言的一般发展规律，由此引出的极端的结论就是那条著名的“定理”——相同的音在相同的条件下只能发生相同的变化。

以上指出的事实应该说基本可靠，但我们如果要以它们来确定不疑地证明西夏语声调在 12 世纪初至 13 世纪初发生了从无到有、从两个到四个的演化，那么这些证据恐怕还是不够充分的，其中一个最为显见的疑点就是，西夏声调从无到有的演化竟然是仅仅在五十年内就完成了的本质性突变，这时间之短、变化之突然有悖于汉藏系诸语言的一般情况。我们知道，汉藏系语言声调的产生和发展都经历了一个较漫长的历史时期，至少目前我们还不知道另有哪种语言的声调演化时间短得与西夏语相仿。当

① 桥本万太郎：《西夏国書字典同音の同居韻》，《言語研究》43，1963。

然，假如真是天缘凑巧，我们掌握的西夏文献恰恰就是如实地记录了这种演化，那倒不失为汉藏语言学上的一个重大发现，可是我觉得在如此关键的理论问题面前我们还是谨慎从事为好。另外一个不可回避的问题是，把《音同文海宝韵合编》中“去”“入”之类声调附注所涉及的字都加在一起，其数量也不到平声字加上声字的十分之一，而《文海》平声卷中注明读为上声的字更是仅占全部现存字数的0.4%。与汉藏系其他语言相比，西夏的去入声字与平上声字竟然如此不成比例，这自然难免使人怀疑去声和入声在西夏语中的音位价值。即使我们勉强将其假定为声调分化初期暂时性的紊乱现象，恐怕也难以在音位演化的系统性原则中找到令人信服的解释。上文说过，《音同文海宝韵合编》和《文海》的声调附注之间并没能构成同一的关系，这种混乱的状况也为西夏语声调演化的假说设下了同样的障碍，这也是不言而喻的了。

作为西夏语言研究的最高理想，我们应该能够科学地阐释西夏声调的分类，具体地描述促使声调产生的内部和外部条件以及声调在整个西夏语言史上的演化轨迹，也许还应该构拟出声调在西夏不同时期的调值，并尽量探寻它们和周边其他语言的对应关系。无庸讳言，这个理想的目标对于我们来说是太遥远了，我本人甚至连上文所谈的几个最基本矛盾都未能最终解决。然而我相信，近期大量西夏语言素材的公布于世将吸引一大批优秀的学者投身于这方面的研究，关于西夏语声调的一些最基本的概念届时也许会在西夏学界和语言学界达成共识，从而为更进一步的西夏声调构拟打下基础。

（原载《宁夏社会科学》1997年第5期，页50—55）

西夏语 *lh- 声类置疑

西夏语有一大批和汉语来母（l-）相当的字，西田龙雄、苏敏和黄振华都把它们划归四个小类，分别拟音为 l-、ld-、lh 和 r-[1]。可是在西夏韵书《文海》里，这四个声母从来不一起在相同的韵母之前出现，这不免使人怀疑西夏来母是否真的有必要分而为四。仔细分析西夏语研究者提出的拟音证据后就不难看出，这四个拟音中只有 l- 和 r- 是比较可靠的，它们构成了下列严格的对立情形：

西夏字音	la ra	li ri	lu ru	lɔ rɔ
汉文对音	辣 𠽬	利 唎	鲁 噜	罗 啰
藏文注音（基字）	la ra	li ri	lu ru	lo ro
梵文对音	la ra	li ri	lu ru	lo ro

至于 ld- 和 lh- 两个声类就显得有些问题了。1981 年龚煌城发表了一篇很好的文章，列举了西夏语 ld- 声类之所以不能成立的理由[2]。受其启发，我们这里准备用类似的方法把结论推进一步，建议再取消前人所拟的 lh 声类。

从有关西夏字的反切系联结果来看，那批通常被认为是 lh- 声母的字实际并非自成一小类。它们的反切上字有时也可与 l- 声类或 *ld- 声类发生系联关系。例如西夏“𗶠”字在《文海》平声第 7 韵，反切上字用“𗸕”，而“𗸕”在《文海杂类》平声舌齿音，反切上字用“𗶠”，二者两两互用，显然应是同一个声类的；又如西夏“𗶡”既用“𗸕”为反切上字，又用“𗹬”为反切上字[3]，则“𗸕”和“𗹬”又可依陈澧的“变例”系联为一。苏敏把“𗶠”字拟作 ldi̯u，把“𗸕”字拟作 lhi̯e，把“𗹬”字拟作 li̯ə，勉强

① 参看西田龙雄：《西夏語の研究：西夏語の再構成と西夏文字の解讀》1，東京：座右寶刊行會，1964，第 139—142 页。M.B. Софронов, *Грамматика тангутского языка* 1, Москва: Наука, 1968, c. 104-105. 史金波、白滨、黄振华：《文海研究》，北京：中国社会科学出版社，1983，第 84 页。
② 龚煌城：《西夏韵书〈同音〉第九类声母的拟测》，《“中央研究院”历史语言研究所集刊》第 52 本第 1 分，1981。
③ 转引自西田龙雄：《西夏語韻図『五音切韻』の研究（上）》，京都大学文学部研究纪要 20，1981。

地分成三小类，未免与西夏反切不合。这类系联事实使我们感觉到，通常拟作 ld-、lh- 和 l 的三个声类恐怕是不可分的，只不过现有的《文海》是个残本，仅存平声部分，遇到上声字作反切上字时就无法依陈澧的“正例”系联，从而给人们造成了某些误会。

从《番汉合时掌中珠》的汉文对音也同样看不出 *lh- 声类与其他声类有什么区别。例如据黄振华归纳，“勒”“力”“鲁”等常见汉字都是既可以与 *lh- 声类的西夏字对音，又可以与其他声类（*l、*ld-）的西夏字对音。众所周知，骨勒茂才在编纂《番汉合时掌中珠》时如果遇到汉语里没有的西夏字音，总是习惯用某些特殊的手段把它标示出来。例如汉语没有 riu 这个音节，他便在汉字“六”（*liu）右边加一个口字旁（[illegible]）来表示；汉语也没有 dzo 这个音节[①]，他便用两个汉字“尼卒”来表示，等等。假如某些西夏字确实带有汉语所无的 lh 声母，骨勒茂才就该用某种方法把它们和普通的 l- 声母区别开才对，可是谁也没能在其中发现任何带规律性的特殊标记，*l-、*ld-、*lh- 三类字在《掌中珠》里完全是混在一起的。

学者们用以支持 *lh- 声类的一个关键证据是西夏残经注音藏文有 *lh-* 这样的书写形式[②]。藏文的 *lh-* 在现代拉萨话里念作 ɬ，于是人们猜想，西夏语里应该也有一个与之相当的 ɬ- 声类（人们习惯写作 lh-）。不过，要使这样的推断能够成立，必须先证明以下两个前提的可靠性：第一，所有用藏文 *lh-* 注音的西夏字都不能再用其他藏文形式注音；第二，在公元 12 世纪前后河西地区流行的藏语方言中，藏文复辅音声母中的 *h* 一定对口语声母的发音方法有影响。事实上，我们通过仔细审核材料，却发现这两个前提都不尽符合事实。

据认为，藏文注音为 *lh-* 的西夏字都是带有 *lh- 声母的。藏文注音为 *ld-*、*zl-*、*sl-* 的西夏字都是带有 *ld- 声母的。然而西夏残经里却有下面两例复杂的藏文“又音”：西夏“[illegible]”字注作 *lhi*，又作 *zli'*、*sli'*；西夏“[illegible]”字注作 *lha*，又作 *ldi'*、*lda*、*zla'*。按理说，一个西夏字只能有一种固定的读法，所以不难设想，*lh-*、*zl-*、*sl-*、*ld-* 四种藏文形式代表的读音一定是相同的。从西田龙雄以后，人们都把“[illegible]”和“[illegible]”两个西夏字的声母拟作 *ld-，这仅仅考虑到了 *ld-*、*zl-*、*sl-* 三种藏文形式，却没有照顾到 *lh-*，未免暴露了体例上的缺陷。实际上，*lh-*、*zl-*、*sl-*、*ld-* 四种藏文形式所代表的都

① 汉语 12 世纪西北方言的从母已经并入清母了，即 dz- > ts‘-。

② 西夏残经的藏文注音参看 N.A. Nevsky, A brief manual of the Si-hia characters with Tibetan transcriptions, *Research Review of the Osaka Asiatic Society* 4, 1926.

应是西夏语的 l- 声类，这个结论可以从现代藏语读音中推导出来。依藏语字母组合的读音规则，*lh-* 应读作 ɬ，*zl-* 和 *ld-* 应读作 t-，*sl-* 应读作 l-。例如拉萨话的 *lho*（南）读 ɬo，*zla ba*（月亮）读 ta wa，*ldab*（倍）读 təp，*slong*（乞求）读 long，等等。如果一定要从这三个现代藏语读音中选一个来作为 12 世纪河西藏语方言的读音，我认为应该选 l-。假使选了 lh-，我们就无法解释西夏的“𘑨”和“𗴮”的藏文注音为什么还有 *zl-* 和 *ld-*，因为现代藏语的 ɬ 只能来自藏文的 *lh-*，而 *zl-* 和 *ld-* 却是不能变成 ɬ 的。假使选了 t-，我们就无法解释西夏人为什么把上述两个字归入舌齿音（来、日）而不归入舌头音（端），因为藏文的 *t-* 照例只能与西夏的舌头音字对音，况且，*lh-* 这个字母组合在任何时候都不能读 t-。在藏汉对照的“唐蕃会盟碑”里，*lha mthong* 译“贪通”，*lha bo brtsan* 译“他谱赞”，*lho gong* 译“土公”等，其中藏文的 *lh-* 可以与汉语透母（t‘-）相当，算是一种最接近 t- 的音译，但在送气不送气这个问题上仍有差异。

下面我们再来看看藏文字母组合中的 *h* 是不是一定对声母发音有影响。残经注音藏文除 *lh-* 外，还有 *dh-*、*bh-*、*gh-*、*k‘h-*、*t‘h-* 五种带 *h* 的组合形式。其中前两个形式所注西夏字的汉文对音都用泥母字或明母字，如“那”“宁”“泥”“迷”“喻”等。众所周知，与汉语鼻声母对应的外族浊塞音声母一定是不送气的[①]，由此可见，与“那”对音的西夏字的注音藏文虽然写作 *dho*，但实际仅代表 d-；与“迷”对音的西夏字的注音藏文虽然写作 *’bhi*，但实际仅代表 b-。用 *gh-* 注音的西夏字绝大多数都属 ɣ 声类[②]，而擦音 ɣ 自然无所谓送气不送气。后面两个字母组合中的 *h* 用作 *k‘-* 和 *t‘-* 的下加字，*k‘* 和 *t‘* 本来就送气，再加上 *h*，岂非蛇足？显然，藏文字母组合中的 *h* 对声母发音并无影响，这一点还可以用同一个西夏字的藏文“又音”来作进一步证明：西夏“𗗙”字注作 *dhir*，又注 *dir*；西夏“𗟲”字注作 *’bhi*，又注 *’bi’*；西夏“𗒹”字注作 *dgha’*，又注 *dga’*；西夏“𗡞”字注作 *k‘ha*，又注 *dk‘ha’*；西夏“𗡪”字注作 *t‘ha*，又注 *t‘a*。

至此我们看到，既然上述必须加以证明的两个前提都难以成立，那么西夏语的 *lh- 声类恐怕就要变成空中楼阁了。

如果把目前人们所拟的 *lh- 声类改拟为 l-，这不但可以与反切系联的结果及汉文、藏文的对音相符，而且还能比较圆满地解释一部分汉语借词的问题。下面略举几例：

①H. Maspéro，Le dialect de Tch’ang-ngan sous les T’ang, *Bulletin de l’Ecole française d’Extrême-Orient* 20, 1920.

②Hwang-cherng Gong, Voiced obstruents in the Tangut language,《“中央研究院”历史语言研究所集刊》第 52 本第 1 分，1981。

西夏“𗁅”字在《文海》平声第7韵，注云：“抢也，置物争之谓也。”黄振华拟音为lhiɐ，今改拟为l-。按，该字当与汉语“掠”相通。《左传·昭公二十年》“输掠其聚”杜注：“掠，夺取也。”陆德明音义：“掠，音亮。”字又通“略”，《广雅·释诂一》：“略，取也。”王念孙疏证：“《方言》略，强取也。《宣十五年左传》：晋侯治兵于稷，以略狄土。杜预注云：略，取也。《襄四年传》：季孙曰略。注云：不以道取曰略。《齐语》：牺牲不略。韦昭注云：略，夺也。”“夺取”“强取”“不以道取”皆与“抢”同义。

西夏“𗁆”字在《文海》平声第93韵，注云：“摸也。”各家拟音均为lh-，今改拟为l-。按，该字当与汉语“挼”相通。《广韵》平声灰韵乃回切：“挼，手摩物也。”“挼”为泥母字，在汉语宋代西北方言中可读为来母。朱骏声《说文通训定声》：“推也。《玉篇》引《说文》：摧也。从手委声。一曰：两手相切摩也。《三苍》：挼，手按也。……字亦作捼，《声类》：摩挼，犹扪摸也。”该西夏字《文海研究》译为“挼”，是。

西夏字“𗁇”与“𗁆”同居一小韵，注云：“劳苦也，疲也。……色弱之谓也。”按，该字当与汉语“羸”相通。《左传·桓公六年》“请羸师以张之”杜注：“羸，弱也。”陆德明音义：“羸，劣追切。”朱骏声《说文通训定声》：“瘦也。……《广雅·释诂一》：羸，极也。《三》：恶也。《释言》：瘠也。《礼记·问丧》：身体病羸。《释文》：疲也。《淮南·缪称》：小子无谓我老而羸我。注：劣也。”音转而为“累”。《释名·释言语》：“羸，累也，恒累于人也。”西夏“𗁇”字《文海研究》直译为“羸”，是。

西夏“𗁈”字在《文海》平声第94韵，注云：“火焰。”各家拟音均为lh-，今改拟为l-。按，该字当与汉语“燎”相通。《说文》：“燎，放火也。”段玉裁注：“《盘庚》曰：若火之燎于原。《大雅》曰：瑟彼柞棫，民所燎矣。笺云：人熫燎除其旁草。《小雅》：燎之方扬。笺云：火田曰燎。”“放火”“火田”皆与“火焰”义近。

根据上述理由，本文建议把西夏语的*lh-声类并入*l-声类。

（原载《中央民族学院学报》1986年第4期，页75—77）

西夏语专有名词的类别标记

在西夏文—汉文对译字书《番汉合时掌中珠》里，“□”mjij²、“□”ljị²、“□”ịọ¹、“□”·jwɨr² 仅作为名词出现，分别与汉语的“名”“地”“院”“文”形成对译关系①：

□＝名：□□□□＝争名趋利

□＝地：□□□□＝更卖田地

□＝院：□□□□＝工院马院

□＝文：□□□□＝蒐寻文字

迄今的研究著作据此把所有文献中的这四个字不分出现条件地一律译作“名”“地（方）”“院”“文”之类普通名词。可是我们看到，它们一旦出现在专有名词后面，就不再带有具体的词汇意义，人们在相应的文献里也总是找不到与它们对当的词语。事实上，在这种情况下的西夏字“□”mjij²、“□□”ljị² ịọ¹、“□”·jwɨr² 只用作类别的标记，其中第一个用来提示人名，第二个用来提示地名，第三个用来提示著作名。这三个从实词虚化而来的专有名词类别标记在解读西夏文献时一律不必译出。例如“□”mjij²：②

（1）□□□□③

swẽ¹ tsə¹ mjij² la¹

孙子△传＝《孙子传》

① 以下四例见西田龙雄《西夏語の研究：西夏語の再構成と西夏文字の解讀》1，東京：座右寶刊行會，1964，第 221、212、214、213 页。
② 在下面的对译中，西夏语专有名词的类别后缀一律用“△”号标识。
③ 孙颖新：《西夏译本〈孙子传〉考补》，载杜建录主编《西夏学》6，上海：上海古籍出版社，2010。

西夏译者在“孙子”后面附加了“[illegible]”mjịj^2，其目的在于提示前面的音译词是人名。如果把这个类别标记勉强译作“名”，反而与《史记》原文不符。

“[illegible]”ljị^2 iọ^1 用来标记地名。如果有两个地名一起出现，就只附加在其中一个的后面：

（2）[illegible] ①

xiwa^1 tha^2 niow^1 mjịj^2 ɣjwã^1 xiwã^1 jɨ^2 phej^2 lhjịj^0 tshew^1 khjwã^1 ljị^2 iọ^1 dzjwo^2 ɣwu^2

华佗又名元化谓沛国谯郡△△人是＝华佗字元化，沛国谯郡人也。

（3）[illegible] ②

ljiw^1 wjij^2 na^1 ·jow^1 ljị^2 iọ^1 we^2 dzju^2 wji^1

刘颖南阳△△城主为＝刘颖为南阳太守。

西夏译者在“谯郡”“南阳”后面附加了类别标记“[illegible]”ljị^2 iọ^1，其目的在于提示前面的词是地名。如果把这个标记勉强译作“地方”，如“沛国谯郡地方”之类，反而与汉文原本的表述不符。

“[illegible]”mjịj^2 和“[illegible]”ljị^2 iọ^1 只见于中原典籍的西夏译本，而且只用来标记汉语的人名和地名，在其他文献里也从不用来标记党项语、藏语或者梵语的人名和地名，说明这两个类别标记不是党项语言中原有的，而是在西夏建国之后应翻译中原典籍的需要而产生的。可想而知，佛教著作中的音译人名和地名一般是多音节词，不会与党项语产生混淆，自然不需要特别的提示，而中原的人名和地名则有时需要加上类别标记以免造成党项人的理解偏差。另外，我们还看到有在音译词前面加提示语“[illegible]”ljị^2 mjịj^2（地名）的例子，这种情况尽管极其罕见，但毕竟表明西夏语类别标记的使用方式到 12 世纪还没有定型：

（4）[illegible] ③

pjĩ^1 ljị^2 mjịj^2 ·a^0 wjij^2 tśhja̱^{1} wjɨ^2 dju^0

① 史金波、黄振华、聂鸿音：《类林研究》，银川：宁夏人民出版社，1993，第 128 页。
② 史金波、黄振华、聂鸿音：《类林研究》，第 92 页。
③ 孙颖新：《西夏译本〈孙子传〉考补》。

膑地名阿鄄于［趋向前缀］生＝［孙］膑生阿鄄之间

按照《类林》的惯例，这句话应该说成“[西夏文]”（膑生阿鄄之间）。

与此相对的是，西夏语里另有一个类别标记“[西夏文]”io̜^{1}。这个标记从来不用于提示汉语音译的地名，而且所指范围比汉语的“郡”“县”要大：

（5）[西夏文] ①

phiow^{1} bjij^{2} lhjij^{0} ljij^{2} io̜^{1}

白高国大△＝大白高国（西夏国）

（6）[西夏文]（《祭地祇大神文》）②

zjɨr^{1} śja^{2} phu^{2} mja^{1} io̜^{1} phiow^{1} bjij^{2} lhjij^{0} ljij^{2} ŋwər^{1} ljwu^{2} lhɛ^{0} le^{2} ɣu^{1} kjiw^{1}

南赡部洲△白高国大天庆庚寅元年＝南赡部洲大白高国天庆庚寅元年

“[西夏文]”io̜^{1} 的这种用法得到了西夏规范字典《文海》的认定：

（7）[西夏文] ③

io̜^{1} tja^{1} lhjij^{0} io̜^{1} ljɨ^{1} mja^{1} io̜^{1} ljɨ^{1} ror^{2} ljɨ^{1} khwa^{1} ljɨ^{1} io̜^{1} ·u^{2} ·jij^{1} jɨ^{2}

[西夏文]者国△也洲△也围也园也圈中之谓＝[西夏文]者，国也，洲也④，围也，园也，圈中之谓。

从《文海》的解说中可以看出，“[西夏文]”io̜^{1} 是西夏语言里固有的类别标记，且不限于提示专有名词，这说明西夏语的“[西夏文]”ljɨ^{2} io̜^{1} 和“[西夏文]”io̜^{1} 尽管只有一字之差，但前者却不像是从后者演化来的。

“[西夏文]”·jwɨr^{2} 用来标记著作名，前面的专有名词可以是一本书，可以是书里的一篇，也可以是独立的文章。例如：

---

① 西田龙雄：《西夏語の研究：西夏語の再構成と西夏文字の解讀》1，第161页。原译“白上の大国土”，是将类别标记“[西夏文]”io^{1} 视为普通名词。

② 俄罗斯科学院东方文献研究所黑水城特藏 инв. № 7560，拟题。

③ 史金波、白滨、黄振华：《文海研究》，北京：中国社会科学出版社，1983，第282页。

④ 国也洲也，史金波等《文海研究》第511页译作“国土也，河洲也”，是将类别标记“[西夏文]”io̜^{1} 视为普通名词。

（8）[illegible] ①

miej^{2} tsə^{1} ·jwɨr^{2} tśhjiw^{1} tsew^{2}

孟子△六第 =《孟子》卷六

（9）[illegible] ②

śji^{1} xã^{2} śjij^{1} tũ^{1} xjow^{2} śio^{2} ·jwɨr^{2}

前汉朝东方朔△ =《前汉书 · 东方朔传》

（10）[illegible] ③

ljow^{1} tśjiw^{1} mjijr^{2} dźjij^{2} bə^{2} du^{2} ·jij^{1} mjij^{2} ·jwɨr^{2}

凉州感通浮图之记△ =《凉州感通塔记》

西夏人在这里使用类别标记“[illegible]”·jwɨr^{2} 的目的在于提示前面的词是书名或者篇章名。如果把这个标记勉强译作“文”，如“孟子文”之类 ④，则反而与汉文原题不符。

与“[illegible]”mjij^{2} 和“[illegible]”ljị^{2} iọ^{1} 相比，“[illegible]”·jwɨr^{2} 的应用范围要广一些。它作为书题的附加成分既可用于上述中原典籍的西夏译本，又可用于藏传佛典的西夏译本如“[illegible]”（大手印引定略）⑤，还可用于西夏人自撰的世俗著作如“[illegible]”（新集置掌碎金）⑥，等等。

现代藏缅语族的一些语言也有名词的类别标记，但不限于标记专有名词，而且各语言的类别标记间并没有表现出明确的同源关系。事实上在其他民族文字的书题里有时也能见到提示书名的词语，其中著名的有梵文的 *nāma* 和藏文的 *zhes bya ba*，这两个词大致相当于汉语的“名曰”，然而这并不意味着西夏的著作名标记“[illegible]”·jwɨr^{2} 是在梵文或者藏文的启发下付诸使用的。以唐宋时期流传极广的《华严经》为例，其梵文经题作 *Buddha-avataṃsaka-nāma mahāvaipūlya-sūtra*，藏文经题作 *Sangs rgyas phal*

①В.С. Колоколов и Е.И. Кычанов, *Китайская классика в тангутском переводе (Лунь Юй, Мэн Цзы, Сяо Цзин)*, Москва: Наука. 1966, с. 111.

② 史金波、黄振华、聂鸿音：《类林研究》，第 75 页。

③ 西田龙雄：《西夏語の研究：西夏語の再構成と西夏文字の解讀》1，第 161 页。

④З.И. Горбачева и Е.И. Кычанов, *Тангутские рукописи и ксилографы*, Москва: Издательство восточной литературы, 1963, с. 34.

⑤ 西田龙雄：《西夏文华严经》III，京都：京都大学文学部，1977，第 21 页。

⑥ 前人对以上两个书名的解读都有“文”字，是将类别标记“[illegible]”·jwɨr^{2} 视为普通名词。如 Горбачева и Кычанов, *Тангутские рукописи и ксилографы*, 第 55 页。

po che zhes bya ba shin tu rgyas pa chen po'i mdo，字面意思都是“名曰佛华严的大方广经”。《华严经》现有西夏译本存世，而西夏人只把这个经题译作“[illegible]”[①]，直译是“大方广佛华严契经”，其中并没有与梵文 *nāma* 和藏文 *zhes bya ba* 相当的词出现。

以上事实说明西夏语的专有名词类别标记是书面语言中一种后起的现象，其产生背景是 1036 年西夏文字创制之后逐渐引发的翻译外民族典籍的浪潮。可以设想，“[illegible]” mjij²、“[illegible]” ljɨ̣² io̩¹、“[illegible]” ·jwɨr² 三个类别标记最初应该仅作为注释性文字来使用，其作月有些像近代出版物里的“专名号”和“书名号”，后来随着使用机会的增加才正式过入了西夏的书面语言。由于使用专有名词的类别标记毕竟是少数文人的习惯，最终乜没有能够以语言规则的形式固定下来，所以这些标记不但没有进入党项人的口语，而且在书面语言中也不是绝对必需的。就这一点来说，这些类别标记与屈折语的后缀有本质的不同。

（原载《语言科学》第 12 卷第 2 期，2013，页 113—116）

① 西田龙雄：《西夏文华严经》III，第 22 页。

西夏语的名物化后缀 sji² 和 lew²

本文讨论西夏语的“𗗙”sji² 和“𗄊”lew² 两个后缀。在西夏研究的早期阶段，学者按照中国传统习惯笼统地称之为“助词”，并致力于寻找它们与汉语助词间的对应关系，例如释“𗗙”sji² 为“所”，释“𗄊”lew² 为“可”“所”，等等[①]。20 世纪 60 年代以后，学界的注意力开始从机械的对译转向语法功能的描述，目前已倾向于认定它们是西夏语动词的“体后缀”，其中“𗗙”sji² 表示完成[②]，“𗄊”lew² 表示或然[③]，这些结论已经被广泛地应用于西夏文献的解读。然而，人们似乎很少关注到这两个后缀的名物化功能，而且始终是在孤立地分析它们的用法而忽略了其间的内在关联。事实上就西夏语的名物化构词法而言，它们恰好形成了一对功能互补的后缀。

在此前刊布的西夏文献里，本文讨论的这两个后缀从来没有同时出现过，这在很大程度上影响了人们的观察。现在我们之所以打算重提旧事，是因为偶然见到了一份具有决定性意义的资料——西夏译本《注华严法界观门通玄记》，这部书为我们提供了“𗗙”sji² 和“𗄊”lew² 并列出现的大量例证。《注华严法界观门通玄记》是对唐代佛教大师圭峰宗密名著《注华严法界观门》的讲疏，原件 1909 年出土于内蒙古额济纳旗的黑水城遗址，今藏俄罗斯科学院东方文献研究所，编号 инв. № 942[④]。西夏人翻译所据的汉文底本已经亡佚，所幸宗密的《注华严法界观门》完好地保存到了今天[⑤]。借助《注华严法界观门》的汉文本，我们可以对书中反复使用的“法界观”术语做出有把握的解读。下面选取其中的两段：

原文：“[西夏文]”[西夏文]，[西夏文]、[西夏文]𗗙、[西夏文]𗗙、

---

①М.В. Софронов, *Грамматика тангутского языка* I, Москва: Наука, 1968, с. 36.

②К.Б. Кепинг, *Тангутский язык, морфология*, Москва: Наука,1985, с. 171-173.

③Софронов, *Грамматика тангутского языка* I, с. 215-216.

④З.И. Горбачева и Е.И. Кычанов, *Тангутские рукописи и ксилографы*, Москва: Издательство восточной литературы, 1963, с. 122. 西田龙雄：《西夏文华严经》III，京都：京都大学文学部，1977，第 48 页。

⑤ 与存世西夏本相应的汉文本见《大正新修大藏经》第 45 册，第 689—692 页。

对译：“八九者六七△摄融”谓者，[1]八门六七二门中遍者、含能、容能、
译文：谓“八九融摄六七”者，　　八门融摄六七二门中能遍、能含、能容、

[illegible]，[illegible]、[illegible]、[illegible]、[illegible]。
入者主法△摄融，九门六七二门中容所、入所、遍所、含所伴法△摄融。
能入之主法，　　九门融摄六七二门中所容、所入、所遍、所含之伴法。

[illegible]，[illegible]。
主伴时同故，周融碍无成也。
主伴同时，故成周融无碍也。

原文：[illegible]，[illegible]；[illegible]，[illegible]。
对译：三第句一含能为，一切含故；多含所为，前一随故。
译文：第三句一为能含，含一切故；多为所含，随前一故。

“[illegible]”[illegible]，[illegible]，[illegible]；[illegible]，
“末句自互含遍”谓者，上一切含能为，又遍所是；下一切遍者为，
谓“末句互为含遍”者，上一切为能含，又是所遍；下一切为能遍，

[illegible]。[illegible]，[illegible]。
又含所是。此者遍所多有，含所多有故也。
又是所含。此多有所遍，多有所含故也。

两段引文在同一语境下出现了两对词缀：“[illegible]”mjijr² 和“[illegible]”tji² 为一对，附在动词“[illegible]”njɨ²（遍）和“[illegible]”·o²（入）后面；“[illegible]”sji² 和“[illegible]”lew² 为一对，附在动词“[illegible]”·wio¹（含）和“[illegible]”ɣjiw¹（容）后面。此前西夏学界已经正确地看出第一

①“对译”部分的“△”号用来指代传统意义上的“助词”，这里指的是西夏语的宾格标记“[illegible]”（传统译“之”）。下仿此。

对词缀表现为主动和被动的对立，类似于汉语的名物化后缀“者”和“所”[①]——“𘄿𗗙”njɨ² mjijr² 用来译汉语的“能遍”，意思是“遍者，能涵盖其他事物的”；“𘄿𗧓”njɨ² tji² 用来译汉语的“所遍”，意思是“可被其他事物涵盖的”。不难想到，第二对后缀之间也应该存在与第一对类似的关联。

在上引《注华严法界观门通玄记》的术语中，“𘃡”sji²、“𗖵”lew² 分别与“能”“所”对应——“𗥃𘃡”·wio¹ sji² 对应“能含”，“𘟣𘃡”ɣjiw¹ sji² 对应“能容”，“𗥃𗖵”·wio¹ lew² 对应“所含”，“𘟣𗖵”ɣjiw¹ lew² 对应“所容”，显然也是分别表示主动和被动。另外，“𗥃𘃡”（能含）、“𘟣𘃡”（能容）、“𗥃𗖵”（所含）、“𘟣𗖵”（所容）可以用作动词“𗗚”dju¹（有）的宾语，表明它们是名词性的成分。从这一认识出发，我们可以借助汉语把“𘃡”sji² 理解为“能……的”，把“𗖵”lew² 理解为“可被……的”，例如“𗥃𘃡”（能含）就是“能包容其他事物的”，“𗥃𗖵”（所含）就是“可被其他事物包容的”。这样我们就可以在“名物化后缀”的基点上对“𘃡”sji²、“𗖵”lew² 结构做出进一步的、相对简单的理解。

李范文归纳了“𘃡”sji² 的四种用法，前三种分别表示“工具”“原因”“工具或手段”，后一种直接译为“用”[②]。这四种用法都不妨借助“能……的”这一格式来统一说明：

> 𗧯𘃡＝捕具（工具）。按，“𗧯＋𘃡”即“能捕捉［鸟兽］的”。
>
> 𗪘𘃡＝鼓槌（工具）。按，“𗪘＋𘃡”即“能敲击的”。
>
> 𘏚𘃡＝败因（原因）。按，“𘏚＋𘃡”即“能［导致］失败的”。
>
> 𗂧𗹨𗪘𘃡＝严身之具（工具或手段）。按，“身庄严＋𘃡”即“能装饰身体的”。
>
> 𗑗𗾞𗑗𗓽𗪘𗱫𗵒𗅋𗓽𘂤𗱕𘃡𗪘＝炉者，火炉鏊也，为烤花饼、干饼等用也。按，“𗱫𗵒𗅋𗓽𘂤𗱕𘃡”（花饼干饼等烤为＋𘃡）即“能烤花饼、干饼的”。
>
> 𗓽𗾞𗑗𗓽𗪘𗅋𗵒𘂤𗱕𘃡𗫡𗒘＝鏊者，火炉鏊也，制干饼等用之谓。按，“𗅋𗵒𘂤𗱕𘃡”（干饼等制＋𘃡）即“能制作干饼的”。

李范文把“𗖵”lew² 的用法解释为“作为词缀，常加在动词之后，构成派生词；

①Софронов, *Грамматика тангутского языка* I, с. 36.

② 李范文：《夏汉字典》，北京：中国社会科学出版社，1997，第 725 页。

也可加在名词之后"①。所举的例子大多应该视为名物化后缀，可以借助"可（被）…的"这一格式来说明：

[西夏文]＝麻者麻草，可做布也。按，"[西夏文]"（布做＋[西夏文]）即"可被 [用来] 做布的"。

[西夏文]……[西夏文]＝光者光艳也……显明能见也。按，"[西夏文]"（显明见＋[西夏文]）即"清晰可见""可被清晰看到的"。

[西夏文]＝堪为叹誉。按，"[西夏文]"（叹誉＋[西夏文]）即"可被赞叹称誉的"。

[西夏文]＝四无所畏。按，"[西夏文]"（恐＋[西夏文]）即"可被恐吓的"。

[西夏文]＝柴樵。按，"烧＋[西夏文]"即"可被 [用来] 烧的"。

[西夏文]＝奴婢仆使。按，"[西夏文]"（使＋[西夏文]）即"可被使役的"。

"[西夏文]" sji² 和"[西夏文]" lew² 作为名物化后缀，它们与此前学界认识的动词体后缀"[西夏文]" sji² 和"[西夏文]" lew² 尽管表面形式完全一样，但是却具有不同的语法功能和意义。如上面例子所表明的，带名物化后缀"[西夏文]" sji² 和"[西夏文]" lew² 的动词不用作谓语②，而与此相对的是，带体后缀"[西夏文]" sji² 和"[西夏文]" lew² 的动词则只用作谓语。例如：

[西夏文]＝病入骨髓③。按，"入"字西夏译作谓语结构"[西夏文]"（趋向前缀＋入＋[西夏文]），即"已经进到里面了"。

[西夏文]＝汝侍婆母，且受其命④。按，"受"字西夏译作谓语结构"[西夏文]"（趋向前缀＋受＋第二人称后缀＋[西夏文]），即"你已经接受过来了"。

[西夏文]＝应求信解佛所说义。按，"求"字西夏译作"[西夏文]"（求

① 李范文：《夏汉字典》，第 398 页。事实上把"[西夏文]"加在名词后面的仅有一例，原出《番汉合时掌中珠》第 24 页：[西夏文] ＝ 衣服，这个结构不合西夏语法惯例。我猜想西夏名词"[西夏文]"（衣）或许是动词"[西夏文]"（穿）的形讹，如果真是这样，那么"[西夏文]"就正好解作"可以穿的"。

② 例如：[西夏文] ＝ 菩萨有四法得大智慧（以下诸例并见韩潇锐《西夏文〈大宝积经·迦叶品〉研究》，中国社会科学院研究生院硕士学位论文，2012），"[西夏文]"（大智慧 ＋ 得 ＋ [西夏文]）作"[西夏文]"（法）的定语；[西夏文] ＝ 于空法有所见得，"[西夏文]"（得见＋[西夏文]）作"[西夏文]"的宾语。

③ 史金波、黄振华、聂鸿音：《类林研究》，银川：宁夏人民出版社，1993，第 125 页。

④ 聂鸿音：《西夏文〈新集慈孝传〉研究》，银川：宁夏人民出版社，2009， 第 163 页。

+ 𗫂），即“应当追求”。

𗧓𗓱𗪘𗆫𗌭𗌭𗗚𗣼𘆄𗗙𗪟𗫂 = 汝等不应分别一切受想滅定。按，“不应分别”西夏译作“𘆄𗗙𗪟𗫂”（不 + 分别 + 𗫂），即“不应当区分”。

参照能否在句中充当谓语这一标准，可以很方便地把名物化后缀“𗗚”sji²、“𗫂”lew²和体后缀“𗗚”sji²、“𗫂”lew² 区分开来。

（原载《语言研究》第 33 卷第 2 期，2013，页 119—121）

西夏语谓词前缀的分裂式

如所周知，西夏语里充当谓语的动词和形容词可以带有表示不同意义的前缀，这些前缀构成了一套严整的系统，其间的搭配次序有固定的模式①。然而有一种罕见的情况此前尚未引起人们注意，即西夏文献的作者偶尔会打破这种模式以迎合某种特殊的表达需求。参照现代英语中同样罕见的“分裂不定式”（split infinitive）结构，本文称之为“谓词前缀的分裂式”，指的是在动词词干和前缀之间破例插入一个非前缀成分而构成的复合谓语。

西夏语句子的基本语序是“主宾谓”，即宾语置于谓语的前面。例如佛经里常见的“说法”（演说佛法）这个动词短语，西夏作“[illegible][illegible]”tsji̱r^1 tshjij^1（法说 = 说法）②。下例表现了西夏“宾动”结构在句中的最基本形式：

（1）[illegible] [illegible] [illegible] [illegible] [illegible] [illegible] [illegible] [illegible]（《大宝积经》卷八三）③

dźia^2 tśhju^1 ·jij^1 mə^2 mə^2 tsji̱r^1 tshjij^1 njwi^2

情 有 为 种 种 法 说 能

能给大众演说各种佛法 = 能为众生种种说法。（《大正藏》第 11 册，第 482 页上栏）④

在基本形式的基础上如果需要表现动作的方向和体式等，则可以在动词前面加上含义不同的各种前缀，比如加上趋向前缀“[illegible]”kjɨ^1 以表示动作“向内完成”⑤，即“[illegible]

①Guillaume Jacques, The structure of the Tangut verb, *Journal of Chinese Linguistics*, 39.2 (2011).

② 本文的西夏字标音据李范文《夏汉字典》（北京：中国社会科学出版社，1998）引用的龚煌城构拟，其中每个音节后的上标“1”表示平声，“2”表示上声，“0”表示声调不详。

③ 本文使用的全部例句都选自《大宝积经》的西夏译本，为的是避免不同的佛经因译者言语习惯不同而可能引起的资料偏误。西夏文《大宝积经》原件今藏俄罗斯科学院东方文献研究所，本文依据的是上海古籍出版社蒋维崧、严克勤二位先生 2000 年在圣彼得堡拍摄的照片。

④ 本文使用的《大宝积经》汉文本来自中华电子佛典协会制作的《大正新修大藏经》电子版（CBETA）。

⑤ 对前缀含义的确定依据克平的研究，见克平《唐古特语表示动作方向的范畴》，《语言研究》1984 年第 2 期。

[illegible]” tsji̱r^1 kjɨ^1 tshjij^1（法 pref- 说 = 说法了）①：

（2）[illegible]（卷八三）

thja^1 dźia^2 tśhju^1 ˙jij^1 mə^2 mə^2 tshjạ^1 dźjɨ^0 bju^1 tsji̱r^1 kjɨ^1 tshjij^1 wji^1

彼 情 有 之 种 种 嗔 行 随 法 pref- 说 做

基于那大众的各种恼火的行为给 [他们] 做了演说佛法 [的事] = 随彼众生种种嗔行而为说法。（《大正藏》第 11 册，第 482 页下栏）

按照标准的语法模式，趋向前缀和动词之间可以插入另一个前缀，例如插入表示否定的“[illegible]”（未，不），形成“[illegible]” tsji̱r^1 kjɨ^1 mjɨ^1 tshjij^1（法 pref-neg- 说 = 未说法）之类结构，但是不能插入前缀以外的成分。可是在经书的同一卷里我们看到用作宾语的名词“[illegible]” tsji̱r^1（法）被插到了前缀“[illegible]” kjɨ^1 和动词谓语“[illegible]” tshjij^1（说）之间，形成了“[illegible]” kjɨ^1 tsji̱r^1 tshjij^1（pref- 法说 = 说法了）这样的异常结构：

（3）[illegible]（卷八三）

mə^2 mə^2 ŋwu^1 dạ^2 ŋwu^2 thja^2 ˙jij^1 kjɨ^1 tsji̱r^1 tshjij^1

种 种 言 词 以 彼 为 pref- 法 - 说

用各种语句给他们演说佛法 = 以种种言词而为说法。（《大正藏》第 11 册，第 482 页上栏）

相同的三种情况也出现在与“[illegible]” tśjị^1 lhjij^0（苦受 = 受苦）相关的结构里：

（4）[illegible]（卷一一三）

tśjị^1 zji̱j^1 tśjị^1 lhjij^0 rejr^2 zji̱j^1 rejr^2 lhjij^0

苦 时 苦 受 乐 时 乐 受

痛苦的时候接受痛苦，逸乐的时候接受逸乐 = 苦时受苦，乐时受乐。（《大正藏》第 11 册，第 642 页下栏）

① 本文的前缀使用了两个语法标注略称：pref = 前缀（趋向和体式），neg = 否定。

（5）□ □ □ □ □ □ □ □ □ □ □ □ □ □ □（卷九七）

thjɨ^{2} sju^{2} tśjị^{1} kjɨ^{1} lhjij^{0} niow^{1} tsjɨ^{1} tjụ^{2} kięj^{2} kha^{1} sji^{2} dzjwo^{2} ˙jij^{1} jow^{2} śja^{2}

是 如 苦 pref- 受 后 亦 淫 欲 中 女 人 对 称 赞

尽管受了像这样的痛苦之后，还出于贪恋女色而夸奖女人 = 虽见如是苦，犹于淫欲中，称赞于女人。（《大正藏》第 11 册，第 547 页上栏）

（6）□ □ □ □ □ □ □ □ □ □（卷 97）

˙jij^{1} tjij^{1} kjɨ^{1} tśjị^{1} lhjij^{0} dźjwɨ^{1} mji^{1} gju^{2} thjij^{2} ɣiej^{1}

自 独 pref- 苦 - 受 相 不 救 何 真

独自接受了痛苦，[人们] 却根本不来救助 = 我独受其殃，而不来相救。（《大正藏》第 11 册，第 546 页下栏）

在这三个句子中，例（4）的“□□”tśjị^{1} lhjij^{0}（苦受 = 受苦）是“宾动”结构的基本形式，例（5）的“□□□”tśjị^{1} kjɨ^{1} lhjij^{0}（苦 pref- 受 = 受苦了）是加上了前缀的规范形式，而例（6）的“□□□”kjɨ^{1} tśjị^{1} lhjij^{0}（pref- 苦 - 受 = 受苦了）则是把名词宾语“□”tśjị^{1}（苦）插到前缀“□”kjɨ^{1} 和“□”lhjij^{0}（受）之间的异常形式。三种不同形式的对比证明了后者是确实存在的语言事实。

需要说明的是，西夏文献中有些前缀的组合形式不属这种情况，例如双音词“□□”ljɨ^{1} kjɨ^{1}（何，什么）、“□□”niow^{1} rjijr^{2}（后面，然后）等。它们后面尽管可以紧接着宾语和谓词，但这里的“□”kjɨ^{1} 和“□”rjijr^{2} 不应看作谓词前缀，而应看作双音词的第二个音节，只不过用了与前缀同样的西夏字来记录而已。另外，少量以“宾动”结构组成的双音节谓词前面可以带有前缀。例如“□□”njij^{1} ljɨj^{2}（心喜 = 欢喜）在《大宝积经》卷 63 可以冠有表示“离心方祈愿式”的前缀“□”djij^{2}，说成“□□□”djij^{2} njij^{1} ljɨj^{2}，在卷 66 也可以冠有表示“离心方完成体”的前缀“□”dja^{2}，说成“□□□”dja^{2} njij^{1} ljɨj^{2}，分别对应汉文本的“欣跃”（第 11 册，第 365 页上栏）和“欣喜”（第 11 册，第 379 页上栏）。我们显然没有理由把“□□”njij^{1} ljɨj^{2}（心喜）视为一个名词加一个动词构成的主谓结构，因为西夏文献里并没有用“□□□”njij^{1} dja^{2} ljɨj^{2} 来表示“心喜了”的说法。

排除这类情况就可以看出，作为一种异常的结构，“谓词前缀的分裂式”在西夏文献中极其罕见，这使我们想到英语教学界在多年前争论过的“分裂不定式”问题。按照经典的英语语法，动词不定式标记“to”与后面的动词必须是紧紧相连的，如果需要加个副词来修饰，也只能加在动词或者不定式动宾短语后面，例如 to understand him completely（理解他，完全地 = 完全理解他）。可是当代一些作者打破了这个规则，他们经常使用 to completely understand him（完全地理解他）这类结构，把副词 completely（完全地）插在了不定式标记 to 和动词之间。这种异常结构虽曾遭到“经院派”语法学家的批评，但是随着英语应用领域的扩大，赞成使用分裂不定式的作者已经越来越多了。一般认为，英语分裂不定式的作用是强调插入其间的成分，那么以此类推，我们相信西夏语谓词前缀的分裂式也是用来强调插入其间的成分，只不过英语的插入成分是原来用作状语的副词，而西夏语的插入成分则是原来用作宾语的名词。

由于有前缀的存在，我们应该称这种结构为“复合谓语”而非“宾动短语”。就目前的材料来看，西夏复合谓语中的插入成分只能是单音节的名词，多音节的名词或者词组不用于这种结构。

（原载《西夏研究》2020 年第 2 期，页 115—116）

西夏语陈述句到一般疑问句的转换方式

像所有的语言那样，西夏语也有一类疑问句可以简单地用“是”或“非”来回答，为了区别于需要做出具体回答的“特殊疑问句”，人们习惯称之为“一般疑问句”。众所周知，一般疑问句大多在句尾用“[illegible]”mo^2（乎）帮助构成疑问语气，然而一直没有受到足够关注的是，也有些句子里不出现任何疑问词。本文讨论西夏语这类一般疑问句的构成，强调指出其中有两个作为语法标记的谓词前缀。

一

西夏语最简单的疑问句多见于《金刚经》里世尊如来与弟子须菩提的问答[①]，例如下面一个疑问句译自《一切无相分第九》的“我得阿罗汉道不”，西夏文的意思是“可以说我得到了阿罗汉道么”：

[illegible]	[illegible]	[illegible]	[illegible]	[illegible]	[illegible]	[illegible]？	[illegible]	[illegible]，	[illegible]。
ŋa^2	·a^0 lo^1 xã^1	tśja^1	rjor^2	ŋa^2	·a^0	·jɨ^2	mji^1	ljɨ^1	rjur^1 pju̱^{1}
我	阿罗汉	道	得	1sg	Int	谓？	不	也，	世尊。[②]

可以用作对比的是，经文随后出现了陈述句“我得阿罗汉道”，西夏文的意思是“可以说我得到了阿罗汉道”：

[illegible]	[illegible]	[illegible]	[illegible]	[illegible]	[illegible]。
ŋa^2	·a^0 lo^1 xã^1	tśja^1	rjor^2	ŋa^2	·jɨ^2
我	阿罗汉	道	得	1sg	谓。

---

① 本文所用《梁朝傅大士颂金刚经》里的例句摘自荒川慎太郎《西夏文金剛経の研究》，京都：松香堂，2014。

② 本文使用的语法标注符号有：1sg（第一人称单数后缀）、2sg（第二人称单数后缀）、12pl（第一第二人称复数后缀）、Dir（趋向前缀）、Int（疑问前缀）。

同样可用作对比的句型又见《如理实见分第五》：“可以身相见如来不？不也，世尊。不可以身相得见如来。”西夏译文如下：

[illegible]	[illegible]	[illegible]	[illegible]	[illegible]	[illegible]？	[illegible]	[illegible]，	[illegible]。
lj$\underset{.}{u}^2$	·jij^1	ŋwu^2	mjor^1 ljij^2	·a^0	ljij^2	mji^1	ljɨ^1	rjur^1 pj$\underset{.}{u}^1$
身	相	以	如来	Int	见？	不	也，	世尊。

[illegible]	[illegible]	[illegible]	[illegible]	[illegible]	[illegible]	[illegible]。
lj$\underset{.}{u}^2$	·jij^1	ŋwu^2	mjor^1 ljij^2	ljij^2	tj$\underset{.}{i}^2$	mjij^1
身	相	以	如来	见	可	无。

以上出现了两组针对同一主题的疑问句和陈述句，从中可以明显看出两种句型的区别只在于是否使用了动词前缀“[illegible]”·a^0，这就是说，陈述句的动词“[illegible]”rjor^2（得）和“[illegible]”ljij^2（见）前面加上“[illegible]”·a^{0}就转换成了疑问句。诸多文献表明这个“[illegible]”·a^{0}与动词的结合关系非常紧密，甚至可以插在一些本来不可分割的惯用语中间。例如上例中“[illegible]”tji^2 mjij^1（可无＝不可）的反义是“[illegible]”tji^2 wjij^2（可有＝可以），而“[illegible]”·a^{0}却可以插在两个音节中间，构成“[illegible]”tji^2 ·a^0 wjij^2（可 Int 以 ＝ 可以么）这样的疑问式。下面一个例子出自《金刚经》的《妙行无住分第四》，是疑问句“东方虚空可思量不”的西夏译文：

[illegible]	[illegible]	[illegible]	[illegible]	[illegible]	[illegible]	[illegible]？
wjɨ^2	ljijr^2	tsh$\underset{.}{o}^2$ ŋa^1	s$\underset{_}{e}$w^2 dza^2	tj$\underset{.}{i}^2$	·a^0	wjij^2
东	方	虚空	思量	可	Int	有？

尽管须菩提的回答永远是“不也”，但问话的语气还是在要求他做出或是或非的选择，这可以看作一般疑问句最基本的形式。

文献里还可以见到“[illegible]”·a^{0}与更多谓词的搭配。例如《十二国》卷上《齐国》一章里讲到齐景公问子贡“汝师孔子是圣人乎”①，西夏译文以“[illegible]”·a^{0}搭配“[illegible]”ŋwu^2

①К.Ю. Солонин, *Двенадцать царств*, Санкт-Петербург: Центр Петербургское Востоковедение, 1995，粟瑞雪译本《十二国》，银川：宁夏人民出版社，2012，第 23 页。

（是）。预期的回答可以是肯定的，也可以是否定的：

nja^{2} ·jij^{1} dzjij^{2} gor^{1} no^{2} śjɨj^{2} dzjwo^{2} ·a^{0} ŋwu^{2}

汝 之 师 孔子 圣 人 Int 是？

又如《德行集·为帝难章》征引《孔子家语·三恕》[①]，说到孔子看到“欹器”后感叹道：“器物哪有装满了东西却不倾覆的啊！”子路上前问道：“敢问持满有道乎？”孔子给出了肯定的回答，并具体解释了应对“满”的方式，即“损之又损之”。子路问句“持满有道乎”的西夏译文以“[illegible]”·a^{0} 搭配“[illegible]”dju^{1}（有），发问者的内心预期是可能有也可能没有：

sə^{1} ·jij^{1} śjij^{1} tśja^{1} ·a^{0} dju^{1}

满 持 法 道 Int 有？

又如《类林》卷三《隐逸篇》[②]，其中讲到贾充看见夏统晾晒药草竟是在船上，感到奇怪，于是就问他说：“卿能随水戏乎？”夏统回答说他喜欢的就是亲自驾船到江河中感受波涛的震荡和云雾的渺茫。问句的西夏译文以“[illegible]”·a^{0} 搭配“[illegible]”njwi^{2}（能）：

na^{2} zjɨr^{2} gu^{2} khej^{1}·u^{2} ·a njwi^{2}

汝 水 中 游戏 Int 能？

这是贾充看到夏统的船停在岸边才询问的，他虽然倾向于相信夏统有能力驾船在河中航行，但还是使用了一个是非问句，多少表示出了一点怀疑。

又如《新集慈孝传》卷下《婆媳章》引《列女传》卷四，说陈寡孝妇的丈夫即将

① 本文所用《德行集》里的例句摘自聂鸿音《西夏文德行集研究》，兰州：甘肃文化出版社，2002。

② 本文所用《类林》里的例句摘自史金波、黄振华、聂鸿音《类林研究》，银川：宁夏人民出版社，1993。

出发戍边，临行时嘱咐妻子说：“我生死未可知。幸有老母，无他兄弟。若吾不还，汝肯养吾母乎？”妻子答应了，后来也履行了承诺[①]。其中问句的西夏译文以“[illegible]”·a^{0}搭配“[illegible]”dzjij^{0}（肯），预期的回答自然有肯与不肯两种可能：

[illegible]	[illegible]	[illegible]	[illegible]，	[illegible]	[illegible]	[illegible]	[illegible]	[illegible]	[illegible]？
tjij^{1}	mji^{1}	lhjwo^{1}	ŋa^{2}	ku^{1}	nji^{2}	tshji^{2} tśhjwĩ^{1}	·a^{0}	dzjij^{0}	nja^{2}
若	不	归	1sg，	则	汝	侍奉	Int	肯	2sg？

又如《史记·孙子传》那段孙武操练女兵的著名故事里有一个问句，汉文原文是“汝知而心与左右手、背乎”[②]，西夏译文的意思是孙武问女兵们是否知道怎么看自己的胸前、左右手和后背，其中以“[illegible]”·a^{0}搭配“[illegible]”nwə^{1}（知）。对这句话的回答当然也是肯定和否定两可，尽管孙武预期的回答是肯定的：

[illegible]	[illegible]	[illegible]	[illegible]	[illegible]	[illegible]、[illegible]	[illegible]	[illegible]	[illegible]	[illegible]	[illegible]？
nji^{2}	njij^{1}	ljɨ̣^{1}	zjɨ̣^{1}	tśier^{1}	lạ^{1} wər^{2} zjir^{2}	khjụ^{2}	śjij^{1}	·a^{0}	nwə^{1}	nji^{2}
汝	心	与	左	右	手、脊背	视	法	Int	知	12pl？

又如《类林》卷八“别味篇”讲到会稽王司马道子用当地的各种高级菜肴设宴，苻朗作为投诚人员跟客人们坐在一起。司马道子于是问苻朗说：“卿地美味孰若此？”苻朗给出了肯定的回答：“惟怪其味生咸耳。”其中问句的西夏译文以“[illegible]”·a^{0}搭配充当谓语的形容词“[illegible]”lew^{2}（同）：

[illegible]	[illegible]	[illegible]	[illegible]	[illegible]	[illegible]	[illegible]	[illegible]	[illegible]	[illegible]	[illegible]	[illegible]	[illegible]？
nji^{2}	·jij^{1}	ljɨ̣^{2} ·iọ^{1}	·u^{2}	wjị^{1}	ŋa^{2}	dju^{1}	tja^{1}	thjɨ^{2}	rjir^{2}	·a	lew^{2}	ljɨ^{1}
汝	之	地方	中	味	美	有	者	此	与	Int	同	也？

与前缀“[illegible]”·a^{0}搭配的可以是行为动词“[illegible]”·jɨ^{2}（谓）、“[illegible]”rjor^{2}（得）、“[illegible]”ljij^{2}、“[illegible]”nwə^{1}（知），非行为动词“[illegible]”ŋwu^{2}（是）、“[illegible]”dju^{1}（有），助动词“[illegible]”njwi^{2}

①Guillaume Jacques, *Le nouveau recueil sur l'amour parental et la piété filial*, München: Lincom Europa, 2007, p.14.

② 孙颖新：《西夏译本〈孙子传〉考补》，杜建录主编《西夏学》6，上海：上海古籍出版社，2010，第 77—81 页。

（能）、“[illegible]” dzjij^{0}（肯），以及用作谓语的形容词“[illegible]” lew^{2}（同）。以此推知，“[illegible]” ·a^{0} 在一般疑问句中应该能与任何属性的谓词搭配。

二

西夏译本《类林》卷四“聪慧篇”记载着曹操和杨修解读曹娥碑的著名故事，其中有一段问答，汉文原作：“魏王读之，不解其意，乃问修曰：解否？修答曰：臣略少解。”西夏译文如下：

[illegible]	[illegible]	[illegible]	[illegible]	[illegible]，	[illegible]	[illegible]	[illegible]	[illegible]：	[illegible]
we^{2} njij^{2}	·wjɨ^{2}	do^{1}	mjij^{2}	tsjij^{2}	ku^{1}	·jow^{1} sew^{2}	·jij^{1}	·jɨr^{1}	·a^{0} tśhjɨ^{1}
魏王	Dir	读	未	解，	故	杨修	之	问：	Int

[illegible]	[illegible]	[illegible]？	[illegible]	[illegible]	[illegible]：	[illegible]	[illegible]	[illegible]	[illegible]。
tsji^{2}	nja^{2}	·jɨ^{2}	·jow^{1} sew^{2}	·wjɨ^{2}	kụ^{2}	bji^{2}	tsjij^{2}	njwi^{2}	·jɨ^{2}
解	2sg	谓？	杨修	Dir	答：	臣	解	能	谓。

动词“[illegible]” tsjij^{2}（解）在上面这段话里出现了三次，第一次和第三次出现在陈述句，不带前缀，第二次出现在疑问句，其中的动词前缀“[illegible]” ·a^{0} tśhjɨ^{1} 构成了疑问句型与陈述句型的惟一区别。再如卷五“辩捷篇”记载着张温和秦宓几个回合的辩难，下面是第一段，汉文原本是：“温因问宓曰：天有头乎？曰：有。温曰：在何方？”西夏译文如下：

[illegible]	[illegible]	[illegible]	[illegible]：	[illegible]	[illegible]	[illegible]	[illegible]	[illegible]	[illegible]？
tśjow^{1} ·wẽ^{1}	tshjĩ^{1} mjijr^{2}	·jij^{1}	·jɨr^{1}	mə^{1}	·jij^{1}	ɣu^{1}	·a^{0} tśhjɨ^{1}	dju^{1}	·jɨ^{2}
张温	秦宓	之	问：	天	之	头	Int	有	谓？

[illegible]	[illegible]：	[illegible]	[illegible]。	[illegible]	[illegible]：	[illegible]	[illegible]	[illegible]	[illegible]？
kụ^{2}	dạ^{2}	dju^{1}	·jɨ^{2}	tśjow^{1} ·wẽ^{1}	dạ^{2}	ljọ^{2}	ljijr^{2}	dju^{1}	·jɨ^{2}
答	曰：	有	谓。	张温	曰：	何	方	有	谓？

上面这段话里出现了三种不同的句型，每个句子里都包含动词“[illegible]” dju^{1}（有）。其中第一句是一般疑问句，第二句是独词的陈述句，第三句是带疑问词“[illegible]” ljọ^{2}

ljijr^{2}（何方）的特殊疑问句。“[illegible]”dju^{1}（有）在第二、第三两句中都不带前缀，只是在第一个没有疑问词的问句中才带有前缀“[illegible]”·a^{0} tśhjɨ^{1}。

进一步体会上面两个句子的含义，可以看出那是两个“反问句”。曹操问杨修“解否”，等于在问“难道你能解读么”，即曹操自己不能解读，心里想的是杨修应该也不能解读。张温问秦宓“天有头乎”，等于在问“天难道有头么”，这时张温心里想的无疑是“天没有头”。

给动词加上前缀“[illegible]”·a^{0} tśhjɨ^{1} 表示反问，在西夏文献中反映得很清楚。例如卷三“隐逸篇”说到隐士郭瑀不愿应召去做官，于是面对张天锡派来的使者，指着空中飞翔的大雁对他说：“此鸟安可笼哉？”这个反问句的西夏译文如下：

[illegible]	[illegible]	[illegible]	[illegible]	[illegible]	[illegible]	[illegible]	[illegible]	[illegible]	[illegible]?
thjɨ^{2}	dźjwow^{1}	tja^{1}	khu^{2}	·u^{2}	ljwị^{1}	djɨj^{2}	phji^{1}	·a^{0} tśhjɨ^{1}	dzjij^{0}
此	鸟	者	笼	中	陷	止	令	Int	肯？

这句话是在问“此鸟难道肯让人关在笼子里么”，隐含的意思是“这鸟不愿意被关在笼子里”。再如卷五“辩捷篇”讲的是秦穆公用自己的甘泉宫向由余夸耀，问他说：“子国有此宫室乎？”由余回答说：“臣国宫殿土阶三尺，茆茨不剪，寡君犹以作之者劳，居之者逸。其有此宫室乎？”前面一个反问句的西夏译文如下：

[illegible]	[illegible]	[illegible]	[illegible]	[illegible]	[illegible]	[illegible]	[illegible]?
tśhjụ^{1} njij^{2}	lhjịj	·u^{2}	thjɨ^{2}	sju^{2}	tsjịr^{2} pjụ^{2}	·a^{0} tśhjɨ^{1}	·wjij^{2}
楚王	国	内	此	如	宫殿	Int	有？

这句话是秦穆公在问楚国是否有像甘泉宫这样豪华的宫殿。发问人心里预想的是没有，当然得到的回答也是没有。

《维摩诘经》卷上《弟子品》记载着须菩提回忆他和维摩诘的一次面谈，维摩诘问：“若以是事诘，宁有惧不？”隐含的意思是“如果拿这事问你，你肯定不怕”。西夏译文如下①：

① 王培培：《西夏文〈维摩诘经〉整理研究》，北京：社会科学文献出版社，2015，第54页。

thjɨ^{2}	dạ^{2} [1]	mji^{1}	zjịj^{1}	·a tśhjɨ^{1}	le^{2}	ljɨ^{1}	ŋa^{2}	dạ^{2}	mji^{1}	ljɨ^{1}
是	事	闻	时，	Int	惧	也？	我	言：	不	也。

又如《大宝积经》卷十一《密迹金刚力士会第三之四》记载佛问舍利弗："汝宁见此密迹金刚力士住侍佛后乎？"这是估计舍利弗没见过。西夏译文在字面上与汉本略有差异[2]，意思变成了"你见过密迹金刚力士在佛的面前么"：

nji^{2}	dwu̱^{2} rjar^{2}	kię^{1} dźja^{2}	ɣie^{1} mjijr^{2}	tha^{1}	·ju^{2} rjir^{2}	dja^{2}	dźjij^{1}
汝	密迹	金刚	力士	佛	面前	Dir	住

·a^{0} tśhjɨ^{1}	lji^{2}	nja^{2}
Int	见	2sg

又如《慈悲道场忏法》卷四《出地狱第二》记载，佛向阿难描述了杀父害母骂辱六亲者死后下地狱所受的苦刑，阎罗王斥责他说；"汝在世时不孝父母，邪慢无道。汝今生处名阿鼻地狱。汝不知恩，无有惭愧，受此苦恼，为乐不耶？"最后一个反问句的西夏译文意思是"难道你乐意忍受这样的痛苦么"[3]：

thjɨ^{2}	tśjị^{1}	zjị^{1}	·a^{0} tśhjɨ^{1}	rejr^{2}	ljɨ^{1}
此	苦恼	受	Int	乐	也？

在以上诸例中，发问人内心的预期都是否定的，然而下面这几个句子同样也是反问，但发问人内心的预期却是肯定的。

《德行集·事亲章》征引《礼记·文王世子》，说到周文王每天三次去看望父亲王季，

① 这里的"[西夏字]" dạ^{2}（语）假借作"[西夏字]" dạ^{2}（事）。
② 孙颖新博士提供的例句。
③ 杨志高：《〈慈悲道场忏法〉西夏译文的复原与研究》，北京：中国社会科学出版社，2017，第232页。

鸡叫第一遍时就穿戴整齐去到卧室门口，问侍者说：“今日安否？何如？”侍者说“安”，文王就高兴。到了中午再去，再问一次；到了傍晚又去，又问一次。如果有了“不安”的消息，侍者告诉文王，文王就面色忧虑，走路都迈不稳脚步。其中“今日安否”的西夏译文如下：

[illegible]	[illegible]	[illegible]	[illegible]?
pjɨ^{1}	njɨ̱^{2}	·a^{0} tśhjɨ^{1}	dzjɨj^{1} nej^{2}
今	日	Int	安康？

这是周文王问侍者“父亲当天没什么不舒服吧”，当然希望听到肯定的回答。同样的情况也反映在几个出自《金刚经》的译例里，例如《依法出生分第八》的问句“是人所得福德宁为多不”的西夏译文如下：

[illegible]	[illegible]	[illegible]	[illegible]	[illegible]	[illegible]	[illegible]?
thja^{1}	rjir^{1}	lew^{2}	ljou^{1} tśhja^{2}	·a^{0} tśhjɨ^{1}	rejr^{2}	ljɨ^{1}
彼	得	所	福德	Int	多	也？

《无为福胜分第十一》的问句“是诸恒河沙宁为多不”的西夏译文如下：

[illegible]	[illegible]	[illegible]	[illegible]	[illegible]	[illegible]	[illegible]	[illegible]	[illegible]?
thja^{1}	rjur^{1}	Khjã^{2} kha^{2}	mja^{1}	bẹ^{1}	tja^{1}	·a^{0} tśhjɨ^{1}	rejr^{2}	ljɨ^{1}
彼	诸	殑伽	河	沙	者	Int	多	也？

《如法受持分第十三》的问句“三千大千世界所有微尘是为多不”的西夏译文如下：

[illegible]	[illegible]	[illegible]	[illegible]	[illegible]	[illegible]	[illegible]	[illegible]	[illegible]?
sọ^{1} tụ^{1}	ljij^{2} tụ^{1}	rjur^{1} kiẹj^{2}	·u^{2}	lhjɨ^{2} me^{2}	ŋowr^{2} ŋowr^{2}	·a^{0} tśhjɨ^{1}	rejr^{2}	ljɨ^{1}
三千	大千	世界	内	微尘	一切	Int	多	也？

须菩提对以上三个问句的回答都是“甚多”：

𗼃𗤶𗆧	𗓁：	𗗙	𗅁。
sju² po¹ tjɨj¹	dạ²	rejr²	ljɨ¹
須菩提	言：	多	也。

不难看出，西夏的反问句尽管同样带有前缀“𗐱𗄈”·a⁰ tśhjɨ¹，但是表达的意思可以相反。这里面存在一个规律，即肯定或否定的表达取决于谓词的属性——谓词如果由动词充当，那么加上前缀的意思就表示预期的否定，谓词如果由形容词充当，那么加上前缀的意思就表示预期的肯定。也就是说，动词谓语“𗐱𗄈𗒘”·a⁰ tśhjɨ¹ dju¹（难道有）隐含的意思是没有，形容词谓语“𗐱𗄈𗗙”·a⁰ tśhjɨ¹ rejr²（难道不多）隐含的意思是有很多。后者是从所谓“判断句”转换而成的，所以在句末有时可以多写一个“𗅁”ljɨ¹（也）来辅助判断。

三

通过以上例子我们相信，西夏一般疑问句的构成方式是在陈述句基础上叠加谓词前缀，即通过在谓词前面加“𗐱”·a⁰ 把陈述句转换成一般疑问句，进一步可以通过在前缀“𗐱”·a⁰ 的后面再加“𗄈”tśhjɨ¹ 把普通疑问句转换成反问句。我们应该把这种用法的“𗐱”·a⁰ 和“𗐱𗄈”·a⁰ tśhjɨ¹ 称作“谓词疑问前缀”，同时建议在今后编写的字典中另立义项。

如所周知，“𗐱”·a⁰ 是西夏最活跃的语素之一，它可以和名词组成类似“数量词组”的结构如“𗐱𗍳”·a⁰ bię j¹（一枝）、“𗐱𗗚”·a⁰ gjwi²（一句）①，也可以和名词组成惯用型“𗐱𗧓”·a⁰ tjɨj²（一律）、“𗐱𘃽”·a⁰ śjij¹（一般）等，除此之外最多见的是用作谓词的“趋向前缀”，兼表“向上方”和“已行体”②，例如“𗐱𗋽”·a⁰ wor¹（Dir起）的实际意思是“起来了”。我们判断用在一般疑问句里的动词前缀“𗐱”·a⁰ 与趋向和体式无关，是因为看到跟它组合的词大都不表现出明显的趋向，尤其是“𗅋”ŋwu²（是）、“𗒘”dju¹（有）和“𗆐”wjij²（有）。

① 克平列出了八个她认为是量词的词（К.Б. Кепинг, *Тангутский язык, Морфология*, Москва: Наука, 1986, c.114），但那些实际上都是名词。
② 克平：《唐古特语表示动作方向的范畴》，《语言研究》1984 年第 2 期，第 215—222 页。

关于语素“□” tśhjɨ^{1}，迄今还没有一个满意的解释。李范文给出的语义为“尔、彼、他、其、争、宁、相”①，这当然是纯粹从文献中汉字对译的立场上考虑的，并不是概括来的语义。这个字收录在《文海》第 36 叶，注释作“语之助”，可以理解为“虚字”。其最常见的组合是“□□” tśhjɨ^{1} zjọ^{2}（尔时 = 从前的某个时候）和“□□” mjɨ^{1} tśhjɨ^{1}（未曾）②，里面都隐含着“过去”的意思。假如这就是“□” tśhjɨ^{1} 在虚化前的本义，那么我们也可以判断它在一般疑问句里的作用与那个假设的本义无关。这就是说，作为动词疑问前缀的“□” ·a^{0} 和“□□” ·a^{0} tśhjɨ^{1} 仅仅是用作一般疑问句的语法标记，本身并不含有任何词汇意义。

（原载《西夏学》2020 年第 2 期，页 108—115）

① 李范文：《夏汉字典》，北京：中国社会科学出版社，1997，第 264 页。
②《番汉合时掌中珠》里另有“□□”tśhjɨ^{1} su^{1} 一个组合，汉译作“争如”（怎比得上），我们不敢肯定那会不会是“□□□”·a^{0} tśhjɨ^{1} su^{1}（Int 比）的简略形式。

Notes on the Predicative Personal Suffixes of Tangut Language

Nearly half a century ago, Nishida Tatsuo observed an interesting fact in Tangut literature that sometimes a personal suffix might be attached to the principal verb of a Tangut sentence①. Although he found examples only with the first person singular, he acutely perceived that there might be a certain interrelation between this fact and that of the Kachin languages. Two years later, Sofronov furnished more examples of this kind with the second person singular as well as the first and second person plurals②, thus we recognized the following pattern of the Tangut personal suffixes③:

persons	suffixes	Examples
Sin. I	[illegible] nga^{2}	[illegible] $nga^{2}\ tsjɨ^{1}\ mji^{1}\ khwa^{1}\ sjɨ^{1}\ nga^{2}$ [I shall soon die, either.]
Sin. II	[illegible] na^{2}	[illegible] $na^{2}\ jwar^{1}\ lhjij^{?}\ lhji^{2}\ śji^{1}\ na^{2}$ [You went to the State Yue.]
Pl. I	[illegible] ni^{2}	[illegible] $gia^{2}\ mi^{2}\ gia^{1}\ lho^{?}\ ɣwej^{1}\ śji^{1}\ ni^{2}$ [We throw our troops into the battle.]
Pl. II	[illegible] ni^{2}	[illegible] $na^{2}\ nji^{2}\ tji^{1}\ wji^{2}\ thji^{1}\ ni^{2}$ [All of you have had the meal.]

In the 1980's, Kepping indicated further that these personal suffixes may be attached not only to sentences with pronominal subjects, but also to those without subjects, and what is more, although these suffixes usually agree with the pronominal subjects, sometimes they may also be used to agree with the direct objects, indirect objects or possessive pronouns

①Nishida Tatsuo 西田龍雄, *Saikago no Kenkyū* 西夏語の研究 Ⅱ, Tokyo: Zauhō Kankōkai. 1966, p. 270.
②M.V. Sofronov, *Grammatika tangutskogo jazyka* I. Moscow: Nauka, 1968, p. 217-219.
③The following examples, originally from K.B. Kepping's *Tangutskij jazyk, morfologija* (Moscow: Nauka, 1986) p. 213, and her *Sun' Tszy v tangutskom perevode* (Moscow: Nauka, 1979) p. 231, 490, and N.A. Nevskij, *Tangutskaja filologija I* (Moscow: Izdatel'stvo vostochnoj literatury, 1960) p. 285 respectively, are taken from Ma Zhongjian 马忠建 "Xixiayu Dongcide Renchengfanchou he Shufanchou" 西夏语动词的人称范畴和数范畴 (Minzu Yuwen 1997.4) for conciseness.

in the sentences①. In the present paper, the nature, origin and development of the Tangut personal suffixes will be discussed in order to deepen the understanding of previous studies in this connection.

In light of the Tangut literature published recently, it needs to be pointed out that our former definition of "verbal personal suffixes" is not satisfactorily precise. The following illustrative sentences are selected from the Tangut version of Records of Confucius on the Harmony Platform②:

tśhjị^{2} *rjar*^{2} *ɣu*^{1} *a*^{1} *phiow*^{1} *nga*^{2}

Suddenly head *a*^{1}- white -*nga*^{2} = My hair suddenly turns gray.

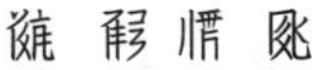

thjị^{2} *dạ*^{2} *nja*^{2} *na*^{2}

This word wrong -*na*^{2} = What you said is wrong.

kjạ^{1} *njar*^{1} *na*^{1} *low*^{2} *na*^{2}

Zither play *na*^{1}- warm -*na*^{2} = You were playing zither wholeheartedly.

In the above sentences, it is the predicative adjectives that take the personal suffixes, not verbs. Although these examples are rare, they cannot afford to be neglected. Hence, such personal suffixes should more precisely be termed as Tangut "predicative personal

①K.B. Kepping,.Agreement of the Verb in Tangut. *Linguistics of the Tibeto-Burman Area* 6.1, 1981; Once Again on the Agreement of the Verb in Tangut. *Linguistics of the Tibeto-Burman Area* 7.1, 1982; *Tangutskij jazyk, morfologija* p.217. It ought to be pointed out that Kepping seems to make too complicated the explanation of the agreement of personal suffixes with pronouns. Instead, we should better put it concisely as that the Tangut personal suffix usually agrees with the last personal pronoun in the sentence, regardless of its being used as direct object, indirect object or possessive pronoun.

②E.I. Kychanov, *Zapis' u altarja o primirenii Konfutsij*a, Moscow: Vostochnaja literature, 2000, p. 132, 85, 107.

suffixes" than traditional "verbal personal suffixes"①.

It has been uncovered that the Tangut predicative personal suffixes 𗧓 *nga*² and 𗧘 *na*² originated from the first person pronoun 𗧓 *nga*² and the second person pronoun 𗧘 *na*² respectively②. Analogous cases can be found in modern Qiangic languages. Among them, the Yelong speech of the Lawurong language is the most typical and furnishes beautiful parallels in their phonetic formation③:

Verbs	first person singular	second person singular
*ska*³³*ka*⁵³ [to separate]	*ska*³³*ka-ŋ*⁵⁵ [I separate]	*ska*³³*ka-n*⁵⁵ [You separate]
*vro*⁵³ [to see]	*vro-ŋ*⁵⁵ [I see]	*vro-n*⁵⁵ [You see]

In the Yelong speech, the first person singular pronoun is *ŋo*⁵⁵ and the second person singular pronoun is *ɳo*⁵⁵④, which may justifiably be regarded as the origin of the personal suffixes in the above examples.

The origin of the predicative plural personal suffix 𗽀 *ni*² remains obscure. There are no independent plural personal pronouns in the Tangut language; hence there is no simple direct way to determine the origin of the predicative plural personal suffix by just relating them to a specific phonetically related personal pronoun, as we have done for the singulars. In order to solve this problem, we ought to explore the usage of the Tangut morpheme 𗽀 *ni*² and another morpheme 𘃡 *nji*² related to it.

Examples from the Tangut literature show that 𗽀 *ni*², which may be glossed roughly as "persons", is often used as the plural suffix to nouns. The following are selected from Li Fanwen's *Xiahan Zidian*⑤.

①Our suggestion here was enlightened by Sun Hongkai 孙宏开, *Qiangyu Jianzhi* 羌语简志 (Beijing: Minzu Publishing House, 1981) p. 97-98 and Liu Guangkun 刘光坤, *Mawo Qiangyu Yanjiu* 麻窝羌语研究 (Chengdu: Sichuan Minzu Publishing House, 1998) p. 152, who term the Qiangic verbs and the predicative adjectives generally as "predicatives".

②There are more than two first and second person pronouns in the Tangut language. The distinction among them remains unknown, see Sofronov, *Grammatika tangutskogo jazyka* I, p. 238-239.

③Yin Weibin 尹蔚彬, *Yelong Lawurongyu Yanjiu* 业隆拉坞戎语研究, Beijing: Minzu Publishing House, 2007, p. 108. For the purpose of conciseness, only the Yelong Lawurong examples are presented here for comparison. Actually parallel cases may be found in other Qiangic and Jingpo languages as well.

④Yin Weibin 尹蔚彬, *Yelong Lawurongyu Yanjiu* 业隆拉坞戎语研究, p. 74.

⑤Li Fanwen 李范文, *Xiahan Zidian* 夏汉字典, Beijing: China Social Sciences Press, 1997, p. 887.

[illegible] *tśhju̱*^{1}[State Chu] -*ni*^{2}= people of the Chu State, the Chus

[illegible] *phə*^{1}[Tibetan] -*ni*^{2} = Tibetans

[illegible] *lhew*^{1}[herdsman] -*ni*^{2} = herdsmen

[illegible] *khwej*^{2}[greatness] -*ni*^{2} = leaders①

[illegible] *wji̱*^{1} *dźjwɨ*^{1} [friend] -*ni*^{2} = friends

[illegible] *wji*^{1} ·*o*^{1}[guest] -*ni*^{2} = guests

[illegible] *ni*^{2} is not used as the suffix to pronouns. When the plurality of a pronoun needs to be marked, the device frequently employed is to add a suffix [illegible] *nji*^{2}, just like the Chinese suffix *děng* 等 or *mén* 们 , both of which indicate more than one. The following examples are also taken from Li Fanwen②:

[illegible] *nga*^{2} -*nji*^{2} = we

[illegible] *na*^{2} -*nji*^{2} = you two, all of you

[illegible] *thja*^{2} -*nji*^{2} = those people, they

[illegible] *dzji̱*^{1}[student] -*nji*^{2} = students

[illegible] *xiwã*^{1}[*Brahmana*]-*nji*^{2} = *Brahmanas*

The last two examples show that the functions of [illegible] *ni*^{2} and [illegible] *nji*^{2} overlap in expressing the plurality of certain nouns, i. e., both [illegible] *ni*^{2} and [illegible] *nji*^{2} may be taken as the suffix of the nouns indicating human beings, such as "leader", "friend", "guest", "student" and "*Brahmana*".

Thus we may tentatively infer that a certain relation holds between the Tangut predicative plural personal suffix [illegible] *ni*^{2} and the normal plural suffixes [illegible] *ni*^{2}/ [illegible] *nji*^{2}. As stated

①The combination of these two characters occurred twice in *Fanhan Heshi Zhangzhongzhu* 番汉合时掌中珠 and both of them were translated into Chinese *daren* 大人 (great man). Li Fanwen regarded the *da* 大 as an adjective, but actually it is a typical noun indicating the leader of the Tangut tribes, as *amban* in the Khitan and Jurchen language. See Nie Hongyin 聂鸿音, "Shi Da" 释"大", in Du Jianlu eds. *Xixiaxue* 西夏学 1, Yinchuan: Ningxia People's Publishing House, 2006, p. 18-21.

②Li Fanwen, *Xiahan Zidian*, p142.

in the previous part, however, the derived predicative personal suffixes [Tangut] *nga*² and [Tangut] *na*² are identical in pronunciation with the original first person pronoun [Tangut] *nga*² and second person pronoun [Tangut] *na*² respectively, whereas the pronunciation of predicative plural personal suffix [Tangut] *ni*² is slightly different from [Tangut] *nji*². Hence, for a more satisfactory explanation, a further note has to be added in the following to justify the discrepancy between their phonetic values.

According to the Tangut dictionary *Wenhai*, [Tangut] and [Tangut] belong to the Rhyme 2.10 and 2.28 respectively. The transliteration materials studied by Sofronov indicate that Tibetan vowels *i* and *e* may both be utilized to transliterate the former, and *i*, *e* and *u* the latter①, whereas the Chinese transcriptions for both rhymes are essentially the identical vocalism *i*. Up to the present no actual distinction for the two rhymes has been suggested, and no satisfactory explanations have been given in the previous reconstruction schemes of the Tangut phonology. The artificial phonetic symbols *ni*² and *nji*² given in the present paper only indicate that there may be some minor contrasts not yet known between them. Nevertheless, we feel assured to presume that whatever the phonetic value of the final of [Tangut] *nji*² is like, it makes no significant difference in spoken Tangut because this graph bears an extremely peculiar function as reflected in the Tangut version of the Buddhist *dharanis*, where only its initial is phonetically present, whereas its final is intentionally omitted and hence phonetically absent. For example②:

[Tangut]（*ba-n-da*-lengthen-*mi*）：[Tangut]（*vandāmi*）

[Tangut]（*ku-n-te-ku-n-te*）：[Tangut]（*kuntekunte*）

There are lots of Tangut characters with the initial *n*-, but only [Tangut] *nji*², the character of common use, was chosen to transcribe the Sanskrit dental final consonant. This fact indicates that under certain special circumstances the Tanguts could have pronounced their [Tangut] *nji*² as

①M.V. Sofronov, *Grammatika tangutskogo jazyka* II, Moscow: Nauka, 1968, p. 11, 23.

②Wang Jingru 王静如, *Xixia Yanjiu* 西夏研究 2, *Zhongyang Yanjiuyuan Lishi Yuyan Yanjiusuo Dankan* 1.11, 1933, p. 186, 228.

-*n*. Accordingly an interesting conclusion may have arrived that the Tangut [Tangut] *nji*^{2} actually had two similar phonetic realizations, viz., *nji*^{2}, a normal pronunciation in the dictionaries, and -*n*, a weakened one in oral speech. To put it in clearer terms, the oral formations of the Tangut first and second person pronouns with plural suffixes may be shown as the following:

[Tangut][Tangut] *nga-n*^{2} = we　　　[Tangut][Tangut] *ni-n*^{2} = you two, all of you

There is nothing unusual about this oral fact, for parallel cases are present in the Beijing dialect of Chinese, where the normal pronunciation of the pronouns "we" and "you" are put as *wo*^{214}*men*^{35} and *ni*^{214}*men*^{35} in the dictionaries, but weakened as *wo-m*^{214} and *ni-m*^{214} in oral speech. However, in view of the fact that closed syllables with final nasal -*n* are aberrant in the Tangut language, we suppose that the -*n*, the weakened form of the plural suffix attached to the first and the second person singular pronouns, should be pronounced with a slight air release, as the -*n* read by the Japanese or French. This -*n* with slight air release is very similar to *ni*^{2} in its timbre①, and, what is more, the Tangut [Tangut] *ni*^{2} is also used to mark the plural of nouns indicating human beings, thus, it is reasonable to regard [Tangut] *nji*^{2} as the origin of the Tangut predicative plural personal suffix [Tangut] *ni*^{2}.

The Tangut predicative personal suffixes of the first and second person singular, as we stated above, correspond phonetically to those in the modern Qiangic languages, but when it comes to sentences with the third person subjects, Tangut and other Qiangic languages do not have any corresponding predicative suffixes. The cause of this fact remains unknown, but at least we can say that no independent personal pronouns for the third person were developed in the Tangut language of 12th century.

So far, it is maintained in all works on Tangut studies that there are two pronouns for the third person, i. e., [Tangut] *tha*^{2} for singular and [Tangut][Tangut] *tha*^{2} *nji*^{2} for plural. Although Nishida Tatsuo warns us not to confuse the third person singular pronoun [Tangut] *tha*^{2} with the demonstrative pronoun [Tangut]

①According to the Tangut dictionaries, [Tangut] *ni*^{2} and [Tangut] *ni*^{2} are homophones, but I believe that the latter (the second person singular pronoun) cannot be the origin of the former, otherwise we will not be able to explain why the suffix [Tangut] *ni*^{2} is used to mark the first person plural as well.

tha^{2}[①], I still hold that the word proves to be a pure and simple demonstrative pronoun, or in other words, the most accurate gloss of this word should be "that one", not "he".

Two pronouns sometimes co-occur as glosses in the Tangut dictionary *Wenhai*, where it is the demonstrative [illegible] *thji*^{2} (this one) that stands in contrast with [illegible] *tha*^{2}:

[illegible]

wja^{1} *tja*^{1} *da̲*^{2} *bjij*^{2} *ngwu*^{2} *thji̲*^{2} *jɨ*^{2} *wja*^{1} *tha*^{2} *jɨ*^{2} *wja*^{1} *·jij*^{1} *jɨ*^{2} *ljɨ*^{1}

[[illegible] is a particle, meaning "to call this" or "to call that".][②]

On the contrary, it is the personal pronoun [illegible] *na*^{2} (you) that stands in contrast with [illegible] *nga*^{2} (I, me):

[illegible]

su^{1} *tja*^{1} *da̲*^{2} *bjij*^{2} *na*^{2} *su*^{1} *nga*^{2} *su*^{1} *·jij*^{1} *jɨ*^{2} *ljɨ*^{1}

[[illegible] is a particle, meaning "as you" or "as me".][③]

Hence, it can be inferred that even for the Tanguts themselves, the [illegible] *tha*^{2} is not perceived as a personal pronoun. If we believe that Tangut is approximately parallel to other Qiangic languages in their historical development, we may further conclude accordingly that the third person pronouns in the modern Qiangic languages are not ancient inheritance, but rather new innovations of relative modern times. The fact that there are no third person predicative suffixes as *tha*^{2} is just a piece of vital evidence of this hypothesis, for the history of Chinese offers a perfect parallel case that the third person pronouns did not exist in Archaic Chinese as well, and the *ta* 他 was derived from the demonstrative pronoun (meaning "other one").

（原载 Nathan W. Hill ed. *Medieval Tibeto-Burman Languages* IV, Brill, 2012, pp.259–266）

①Nishida Tatsuo, *Saikago no Kenkyū* Ⅱ, p.270.
②Li Fanwen, *Xiahan Zidian*, p.73.
③Li Fanwen, *Xiahan Zidian*, p. 282.

Graph Omission and Abbreviation in Tangut Script

1. Introduction

The Tangut (Xixia) script was created and issued under the guidance of Emperor Yuanhao 元 昊 in the year 1036. Since then on, there were not any official additions appearing in use except some handwritten variants. However, in a few Tangut manuscripts the copyists might occasionally omit some graphs of the character or even create new characters by means of graph omission and abbreviation. A few newly-created characters were spread merely amongst a limited sphere and were not included by any authoritative dictionaries.

2. Graph omission in a Manuscript of Tangut dictionary

In the Khara-khoto collection of the Institute of Oriental Manuscripts, Russian Academy of Sciences, there are some fragmentary handwritten copies of an unidentified Tangut dictionary. In one of those manuscripts, inv. № 4152 (Plate 1)[1], brief explanations on the character structure can be found. Each entry uses several incomplete graphs not recorded elsewhere, i.e., [illegible], [illegible], [illegible], [illegible], [illegible], [illegible], [illegible], as if the copyist merely wrote down the radicals and deleted other elements of the characters. Jia Changye pointed out that they were "omitted graphs" being used to indicate a certain part of standard characters borrowed to make new

①The facsimile was published by Eluosi Kexueyuan Dongfang Yanjiusuo Shengbidebao Fensuo 俄罗斯科学院东方研究所圣彼得堡分所, Zhongguo Shehui Kexueyuan Minzu Yanjiusuo 中国社会科学院民族研究所, Shanghai Chinese Classics Publishing House 上海古籍出版社, *Ecang Heishuicheng Wenxian* 俄藏黑水城文献 7, Shanghai: Shanghai Chinese Classics Publishing House, 1997, p.258. For clear transcription into computer glyphs and Chinese translation of the whole text, see Han Xiaomang 韩小忙, *Tongyin Wenhaibaoyun Hebian Zhengli yu Yanjiu*《同音文海宝韵合编》整理与研究, Beijing: China Social Sciences Press, 2008, p. 213-221.

ones, meaning "top", "bottom", "left" or "right" respectively[①]. This conclusion is possibly further proved by collating the Tangut authoritative rhyme dictionary *Wenhai* (Sea of Characters), which includes parallel entries.

	Unknown dictionary	*Wenhai*
□ □	□，□□□□.	□，□□□□ .（74.151）[②] [□ consists of the top of □ and a whole □ .]
□ □	□，□□□□ .	□，□□□□ .（92.132） [□ consists of the rim of □ and the bottom of □ .[③]]
□ □	□，□□□□ .	□，□□□□ .（71.171） [□ consists of the left of □ and the right of □ .]
□	□，□□□□ .	□，□□□□ .（76.142） [□ consists of a whole □ and the middle of □ .]

According to the above list, the correspondence between omitted graphs and their original characters may be shown below:

□ = □ *ɣu*[④], head, top

□ = □ *tshjɨj*, bottom

□ = □ *pha*, left

□ = □ *bjij*, right

□ = □ *njij*, middle

□ = □ *iɔ*, rim

□ = □ *ɣowr*, whole

Since the "unidentified dictionary" was copied in a casual manner, there must be a booklet for copyist's private reference other than for popular reading, thus it is understandable that the reason why he deleted part of the graphs frequently occurred in the

①Jia Changye 贾常业 , Xixia Cidian de Zhuzi ji Gouzi Tedian 西夏词典的注字及构字特点 , *Ningxia Shehui Kexue*, 2007.5, p.86-89.

②The numbers in bracket indicate the place of quoted entries in *Wenhai*, e.g., 74.151 means page 74, folio A, line 5, entry 1 (Shi Jinbo 史金波 , Bai Bin 白滨 , Huang Zhenhua 黄振华 ,*Wenhai Yanjiu* 文海研究 , Beijing: China Social Sciences Press, 1983, p. 669).

③This explanation seems inexact. It will be better to narrate □ as "consists of the right top of □ and the left bottom of □ ".

④The phonetic reconstructions of Tangut words are quoted from Li Fanwen 李范文 , *Xiahan Zidian* 夏汉字典 , Beijing: China Social Sciences Press, 1997.

same speech environment is to save his writing efforts. In any case, these incomplete graphs are caused by personal inspiration and cannot be regarded as real innovations.

3. Graph abbreviation in Tantric Manuscripts

Merely omitting elements of a character, as seen above will not bring any new ones into the writing system, but a few Tangut characters prove to be created by combining two or three omitted graphs and present a special pronunciation, which might be regarded here as "abbreviation characters". The most interesting examples come from the Tangut phonetic transcription of Tibetan word *badzra*, which is the native reading of Sanskrit word *vajra,* meaning "diamond" (Chinese *jingang* 金刚)①.

The word *badzra* repeatedly appearing in Buddhist texts, especially in *dhāraṇīs* and *gāthās*, is usually transcribed into Tangut [illegible][illegible][illegible] *ba-dzjɨ-rjar* or [illegible][illegible][illegible] *bja-dzjɨ-rjar*②. Because the consonant cluster *dzr-* (Sanskrit *jr-*) is impossible in their language, Tanguts had to insert a vowel *ɨ* between the two consonants and transcribe it into *dzjɨr-* ([illegible][illegible] *dzjɨ-rjar*). Sanskrit consonant clusters troubled Tangut transcribers a lot so that they tried to find some way to present them as correctly as possible. One of the common used methods was to write the second character slightly smaller to indicate that it should be read rapidly in combination with the previous one③, i.e., [illegible][illegible] for *dzra*, however there were other ways to treat this syllable.

In the Or.12380-638 of Stein collection of the British Library (Plate 2)④, on line 2-4 there appears twice a peculiar character [illegible], which was not included by any dictionaries in Xixia or modern times. Here is the relevant stanza in an unidentified *gāthā*:

[illegible][illegible] [illegible][illegible] [illegible][illegible][illegible][illegible][illegible][illegible][illegible] [illegible][illegible][illegible].

①There are other two Tangut words for "diamond" need not to be discussed here: [illegible][illegible] *kię-dźja*, a rigid translation of Chinese *jingang* 金刚, as it in the Tangut version of *Vajracchedikā-prajñāpāramitā sūtra* (E.I. Kychanov, *Katalog tangutskikh buddijskikh pamyatnikov* [Catalogue of Tangut Buddhist Monuments], Kyoto: Kyoto University, 1999:278); [illegible][illegible] *ɣjɨ-njij* (stone-king), a rigid translation of Tibetan *rdo-rje* (stone-king), as it in the Tangut-Chinese glossary *Fanhan Heshi Zhangzhongshu* 番汉合时掌中珠 (Luc Kwanten, *The Timely Pearl, A 12th Century Tangut-Chinese glossary*, Bloomington: Indiana University, 1982:209).

②Traditional Chinese transcription of the Sanskrit word *vajra* is *fasheluo* 伐折啰 (before Tang era), *furiluo* 嚩日啰 (Tang and Song era) *or mojiluo* 末唧啰 (Xixia and Yuan era).

③Sun Bojun 孙伯君, *Xixia Xinyi Fojing Tuoluoni de Duiyin Yanjiu* 西夏新译佛经陀罗尼的对音研究, Beijing: China Social Sciences Press, 2010, p. 138.

④For clearer facsimile, see http://idp.bl.uk/database/search_results.a4d?uid=30441851915;random=27630.

zji-thyo̱ tha ljɨ̣ lhio̱w bar tsjụ ba- △ *mja-rjur kjụ-tshwew-tja*

wonderful great treasure gong drum beat *badzra maru* consecrate

[Consecrate Vajra Maru with wonderful treasure and playing gongs and drums.]

ba tsə wjɨ-sju njij njij lhe̱w śja ba djɨj sju ... ŋạ thjwɨ

fine color as mind kind exist incense fine cloud as ··· good meet

[Kind-mind exists as fine color and meets fine incense as good as clouds]

tśjiw pyụ bu̱ ɣwie ... ɣja sju ba- △ *tju-pjij kjụ-tshwew khu*

top respect victory power ···lid as *badzra tupi* offering tribute

[Taking the *Uṣṇiṣa vijaya* as the umbrella, offerings are made to *badzra tupi.*] ①

The word-by-word reading shows evidently that the Tangut character marked by "△" is in parallel with the Tibetan syllable *dzra*. In reference to the standard transcription  *ba-dzjɨ-rjar* frequently used, it may be recognized that the peculiar character is a combination of the top and left bottom of  *dzjɨ*, and the left of  *rjar*. That is to say, Tangut character  consists of two other omitted graphs and should be read as *dzra* or, according to its Sanskrit form, *jra*.

The second peculiar character is , appearing on the second line of Or.12380-596 in the British Library (Plate 3)②. Here are relevant syllables in an unidentified fragmentary *dhāraṇī*:

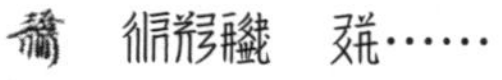

①Chinese translation: 最妙大宝锣鼓击，金刚末噜供养者．慈心所在如好色，得遇妙香如善云．顶尊胜相如华盖，金刚睹比奉供养．

②Xibei Dier Minzu Xueyuan 西北第二民族学院, Shanghai Chinese Classics Publishing House 上海古籍出版社, Yingguo Guojia Tushuguan 英国国家图书馆, *Yingcang Heishuicheng Wenxian* 英藏黑水城文献 1, Shanghai: Shanghai Chinese Classics Publishing House, 2005, p. 219.

Tang. △　*bja̱-rjar-jɨr sja*……

Tib. *badzra barahi　sa*……

Skr. *vajra varahi　sa*……

On the sixth line of inv. № 4900 of the Kozlov collection in the Institute of Oriental Manuscripts, RAS. (Plate 4), there is also the same character appearing in the Sanskrit title of Tangut transcription:

[illegible] [illegible] [illegible] [illegible] [1]

Tang. △　*ja-nja mju-lja pja-tji*

Tib. *badzra　yana　mula　pati*

Skr. *vajra　yāna　mula　pati*

Obviously, the Tangut character marked by "△" is in parallel with the Tibetan word *badzra* or Sanskrit word *vajra*. By reference to the standard transcription [illegible] *ba-dzjɨ-rjar*, it may be recognized that the peculiar character is a combination of the left of [illegible] *ba*, the top and left bottom of [illegible] *dzjɨ*, and the left of [illegible] *rjar*. That is to say, Tangut character [illegible] consists of three other omitted graphs and should be read as *badzra* or, according to its Sanskrit form, *vajra*.

The third peculiar character is [illegible], appearing in the Tangut translation of a *dhāraṇī* in Tibetan version *Dpal kye-rdo-rje'i mngon-rtogs yid-bzhin nor-bu* (hereafter *Dkm*)[2]:

[illegible] [illegible] [illegible] [illegible] [illegible]

Tang. *a* △　*kja-rjɨr-tja rjir xa-* △ *-ja*

Tib. *oṃ badzra karta　ri hevadzraya*

①Its corresponding Tangut title is [illegible] *ɣjɨ njij ·u̱ tśhji tsju̱ ljɨ* (Chinese translation: *Jingangcheng Genben Fanduo* 金刚乘根本犯堕).

②Its corresponding Tangut title is [illegible] (Chinese translation: Xijingang Xianzheng Ruyibao 喜金刚现证如意宝). See Li Ruoyu 李若愚, *Xixiawen Xijingang Xianzheng Ruyibao Kaoshi* 西夏文《喜金刚现证如意宝》考释, doctoral dissertation, Beijing: Chinese Academy of Social Sciences, 2017.

Skr. *oṃ vajra karta ri hevajrāya*

Similar to [Tangut] *badzra*, Tangut character [Tangut] *badzra* is undoubtedly an abbreviation merger of the standard transcription [Tangut] [Tangut] [Tangut] *bja-dzjɨ-rjar*, and possibly the peculiar character is a combination of the left of [Tangut] *bja*, the top and left bottom of [Tangut] *dzjɨ*, and the left of [Tangut] *rjar*.

It is curious that the newly-created [Tangut] *dzra* is suspected to be used directly to transcribe *badzra* without adding the left part of [Tangut] *bja* to present *ba*, as also in *Dkm*:

[Tangut ×3] [Tangut ×2] [Tangut ×5]

Tang. *kja̲-rjur-kja̲ xa-* △ *sja-pja-rjir-wa-rjar*

Tib. *karuka hebadzra saparivara*

Skr. *kāruka hevajra saparivāra*

These characters are rarely seen in Tangut scriptures, so it is believed that their formation and usage were somehow discretional in private writing practice.

4. Nature of the Abbreviation Characters

The most interesting fact is that the standard form [Tangut ×3] *bja-dzjɨ-rjar* and the two newly-created characters, [Tangut] *dzra* and [Tangut] *badzra*, may occur adjacently in the same manuscript as in inv. № 4373 of the Kozlov collection in the Institute of Oriental Manuscripts, RAS. (Plate 5)①:

[Tangut] [Tangut ×4] [Tangut ×3] [Tangut] ……

Tang. *a pjɨ-rjar-tji-dzja bja-dzjɨ-rjar xo*

Tib. *oṃ pratidza badzra hūṃ*

①The original is a Tangut version of the Tibetan Tantric work *De bzhin gshegs pa dgra bcom pa yang dag par rdzogs pa'i sangs rgyas ngan song thams cad yongs su sbyong pa gzi brjid kyi rgyal po zhes bya ba'i brtag pa'i bshad pa*. Its Tangut title may be translated into Chinese *Rulai Yinggong Zhenshi Jiujing Zhengjue Qingjing Yiqie Equ Weidewang Shi* 如来应供真实究竟正觉清静一切恶趣威德王释 . See Nishida Tatsuo 西田龙雄 , *Seikamun Kagenkyō* 西夏文华严经 , Kyoto: Faculty of Letters, Kyoto University, 1977:35.

Skr. *oṃ pradija vajra hūṃ*

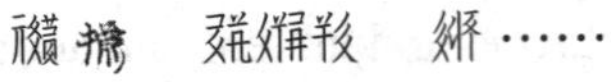

Tang. *a* △ *sja-mja-ja xo*

Tib. *oṃ badzra samaya hūṃ*

Skr. *oṃ vajra samaya hūṃ*

Tang. *a ba-* △ *xa-sjɨ-ror-tjɨ kja̱-tja-ja xo*

Tib. *oṃ badzra hasirta kataya hūṃ*

Skr. *oṃ vajra hasirta kataya hūṃ*

This fact indicates that Tangut abbreviations were created voluntarily, and Tangut copyists randomly wrote any forms as they wished. It is noticeable that the abbreviations appeared only in the popular manuscripts of Tantric works in Tibetan style and can never be found in any xylographs of Buddhist *sūtras* in regular Chinese tradition. This suggests that the spreading of abbreviation characters was much limited merely in the Tantric realm and not accepted by Xixia official scholarship.

The idea of creating new characters by merging two or more abbreviated graphs might have been an ancient tradition established by Buddhists along the Silk Road, for in many manuscripts excavated in the Mogao Grottos at Dunhuang there is a Chinese character  *pusa* as an abbreviation of 菩萨 *pusa*①. It is well known that all the characters in the Chinese writing system are monosyllabic as usual, but still there were a few Chinese characters in the 20th century showing disyllabic, e.g., 浬 *haili* for 海里 *haili* (nautical mile), 瓩 *qianwa* for *qianwa* 千 瓦 (kilowatt), though they were already banned by the Chinese government for character standardization.

①The same abbreviation form is also included in the 10th century dictionary *Longkan Shoujian* 龙龛手鉴. See Pan Zhonggui 潘重规, *Longkan Shoujian* yu Xieben Keben zhi Guanxi 龙龛手鉴与写本刻本之关系, *Dunhuangxue* 敦煌学 6 (1983):87-92, also Huang Zheng 黄征, *Dunhuang Suzi Dian* 敦煌俗字典, Shanghai: Shanghai Education Press, 2005:309.

5. Conclusion

Making new characters to record polysyllables or syllables with consonant clusters by means of graph abbreviation proves to be one of the popular ways to enrich the Chinese writing system, but such method cannot be adopted officially because it only refers to several special terms occurring in a limited professional realm and will never be popularized in people's daily life.

（原载 *Journal of Chinese Writing Systems* 2.3, 2018, p. 157-161）

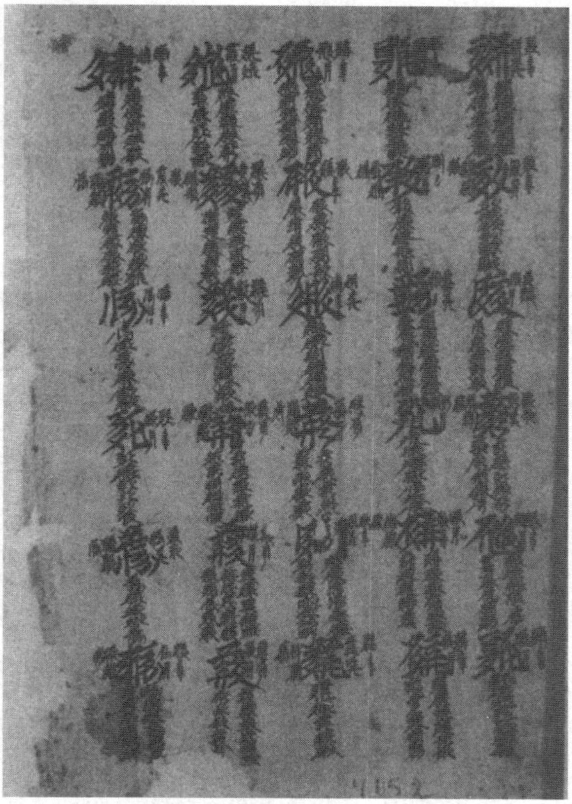

Plate 1. inv. № 4152, Institute of Oriental Manuscripts, RAS.

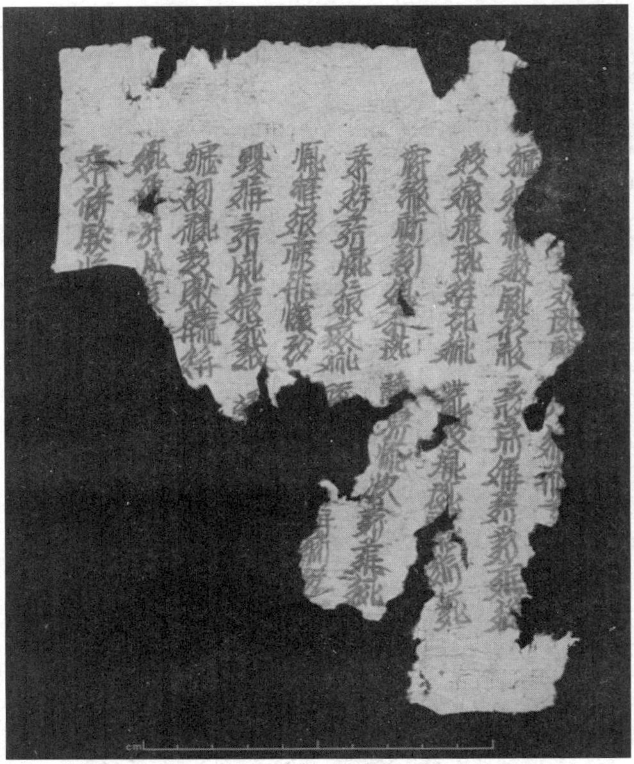

Plate 2. Or.12380-638, British Library

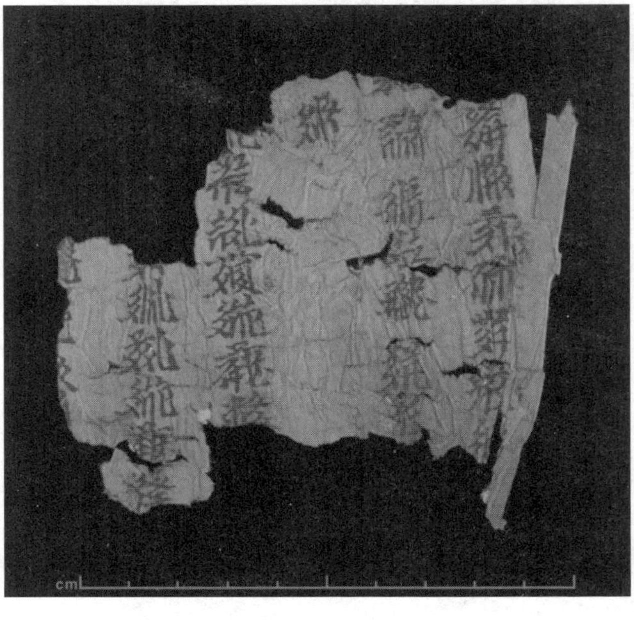

Plate 3. Or.12380-596, British Library

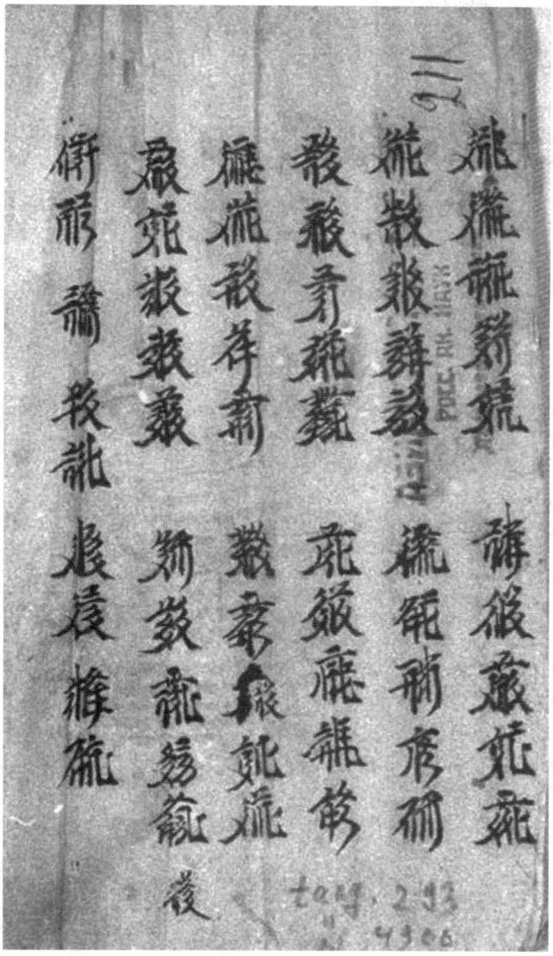

Plate 4. inv. № 4900, Institute of Oriental Manuscripts, RAS

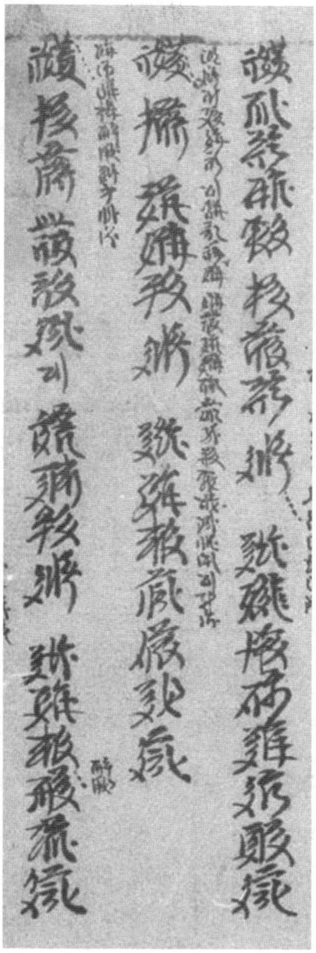

Plate 5. inv. № 4373, Institute of Oriental Manuscripts, RAS.

西夏文字的启迪

经过几代学者一个多世纪的研究，当初谜一般的西夏文字已经不再是谜。迄今为止，不但文字的识读问题基本得到了解决，而且还有一批重要的文献得到了公布和翻译，这使我们有条件简略地回顾学界对这种文字的研究过程和已有的成果，站在中国文字史的角度看看西夏文究竟为我们提供了哪些未曾受到关注的知识。

一　不知道是什么文字也可以解读

如果要顺利地解读一种久已失传的古代文字，过去认为必须预先掌握这种文字和其他已知古文字的对译文献，以及知道这种文字所属的民族和分布地域，以便找出相关的现代语言作为必不可少的研究参照。人们很难设想有哪一种文字在被错认了所属民族和地域的情况下也能获得解读。然而有趣的是，西夏文字的早期研究恰巧为我们提供了一个这样的例子——这种文字最初竟然是被当作女真文来解读的，而且竟然取得了成功。

北京市北郊的居庸关城内有一座1345年建成的过街塔，塔的券洞内壁用六种文字刻着同样内容的佛教咒语。这六种文字人们已经认识的有五种，即梵文、藏文、八思巴蒙古文、回鹘文和汉文。余下那种未知的文字长期无人理会，直到1863年才引起了英国传教士伟烈亚力（Alexander Wylie，1815—1887）的注意，当时他在路过居庸关的时候得到了一部分铭文的拓片，随即开始尝试解读。七年之后，伟烈亚力把成果写成了论文《华北居庸关古代佛教铭文考》①，文中取那种未知的文字与券洞内壁的梵文《佛顶尊胜陀罗尼》进行译音对勘，从而正确地认出了七八十个字的读音，并断言那是金代的女真文，由此引起了欧洲东方学界不大不小的轰动。

外民族向来被中原知识分子视为“蛮夷”而不受关注，外民族的文字最多只能充

①A. Wylie, On an Ancient Buddhist Inscription at Keu-yung-kwan in North China, *Journal of the Royal Asiatic Society*, vol. 5. 1871.

作金石家猎奇的对象而无人想到深究其原委，这导致居庸关上的西夏文在清光绪年间被轻率地说成了女真文（《顺天府志》卷一二九）。大约是考虑到那片地方在金代的确处于女真人治下，而西夏故地则远在西北边陲，于是伟烈亚力未经核查就接受了前人的误导，把西夏全然排除在他的考虑范围之外了。事实上当时能够见到的女真文石刻至少有河南开封的“进士题名碑”，西夏文石刻则有甘肃武威的“凉州护国寺感通塔碑”，只要拿这两块不同文种的石刻和居庸关的未知文字比对一下，任何人都不难得出正确的结论，不过限于当时的条件，伟烈亚力没有见到那两件石刻的拓片。

伟烈亚力的结论在当时并非没人表示怀疑，但最终彻底纠正这个错误的则是法国学者戴维理亚（Gabriel Devéria，1844—1899），他在 1898 年发表了论文《西夏或唐古特王国的文字》①，其中明确指出居庸关那种未知的文字是西夏文而非伟烈亚力所说的女真文，他采用的方法正是与女真“进士题名碑”和西夏“凉州护国寺感通塔碑”的对比。

自从俄国探险队 1909 年在黑水城遗址发现了大批西夏文献，特别是在里面发现了西夏文—汉文对译的杂字体字书《番汉合时掌中珠》以后，西夏文字的辨识和西夏语言的研究取得了大踏步的进展。到了 20 世纪末，大多数西夏字的音义和一些最关键的语法问题已经基本宣告解决。不过尽管如此，伟烈亚力的功绩也是不应被忽略的，在今天看来，他不但是西夏文字解读的开创者，而且更重要的是向学术界证明了一个此前不被注意的道理——在解读古文字的时候，“知道这种文字使用者所属的民族和分布地域”并不是不可或缺的条件，事实上只要有两个以上语种的对译文献可用，就能带来一定程度的成功。当然也不可否认，研究者在这种情况下能做的只是对个别文字的机械音译或者意译，而不能指望复原那种久已消逝的语言，因为女真语和西夏语在词汇和语法方面的差别实在是太大了，试图借助女真语来理解西夏语绝对是徒劳。

二　创制文字的目的：政治在文化之前

西夏文字在当时称作“番书”，中原史籍写作“蕃书”，那是景宗元昊在 1036 年授意大臣野利仁荣设计的。据《宋史·夏国传上》记载：

①G. Devéria, L'Écriture du royaume de Si-hia ou Tangout, *Mémoires présentés par divers savants à l'Académie des Inscriptions*, vol. 11.1, 1898.

元昊自制蕃书，命野利仁荣演绎之，成十二卷，字形体方整类八分，而画颇重复。教国人纪事用蕃书，而译《孝经》《尔雅》《四言杂字》为蕃语。复改元大庆。

过去人们大多认为元昊创制西夏文字是为了更方便地引进外来的儒学和佛学，借以提高国民的思想文化水平，事实上这并不是他正式登基前的初衷。《宋史·夏国传上》接下来说，元昊在颁行西夏文字两年之后给北宋朝廷送去了一份表章，其中有这样一段话：

臣偶以狂斐，制小蕃文字，改大汉衣冠。衣冠既就，文字既行，礼乐既张，器用既备，吐蕃、塔塔、张掖、交河，莫不从伏。称王则不喜，朝帝则是从，辐凑屡期，山呼齐举。伏愿一垓之土地，建为万乘之邦家。

表章在这里尽管用了下级向上级请示的口气，但全文显然可以视为脱离北宋控制、独立建国称帝的宣言。文中把创制西夏文字与“衣冠”“礼乐”“器用”并提，如果再结合上文记载的“改元”，不难看出这几件事情具有同等的政治意义。按照古来的传统，改朝换代时新登基的帝王总是要“考文章，改正朔，易服色，殊徽号，异器械，别衣服”（《礼记·大传》），那么很明显，元昊创制西夏文字不过是为“裂土分国”所做的舆论准备之一，目的仅仅在于标榜自己未来国家的正式身份。至于通过文字来教化民众，那只是建国后附带的收获，并非他当初的关注点所在。

新创的文字都不是凭空产生的，创制者肯定要借用本地流行的某种文字作为蓝本。从历史记载看，当初西夏境内能见到的文字至少有三种，即汉文、藏文和契丹文，据说元昊本人兼通前两种，创制文字的具体执行者野利仁荣则被假定为契丹人（野利≈耶律），不妨估计他通晓契丹文。在这三种文字中，藏文的字符数量最少，形体也最简单，可是西夏人在创制文字的时候却没有采用易懂易学的藏文作为蓝本，而是参照了难写难认的汉字，这曾导致早期的欧洲学者大惑不解。其实他们不明白，在文字创制者选择蓝本时，起决定作用的是外来文字在当地的威望，以及创制者本人对这种文字的熟悉程度，至于新创的文字是否易写易认，那并不是首先要考虑的问题。

创制本民族文字之前，在党项首领和当地百姓中威望最高的文字无疑是汉字。党项诸部落虽然几经迁徙，但毕竟长期以藩镇的形式附庸于中原王朝，其历代统治者与中原王朝交往时使用的都是汉语汉文。史书里保存着西夏太宗德明和景宗元昊本人写给北宋朝廷的几篇表章，作品不但文通字顺，而且还模仿了唐宋奏章文体，甚至有骈句插入其中。尽管不妨估计实际的捉笔者是汉人，或者文稿经过了汉人的加工，但可以相信，当时党项首领们在对外和对内行文时写的都是汉字。我们知道，女真贵族最初使用契丹文，后来创制本国文字时就以契丹字为蓝本，满洲贵族最初使用蒙古文，后来创制本国文字时就以蒙古字为蓝本，正是同样的道理。

很明显，一个王朝在初创文字的时候往往是出于政治的考虑，而在具体的创制行为当中却会不自觉地服从强势文化的影响。党项人初创本民族文字时本来是想区别于中原汉文化，可是他们创造出的文字形体却无论如何也不能挣脱汉字的桎梏，乃至最初用于推广文字的教材——《孝经》《尔雅》和《四言杂字》也都是汉文书籍的译本。就目前所知，西夏字是中国历史上笔画最为繁冗的文字，但这种文字颁布后却很快在西夏境内得到了广泛的应用，其推行效果远远好于笔画相对较少的契丹文和女真文。目前能见到的契丹文和女真文资料加在一起不过百件，且大多是带有某种纪念意义的石刻，而西夏文献的数量则多得至今无法统计。尽管我们不知道当年西夏政府采用了哪些手段来推行新创的文字，但由此却可以得出一个确定无疑的认识，即文字推行的效果与文字形体本身的繁简程度无关。

经过与北宋不长时间的边境军事摩擦之后，新生的西夏政权终于站稳了脚跟，统治者无需再利用西夏文充当独立的号角，于是文字教化民众的作用就凸显出来了。西夏人在随后的一个半世纪里尽情地用他们的文字编写字典和识字课本，翻译儒学和佛教典籍，制定法律，书写民间契约和账簿，再没有人记得元昊当年制字的初衷。1162年，西夏仁宗仁孝在国内大兴文教，这时他追封一个世纪前去世的野利仁荣为“广惠王”（《宋史·夏国传下》），也只是强调他亲手创制的文字惠及广大百姓，而无须再提及当初特殊的政治需求。

三　“六书”以外的“书”

汉字的造字和用字方法基本上可以用象形、指事、会意、形声、转注、假借这“六书”来概括，然而汉字的“六书”并不能解释中国历史上其他同类文字里的全部事实，这是因为契丹、西夏、女真等文字都是由一两个人一次设计完成的，且行用时间相对较短，并没有经历汉字那样上千年的漫长发展历程，也就是说，这些文字从一开始就是“成熟的”文字。成熟的文字不需要经过从图画到抽象符号的演化，所以在西夏最常见的是合体的会意字和形声字，而没有“日”“月”、“上”“下”那样相对初级的象形字和指事字。另外特别值得注意的是，西夏还有为数不少的字不能归入“六书”的任何一类，这虽然用传统眼光看上去有些“异样”，但是绝对可以丰富我们的文字学知识。

西夏字形看上去是横、竖、撇、捺等汉字基本笔画的重新组合，不过既然是参照汉字制成，最简单的办法莫过于在现成汉字的基础上增减或改变笔画来造出意义相同的新字，例如在汉字“門”的基础上造出西夏的“𗴺”mẽ^{1}。“門”和“𗴺”mẽ^{1}在形体上的相似自然一望可知，可是这种造字法究竟应该归入“六书”的哪一“书”就不好说了。假如根据二者间的“互训”而把它们算作“转注”，也实在显得勉强。

唐代以后的汉译佛经里有时会出现一种特殊的合体字，译者用它来模拟汉语里没有的梵语字音，例如用“𨗉”（di + ya）来音译梵语 *dya*。这种字传统上称为“切身字”，意思是把构字的两个部件当作反切拼读。切身字被公认作翻译时的权宜之计，这样造出的“字”始终得不到语文学家的承认，自然也没有资格进入正规的字典。然而与此相反，“切身”在野利仁荣那里却是被当作实实在在的造字法来使用的，例如他取西夏字“𗨁”tu^{1}的右半和“𗿷”wa^{1}的右半拼合造出“𗟲”twa^{1}，取“𗩱”tshu^{1}的左半和“𗪗”lwej^{1}的上半和左半拼合造出“𗪘”tshwej^{1}，取“𗪙”lu^{1}的上半和“𗪚”dwã^{1}的整体拼合造出“𗪛”lwã^{1}。这样造出的字大约占了全部西夏字的二十分之一，比例超出了汉字里的象形字和指事字，而且更为重要的是，它们都被堂而皇之地收入了西夏官方刊行的韵书。当然，这些西夏字与汉译佛经所用的切身字略有不同，即造字者在大多数情况下都不整体写出两个拼合用字，这是因为他考虑到西夏字的笔画太过繁复，不得不经常采用“省形”的办法来简化一下。

还有一种造字法不是野利仁荣初创的，而是后来西夏文字使用者的杜撰，这种字没有资格进入西夏的字典，只是抄写佛经的人在实践中沿用成习而已。例如他们有时会写一个“𗪜”字，用来音译梵文 *vajra*（金刚）一词的藏式变读 *badzra*，这是“𗪝𗪞𗪟”bja^{2} dzjɨ^{1} rjar^{1}三个字各取一个部件的合写，我们不妨称之为“缩略字”，其构造可以解析为“𗏁”bja² 的左部加上“𗧓”dzjɨ¹ 的上部和左下部，再加上“𗅋”rjar¹ 的左部。与此相似的是，敦煌所出的汉文佛经抄本里偶尔也会把“菩萨”缩略为“𦬇”，自然同样不能用六书来解释。

汉字的合体字如果改变构字部件的位置，一般只会形成“异体字”而不会改变字的读音和意义，例如“鹅”和“鵞”、“峨”和“峩”，可是改变构字部件的位置在西夏却被当成了一种常见的造字手段。罗福苌在 1914 年就发现，一些意义相关的西夏字往往是用“易置其左右两半”的方法造出的[①]，例如“𗍫”pjowr²（茂）和“𗏹”phu²（盛）、“𗆫”dźjwu¹（电）和“𗆪”thjɨj¹（闪）。用同样的方法还可以造出“同义异音”字，例如“𗸥”dźjwu¹（人）和“𗸦”wjị¹（人）、“𗈪”khwej²（大）和“𗈫”ljịj²（大），等等。

其他汉字系的文字有时也用这些方法造字，只是大都建立在现成汉字的基础上，且不像西夏出现得那样频繁。看来野利仁荣在设计西夏字形时的确经过了一番缜密的思考，甚至可能预先为自己制定了某些规则。他借用了汉字的笔画却没有照搬任何一个现成的汉字，这如实地表现了当年景宗元昊强烈的民族独立意识，最终导致汉人看到这些文字时感叹“乍视字皆可识，熟视无一字可识”[②]，同时也意外地为中国文字史留下了一笔宝贵的遗产。

（原载《文史知识》2017 年第 3 期，页 19—24）

① 罗福苌：《西夏国书略说》，京都：东山学社，1914。
② 张澍：《养素堂文集》卷一九，1837 年枣花书屋刻本。

译音中音素替代的相似度问题

很少有两种语言的声韵系统完全相当，所以人们在音译外民族词语的时候，总会遇到有些音是目标语里没有的。面对这种情况，译者自然会寻找另外的音来替代①。使用哪个替代音是译者根据听觉的下意识选择，但其中存在一定的必然性，可以显示出哪些音在目标语使用者听来最为相近。此前在利用“对音法”的古音构拟研究中，学者或者认为形成对译关系的音完全相等，可以直接用作最终的构拟结论，或者认为形成对译关系的音都不过是大致近似，不可能精确表现古代语言中纷繁复杂的现象②。事实上，如果能够正确理解译音中的替代规律，则可以在构拟古代语音时免除此类误会，从而得出正确的认识。

一

在音译外民族词语时，难免要或多或少地使用目标语现有的音来替代目标语没有的源语音。这些替代音的实际音值与源语相似但不相同，而目标语使用者却往往体会不到它们之间的差别，至少是认为其差别比其他的音要小。以双唇塞音声母为例，常见的汉、英、德、法、俄等语言各有两套，但音值存在差异，如现代汉语有 p、p‘ 而没有 b，英语和德语有 p‘、b 而没有 p，法语和俄语有 p、b 而没有 p‘，于是我们看到翻译里出现了下列情况：

汉语 p‘ = 英语 p‘（*Princeton* 普林斯顿）③，德语 p‘（*Preußen* 普鲁士）

① 传统上还可能采用另一种方式，即造出专门的字符来对应汉语里没有的音，例如唐代密宗翻译咒语时会给来母汉字（l-）加上“口字旁”来表示梵文带 r- 的音节，有时也会把两个汉字拼成一个“切身字”。详见孙伯君《西夏新译佛经中的特殊标音汉字》，《宁夏社会科学》，2007 年第 1 期。

② 例如高本汉曾经认为佛经的梵汉对音很不精确，不能用作构拟汉语古音的参考。见 Bernhard Karlgren, Prononciation ancienne de caractères chinois figurant dans les transcriptions bouddhiques, *T'oung Pao* 19:2, 1918.

③ 为了避免方括号的频繁使用，本文用正体字表示音标，用斜体字表示西文字母和俄文的拉丁转写。

汉语 p = 英语 b（*Boston* 波士顿），德语 b（*Berlin* 柏林）

法语 b（*Balzac* 巴尔扎克），俄语 b（*Bol'shevik* 布尔什维克）

毫无疑问，汉语用 p' 来对译英文和德文的 *p* 是最自然的，而各自剩下的一个音位尽管有清浊的区别，可是在译音时已经别无选择，中国人只能用 p 来对译英文和德文的 *b*。事实上像 b 和 p 这类清浊对立的音在一般的汉语使用者听来是相同的，至少其差别可以忽略不计。如所周知，中国人在初学外语的时候，总是习惯把英德法俄等语言的浊塞音念成相应的清塞音，丝毫不觉得自己的发音不准确，例如他们把 *Boston* 念成 pɔstən，把 *Berlin* 念成 pəːlin。这就是说，在汉语这样没有清浊对立的语言里，语言使用者关注辅音是否送气的意识比关注清浊的意识强烈。

既然普通的汉语使用者认为浊音 b 与清音 p 没有差别，那么汉语里剩下的一个 p' 就也可以用来对译法语和俄语不送气的 p。于是在音译中就出现了下面的情况——法语和俄语的 p 既可译成汉语的 p 又可译成汉语的 p'，当然，那肯定是出自不同人之手：

法语 p = 汉语 p / p'（*Paris* 巴黎 / *Pierre* 皮埃尔）

俄语 p = 汉语 p / p'（*Peterburg* 彼得堡 / *Pushkin* 普希金）

汉语用 p 来对译法语和俄语的 *p* 按说是最准确的，可是这样就不能区别于后两者的浊音 *b*。如果用 p 和 p' 来同时音译法语和俄语的 *p*，则会混淆源语的音位对立，所以像上例的“皮”和“普”那样，用 p' 来对译法语和俄语不送气的 *p* 也是一种不错的选择。这样做的好处是原样保持了源语的音位对立，缺点是其音值在汉语使用者听来稍有异样[①]。

与此相对，在英德法俄之类有清浊对立的语言里，语言使用者分辨辅音清浊的意识比分辨是否送气要强烈，例如英美人不认为 *peak* 里的 p' 和 *speak* 里的 p 有什么区别，所以威妥玛（Thomas Wade，1818—1895）把汉语的 p 写作 *p*，把汉语的 p' 写作 *p'*，

① 一般说来，对于法俄等语言里的 p，早年汉语译音多用 p 而近年多用 p'。其间的缘故还可以有另一种解释——这也许是因为早年的译音全凭对源语的听觉，后来的译音则很可能受了英语的影响。由于现在世界上法语和俄语远不及英语那样普及，所以有些人是用英语的字母读法来读法语和俄语的，即把法语和俄语的不送气清塞音读成了送气的。事实上这也正是英美人说法语和俄语时的习惯。

用一个附加的小撇强调清辅音的送气，而完全不使用表示浊音的 b①。

这些事实使我们初步相信，在有清浊之分的语言使用者中间，同部位辅音声母在发音时声带是否振动是区分的首要因素，而与是否送气则处在很次要的位置。在没有清浊之分的语言使用者中间，同部位辅音声母在发音时是否送气是区分的首要因素，而声带是否振动则处在很次要的位置。也就是说，译音中音位替代的相似与否首先取决于源语和目标语各自的音位格局。

二

以上说的是同部位声母数量相等而音值不尽相同的情况。如果两种语言同部位声母的数量不等，就不得不用一种语言的一个辅音同时对应另一语言的两个辅音，这会给古代语言的构拟带来一些困扰。例如梵文有清浊和送气不送气这全部四套塞音，古汉语只有全清、次清和全浊三套塞音，那么在唐代以前的汉译佛典里，汉语的全浊音就既可以对译梵文的不送气浊音，也可以对译梵文的送气浊音，例如：

汉语 b = 梵语 b —— 婆罗门 *brāhmaṇa*，佛陀 *buddha*
汉语 b = 梵语 b‘ —— 薄伽梵 *bhagavan*，苾刍 *bhikṣu*
汉语 d = 梵语 d —— 檀那 *dāna*，提婆 *deva*
汉语 d = 梵语 d‘—— 达摩 *dharma*，陀罗尼 *dhāraṇi*

很明显，如果没有其他材料的佐证，仅据这些音译词无法判断汉语全浊声母的送气与否。所幸唐代僧人在各自的著作里对梵语这两套浊辅音做出了两类不同的说明。其一见杜行顗译《佛顶尊胜陀罗尼经》：

ba 婆，*bha* 婆$_{上重}$
da 陀，*dha* 陀$_{上重}$

① 在当代的外文著作里，汉语的 p 一律写成 b，汉语的 p‘ 一律写成 p，这是直接搬用了汉语拼音，不在本文讨论范围。

注平上去入者从四声法借音读……注重者带喉声重读[①]。

音译梵语不送气塞音的时候只用一个汉字，音译送气塞音的时候则多写了“上”“重”两个字。这个特别注出的“上重”显然是在比况梵语辅音发音时的送气，也就是说，汉语的全浊塞音声母本身是不送气的。

另一类说明是公元 8 世纪以后兴起的所谓“不空学派”（唐密）的口音：

ba 么，bha 婆

da 娜，dha 驮

这里没有为梵语送气塞音专门注出送气，表明汉语的全浊塞音声母本身就是送气的，与用汉语鼻音字翻译的不送气音形成了清晰的音位对立[②]。这两种不同的译音模式很可能是汉语不同方言的反映，也许不宜像马伯乐那样，视之为唐代长安话在一个多世纪内的演化结果。

唐代显教经师口中的汉语有送气清音和不送气浊音但没有送气浊音，在这种情况下，音译梵文的送气浊音时可以有两种选择，其一是在送气清音基础上变读，如可以把 pha 解释成“颇，浊声”，另一种就像杜行顗那样，在不送气浊音基础上变读，即提示读者把母语的浊声母加上送气。杜行顗之所以选择后一种方式，无疑是因为他觉得不送气浊音比送气清音更近似送气浊音。也就是说，如果是认识因素替代中的相似度，在声母既有清浊之分又有送气与否之分的语言使用者看来，清浊的一致比是否送气更加重要。

反过来说，如果目的语的音素数量多于源语，则会给古代语言的构拟带来另一些困扰。阿尔泰诸语言的塞音声母只有两套，那么与古汉语三套塞音声母的对音就可能引发一些新的问题。以《切韵》同时代的鲜卑语为例，据《魏书·官氏志》载，鲜卑语的职官名称有“比德真”“朴大真”“乞万真”“可薄真”“契害真”

① 对音例选自《大正藏》第 19 册，第 353 页下栏—354 页上栏。

② 更详细的例证见 H. Maspéro, Le dialecte de Tch’ang-ngan sous les T’ang, *Bulletin de l’Ecole française d’Extrême-Orient*, 20.2, 1920. 本文征引据聂鸿音译《唐代长安方言考》，北京：中华书局，2005，第 29—34 页。

等，姓氏有“渴烛浑”“屈突”等[①]，其中译音汉字“比”“德”带全清声母，“朴”“乞”“可”“契”“渴”“屈”“突”带次清声母，“大”“薄”带全浊声母。再以时代略早的匈奴语为例，《史记·匈奴列传》载“匈奴谓贤曰‘屠耆’”，《汉书·匈奴传》载“匈奴谓天为‘撑犁’，谓子为‘孤涂’”，其中“孤”带全清声母，“撑”带次清声母，“屠”“耆”“涂”带全浊声母。尽管这些鲜卑语词和匈奴语词的原始形式大都还不能确定[②]，但现在的问题是，迄今所有的研究都证明阿尔泰诸语言的塞音只有两套，一般用拉丁字母标作 b、d、g，p、t、k 等。按照常理，古汉语应该只用三套声母中的两套与之对音，另一套全然不会出现，但我们却清楚地看到，对音汉字里竟出现了古汉语的全部三个塞音声母。造成这一事实的缘故令人费解，对此可能想到的答案有两个，其一是古阿尔泰语存在清不送气、清送气和浊不送气三套声母，而不是现代语言中保存的两套，其二是古汉语的不送气浊声母在西北方言里实际读作相应的送气清声母，就像汉藏译音本《大乘中宗见解》和回鹘文译本《玄奘传》那样[③]。当然，这个问题还需另行论证。

三

要在已知两种语言的音位格局下认识译音中辅音替代的相似度，可以考虑的因素有四个。除了以上讨论的清浊和送气之外，还应该加上发音部位和发音方法。一般说来，这四个因素中有任意三个相同，就可以认为是最相似的，译者甚至感觉不到其中的区别。下面是现代汉语译音的几个类型：

发音部位、发音方法、送气相同但清浊不同，例如“戴高乐”（*de Gaulle*）的“戴”（t-）和“高”（k-）是以清音替代法语的浊音。

发音部位、发音方法、清浊相同但送气不同，例如“皮尔卡丹”（*Pierre Cardin*）的“皮”（p‘-）和“卡”（k‘-）是以送气音替代法语的不送气音。

发音部位、清浊相同但发音方法不同，例如“佛罗里达”（*Florida*）的“里”（l-）

① 词例选自白鸟库吉《东胡民族考》，原连载于日本《史学杂志》第 21—24 编。本文参考的是方壮猷译本，上海：商务印书馆，1934。

② 白鸟库吉《东胡民族考》确定了一些鲜卑职官名词与现代阿尔泰部分语言的对应关系，但对应关系不一定等于原始形式。事实上仅凭现存的有限文献资料全面复原鲜卑语是不可能的。

③ 罗常培：《唐五代西北方音》，中央研究院历史语言研究所单刊甲种之十二，1933，第 16 页；聂鸿音：《回鹘文〈玄奘传〉中的汉字古音》，《民族语文》1998 年第 6 期。

是以边音替代闪音，“列宾”（*Repin*）的“列”（l-）是以边音替代俄语的颤音。

发音方法、清浊相同但发音部位不同，例如“哈佛”（*Havard*）的“哈”（x-）是以舌根音替代喉音，“弗里德里希”（*Friedrich*）的“希”（ç-）是以舌面前音替代德语的舌面中音。

在以上四种情况中，清浊不同的替代和相近发音部位的替代最为自然，而送气与不送气以及不同发音方法的替代在中国人听来会略有异样，但也可勉强接受。

如果在可考虑的四个语音特征中有两个不同，则听来就有些别扭：

发音部位和清浊不同，例如“佐治亚”（*Georgia*）的“佐”（ts-）是以舌尖前清塞擦音替代舌叶浊塞擦音，“治”（tç-）是以舌尖后清塞擦音替代舌叶浊塞擦音。

发音方法和清浊不同，例如“左拉”（*Zola*）的“左”（ts-）是以同部位的清塞擦音替代法语的浊擦音。

发音部位和发音方法不同，例如“居里”（*Curie*）里的“居”（tç-）是以舌面前塞擦音替代法语的舌根塞音，“里”（l-）是以舌尖前边音替代小舌颤音[①]。

如果在可考虑的语音特征中有三个不同，则译音字的选择当是另有原因：

发音部位、发音方法和清浊都不同，例如“卓娅”（*Zoya*）里的舌尖后清塞擦音tʂ-（卓）对应俄语的舌尖前浊擦音 z-，“巴尔扎克”（*Balzac*）里的舌尖后清塞擦音tʂ-（扎）对应法语的舌尖前浊擦音 z-。这大概是译音者的方音所致——把“扎”念成tsa 在现代汉语方言里是很常见的。

发音部位、发音方法和送气都不同，例如“肯塔基”（*Kentucky*）里的舌面前不送气塞擦音 tç-（基）对应舌根送气塞音 k‘-，这显然是译音者无奈的选择——因为现代汉语里没有 k‘i 这个现成的音节。这是所有译音类型中最让汉语使用者感到异样的。

对辅音相似度的区分在少数民族语言的音译词里也可以看出来，阿尔泰语古代文献表现出了同样的规律。从现代资料看，阿尔泰语的塞音应该有不送气清音和送气清音两套，则这些语言的使用者对中古汉语清浊的敏感程度不及送气，与此相对的是，中古汉语的塞音多出了一套浊音，这使得阿尔泰语言必须用一个清音声类来权充替代。例如回鹘文《玄奘传》里有 *d*[t]、*t*[t‘] 两个对立的辅音，前者用来对译汉语端母字，

① 舌尖边音 l 与小舌颤音 ʀ 的发音部位相距过远，按说不宜用为替代。这可能是因为译者把 ʀ 当成了舌尖颤音 r，就像俄国口音的法语那样。

后者兼用来对译透定两个声类[①]：

t‘ = 透母：t‘o 汤（*huito* 禹汤），t‘ai 泰（*šintay* 神泰），t‘ai 太（*tay qyu* 太后）
定母：t‘ai 大（*tayto* 大唐），t‘o 唐（*tayto* 大唐），t‘o 道（*toyïn* 道人）

为了在听觉上更接近汉语的全浊声母，回鹘人选择的替代音是送气的 t‘ 而不是不送气的 t，这说明汉语的全浊声母在当时读送气音。

以上情况表明，在现代汉语使用者的听觉中，辅音的相似度由高到低分成四个层级。其中被认为最相似的是清音替代浊音，可以认为是第一个层级。第二个层级是相近发音部位的替代，第三层级是发音方法的替代，第四层级是送气与否的替代。这最后一个层级的例子在实际译音中出现得较少，即使出现也仅仅是为了保持不同音位的对立，就像上述用送气音对译法语和俄语的不送气音那样，这仍然说明汉语使用者对塞音和塞擦音是否送气是最敏感的。

（原载孙伯君、麻晓芳主编《“译音对勘”的材料与方法》，合肥：黄山书社，2021，页 12—18）

① 字例选自聂鸿音《回鹘文〈玄奘传〉中的汉字古音》。附带说，回鹘文 b、p 两个辅音的译音情况与此不同 —— 前者用来对译汉语没有鼻韵尾的明母字，如 bayuŋ（马融）里的 ba 译“马”，后者则只能同时用来对译帮滂並三个声母，如 paočosï（宝昌寺）里的 pao 译帮母的“宝”，puhin（普贤）里的 pu 译滂母的“普”，pučiu（蒲州）里的 pu 译並母的“蒲”。

河西语：十四世纪一种未知的语言

冯蒸曾提请学界注意中国国家图书馆收藏的称作“河西译语”的抄本，并根据其中“河西国：倘吾的”（tangut）词条初步猜想可能是明代初年的西夏语[①]。不过后来经过仔细对比，他指出“河西语”不但与12世纪的西夏语差别明显，而且与地域相邻的藏缅族语言也没有多大关系[②]。至今为止，学界普遍认为河西语是一种未见其他文献记载的“混合语”[③]，至于这种混合语的底层面貌和来历则不得而知。本文无力对这个问题给出最终的圆满回答，只希望据现有资料揭示这种语言的概貌，并提供抄本中全部词语可能的读音，或许将来对学者认识河西语的本质略有帮助。

一

中国国家图书馆收藏的《译语》为北元宣光元年（1371）中书礼部依“华夷译语”的“杂字”体例编成，目的是供“会同馆”接待外来使节和日常教学参考。现存孤本为清乾隆年间袁氏贞节堂所抄，全书凡81叶[④]，收录汉语和西北地区少数民族语言对译的词汇共七种，涉及当时西北地区流行的蒙古、鞑靼、回鹘、河西和波斯五种语言。所谓“河西译语”见抄本的第64叶至68叶，首题“河西”，正文收录汉字释义和注音的词语255条，是已知的“译语”类字书里篇幅最小的一种。

根据此前的研究，这255条词语中的绝大多数来历不明，只有不到30条能够从时代相近的外民族语言资料里找到比较完美的对应。在冯蒸1981年的报道之后，陈乃雄试图在河西语和阿尔泰语言之间建立联系[⑤]，但由于他参照的蒙古语和维吾尔语

① 冯蒸：《“华夷译语”调查记》，《文物》1981年第2期。
② 冯蒸：《〈河西译语〉初探》，黄盛璋主编《亚洲文明》，四川人民出版社，1986。
③ Herbert Franke, Bemerkungen zum *Ho-hsi i-yü, Zeitschrift der Deutschen Morgenländischen Gesellschaft* 159.2, 2009.
④ 北京图书馆古籍出版编辑组编：《北京图书馆古籍珍本丛刊》6，北京：书目文献出版社，1991，第573—613页。
⑤ 陈乃雄：《〈河西译语〉中的阿尔泰语言成分》，《中国语言学报》1，北京：商务印书馆，1983。

词仅仅是六百年后的现代形式，加之在具体的勘同工作中往往满足于强调多音节词中个别音节的相似，例如他把“买卖：忽儿八思”一词勘同《华夷译语》的蒙古语词“忽答里都周阿卜”（买），认为它们的相同点在于第一个字都是“忽”，这样得出的结论显然令人信服的不多。相比之下，黄振华通过与同一册书中的《回回译语》对读而辨识出来一些波斯语词[①]，则绝大多数足以成为定论。这些虽然大都是外来语，并不一定代表河西语的本质，但通过借词反映出的语音系统也能大致看出这种语言的概貌。

首先应该注意的是，就像其他的“华夷译语”类抄本一样，这些字书经过不懂得外民族语言的人辗转传抄，其间的错讹多有所见。如黄振华所指出的，《河西译语》有“盔：手底”一条，而《回回译语》作“盔：乎的”，则据波斯文 *khūd* 可以判断“手”为“乎”的字形讹误。又如《河西译语》有“沙狐：主八”一条，而《回回译语》作“狐：罗巴”，则据波斯文 *rūbāh* 可以估计“主”为“六”的字形讹误。应当承认，以目前的条件还不可能为《河西译语》做出一个最终的校定本，所幸经过初步剔除已知的讹字，还可以得到《河西译语》中不重复的对音汉字 230 个左右。参照元代汉语北方话的语音系统理解这些对音汉字[②]，再参照已知的少量借词确定其译音指向，应该能够大致得出河西语的语音系统，以作为恢复河西语词形式的基础。

二

从宋元以后直至现代，m、n、l、j 四个声母的读音都没有发生变化，只是我们已知的借词中恰好没有喻母字的对音例子：

（1）m。用明母字对译，如以“木”译 mu。“奴木”：蒙古语 *numu(n)*“弓”[③]。

（2）n。用泥母和娘母字对译，如以“奴”译 nu。“奴木”：蒙古语 *numu(n)*“弓”。

（3）l。用来母字对译，如以“浪”译 lang。“拍浪革”：波斯语 *palang*“虎”[④]。

（4）j。用喻母字对译。如：亦雨洋。借词例缺。

---

① 黄振华：《清抄明代〈河西译语〉试释》，《固原师专学报》1991 年第 4 期。
② 杨耐思：《中原音韵音系》，中国社会科学出版社，1981。
③《河西译语》给出的词义是“箭”，这实际上是编者的舛误，见 Herbert Franke, Marginalien zu einigen tangutischen Felidennamen, *Zeitschrift der Deutschen Morgenländischen Gesellschaft* 154.5, 2004。
④ 本文引用的波斯语形式来自刘迎胜《〈回回馆杂字〉与〈回回馆译语〉研究》（中国人民大学出版社，2008）第 401—516 页对《回回译语》的转写。

中古的全浊声母在当时的北方汉语里已经清化，因此可以把浊擦音声母字简单地归入相应的清声母：

（1）f。用非敷奉母字对译，如以“法”译 fa。“法他”：波斯语 *fardā*“明日”。

（2）x。用晓母和匣母字对译，如以“黑”译 khi。“黑儿（思）”：波斯语 *khirs*“熊”。

（3）s。用心母和邪母字对译，如以“伞”译 san。“伞都”：波斯语 *sandūq*“柜”。

（4）ʃ。用审母和禅母字对译，如以“十”译 sh-。“吾十独儿”：波斯语 *ushtur*“骆驼”。

中古浊声母的塞音和塞擦音字按声调的平仄分别并入相应的不送气和送气清声母，所以对音汉字涉及的下面这些辅音也是清楚的：

（1）p。用帮母字和並母仄声字对译，如以“巴”译 ba。“六巴”：波斯语 *rūbāh*“狐”。

（2）p‘。用滂母字和並母平声字对译，如以“拍”译 pa。“拍浪革”：波斯语 *palang*“虎”。

（3）t。用端母字和定母仄声字对译，如以“都”译 du。“散都”：波斯语 *sandūq*“柜”。

（4）t‘。用透母字和定母平声字对译，如以“倘”译 tang。“倘吾的”：突厥语 *tangut*“河西国”。

（5）k。用见母字和群母仄声字对译，如以“谷”译 gu。“谷立”：波斯语 *gul*“花”。

（6）k‘。用溪母字和群母平声字对译，如以“恰”译 ka。“恰儿八”：波斯语 *kahrūbay*“琥珀”。

当时汉语北方话的另一个特点是知彻澄和照穿床合并，且没有二三等的分别。尽管借词的例证不足，但我们仍然有把握确定以下两个声类：

（1）tʃ。用照母字和澄母仄声字对译。如：查者，直治。借词例缺。

（2）tʃ‘。用彻母穿母字和澄母平声字对译，例如“迟”大致相当于西夏语

tśhjiw“六”[①]。

中古疑母的首音ŋ-已经脱落，相关对音字与影母一样读作零声母，如以“吾”译u。“吾十独儿”：波斯语*ushtur*“骆驼”。

另外，仿盛唐以来翻译佛经的规则，后人习惯用加上口字旁的来母字对译汉语里没有的外语声母r。这方面最清楚的例子是用“喇”对译ra。“喇苏”：波斯语*rāsū*“黄鼠”。不过需要注意的是，不加口字旁的来母字有时也用来与r-对音，例如“六巴”（*rūbāh*）“狐”不作“吙巴”。当然必须承认，尽管河西语里肯定存在r-这个声类，但在没有相关语言参照的情况下很难确定对音字在具体词中表示的是l-还是r-。

还有少量对音字属于精清从母：

（1）ts。用精母字和从母仄声字对译，如：则租，聚尽。

（2）ts‘。用清母字对译，如：清翠采。

目前还没有发现有关这两个声母的借词例子[②]。事实上当时河西地区流行的波斯、回鹘、蒙古等语言都没有作为声母的ts和ts‘，按照当时的对音习惯不难猜想，这里的汉语精清从母字一定是用来替代了汉语里没有的某个声母，这个声母最有可能是z，例如《回回译语》以“则民”译*zamīn*“地”，以“巴咱儿”译*bāzār*“市”。

三

上述对音汉字反映出的河西语辅音声母有18个，为了便于将汉字的对音指向与文献语言对照，本文下面的标音采用了学界惯用的拉丁字转写，即*b* [p/b]、*p* [p‘]、*m*、*f*、*d* [t/d]、*t* [t‘]、*n*、*l*、*r*、*g* [k/g]、*k* [k‘]、*kh* [x/q]、*s*、*z* [ts/ ts‘/dz]、*ǰ* [tʃ/dʒ]、č [tʃ‘]、š [ʃ]、*y* [j]，此外还有一个只用作韵尾的*ng* [ŋ]。这里没有采用国际音标，是因为当时当地一些语言的辅音清浊问题在学界始终没有形成一致意见，也就是说，我们迄今还不能确切知道蒙古、波斯这些语言的*b*、*d*、*g*等字母在古代某个阶段究竟代表清音还是浊音。

元代的汉语北方话里已经没有中古时代的入声韵尾，所以人们不得不用专门的汉

① 本文引用的西夏语形式来自李范文《夏汉字典》（中国社会科学出版社，1998）引用的龚煌城拟音。
② 黄振华《清抄明代〈河西译语〉再释》（中国民族古文字研究会编《中国民族古文字研究》第4期，天津古籍出版社，1994）曾怀疑《河西译语》的“聚林者”（村）为“聚木者”之误，并用以比附嘉绒语的tshem ndze。若此猜测果真不错，则或可证明河西语存在舌面前塞擦音。

字对译外民族音节的收尾辅音。其具体表现就是上面归纳的辅音有的可以固定出现在音节末，其中最清楚的是 r，元代的汉语对音字一律用“儿”，例如《河西译语》以“吾十独儿”对译波斯语的 *ushtur*“骆驼”，其中的“儿”只相当于 *-r*。除此之外，有些对音汉字如果出现在河西语的音节末，则也可能只用来表示辅音韵尾，例如《河西译语》以“谷立”对译波斯语的 *gul*“花”，其中的“立”只相当于 *-l*。参照今人对《元朝秘史》的蒙古语复原研究可以类推，如果就音节的尾音而言，当时韵母是 i 的舌齿音字如“的”“惕”“则”“思”“尺”“石”“立”所代表的是 *-d*、*-t*、*-z*、*-s*、*č*、*-š*、*-l*，韵母是 e 的牙音字如“革”“刻”所代表的是 *-g*、*-k*，而韵母是 u 的唇音字如“卜”“浦”所代表的是 *-b*、*-p*。

鼻辅音 *ng* 只出现在音节末尾，最清楚的例子是“倘吾的”，这个词来自突厥语的 *tangut*“河西国”，其中“倘”对译 *tang*。不过当这类对音字后面跟着另一个舌根音的时候，似乎写作 -n 更加符合实际情况，例如“拍浪格”在波斯语作 *palang*“虎”而不作 palangg。

用臻山深咸摄阳声字对译的 *-n* 在大多数情况下比较明确，例如波斯语的 *sandūq*“柜”译作“伞都”，其中“伞”相当于 *san*。然而不能忽略的是，使用对音汉字的 n 韵尾时偶尔会出现一种“替代”现象——《女真译语·珍宝门》把女真语 *alčun*“金”译作“安春温”[①]，其中“安”的韵尾 -n 被用来替代 *-l*。毋庸讳言，在没有相关语言参照的情况下很难确定对音字在具体词中表示的是 -n 还是 -l，我们只好一律写作 -n。

从元代汉语的立场看，《河西译语》的对音汉字绝大多数都是单元音，这说明河西语的元音系统比汉语简单得多。为了保持这个特征，我们参照今人对《元朝秘史》的研究把通常认为是双元音的对音汉字大致作如下处理：

（1）取消三四等主元音前的介音 i。例如“帖”“迭”“列”的元音作 e 不作 ie。参看《元朝秘史》“孛儿帖”：*Börte*“女人名”（页 85）[②]，“迭額舌列”：*de'ere*“上”（页 134）。

（2）蟹摄一二等主元音后的尾音 i 改作 y。例如“乃”“雷”的元音作 ay、uy

①Wilhelm Grube, *Die Sprache und Schrift der Jučen*, Leipzig: Harrassowitz, 1896, p. 30.

② 括号里注的是栗林均《『元朝秘史』モンゴル語漢字音訳・傍訳漢語対照語彙》（日本東北大学東北アジア研究センター，2009）的页次，下同。

不作 ai、ui。参看《元朝秘史》“乃颜”：*nayyan*“八十”（页 311），“拖雷”：*Toluy*“人名”（页 468）。

（3）元音为 ua、iua、uo、ou 等的字直接写作 o。例如“完”“斡”的元音作 o 不作 ua、uo。参看《元朝秘史》“完只”：*onǰi*“罚”（页 332）。“斡舌罗”：*oro*“位子”（页 334）。

《河西译语》的汉语注音多系译者随手为之，并不像《元朝秘史》那样预先设计了一套严整的对音规则，所以很难为每一个对音字构拟出精确的语音指向。然而尽管如此，我们仍然相信同时代的译者都会有相似的用字习惯，有如尾音 *-l* 在元代一般译“勒”而在现代一般译“尔”那样，只要沿着这些习惯类推，复原河西语的大致面貌就并非全然没有可能。

四

下面据汉字注音的指向给全部河西词语附上可能的读音，并针对原文的疑点附以校注。为了适应普遍的音位组合类型，对河西语的形式也会做出个别随机改动，例如照顾相邻辅音发音部位的同化等等。这些意见当然不敢妄言必是，唯望为学者今后寻找这种未知语言的来历提供些线索。《河西译语》原书分三栏抄成，下文在分栏的地方用“‖”号标示。

（1）天文门。天：吉达麻 gidama；日：的 di；月：浪乞 lanki‖星：忙 mang；斗：乞石 kiš；风：多撒 dosa‖云：卜尔 bur；雷：喇乞 raki；雨：谷 gu‖霜：卜剌 bula；雪：拍荅 pada；雾：络 lo‖霞：果莫 gomo；露：设基 šegi‖

（2）地理门。地：他则 taz；山：希 khi；水：蛮 man‖江：红犯 khonfan；湖：苦独 kutu；河：荅 da‖海：汪洋 onyang；路：舍 ša；岭：巴 ba‖桥：立骨 ligu；涧：查乞 ǰaki；城：设儿 šer‖市：混 khun；村：聚林者 zulinǰa；土：兀里 ul‖井：都 du；泉：喇喇 rara‖

（3）时令门。春：把吉 bagi；夏：撒奴 sanu；秋：三通 santung‖冬：思立 sil；年：光 gong；阴阳：乃直 nayǰi‖昼：尽 zin；夜：业忽 ekhu；冷：麻禄 malu‖热：革吉 gegi；早：清谷 zingu；晚：石格 šig‖

（4）花木门。树：叶的 yed；叶：混麻 khuma；花：谷立 gul‖林：格立 gel；麝香：

食六 šilu；大黄：完卜 omb ‖ 枣：赤吉 čigi；梨：苏木 sum；松：孙惕 sunt ‖ 桃：福 fu；杏：梅 moy；锁葡萄[①]：母忽忽 mukhukh ‖

（5）鸟兽门。仙鹤：——[②]；孔雀：八立 bal；龙：元 on ‖ 虎：拍浪格 palang；狮子：奴儿 nur[③]；獐：忽木 khum ‖ 兔：走 zo；牛：食食 šiš；羊：——[④] ‖ 熊：黑儿思 khirs；毛牛：代食食 day šiš；马：人思 yins[⑤] ‖ 驴：黑 khi；黄鼠：喇苏 rasu；沙狐：六八 ruba[⑥] ‖ 骆驼：吾十独儿 uštur；鱼：牙把 aba ‖

（6）宫室门。宫殿：米浦 mip；皇城：密十革 mišig；御路：邦及 bangi ‖ 衙门：喇刻 rake；房：提 ti；门：刻 ke ‖ 墙：亦 yi；窗：合古 khagu；馆驿：管故 gongu ‖

（7）器用门。纸：幅 fu；墨：铺 pu；笔：兀租 uzu ‖ 砚：即墨 zimi；盔：乎底 khud[⑦]；甲：昔 si ‖ 刀：乞都阿 kidu'a；枪：乃阳 nayang；弓：郭牙 go'a ‖ 箭：奴木 numu[⑧]；碗：苦 ku；楪：豆子 doz ‖ 盘：坤 kun；筯：都儿 dur；卓：雨迷尺 yumič ‖ 锅：儿 -r[⑨]；床：隐奴 innu；帐房：察邪 časa ‖ 柜：伞都 sandu[⑩]；扇：把定 bading ‖

（8）身体门。身：动 dung；体：滩 tan；头：商 šang ‖ 面：莫麻 moma；眼：彻 če；口：荅 da ‖ 耳：弄 lung；鼻：豆 do；心：荒 khong ‖ 胆：经忽 ginkhu；肝：衣 i；肺：石 ši ‖ 牙：露 lu；舌：班 ban；须：惕 ti ‖ 发：向 khang；手：雷的 luyd；脚：定卜 dimb ‖ 腿：浪 lang ‖

（9）人物门。皇帝：母积 muzi；皇后：阿儿母积 armuzi；太子：立奴 linu ‖ 父亲：凹 a'u；母亲：灭 me；兄：不卜刻 bub ke ‖ 弟：六子刻 luz ke；子：盘 pan；女：苏

---

①“锁”下疑脱重字符“丶”。此当即“锁锁葡萄”，为新疆地区出产的一种果粒很小的山葡萄，《明会典》卷一〇二：“锁锁葡萄每斤绢一疋”。

②“仙鹤”注音原作“浪格”，次行“虎”注音原作“拍”。考《回回译语》有“仙鹤：兀嘎儿”和“虎：珀郎革”，知《河西译语》“浪格”为“虎”注音下舛入，今改“虎”音“拍浪格”，“仙鹤”注音缺。

③河西地区不产狮子，此“奴儿”必是随宗教经典传入的外语词。考《回回译语》作“狮：赊儿”（*shīr*），则《河西译语》的“奴”字疑误。

④“羊”注音原作“思”，次行“熊”注音原作“黑儿”。按对音习惯，“思”一般用来对译尾音 -s，不大用来对译成音节的 si。考《回回译语》有“熊：黑儿思”，知《河西译语》“思”为“熊”注音下舛入，今改“熊”音“黑儿思”，“羊”注音缺。

⑤日母“人”字的拟音 yin 参照回鹘语的汉语借词 *toyïn*“道人”（和尚）。不过传统对音不用“人”字，此疑为“八”字形讹，然“八思”（bas）语源不详。

⑥“沙狐”注音原作“主八”，黄振华《清抄明代〈河西译语〉试释》据《回回译语》校作“六八”，可从。

⑦“盔”注音原作“手底”，黄振华《清抄明代〈河西译语〉试释》据《回回译语》校作“乎底”，可从。

⑧疑“弓”“箭”汉字注音互舛。“弓”在蒙古语作 *numu(n)*，合于“箭”注音“奴木”。

⑨“儿”字传统上不用单字对音，此上疑有脱文。

⑩“伞都”下疑脱“革”字，《回回译语》作“柜：散都革”（*sandūq*）。

su ‖ 娘子：撒卜苏 sab su；官人：治必 ǰibi；使臣：治里密 ǰilmi ‖ 通事：答尺 dač；太医：脱里 tol；伴当：丁八儿 dimbar ‖

（10）人事门。敬顺天道：倘格因牙吉达麻的 tangin'a gidamad；尊待朝廷：矮的苦难加卜 ayd kunangab；大明国：我喇都 oradu ‖ 圣旨：发麻窝 fama'o；河西国：倘吾的 tang'ud；明日入朝早起：法他哈那母喇替 fata khanamurat ‖ 进贡：人出 yinču[①]；方物：塔儿惕 tart；入朝：麦丹加儿 maydangar ‖ 立：乌 u；好生摆著：结自撒福坤 kez safkun；鞠躬：班忽 bankhu ‖ 拜：朝翠 čozuy；叩头：扯窝子及纳 če'oz gina；跪：密纳儿 minar ‖ 起来：哈儿荅 kharda；这边来：印圆必牙 inyombi'a；那边去：翁送荅纳 unsundana ‖ 不要嚷[②]：隩阿莫坤 o'amokun；法度利害：赤洗大勤卜 čisidakimb；赏赐：塞禄儿 selur ‖ 表里：卜喇以惕 burayt；领敕：查儿打丹 ǰardadan；分付：荅买吾 damay'u ‖ 明日领赏：法他迭米秃 fata demitu；谢恩：感瓜石 gangoš；求讨：格儿列 gerle ‖ 买卖：忽儿八思 khurbas；廪给：吴禄法 ulufa；口粮：打汗 dakhan ‖ 人夫：马忽 makhu；省谕：亚蓝 alan；外夷归服：立荅把内文 lidabanoy'un[③] ‖

（11）数目门。一：雷 luy；二：聂 ne；三：梭 so ‖ 四：得 de；五：莫 mo；六：迟 či ‖ 七：沙内 šanuy；八：阿儿 ar；九：格 ge ‖ 十：哦 o；十一：哦雷 oluy；十二：哦聂 one ‖ 十三：哦梭 oso；十四：哦得 ode；十五：哦莫 omo ‖ 十六：哦迟 oči；十七：哦沙内 ošanuy；十八：哦阿儿 oar ‖ 十九：哦格 oge；一十：雷哦 luy'o；二十：聂哦 neo ‖ 三十：梭哦 so'o；四十：得哦 deo；五十：莫哦 mo'o ‖ 六十：迟哦 čio；七十：沙内哦 šanuy'o；八十：阿儿哦 ar'o ‖ 九十：格哦 geo；百：一儿记 irgi；千：独多 dudo ‖ 万：阿蛮 aman ‖

（12）珍宝门。金：客 ke；银：独 tu；珍珠：迷卜 mib ‖ 琥珀：恰儿八 karba；水晶：孛专 bo̊jon；玛瑙：阿皆亦 agayi ‖ 水银：布洗 busi；锡：利亦 liyi；铁：阿阿 a'a ‖

（13）衣服门。段：线 sen；罗：红 khon；布：习 si ‖ 西阳布：哈麻立 khamal；圆领：吉光 gigong；纱帽：他纳 tana ‖ 带：各木 gem；绢：乞卜 kib；被：捏皮 nepi ‖ 褥：冷骨 lingu；靴：采胡 zaykhu；鞋：散根 sangen ‖ 袜：哈占 khaǰan ‖

（14）饮馔门。酒饭：乌吃纳 ugina[④]；筵宴：脱脱 toto；下程：吴法 ufa ‖ 肉：

① 传统对音不用“人”字，此疑为“八”字形讹，然“八出”（baču）语源不详。
② 嚷，原讹作“禳”。
③ 内，陈乃雄录作“肉”。
④ 吃，这里取入声质韵“居乙切”的读音。下同。

吃不纳 gibna；汤：卜苏 busu；酥油：失古脱 šiguto ‖ 烧饼：兀尚篾 ušame；油：即苏 zisu；盐：荅利 dal ‖ 醋：克颜 ke’an ‖

（15）颜色门。黄：底把 diba；红：速独 sutu；青：杨客 yank ‖ 白：洗的 sid ‖

（16）方隅门。东：貿 mo；南：揑民 nemin；西：卜 bu ‖ 北：萨儿 sar ‖

（17）通用门。远：常卜 šamb；近：贴 te；迎：秃胡 tukhu ‖ 送：满列印 male’in；来：底纳 dina；去：十纳 šina ‖ 行：安十纳 anšina；坐：温十纳 unšina；贫：法 fa ‖ 富：好颜 kho’an；诚实：寔到 šido；聪明：光故 gongu ‖ 大：忽 khu；小：恰 ka；死：莫 mo ‖ 活：运 yun ‖

五

《河西译语》里收录的句子只有十几个，且都非常短小，从中看不出规律性的结构特征。这些短句（包括独词句）大多为命令句，但没有迹象显示句子的动词后面有标记命令式的附加成分。至于语序方面，比较值得注意的是“天文门”的第一条“天：吉达麻”（gidama），这个词又见“人事门”里的第一条“敬顺天道：倘格因牙吉达麻的”（tangin’a gidamad）。从词形看，“吉达麻的”最后的“的”（-d）似乎是名词“天”的某种“格词尾”，那么，前面的“倘格因牙”（tangin’a）就应该含有“敬顺”的意思，这表明河西语的动词位于宾语之前。另外值得注意的是“鸟兽门”里的“牛：食食”（šiš）和“毛牛：代食食”（day šiš）两条，看来河西人不像藏族人那样把牛（*nor*）和牦牛（*’bri-gyug*）看作完全不同的两种动物，而只是像汉族人那样视牦牛为牛的一种。这里为区别两种动物名称而加上的“代”（day）最可能是个形容词，意思或许是“长毛的”，或许就是汉语借词“大”，但无论如何，这大概可以表明河西语的形容词位于中心语之前。假如上面的猜测不错，那么我们就能够知道，在当年河西人可能接触到的语言中只有汉语具备全部这两个语序特征——波斯语、蒙古语、回鹘语、西夏语和藏语的动词在宾语之后，波斯语、西夏语和藏语的形容词在中心语之后，均与《河西译语》不同。这类奇怪现象的起因可以解释为《河西译语》编译者对语言的误解。久已为人所知的是，当年政府“通事”对外民族语言的理解水平远远低于今人的预期，这导致他们编写的“译语”类字书谬误百出，例如《女真译语》里的那些“来文”就完全是按照汉语语序逐词硬译过去的，译者头脑里似乎根本没有女真语法的概念[①]。以此想来，《河西译语》的编译者按照汉语语序硬译“敬顺天道”之类短句也属必然，这就是说，《河西译语》记录的语料若从语法角度看是不值得信任的。

使用这种语言的“河西国”不见古书记载，从元代史籍看，“河西”指的必是今天的宁夏、甘肃一带。至于其具体地域，福赫伯认为位于以兰州为中心的甘肃省境内[②]，不过结合当地历史考虑，元代河西有资格被称为“国”的只能是忽必烈第三子忙哥剌的封地[③]。忙哥剌自至元九年（1272）起相继被封为安西王和秦王，作为行政中心的秦王府设在六盘山东麓的开城，即今宁夏回族自治区南端固原市的开城镇，遗址至今尚存。至元十七年（1280）阿难答袭封安西王后，这个“国”的疆域进一步扩大，他也由此成了河西地区惟一的统治者。值得注意的是，阿难答秦王曾被他父亲托付给一个伊斯兰教徒抚养，使他自幼便建立了伊斯兰的信仰，甚至可以背诵和书写《古兰经》。在袭封安西王位之后，他便令大部分蒙古军队皈依了伊斯兰教，并最终得到了元朝中央政府的认可[④]。这批新皈依的伊斯兰教徒和同时被忽必烈发去河西屯田的波斯人、阿拉伯人、突厥人一起，在当地形成了强大的穆斯林势力。由此应该相信，作为伊斯兰教经堂语言的波斯语必然会影响当地人的生活，这可以解释在《河西译语》里为什么会有那些波斯语词。

作为河西国行政中心的六盘山地区当初是北宋和西夏的边境，11 世纪中叶几次大规模的战争都发生在那附近，可以相信那里不乏留守戍边的汉族和党项族士兵。这些士兵和先后迁去的各国穆斯林长期共处，使得当地的民族结构和语言状况愈加复杂。然而无论吸纳了多少外民族的借词，作为“国”的秦王统治地区必有其“国语”。可想而知，河西的“国语”虽然在与蒙元中央王朝交往时使用，但是就像清代的满语一样在境内并不普及，所以随着明王朝的一统天下，这种未知的语言很快就退出了历史舞台，彻底让位于汉语了。

（原载《语言研究》2020 年第 3 期，页 107—112）

①Louis Ligeti, Note préliminaire sur le déchifferement des »petits caracteres« joutchen, *Acta Orientalia Academiae Scientiarum Hungaricae*, 3.3,1953.
②Franke, Bemerkungen zum *Ho-hsi i-yü*,.
③ 聂鸿音：《〈河西译语〉探析》，《宁夏大学学报》2002 年第 1 期。
④ 拉施特主编，余大钧、周建奇译：《史集》，北京：商务印书馆，1985，第 379 页。

再论《河西译语》

为了方便与周边的地方政权交往，元明两代建立了负责接待兼翻译工作的“会同馆”，并在其各分支机构设有多种外民族语言的“通事”若干员。相关史实从20世纪初开始受到关注，其中令人费解的是《大明会典》卷一〇九提到的“河西”①。按照当时的惯例，凡是设通事的译馆一定编有某种形式的词书以供馆内教学和对外交往时参考，然而奇怪的是，明清时代各个译馆所编的“译语”类词书都有抄本甚至刻本存世，可是“河西”不但长期未见“译语”保留下来，而且在明代中叶以后竟然再也没有“河西馆”的消息。直到1981年冯蒸在国家图书馆发现了《河西译语》的传抄本之后②，对相关内容的鉴定才引发了学术界的兴趣。

一

冯蒸发现的《河西译语》在两年后由陈乃雄发表了录文③，全部照片于1991年由北京图书馆刊布④。原书为清代乾嘉之际抄本⑤，版口题“译语”及“贞节堂袁氏钞本”，卷尾书“太尉之印”及“宣光元年十一月日中书礼部造”，并有摹绘的八思巴字“太尉之印”一方。“宣光”为北元昭宗爱猷识理达腊年号，“元年”相当于公元1371年，即明洪武四年，由此可以证明原书为北元政府所编，至于后来通过什么途径传入中原则不得而知。在今天看来，这份资料的价值在于为后世保存了一种久已消亡的未知语言。

国家图书馆收藏的这册《译语》是六种“杂字体”字书的汇编，没有统一的体例。

①H. Maspéro, Études sur la phonétique historique de la langue annamite, *Bulletin de l'Ecole française d'Extrême-Orient* 12, 1912, p. 7.
② 冯蒸：《“华夷译语”调查记》，《文物》1981年第2期。
③ 陈乃雄：《〈河西译语〉中的阿尔泰语言成分》，《中国语言学报》1，北京：商务印书馆，1983。
④ 北京图书馆古籍出版编辑组编：《北京图书馆古籍珍本丛刊》6，北京：书目文献出版社，1991，第604—606页。
⑤ 北京图书馆刊布的影印件没有封面。据冯蒸记录，原书封面题有“译语。袁寿皆贞节堂写本，书钞阁借稼孙仁无亲家两本录副讫，题此奉归”。按，此“寿皆”当即“寿阶”，为清代藏书家袁廷梼（1764—1810）的字号。

全书81叶，卷首有3叶序言，其后依次是“八思巴对音字”（冯蒸拟题）、《百家姓蒙古文》、《蒙古译语》、《译语·韃靼》、《委兀儿译语》、《河西》和《回回》。第一种“八思巴对音字”来历不明，第二种《百家姓蒙古文》和第三种《蒙古译语》辑自《太平广记》。另据冯蒸对校，“韃靼”“委兀儿”“回回”三种译语的内容与存世同类字书相差无几。这提示我们，学术界此前所谓明代会同馆“华夷译语”里至少有一部分是以元代编修本为基础做成的，并非明人原创。这样，悬而未解的只有原书第64叶至68叶上的《河西译语》。《河西译语》虽然照例分天文、地理、时令、花木、鸟兽、宫室、器用、身体、人物、人事、数目、珍宝、衣服、饮馔、颜色、方隅、通用17门，但收录有汉字标音的词语仅255条，是已知的“译语”类字书里篇幅最小的一种。看来当朝对这个“译语”的编纂不够重视——若仅凭这点词汇量去应付翻译工作显然没有可能。不过，“人事门”里的“河西国：倘吾的”一条十分引人注目，“倘吾的”无疑是*tangut*的对音，这个词在元代多译作“唐兀”或“唐兀惕”，一般认为指当年的西夏故地，于是冯蒸最初估计所谓“河西语”应该是明代的西夏语。毫无疑问，寻找这种语言的后裔是给《河西译语》定性的关键难题，可是这本《译语》的卷首序言虽然详细介绍了八思巴字、回回（波斯）字甚至梵字，却对河西语未置一辞，这又给语言的定性平添了一分迷惘。

首先应该指出的是，历史上突厥、蒙古等民族使用的*tangut*或*tanγut*不一定与西夏国相关。事实上这个词的出现时间早于西夏立国三百年[①]，进入蒙元时代以后，则最常用来指西夏的原住民及其后裔。例如《元朝秘史》说到西夏百姓时一律用“唐兀惕”（*tangγut*，党项），说到地名时一律用“中合申”（*qašin*，河西）[②]，分别强调的是其民族属性和地理属性。同样，《元史》里介绍入元的党项人时也多使用“唐兀氏”而较少使用“河西人”。这样看来，《河西译语》把“河西国”说成“倘吾的”，以民族属性和地理属性对应，让人颇感异样。

元明两代的史书里没有专门记载过这个罕见的“河西国”，从感觉上说，那个“国”一定是13至14世纪间宁夏、甘肃一带某个地方政权的汉语俗称。十多年前，福赫伯

①Tangut一词最早见于唐开元二十三年（735）所立的突厥文“毗伽可汗碑”，当时不但没有出现西夏这个王国，而且后来建国的党项部落也还居住在陕西北部而不在黄河以西。附带说，清代把tangut译成“唐古忒”，那是已经转而用来指四川西北的藏族地区了。

②栗林均：《『元朝秘史』モンゴル語漢字音訳・傍訳漢語対照語彙》，仙台：東北大学東北アジア研究センター，2009，第446、386页。

注意到《元史》卷二四记载有一个“庄浪州唐古千户所”，于是他估计“河西国”的地理位置在庄浪州（今甘肃省平凉市庄浪县）或者洮州（今甘肃省甘南州临潭县）①，甚至还想到了兰州②。不过，庄浪与临潭间的距离将近600公里，福赫伯的考证恐怕欠妥，何况《元史》记载的那个庄浪州唐古千户所毕竟太小，不但没有资格被称为“国”，而且在1312年就被裁撤了，所以与半个多世纪后的《河西译语》应该没有任何关系。事实上在元代那片地区惟一有资格被称为“国”的应该是忽必烈第三子忙哥剌的统治地区。忙哥剌自至元九年（1272）起相继被封为安西王和秦王，王府设在六盘山东麓的开城，即今宁夏回族自治区固原市的开城镇，遗址至今尚存。至元十七年（1280）阿难答袭封安西王，他在当地实行了一些休养生息的惠民政策，统治的疆域也扩大到了当时条件下的极限③。因此，这个政权被视同一个真正的“国”是不足为奇的。

如果我们对元代“河西国”地理位置的假定是正确的，那么就会对此前西夏语在那片地方的影响力表示怀疑。当年的六盘山一线是西夏和北宋的边界，也是北宋的镇戎军所在地，西夏建国之初和北宋的几次大规模战争都发生在那附近，而西夏也从来没有牢牢地占据过那片地方。可想而知，尽管战争年代会有西夏军队进驻，和平年代也会有党项人从西夏腹地去从事边境贸易，但那里在历史上毕竟是汉人的传统地盘，民间通行汉语，党项人的语言应该并不普及。与此相应的事实是，20世纪固原出土的文物众多，却没有发现一本用西夏文刻写的书。

二

无论如何，*tangut* 这个词毕竟容易使人想到西夏，所以冯蒸最先做出的努力就是试探着寻找《河西译语》所载词语跟西夏语乃至藏、彝等语言的对应，然而对比了五十多则词语之后，他最终得出的结论却是河西语跟西夏语异多同少，而且《河西译语》里的绝大多数词语都和藏、彝、缅诸语言没有关系④。的确，如果取西夏语—汉语双解字书《番汉合时掌中珠》与《河西译语》的相应词语对照，其间的差异可以一目了

①Herbert Franke, Marginalien zu einigen tangutischen Felidennamen, *Zeitschrift der Deutschen Morgenländischen Gesellschaft* 154.5, 2004.

②Herbert Franke, Bemerkungen zum *Ho-hsi i-yü, Zeitschrift der Deutschen Morgenländischen Gesellschaft* 159.2, 2009, s. 354.

③聂鸿音：《〈河西译语〉探析》，《宁夏大学学报》2002年第1期。

④冯蒸：《〈河西译语〉初探》，黄盛璋主编《亚洲文明》，成都：四川人民出版社，1986。

然——西夏语的词大多为单音节，而河西语的词则大多为双音节甚至三音节，例如“天”在西夏语读若“。没”而在河西语读若“吉达麻”。相比之下，勉强可以认为比较接近西夏语的只有“数目门”里的一组河西语基数词，如下表1所示：

表1 汉字基数词的河西语和西夏语对音

数词	河西译语	番汉合时掌中珠①
一	雷	娄 4.4 lew
二	聂	能 11.1 njɨ
三	梭	桑 6.4 sọ
四	得	勒 11.3 ljɨr
五	莫	鱼骨 6.5 ŋuə
六	迟	抽 20.1 tśhjiw
七	沙内	折 35.1 śiạ
八	阿儿	耶 9.3 ·jar
九	格	吃 4.4 gjɨ
十	哦	罨 35.1 ɣạ②
百	一儿记	易 35.1 jir
千	独多	都 36.4 tụ

必须承认，除了“一”“二”“三”“六”“十”以外，其他六个数词的对应都有所不合。河西语的“七”“八”“百”“千”用两三个汉字标音，自然不等于用单一汉字标音的西夏语，河西语“四”“五”的声母t（得）和m（莫）也不同于西夏语的l和ŋ。河西语“九”的声母是清音k（格），按当时的惯例不会对应西夏语的浊音g。历史语言学认为基数词最能反映语言的本来面貌，因此我们说，河西语的这一组词尽管与西夏语有些相像，但不可能是从西夏语整体继承来的。如果再进一步，把《河西译语》里的全部基本词汇做个综合考虑，我们就必然倾向冯蒸的结论，即河西语与西夏语异多同少。由此可以联系到故宫博物院收藏的明刊西夏文《高王观世音经》和河北保定莲池公园的明代西夏文经幢③，这两件资料的年代略晚于《河西译语》，

① 在这一栏里依次给出对音汉字、所在的叶次和行次，以及龚煌城构拟的西夏字读音。资料征引自李范文《夏汉字典》，北京：中国社会科学出版社，1998年。

② 劳费尔最初猜想西夏语的“十”可能来自突厥语的 *on*“十”（B. Laufer. The Si-hia Language, a study in Indo-Chinese philology. *T'oung Pao* 17, 1916），恐怕不确。参看孙伯君编《国外早期西夏学论集》（一），北京：民族出版社，2005年，第191页。

③ 史金波、白滨：《明代西夏文经卷和石幢初探》，《考古学报》1977年第1期。

但上面显示的语言特征与西夏时代的文献并没有很大差异。尽管出现的地点与河西相距遥远，但这一事实毕竟提示我们，河西的西夏语在这段时间内发生实质性变化的可能性很小。

在那些明显与西夏语形式差距较大的词中，陈乃雄曾指出有六十多个与蒙古、维吾尔等阿尔泰语言相当①，例如“刀：乞都阿”相当于蒙古语的 xit‘ɷq-a“刀”，“绢：乞卜”相当于蒙古语的 xip“绫”，“琥珀：恰儿八”相当于维吾尔语的 kəh riwa“琥珀”，“柜：散都”相当于维吾尔语的 sanduk“箱子”②。陈先生的结论基于一个很有意思的想法——河西地区当时的统治者是蒙古人，所以肯定会在一定范围内通行蒙古语，这当然并非不合情理，但是毋庸讳言，他对大多数具体词语的考释却是不成功的，事实上《河西译语》里只有极少的词能与阿尔泰语言形成有说服力的对应。我们看到，在有些多音词中哪怕只有一个音节同蒙古语一样，陈先生也将其断为蒙古语。例如《河西译语》的“岭：巴”一词被认为相当于蒙古语的 tapaq-a，其实只有中间的一个音节 pa 相当于“巴”，而陈先生认为那是因为前后两个音节在语言演化中脱落了，这显然很难令人信服。遗憾的是文章里像这样的论证过多了。说句极端的话，假如河西人会说那么多蒙古语词，那么他们的使者到蒙元王廷去朝贡的时候就不需要“通事”帮忙了。

通过此前对“华夷译语”类字书研究状况的了解，学界已经形成了这样一个认识，即绝大多数“译语”里的绝大多数词都可以在现代语言或方言里找到，且与现代语言和方言形式差别很小，其与标音汉字之间的细微分歧多出自汉语和外族语之间的音系差别所引发的“音位替代”，与语言的历史演化没有太大关系③。即使是当地已经消亡的语言，也可以在周边的同一语言中找到比较严格的对应。可以肯定，“华夷译语”类字书的全部语料都是一时一地语言的如实记录，否则在中央政府的通事那里就失去了应用价值。

另一个应注意的问题来自福赫伯的提醒。他认为这六种译语既然被编在同一册书里，一定表明其使用时间和地域相差不远，这片地区在当时还不归属明朝，而仍然效忠于蒙古④。由此我们感觉到，如果河西语里有些外来词，也应该借自同一地区或者

① 陈乃雄：《〈河西译语〉中的阿尔泰语言成分》。
② “琥珀：恰儿八”和“柜：散都”二词陈乃雄认为系河西语借自维吾尔语的 kəh riwa 和 sanduk，此说不确。其实这两个词的来源是波斯语的 *kah-rūbay*（琥珀）和 *sandūq*（柜）。
③Louis Ligeti, Note préliminaire sur le déchifferement des »petits caracteres« joutchen, *Acta Orientalia Academiae Scientiarum Hungaricae* 3.3, 1953, p. 219.
④Herbert Franke, Marginalien zu einigen tangutischen Felidennamen, s.169.

周边地区的语言，这就是说，如果要确定河西语某些词的阿尔泰语源，参照同编在这册书里的《韃靼译语》和《委兀儿译语》应该比依据现代蒙古语和维吾尔语方言来得好些。可是初步对读表明，这两份材料里可以与河西语勘同的词语竟然出人意料地少，即使是陈乃雄提出的“琥珀”这个维吾尔语词也不能在《委兀儿译语》里得到支持，能够确证无疑的只有《韃靼译语·衣服门》的“孰（熟）绢：乞不”相当于河西语的“绢：乞卜”这样寥寥几例。看来阿尔泰诸语言也跟河西语没有关系。

三

迄今对河西语词最令人信服的研究出自黄振华之手，他参照国家图书馆那册《译语》里的《回回译语》首次辨认出了大约30个波斯语词[①]，选出几例，列为表2：

表2　《河西译语》《回回译语》与波斯文对音

汉义	河西译语	回回译语	波斯文[②]
骆驼	吾十独儿	兀失秃儿	*ushtur*
黄鼠	喇苏	剌速	*rāsū*
廪给	吴禄法	五鲁法	*‘alūfa*
花	谷立[③]	谷力	*gul*
铁	阿阿	阿寒	*āhan*
明日	法他	法儿答	*fardā*
琥珀	恰儿八	颗虢勒把	*kah-rūbay*
熊	黑儿	黑儿思	*khirs*
驴	黑	虢儿	*khar*

上表这些勘同的例子在音义两方面均无可挑剔，可惜都是借词，不能认为代表了语言的本质。只不过沿着这个思路寻找下去，我们还可以把《回回译语》的“柜：散

① 黄振华：《清抄明代〈河西译语〉试释》，《固原师专学报》1991年第4期。
② 本文使用的波斯文拉丁转写形式据刘迎胜《〈回回馆杂字〉与〈回回馆译语〉研究》，北京：中国人民大学出版社，2008年，第401—516页。
③“花：谷立”一词陈乃雄认为系河西语借自维吾尔语和哈萨克语的*gül*，此说不确。考《委兀儿译语》“花”作“扯扯”，不能与河西语“谷立”勘同。其实现代维吾尔语和蒙古语的“花”有两个词，多用于女人名，一为阿尔泰语固有词（扯扯/扯扯克），现代汉语音译“其其格”，另一为波斯语借词（谷立），现代汉语音译“古丽”。

都革”（*sandūq*[①]）勘同《河西译语》的“柜：散都[②]”，从而知道这个波斯语词是分头进入维吾尔语和河西语的，并不像陈先生说的那样，是河西语里的维吾尔语借词。

当初成吉思汗曾把西征时带回的一批阿拉伯和波斯穆斯林发至河西屯田，加上此前留居丝绸之路沿线的穆斯林，导致伊斯兰教在当地的势力相当强大。自幼建立了木速蛮信仰的阿难答在1280年袭封王位后，便令大部分蒙古军队皈依了伊斯兰教[③]，与此相应，作为宗教经堂语言的波斯语必然也从此进入了河西人的生活。这样想来，河西语就像现代维吾尔语一样，里面存在一批波斯语借词也是必然的。黄振华由此进一步考虑到，既然波斯词语可以通过宗教的传播进入河西语，那么同为宗教经堂语言的阿拉伯语应该也会走上同样的道路。不过，他尽力从《河西译语》里辨认出来的几个阿拉伯语词却每一个都令人生疑。例如他把“皇帝：母积”勘同犹太语和阿拉伯语的*MLK*，把“皇后：阿儿母积”勘同阿拉伯语的*iyal MLK*，而事实上阿拉伯语*malik*（*MLK*）的读音虽然与“母积”有些近似，但“皇后”的构词只是在“皇帝”的后面加一个a（*malika*），而不是在“母积”的前面加上“阿儿”[④]。就目前所知，河西语里的阿拉伯语成分似乎可以排除。这现象暗示着一个事实，即河西地区早期的伊斯兰经堂使用的是波斯语，而不是像今天宁夏回族自治区的清真寺那样使用阿拉伯语。

四

从事过古籍整理工作的人都有这样的体会——校勘古书里的人名、地名、职官名等外语音译词是个极大的难题，其间一旦遇到校勘者不熟悉的外民族语言，就会处处使人感到无从着手。对此学术界默认的办法是躲避，即在校勘记里如实列出他本的异文而不下断语。这种办法在校点普通史书时当然勉强可用，但如果要处理的是通篇充满音译词的“译语”类字书，则是无论如何也躲不过去的。古人在编书或抄书时也面临着同样的窘境，事实上四夷馆臣及“译语”的编者对各种语言的知识非常浅薄，校书人或抄书人更是完全不懂外民族语言，所以我们今天看到古书中外语音译词出现讹

① 刘迎胜：《〈回回馆杂字〉与〈回回馆译语〉研究》，第455页。
② “散都”下疑脱“革”字。
③ 拉施特主编，余大均、周建奇译：《史集》第二卷，北京：商务印书馆，1985，第379页。
④ 即使是借词也遵守这样的规则，参看阿拉伯语 *'iimbiratur*“皇帝”：*'iimbiratura*“皇后”。

字的比例最高[①]。从这个认识出发，说“译语”抄本是中国古籍里质量最差的一类也不为过。具体到《河西译语》，其中编写和传抄的讹误当也不在少数。例如“盔：手底”一条，考《回回译语》作“盔：乎的”（*khūd*），黄振华据此判断《河西译语》的“手”为“乎”字形讹，当无疑义，“乎底”与*khūd*对音合乎情理。又如“白：洗的”一条，考《回回译语》作“白：洗撇的”（*sifīd*），则《河西译语》注音脱“撇”字。

据黄先生此前的研究，《河西译语》里的波斯语借词多集中在“鸟兽门”，如上述“骆驼”“黄鼠”“熊”“驴”等。此外还可以注意到“沙狐：主八”一条，考《回回译语》作“狐：罗巴”（*rūbāh*），则可据此判断《河西译语》的“主”为“六”字形讹，“六八”与*rūbāh*对音合乎情理。由此我们进一步想到《河西译语》里位置相邻的“仙鹤：浪革”和“虎：拍”两条。《回回译语》有“仙鹤：兀嘎儿”和“虎：珀郎革”，由此可以估计河西语的“仙鹤”一词全然无稽，但若把“虎”和“仙鹤”的标音合起来成为“拍浪革”，则恰好与波斯语的“珀郎革”（*palang*，虎）相当。或许我们可以据此判断《河西译语》“仙鹤”条的标音汉字“浪革”是从“虎”的标音舛入的。又如《河西译语》有“獐：忽木”一条，《回回译语》作：“獐：阿乎”（*āhū*），则《河西译语》汉字标音疑衍“木”字。再如《河西译语》有“狮：奴儿”一条，我们知道，当年丝绸之路沿线各种语言和方言的“狮子”一词无非两个来源，一个是藏语的seng ge，汉语音译“僧格”，一个是波斯语的*shīr*，汉语音译“师”，而河西语的读音与此二者均不相符，至为可疑。考《回回译语》作“狮：赊儿”，则据此似可怀疑《河西译语》的“奴”是讹字。

以上例子涵盖了校勘古书时遇到的“衍”“脱”“舛”“讹”这全部四种情况，而“译语”表现出的疑问还不止此。由于这类字书往往不是一人独著，而是有翻译帮助汉人和当地人沟通的产物，所以在不同的语言间难免会出现理解的偏误[②]。这方面一个有趣的例子是《河西译语》的“箭：奴木”，“奴木”的读音可以还原成numu，而这实际上是蒙古语的*numu(n)*“弓”[③]。如果相信《河西译语》在最初的编写过程中也会出现理解的偏误，我们就可以尝试解释开头那个来历不明的“天”。这个词的汉字标音是“吉达麻”，黄振华用“吉达”比附波斯语的*khudai*“胡大，真主”，用“麻”

①Louis Ligeti, Note préliminaire sur le déchiffrement des »Petits caracteres« joutchen, p. 215.
②聂大昕：《近代辞书中的“回回”译名考》，《回族研究》2016年第2期。
③Herbert Franke, Marginalien zu einigen tangutischen Felidennamen, s. 170.

比附波斯语的 *ma*“我们”，总释为 *khuda-ma*“我们的真主”。这在对音上固然可以大致讲通，但联系到当初的编者把这个词归到“天文门”里，则明显不大贴切。我们知道西夏人最常用的“天”写作“𗼃”，《番汉合时掌中珠》的标音汉字是“。没”，读音构拟为 mə[1]，不妨认为相当于“麻”。那么我们是不是可以这样设想：《河西译语》的编译者在这里实际上是写了两个词，一个如黄先生所说，是人格化的“天”，即“胡大”；另一个是自然界的“天”，即“。没”，造成这一结果的原因是翻译在汉人和当地人之间的沟通出现了偏误——当然我们这个解释也不过是姑妄言之。

五

以上谈到的大都是随文化传播而输入河西语的外来词。必须承认，除了那几个基数词以外，迄今能够确认的河西语固有词例仍然太少，这使人们难以认识河西语的本质。既然目前还没有发现那种语言的后代，那么按照惯例，学者就应该退而求其次，到周边地区去寻找某些类似的语言以求确定其在发生学上的系属。出土文献证明唐代至元代的河西出现过多种语言，除了使用范围最广的汉语和本文讨论涉及的西夏语之外，还有汉藏语系的藏语、阿尔泰语系的回鹘语和蒙古语、印欧语系的波斯语和粟特语，以及闪含语系的阿拉伯语，而此前的研究已经否定了全部这些可能性——冯蒸大致勘同的藏语词不超过十个，尤其令人惊讶的是，《河西译语》里竟然没有一个词可以认定为汉语借词[2]，这与中原文化在西域的巨大影响极不相称。即使我们把视野再放宽一些，联系到党项人先祖的故地，也就是今天四川省西北部的羌族地区，问题好像也得不到解决。如所周知，学界从 20 世纪 80 年代开始注意到了羌语和西夏语的亲缘关系[3]，经过多年探讨，这一看法已经成为当前学术界的主流。然而很遗憾，保存至今的早期羌语资料好像只有清道光十三年（1833）赵德林、张沆等修纂的《石泉县志》[4]，这部书的卷二《舆地志·风俗部》末尾附有“番译”词语 80 馀则，记录了今四川省北川县一带的羌语。经取现代羌语的调查记录与《石泉县志》对照，不难看出

① 李范文：《夏汉字典》，第 654 页。
②《河西译语》有“砚：即墨”一条，黄振华视为汉语借词，并引宋代苏易简《文房四谱》称砚为“即墨侯”为证。然而人们很难相信当时的河西人有那么高的汉文化素养。
③ 孙宏开：《六江流域的民族语言及其系属分类——兼述嘉陵江上游、雅鲁藏布江流域的民族语言》，《民族学报》1983 年第 3 期。
④《中国地方志集成·四川府县志辑》第 23 册，巴蜀书社 1992 年影印本，第 183—352 页。

几乎每条词语都有活语言的证据支持[①]，可是竟然没有一条与《河西译语》完全对当。

《河西译语》的标音汉字有些罕见的现象，其中最引人注目的是五个带 f 声母的字——“犯”“福”“幅”“发”“法”。我们知道，f- 仅见于波斯语、粟特语和女真语，而西夏、藏、蒙古、回鹘等语言的音韵系统中都没有 f-。另外，《河西译语》的标音还用了五个带齿头塞擦声母的汉字——“聚”“清”“租”“积”“翠”，而除了西夏语和藏语外，蒙古、回鹘、波斯、粟特、女真等语言的音韵系统中都没有 ts-、tsh-、dz-。这就是说，在当初的河西及周边未见一种语言的音韵系统与《河西译语》完全相符。

世界上不大会有孤立存在的语言，几乎每种语言都有自己的族属。在充分掌握资料的情况下，研究者能够追溯到它的源头，也能够描述它的发展过程及与其他语言的相互影响，可是河西语与周边任何一种语言的历史亲缘关系都不能得到有效的证明，这实在让人难以置信。无奈之下，我们想到了敦煌藏经洞所出的那件著名的“南语”写卷。这个卷子现藏大英图书馆，上面用藏文书写了一种未知的语言，最初研究这个卷子的托马斯将其定名为“南语”[②]，并猜想使用这种语言的部族属于羌人的一支。尽管他对这个定名的论证并不充分，但还是得到了学界的默许。闻宥在 1981 年为他提供了补充论证，结论也不出“东羌”范围[③]，给人的感觉是与后来的党项部族似乎多少有些关系。如果按照公认的看法，把这种语言定位于吐蕃东北部与汉地交界的地方，则距离元代的安西王领地就不致过远。尽管南语写卷的产生时间比《河西译语》要早几百年，我们还是幻想能从中找到一点有用的线索。然而遗憾的是，这个写卷几乎完全不能解读，托马斯整理的词汇表也只是从拼写法近似的藏文词语附会来的，无法为河西语研究提供任何可靠的帮助。毋庸讳言，依据现在的有限资料，要彻底解读这个南语写卷还完全没有可能。既然这样我们也只好承认，在目前的资料条件下尝试寻找河西语跟任何一种语言的亲缘关系都是徒劳的。当前的认识只能是：《河西译语》记录的是 13 世纪末到 14 世纪末宁夏固原一带使用的一种未知的语言，这种语言在伊斯兰文化的强烈影响下接收了一批波斯语词，但随着当地居民在明代以后转用汉语，所谓的“河西语”便已消亡得踪迹全无了。

（原载《文献》2019 年第 5 期，页 111—120）

① 聂鸿音：《道光〈石泉县志〉中的羌语词》，《民族语文》2000 年第 1 期。
②F.W. Thomas, *Nam — An Ancient Language of the Sino-Tibetan Borderland: text, with introduction, vocabulary and linguistic studie*s, London: Oxford University Press, 1948.
③ 闻宥：《论所谓南语》，《民族语文》1981 年第 1 期。

《钦定辽史语解》中的唐古特语

《钦定辽史语解》是清乾隆皇帝敕编《钦定辽金元三史国语解》中的第一部[①]，最初的编写意图是参照索伦语（鄂温克语）来校改《辽史》里的译名，但实际上全书涉及索伦语的词条所占比例很小，绝大多数词条参照的却是满语和蒙古语，此外还有百余条参证了唐古特语（藏语）。这些唐古特语词条就像书中的其他词条那样，不但编排体例粗疏，而且音义考据多属臆断，何况我们在史籍里还找不到当年契丹人和吐蕃人发生大规模文化交往的证据，自然很难相信契丹的语言中怎么会有这么多藏语借词存在[②]。这些根据藏语改译的条目鲜有史学价值可言，而本文之所以拿出来专门讨论，是因为它们多少可以启发我们进一步认识《辽金元三史国语解》的具体编纂过程。

一

如所周知，所有的古代音译作品都遵循着特定时代约定俗成的翻译原则，后代研究者总是可以从中整理出严整的汉字对音规律，从汉译的佛经咒语到明清两代的“华夷译语”莫不如此。从这一点出发，我们首先要考虑的问题就是：《辽史语解》的编者在音译藏语词时有没有遵循统一的原则？

中国史籍用汉字记录外民族语言文字的原则有二：一种叫做“转写”（transliteration），即注重表现原文的字母拼写形式而不大在意其实际读音；另一种叫做“译音”（phonetic transcription），即注重模拟原语的实际读音而不大在意其字母拼写形式。这两种原则的区别可以借用藏文的 *dbus* 来说明——这个常用词的意思是“中间”，明清史书有的转写作“乌斯（藏）”，译出了原文的字母 -*s*，也有的译音作“卫（藏）”，因为那里面的 -*s* 在藏语口语里并不念成 s。

① 本文使用的《钦定辽金元三史国语解》是文渊阁“四库全书”本。

② 与此不同的是《钦定元史语解》。考虑到藏传佛教在元代的中国北方地区产生过巨大影响，所以《元史语解》中出现大量唐古特词语是可以理解的，编者的有些考据也是可以认同的。

我们知道，藏文的后加字母 *sa* 本身不发音，但会使前面的低元音变成高元音，使前面的后元音变成前元音，也就是使 *a* 变读为 ɛ，使 *e* 变读为 i，使 *o* 变读为 ø，使 *u* 变读为 y。《辽史语解》以“页” jɛ 译 *gyas*（左），以“伊实” jiɕi 译 *ye-shes*（智慧），符合上述规律，似乎表明编者采用的是“译音法”[①]。然而书中的后加字母 *ga* 却提供了相反的例证：

nag 纳$_{\text{克}}$（黑色）；*'phags* 帕$_{\text{克}}$（圣），*dbang shugs* 旺舒$_{\text{克}}$（权），*sngags* 阿$_{\text{克}}$（咒语）。

写得较小的汉字“克”被用来代表辅音韵尾 -kh，可是现代所有的藏语方言都不把后加字母 *ga* 读作 -kh[②]，这似乎又表明译者采用的是“转写法”。更加令人难以相信的是《辽史语解》对藏文后加字母 *da* 的自相矛盾的处理——写得较小的汉字“特”被用来代表辅音韵尾 -th：

khrid 持$_{\text{特}}$（前引人），*yid* 伊$_{\text{特}}$（心），*'od* 鄂$_{\text{特}}$（光）。

现代所有的藏语方言都不把后加字母 *da* 读作 -th[③]，这似乎表明译者采用的是“转写法”，可是我们在书中也看到了对后加字母 *da* 不予译出的例子，似乎又表明译者采用的是“译音法”：

skyed 结（开广），*brgyud pa* 矩巴（根本）。

转写和译音两种方法在同一部书中并存的现象是极不正常的，对这一事实的解释显然只有一个，即《辽史语解》的编者在音译藏语词时并没有遵循统一的原则。

这个结论会进一步引发我们考虑《辽史语解》中所涉藏语的基础方言问题。藏学

① 另有一些涉及 -s 的译例，尽管也应被归为“译音法”，但是却没有反映出现代藏语那样的元音变读，从译音汉字看，译者显然是把 -s 处理成了 y：*gnas* 鼐（*nay，所在），*phrin las* 辰赉（*chin-lay，事），*spos* 贝（*poy，香），*chos* 吹（choy，法），*dbus* 威（wuy，中）。这样译音也许是来自早年的传统，现代所有的藏语方言都不把 *-s* 读作 *y*[j]。
② 后加字母 *ga* 在现代藏语方言里一般读作 -k 或者 -ʔ。
③ 后加字母 *da* 在现代藏语方言里一般读作 -t 或者 -ʔ。

界传统上把藏语粗略地划分为卫藏、安多和康巴三大方言区，考虑到乾隆皇帝的国师章嘉若必多吉自幼出家于今青海省互助土族自治县的佑宁寺，那里属于藏语的安多方言区，人们自然首先会猜测《辽史语解》依据的必是安多藏语。可是事实并非那么简单。

汉字不能直观地表现语音，而且由于时代的不同，《辽史语解》里的许多词语在今天已不常用，所以我们不可能在现代田野调查资料中逐一找到每则词语的方音形式，自然也不可能在“土语”这样细致的层面上解析古代汉文献记载的语料。然而，即使仅就卫藏、安多和康巴三大方言的一般特点而言，我们也能感到《辽史语解》译写的藏语不像是来自一种单一的方音。

首先我们注意到，*chen*（大）这个词在《辽史语解》卷一里出现了两次，汉字译音一处作“且”，一处作“沁”。对照现代藏语方言可以看出，“且”等于安多方言的tɕhe而“沁”接近卫藏方言的tɕhɛ^{55}，两个译音都距康方言的tɕhi^{53}较远①，似乎暗示《辽史语解》依据的藏语方言至少与康巴无关。可以说明同样问题的例子还有译作小字“卜”的后加字母 *ba* 和译作小字“木”的后加字母 *ma*：

lha-skyob 拉卓卜（天保），*thob* 托卜（得）。

bam ste 布$_{\text{木}}$德（数），*rim* 哩$_{\text{木}}$（次第）；*bsod nams* 索诺$_{\text{木}}$（福），*sems* 萨$_{\text{木}}$（心）

后加字母 *ba* 读作 -p，*ma* 读作 -m，这两种情况只见于卫藏和安多而不见于康巴②。进一步看，译作臻山摄汉字的后加字母 *na* 和译作小字“尔”的后加字母 *ra* 似乎会让我们感到那是安多方言：

drin 珍（恩），*can* 戬（有），*brtan* 丹（诚实），*snyan* 年（妙），*yun* 云（长远），*gyɔn* 云（右）。

dmar 玛$_{\text{尔}}$（红色），*nor* 诺$_{\text{尔}}$（财），*gsar* 萨$_{\text{尔}}$（新），*'khor lo* 科$_{\text{尔}}$罗（轮），*dbyar kha* 雅$_{\text{尔}}$噶（夏令），*phur ba* 普$_{\text{尔}}$布（杵）。

---

① 这里的卫藏方言指西藏自治区的拉萨话，康方言指四川省甘孜藏族自治州的巴塘话，安多方言指甘肃省甘南藏族自治州的夏河话。感谢孙宏开先生帮助我看到了这些材料。
② 金鹏主编：《藏语简志》，北京：民族出版社，1983，第 142—143 页。

后加字母 *na* 读作 -n，*ra* 读作 -r，这种情况只见于安多而不见于卫藏和康巴[①]。然而与此相反的是，其他例子却又让人感到那是卫藏方言。我们看到，藏文的前加字母和上加字母在《辽史语解》的译音里没有得到表现[②]：

gnyis 尼（二），*gnas* 鼐（所在），*gzhon nu* 润诺（少年），*gshis* 实（温良）；*dge* 格（福），*dpa'* 巴（勇），*dmar* 玛$_{尔}$（红色）；*bde* 德（安），*bzang* 桑（好）；*mgo* 果（头），*mthu* 图（力）；*rgyan* 戬（装严），*rdzong sde* 宗德（守城人）；*ldan* 丹（全）；*sku* 古（身），*skyed* 结（开广），*sngags* 阿$_{克}$（咒语），*snyan* 年（妙），*sna* 纳（鼻）；*bkra-shis* 扎实（吉祥），*brgya* 嘉（百数），*brgyud pa* 矩巴（根本），*brtan* 丹（诚实）。

藏文前加字母、上加字母和基字的组合在安多大多读作复辅音，这些复辅音在明清时代可以借助“纪”“黑”“儿”“耳”“卜”“本”“母”等对音汉字表现出来[③]，与此相对，卫藏至多只有 mb、nd、ŋg 之类鼻冠声母[④]，而塞音和塞擦音前的同部位鼻冠音则不一定用单独的汉字译出。

第二个问题的答案至此也很明显：《辽史语解》里用汉字音译的藏语词并非来自任何一个单一的方言，而是从多种方言中杂凑的。

二

既然《辽史语解》的藏汉对音表现为如此混乱的状况，那么我们自然要考虑：用作妄改原书依据的这些藏语词当初是怎样采集来的？

刘浦江认为《辽史语解》的唐古特语译者肯定是当时的唐古特学司业巴忠[⑤]，他举出的证据是乾隆四十二年（1777）四月十二日《刑部尚书英廉等奏拟再添派编修平

① 金鹏主编：《藏语简志》，第 143 页。
② 惟一例外的是译 *dge 'dun*（僧）为“根敦”（gendun）。这是把后一个音节的前加字母 'a- 读成了前一个音节的韵尾 -n，这类读法在藏语的所有方言里都很常见。
③ 孙伯君：《〈西番译语〉藏文前加字的对音》，中国民族古文字研究会编《中国民族古文字研究》4，天津：天津古籍出版社，1996。
④ 金鹏主编：《藏语简志》，第 116、120 页。
⑤ 刘浦江：《从〈辽史・国语解〉到〈钦定辽史语解〉——契丹语言资料的源流》，《欧亚学刊》4，北京：中华书局，2004。

恕等赶办三史摺》中的一段话：

> 查有唐古特学司业巴忠、内阁中书达桑阿二员，亦俱熟于翻译。应请添派协同办理。①

我在手边的史书里没有找到巴忠的生平资料，但是通过分析《辽史语解》的唐古特词语可以相信，书中的藏语改订不会全部出自巴忠一人之手，因为那将无法解释为什么改订工作依据的音译原则和藏语基础方言都不统一。

关于这些藏文词语的采集方式，金鑫提供了一个颇合情理的解释。他估计当时的具体做法是：负责译改工作的史官首先尝试把《辽史》中的译名复原为满语，遇到不能复原的译名就念给懂蒙语、藏语的人听，然后根据他们的判断来做出校改决定②。为此他引证了当时馆臣的奏报：

> 臣等遵旨查得，《金国语解》卷二内所有蒙古语对音，原系询问通晓蒙古语之喇嘛丹巴，就其所知，恭拟译改。臣等随时将卷内原译字音逐一详询现在来京之喀尔喀、厄鲁特王公等，据称比对伊等蒙古土音内有相近之处，亦有未知晓者。臣等谨将伊等所未晓各语详细审核，再行译对另纂。其所称声音相近之处，并行对准字音改定，一并粘签声明进呈，伏候钦定。③

《辽史语解》对藏语的处理原则既有转写也有译音。不难理解，“转写”的前提是译者一定知道原文的字母拼写形式，而“译音”则可以是纯粹的口耳相传。结合刘浦江和金鑫的意见，我们是不是可以这样揣测《辽史语解》中藏语词条的改订过程：

首先，史官将他们感到无法与满语勘同的词语大致整理出来，以书面形式征询巴忠。巴忠尽量为这些词语寻找对应的藏文，然后把他认为较有把握的形式用汉字译出交还史馆，由馆臣编入书内。由于那是从文字到文字的书面转换，所以他自然而然地采用了“转写法”。这套方法在乾隆时期已经基本定型，著名的《汉满蒙藏四体合璧

① 中国第一历史档案馆编：《纂修四库全书档案》上册，上海：上海古籍出版社，1997，第585页。
② 金鑫：《乾鲞改定辽金元三史译名探析》，《满语研究》2009年第1期。
③ 中国第一历史档案馆编：《乾隆朝上谕档》6，北京：中国档案出版社，1998，第39页。

大藏全咒》也是采用类似方法译写外文的，作为唐古特学司业的巴忠应该熟悉。

由于契丹词语本来就与藏语无关，所以《辽史》里的有些词会让人们无论怎样想象也难以找到藏文的音义对应形式，另外，史官在校订中也还会不断发现一些棘手的新词语。这时他们没有考虑把这些不断搜集来的词语再次集中起来交巴忠统一解决，而是轻率地随时去找懂藏语的人询问，这可以看成是他们的第二步工作。随时的零星征询持续了多年[①]，征询的对象很可能来自西藏的不同方言区，而且征询的方式仅限于口耳间的交流。具体说来就是，被征询者只需把所要求的三两个词语用自己的方言当面说给史官听，然后由史官用汉字“译音法”记录下来——当然，谁也没有认识到不同人所说的藏语会有方言的差别。

在使用偷工减料的方式凑成了这批杂乱无章的基础资料以后，史官们开始了第三步工作，即尝试将这些藏语词与《辽史》其他地方的译名勘同。尽管我们并不奢求政府官员具有学者般的审音能力，可是这些《辽史语解》编订者的文化水平之低也着实令人难以置信。事实上与寻找藏文对应词语相比，《辽史语解》中的汉文译名勘同显得更加荒诞无稽，在音韵上全然不通的词语几乎占到十之七八，下面略举几例。如卷一：

> 多尔济，唐古特语金刚也。卷一作啜里只，太祖小字。

编者把“多尔济”勘同“啜里只”，却不知“多”to 和“啜”cho 无论是在汉语还是在藏语都绝无音转可能。又如卷二：

> 帕克，唐古特语圣也。卷三十一作滂。

编者把“帕克”勘同“滂”，却不知“克”-kh 和“滂”phang 无论是在汉语还是在藏语都绝无音转可能。又如卷三：

> 萨玛尔，唐古特语萨，地也；玛尔，红色也。卷十五作辖麦里。

① 《钦定辽金元三史国语解》的编纂大约始于乾隆三十六年（1771），止于乾隆四十八年（1783）。参看刘浦江《从〈辽史·国语解〉到〈钦定辽史语解〉——契丹语言资料的源流》。

编者把“萨玛尔”勘同“辖麦里”，却不知“萨”sa 和“辖”ha 无论是在汉语还是在藏语都绝无音转可能。

《辽史语解》编订的第四步工作是在每个词条的开头加上满文标音和汉字读音摹写。由于编者并不懂藏文，所以那些满文标音实际上是据下文的汉字转写或者译音折合过去的，而随之用汉字对满文的读音摹写也全部来自《清文启蒙》一类的满文入门读物，与真正的藏文或者藏语并无关系，自然也就毫无研究价值。

可以肯定，勘同工作的承担者仅懂汉、满两种语言，而且具体的勘同只是在汉语基础上进行的，其间没有再向懂藏语的人咨询。《辽史语解》的编者缺乏语言常识且工作程序粗疏，这直接导致了整个编校工作的彻底失败。

三

下面列出《辽史语解》里全部有关唐古特语的词条，并注出据音译复原的藏文词语。这些词语多蒙中国社会科学院民族学与人类学研究所的扎洛先生赐教，在此深表感谢。其中遗留的不尽人意之处由我本人负责。

卷一

多尔济（*rdo rje*），唐古特语金刚也[1]。卷一作啜里只，太祖小字。

果珍（*sku drin*），唐古特语有恩之谓。卷六十三作过折。

且罗，唐古特语且（*chen*），大也；罗（*lo*），年也。卷六十三作楷落。

实古，唐古特语实（*gshis*），温良也；古（*sku*），身也。卷六十三作邵固。

实古，唐古特语实（*gshis*），温良也；古（*sku*），身也。卷七十一作师姑，天祚妃。

贝（*spos*），唐古特语香也。卷一作倍。

雅尔噶（*dbyar kha*），唐古特语夏令也。卷六十四作牙里果。

珍戬，唐古特语珍（*drin*），恩也；戬（*can*），有也。卷六十四作箴屡。

和尔沁，唐古特语和尔（*hor*），蒙古人也；沁（*chen*），大也。卷六十四作胡都堇。

吹巴勒，唐古特语吹（*chos*），法也；巴勒（*dpal*），威也。卷十七作崔八。

① 多尔济（*dorje*）自元代以来一直是常见的蒙古人名（旧译“朵儿只”，今多译“道尔吉”），所以，尽管这个词的词源是藏语，但我还是相信清代史官在写这个词条时是从蒙古语或者满语考虑的。

巴戬，唐古特语巴（*dpa'*），勇也；戬（*rgyan*），装严也。卷六十五作跛芹。

卷二

帕克（*'phags*），唐古特语圣也。卷三十一作滂。

密古，唐古特语密（*mi*），人也；古（*sku*），身也。卷三十三作蔑孤。

伊实巴勒，唐古特语伊实（*ye shes*），智慧也；巴勒（*dpal*），威也；卷三十三作乙习本。

旺（*dbang*），唐古特语权也。卷三十一作蓊。

穆喇斡（*smra ba*），唐古特语言之也。卷三十一作谋鲁斡，又作谋鲁盌。

格密，唐古特语格（*dge*），福也；密（*mi*），人也。卷三十一作隔蔑。

达尔扎（*dar rgya*），唐古特语开广也。卷三十一作牒得只，又作牒得直。并改。

伊特丹，唐古特语伊特（*yid*），心也；丹（*brtan*），诚实也。卷三十一作移典。

丕勒贝，唐古特语丕勒（*'phel*），孳生也；贝（*spos*），香也。卷四十六作频必。

卷三

布威，唐古特语布（*bu*），子也；威（*dbus*），中也。卷六十四作仆隗。

伊实（*ye shes*），唐古特语智慧也。卷一作乙室。

彭布（*phung po*），唐古特语集聚也。卷四作品卑。

萨玛尔，唐古特语萨（*sa*），地也；玛尔（*dmar*），红色也。卷十五作辖麦里。

丕勒（*'phel*），唐古特语敷衍也①。卷十六作品。

拉卓卜（*lha skyob*），唐古特语天保也。卷十九作挞术不姑。

页稳，唐古特语页（*gyas*），左也；稳②，前也。卷二十作瑶稳。

达木琳巴古，唐古特语达木琳（*rta mgrin*），马王也；巴（*dpa'*），勇也；古（*sku*），身也。卷二十六作达麻里别古，部名。

年布尔古，唐古特语年（*snyan*），妙也；布尔古（*bskor ba*）③，转身也；卷

① 敷衍，在此取"蔓延"义，犹上文以丕勒（*'phel*）为"孳生"。张衡《西京赋》"篠簜敷衍，编町成篁"，薛综注："敷，布也；衍，蔓也。"见《文选》卷二，上海古籍出版社 1986 年点校本，第 65 页。

② 我没能确定这个词的藏文形式：词条前的满文注音是 *un*，自然不足为凭，而藏语的"前面"一词是 *mdun*，也与"稳"不合。"稳"的读音指向应该是 *dbun*。

③ 这个词在语音上不能完全对应，原因不明。

二十六作粘八葛，国名。

达_尔扎（dar rgya），唐古特语开广也。卷三十二作且利皆。

颇摩（pho mo），唐古特语阴阳也。卷三十二作频没。

扬结，唐古特语扬（dbyangs），声音也；结（skyed），开广也。卷三十三作窈介。

彭诺_尔，唐古特语彭（phung），集聚也；诺尔（nor），财也。卷三十三作盆奴里，国名。

星莽，唐古特语星（shing），树木也；莽（mang），多也。卷四十六作仙门，国名。

布_木喇实，唐古特语布木德（bam ste），数也；喇实（bkra shis），吉祥也。卷一百十五作拔毋来思。

卷四

喇（rags），唐古特语河之马头也。卷十八作剌，河名。

纳_克（nag），唐古特语黑色也。卷二十一作纳葛，水名。

彭楚，唐古特语彭（phung），集聚也；楚（chu），水也。卷二十七作陪术，水名。

矩巴哩_木，唐古特语矩巴（brgyud pa），根本也；哩木（rim），次第也。卷六十一作厥拔离弭，河名。

雅_尔鼐都_勒斡，唐古特语雅尔鼐（dbyal gnas），夏居也；都勒斡（'dul ba），戒律也。卷六十八作野鸟笃斡，山名。

格德，唐古特语格（dge），福也；德（bde），安也。卷六十八作葛德，泉名。

扎实（bkra shis），唐古特语吉祥也。卷六十八作查沙，地名。

卷五

玛_尔布（dmar po），唐古特语红色也。卷四作麻都不，百官志又讹作麻普，系一官。并改。

宗德（rdzong sde），唐古特语守城人也。卷四十五作选底。

卷六

伊实扬，唐古特语伊实（ye shes），智慧也；扬（dbyangs），声音也。卷八十一作乙辛隐。

萨结，唐古特语萨（*sa*），地也；结（*skyed*），开广也。卷六十六作撒给。

萨尔珠（*gsar gru*），唐古特语新船也。卷六十六作撒剌竹。

卷七

裕勒沁，唐古特语裕勒（*yul*），地方也；沁（*chen*），大也。卷一作污里轸，亦作兀里轸，系一人。并改。

丕勒（*'phel*），唐古特语敷衍也。卷二作辟遏，又卷八作婆儿，非一人。并改。

科尔罗（*'khor lo*），唐古特语轮也。卷三作窟鲁里。

喇呼鼐，唐古特语喇呼（*rā hu*），罗睺也；鼐（*gnas*），所在也。卷四作劳骨宁。

恭噶（*kun dga'*），唐古特语普喜也。卷四作孔阿。

伊实（*ye shes*），唐古特语智慧也。卷七作乙实，又卷十五作一室，卷二十七作乙薛，非一人。并改。

雅尔噶（*dbyar kha*），唐古特语夏令也。卷七作押剌葛。

古云，唐古特语古（*sku*），身也；云（*yun*），长远也。卷七作骨欲，卷十七作古昱，卷十九作谷欲，非一人。并改。

尼哩（*gnyis ri*），唐古特语各二也。卷八作女里。

雅克尼哩（*g·yag gnyer*），唐古特语管牛人也。卷八作延尼里。

雅尔丕勒（*yar 'phir*），唐古特语上升也。卷八作燕颇。

楚实勒（*chu shel*），唐古特语水晶也。卷九作除室。

纳旺舒克，唐古特语纳（*sna*），鼻也；旺舒克（*dbang shugs*），权也。①卷十作乃万十，卷六十一又讹作乃方十，系一人。并改。

根敦（*dge 'dun*），唐古特语僧也。卷十作恳笃。

托卜威，唐古特语托卜（*thob*），得也；威（*dbus*），中也。卷十作桃隈，又卷十二作桃委，系一人。并改。

旺布（*dbang po*），唐古特语权也。卷十一作王八，又卷二十作洼普，非一人。并改。

持特（*khrid*），唐古特语前引人也。卷十一作乞的，卷十二又讹作乞得，系一人。并改。

① 这个词的藏文形式也可能是 *dbang phyug*。

琳巴（*rim pa*），唐古特语层次也。卷十一作林八。

卷八

杨鲁，唐古特语杨（*dbyangs*），声音也；鲁（*klu*），龙也。卷十四作杨六。

索诺木（*bsod nams*），唐古特语福也。卷十五作僧奴。

莽密，唐古特语莽（*dmangs*），众也；密（*mi*），人也。卷十六作麻门。

普尔布（*phur ba*），唐古特语杵也。卷十六作颇白，又卷一百六作蒲离不，非一人。并改。

桑古，唐古特语桑（*bzang*），好也；古（*sku*），身也。卷十六作嗓姑。

吹古，唐古特语吹（*chos*），法也；古（*sku*），身也。卷十七作春古。

果巴（*'go ba*），唐古特语头人也。卷十八作高八。

吹絅（*chos skyong*），唐古特语护法也。卷十八作锄窨。

德古，唐古特语德（*bde*），安也；古（*sku*），身也。卷十九作迪古。

喇实（*bkra shis*），唐古特语吉祥也。卷十九作辽哂。

格（*dge*），唐古特语福也。卷十九作革。

伊特凌结，唐古特语伊特（*yid*），心也；凌（*ring*），长也；结（*skyed*），开广也。卷二十作乙灵纪。

辰赉（*phrin las*），唐古特语事也。卷二十一作陈留。

聂罗布尔古，唐古特语聂罗（*nye lo*），近年也；布尔古（*bskor ba*）①，转身也。卷二十二作涅剌溥古。

吹丹，唐古特语吹（*chos*），法也；丹（*ldan*），全也。卷二十三作雏塔。

和尔沁，唐古特语和尔（*hor*），蒙古人也；沁（*chen*），大也。卷二十三作忽突堇，又卷八十二作胡独堇，卷九十三作胡突堇，卷九十五作胡笃堇，非一人。并改。

钟鼐（*byong gnas*），唐古特语现处也。卷二十四作术乃。

果桑，唐古特语果（*mgo*），头也；桑（*bzang*），好也。卷二十五作郭三。

都勒斡（*'dul ba*），唐古特语戒律也。卷二十六作铎鲁斡。

穆喇斡（*smra ba*），唐古特语言之也。卷二十九作谟鲁斡，又作谋卢瓦，非一人。

① 这个词在语音上不能完全对应，原因不明。

并改。

达实（*bka' shes*），唐古特语吉祥也。卷二十九作大石。

润诺（*gzhon nu*），唐古特语少年也。卷二十九作乳奴。

格$_{\text{尔}}$干（*dge rgan*），唐古特语老僧也。卷三十作葛儿罕。

卷九

图丹，唐古特语图（*mthu*），力也；丹（*ldan*），全也。卷四十八作独攧。

固灵（*sku ring*），唐古特语身长之谓。卷四十八作骨邻。

琳沁（*rin chen*），唐古特语宝也。卷六十三作剌干，又卷九十六作陵青，非一人。并改。

匹$_{\text{勒}}$（*'phel*），唐古特语敷衍也。卷六十五作匹里。

萨$_{\text{木}}$（*sems*），唐古特语心也。卷六十七作撒摩。

彭嘉，唐古特语彭（*phung*），集聚也；嘉（*brgya*），百数也。卷七十作平甲。

隆伊$_{\text{特}}$，唐古特语隆（*lung*），授记也；伊特（*yid*），心也。卷七十四作隆益答。

帕$_{\text{克}}$戬，唐古特语帕克（*'phags*），圣也；戬（*rgyan*），装严也。卷八十二作雱金。

丕$_{\text{勒}}$布密，唐古特语丕勒（*'phel*），敷衍也；布（*bu*），子也；密（*mi*），人也。卷八十二作仆里鳖米。

扬阿$_{\text{克}}$，唐古特语扬（*dbyangs*），声音也；阿克（*sngags*），咒语也。卷八十二作扬阿。

朗布（*glang po*），唐古特语象也。卷八十二作郎不。

扬结，唐古特语扬（*dbyangs*），声音也；结（*skyed*），开广也。卷九十二作扬九。

伊实年，唐古特语伊实（*ye shes*），智慧也；年（*snyan*），妙也。卷九十四作移斯辇。

扬鄂$_{\text{特}}$，唐古特语扬（*dbyangs*），声音也；鄂特（*'od*），光也。卷九十八作扬五。

楚旺，唐古特语楚（*chu*），水也；旺（*dbang*），权也。卷九十九作酬宛。

哩巴，唐古特语哩（*ri*），山也；巴（*dpa'*），勇也。卷一百一作里拔。

繖布斡①，唐古特语祖师也。卷一百八作撒不椀。

年结，唐古特语年（*snyan*），妙也；结（*skyed*），开广也。卷一百十作念经。

---

① 我没能确定这个词的藏文形式，也许它和梵文的 *saṃbhoṭa* 有关。*Thu-mi saṃbhoṭa* 是创制西藏文字的祖师。

巴沁，唐古特语巴（*dpa'*），勇也；沁（*chen*），大也。卷一百十四作八斤。

布达拉（*po ṭa la*），唐古特语普陀山也。卷十作婆底里。

题$_{\text{木}}$（*thig*）[①]，唐古特语承受也。卷十一作汀。

卷十

云威，唐古特语云（*gyon*），右也；威（*dbus*），中也。卷五十九作云为。

（原载《华西语文学刊》8，成都：四川文艺出版社，2013，页107—115）

① 译音汉字“木”不能和藏语的 *-g* 对应，原因不明。

《同文韵统》中的清代藏文音读规范

《钦定同文韵统》是清代和硕庄亲王允禄等奉敕监纂、灌顶普善广慈大国师章嘉胡土克图于乾隆十五年（1750）主持修成的一部字书，存世有当年的武英殿刻本和后来的“四库全书”本。该书的主旨是要建立一套通贯梵、藏、满、汉诸语的音译规范，以保证不同民族的佛教信徒在念经诵咒时都能得到尽可能准确而一致的读音。这套规范最著名的实践成果是乾隆三十八年（1773）编成的《满汉蒙古西番合璧大藏全咒》。就目前来看，《同文韵统》用汉文和满文解释梵文的篇章相对清楚[①]，但由满汉译音规则扩展而成的藏文音读规范却让人感到那肯定不是基于某个实际的藏语方言。本文试图指出那些规则与现代拼读法的异同，藉以揭示《同文韵统》中藏字读音的性质。

一

《同文韵统》全书六卷，其卷三专门介绍藏文字母表及特定字母组合的读音，分为《西番字母说》《西番字母配合十四谱》和《西番字母后说》三章。从卷首的一段文字可以看出编写这一卷的目的，即要求僧人在阅读藏文佛经时可以用梵式读音念诵咒语，但必须遵照这里给出的藏文拼读法来念诵里面的专有名词：

> 今西土僧众诵持梵语仍用天竺原规，故天竺字母已足译咒之用。至于经文，则皆西番之字，其中佛号地名，自来译经者悉用对音，故其字之音呼必照西番之例，始能得其本韵。

这里说的“西番之例”应该是指藏人习惯的拼读规则，而《同文韵统》的编者仅仅参照当时的官话规定了一些译音汉字而已。当然，这样读出的专有名词会与原来的

① 王敌非：《满文阿礼嘎礼字母发微》，《满语研究》2011 年第 2 期。

梵语有些差别，例如梵文的 *akṣobhya*（阿閦佛，不动如来）按照新规则大概要念成“阿戳挤鸦”[atʂʻuɔtia]，难免令人感到有些异样。不过这绝对不能说是错误，因为所有人在看到外来语的译名时都会很自然地按照本民族的发音习惯去念，而并不在意那个词在原来的语言里是怎样读的[①]。事实上现代的藏族喇嘛即使在念诵咒语的时候也使用藏式的拼读规则，而汉族僧人则大多是逐一念出译音汉字，结果是谁也听不懂对方在念什么。

《同文韵统》的纂修者章嘉若必多杰 1717 年出生于凉州（今甘肃武威），三岁时以转世活佛的身份被迎入佑宁寺，八岁时进京，与当时还是皇太子的乾隆皇帝同窗读书。可以估计他在京城受到过最好的语文学和佛学教育，学会的汉音必然以官话为基础。至于他口中藏语读音的来历，我们目前还无从猜测。虽然他幼时在青海坐床，第一任佛学教师罗桑却吉嘉措也是青海人，由此人们似可估计他使用的是藏语安多方言，但是章嘉活佛还曾多次进入藏区修学，又表明他对卫藏方言也很熟悉，而且最令人感到无奈的是，我们在他的诸多撰述中没有看到任何一种方言的明显印记，《同文韵统》尤其如此。

二

《同文韵统》卷三《西番字母配合十四谱》的第一谱中列出了全部三十个藏文字母，并附以满文和汉文对音[②]。这个字谱可以整理如下，为阅读方便起见，我们在每个藏字后面加上了拉丁转写，同时略去了译音汉字下面的附注：

ཀ *ka*　ཁ *kha*　ག *ga*　ང *nga*　ཅ *ca*　ཆ *cha*　ཇ *ja*　ཉ *nya*

嘎　喀　噶　迎阿[③]　齎鸦　妻鸦　齎鸦　尼鸦

ཏ *ta*　ཐ *tha*　ད *da*　ན *na*　པ *pa*　ཕ *pha*　བ *ba*　མ *ma*

① 一个众所周知的例子是：中国人看到“英特纳雄耐尔”这个外来词时都会念成 ying te na xiong nai er，没有人读成法语的 [ɛ̃tɛʀnasjɔnal]。
② 字表中的满文为四库馆臣所抄，笔势与后代稍有不同。
③ 汉语的疑母在当时已经全部脱落了起首的 ŋ-。这里实际上是借用疑母“迎”字的韵尾 -ŋ 来模拟藏文 *nga* 的声母。

答　塔　达　纳　巴　葩　拔　嘛

ཙ *tsa*　ཚ *tsha*　ཛ *dza*　ཝ *wa*　ཞ *zha*　ཟ *za*　འ *'a*　ཡ *ya*

匝　擦　杂　斡　纱　靸　婀　鸦

ར *ra*　ལ *la*　ཤ *sha*　ས *sa*　ཧ *ha*　ཨ *a*

喇　拉　沙　萨　哈　阿

与通行的藏字读法对照[①]，可以看出里面有四种读音不合常例：

第一，浊声母藏字 *ga*、*ja*、*da*、*ba*、*dza* 今读送气清音 k'a、t'a、t'a、p'a[②]、ts'a，而《同文韵统》的译音汉字“噶”“齎鸦”“达”“拔”“杂”的声母在官话均为不送气音[③]。

第二，藏字 *zha* 和 *sha* 的声母今读舌面前音 ɕa，而《同文韵统》的译音汉字“纱”和“沙”在官话均为舌尖后音声母，表明编者要求读作 ʂa[④]。

第三，藏字 *ra* 的声母今读舌尖后音 ʐa，而《同文韵统》的译音汉字“喇”在传统上专用来对译舌尖颤音，表明编者要求读作 ra。

第四，所有的清声母藏字今读高调，浊声母藏字今读低调，而《同文韵统》的译音汉字几乎都是官话的平声字，表明编者要求把所有的字母都读成高调。

《西番字母配合十四谱》的第一谱把藏文字母分成两类：一类是梵文字母表里有的，译音汉字下逐一附注“与天竺同”；另一类是梵文字母表里没有的，译音汉字下逐一附注反切及五音，此外还有几个汉字下面附注了“紧”“缓”二字：

---

① 本文依据的现代藏字读音及拼读法参考中央民族学院少数民族语言文学系藏语文教研室《藏文拼音教材（拉萨音）》（北京：民族出版社，1983）的描述。原书的拉萨语音借用汉语拼音字母标示，我们在以下的引用中一律改为国际音标。

② 藏文 *ba* 在实际语言中读 *wa* 更为多见。

③ “达”“拔”“杂”为古全浊声母字，但在几百年前就已清化。不知《同文韵统》的编者选用这几个译音字是否希望暗示相应的藏文是浊音。

④ 在传统的佛经梵汉译音里，审母二等字和三等字分用划然——前者（如“沙”“洒”）只能用来译 ʂa，后者（如“捨”“奢”）只能用来译 śa。参看罗常培《梵文腭音五母之藏汉对音研究》（《中央研究院历史语言研究所集刊》第 3 本第 2 分，1930）所附的“四十九根本字诸经译文异同表”。

萨（*sa*），与天竺同，紧。

毂（*za*），寺阿切，齿头，缓。

每条注释的最后一个字是用来区分清浊的——“紧”标示清音而“缓”标示浊音[①]。结合藏字 *ga*、*ja*、*da*、*ba*、*dza* 下面附注的“与天竺同”来看，《同文韵统》的编者显然是在强调保持梵语式的浊音性质，换句话说，这些藏字实际上是梵文的忠实转写，而没有表现当时藏语已经清化了的实际读音。

不仅是辅音，元音的读法有时也会脱离藏语的实际——藏文的“徵卜”（*'greng po*）本来读前元音 e，可是从《西番字母配合十四谱》的第五谱可以整理出下列译音：

ke 哥	*khe* 珂	*ge* 歌	*nge* 哦	*ce* 接	*che* 切	*je* 捷	*nye* 捏
te 得	*the* 特	*de* 德	*ne* 讷	*pe* 帛	*phe* 珀	*be* 伯	*me* 墨
tse 则	*tshe* 策	*dze* 杂厄	*we* 倭	*zhe* 赊	*ze* [illegible]	*'e* [illegible]	*ye* 叶
re 哷	*le* 勒	*she* 佘	*se* 塞	*he* 呵	*e* 厄		

非常明显，绝大多数对音汉字的韵母都是 ə，只有“接”“切”“捷”“捏”“叶”五个字的韵母是 ɛ，那是因为汉语官话里没有 tɕiə、tɕʻiə、dʑiə、ȵiə、jə 这些音节，只好借用相近的 -ɛ 来凑合一下。《同文韵统》把藏文的 *e* 读成 ə 而没有像藏语那样读成 e，同样是为了迎合梵文译音的习惯——梵文的 *e* 在清人读来正是 ə。

种种迹象表明，除去读“ར”为 [ra] 是为了适应梵语读音以外，清人在其他地方实际上是用满语文的习惯来理解藏文和梵文的。他们把藏文和梵文的元音 *e* 读成 ə，是因为满文并没有专门表示 e 的字母，原有的 *e*（ᡝ）实际读 ə。同样道理，《同文韵统》不能正确读出藏文的 *sha*[ɕa]，也是因为满文并没有专门表示 ɕa 的字母，原有的 *ša*（ᡧ）实际读 ʂa。最后，满语和梵语都没有藏语那样的声调，所以《同文韵统》把几乎所

① 《同文韵统》的编修者在卷一《天竺字母后说》里对此有一段说明：“其字音相近而呼法不同者，如‘嘎’‘噶’‘噶哈’（*ka*、*ga*、*gha*）、‘匝’‘杂’‘杂哈’（*ca*、*ja*、*jha*）、‘查’‘楂’‘楂哈’（*ṭa*、*ḍa*、*ḍha*）、‘答’‘达’‘达哈’（*ta*、*da*、*dha*）、‘巴’‘拔’‘拔哈’（*pa*、*ba*、*bha*）十五字，皆各三字相近，而‘嘎’‘匝’‘查’‘答’‘巴’（*ka*、*ca*、*ṭa*、*ta*、*pa*）五字紧读，‘噶’‘杂’‘楂’‘达’‘拔’（*ga*、*ja*、*ḍa*、*da*、*ba*）五字缓读，带‘哈’字者带喉音读。”

有的藏文字母都译成了平声汉字[①]。

三

《同文韵统》虽然号称“同文”，但是我们知道，任何人都不可能把那几种语文的音韵系统和读音规则统一起来，因为至少藏文有一个最突出的特点是梵文和满文所不具备的，那就是在基字上附加字母的拼读法。遇到这类情况，《同文韵统》的编者就不得不放弃像对梵文那样逐字音译的常规，转而向藏语的实际读音靠近，例如《西番字母配合十四谱》的第十谱就体现了藏文前加字 *ga* 不发音的规则：

gzhan 燃　*gzhin* 任　*gzhun* 入氳　*gzhen* 任　*gzhon* 软

除 *ga* 以外，所有的藏文上加字 *ra* 和下加字 *wa* 在现代也都不发音，《同文韵统》同样不译出。下面的例子来自第十三谱，括号里是原书的小字注释：

rka 嘎（嘎字上加喇字，天竺例读作喇嘎，此读作嘎。余同此例。）
kwa 嘎（嘎字下系斡苏呼记号，天竺例读作瓜，此仍读作嘎。余同此例。）

藏文下加字 *ya* 与塞音基字 *ka*、*pa* 等结合后产生舌面前音 ta、t‘a 等，这在《同文韵统》中也得到了比较清楚的遵守，只有 *mya* 一组仍照字面读，与今音作 a 不同。下面是第六谱的全部内容：

kya 嘉　*kyi* 基　*kyu* 居　*kye* 结　*kyo* 觉
khya 掐　*khyi* 欺　*khyu* 驱　*khye* 怯　*khyo* 确
gya 加　*gyi* 机　*gyu* 驹　*gye* 揭　*gyo* 角
pya 跻鸦　*pyi* 跻　*pyu* 雎　*pye* 跻叶　*pyo* 跻岳

① 只有当实在找不到平声对音汉字的时候，编者才用其他声调的字来凑合一下。《同文韵统》卷一《天竺字母后说》：“其音韵不合者，于钦定国书十二字头汉字内取用。其无清平字者则用浊平字，无平声字者则用仄声字。”

phya 萋鸦　*phyi* 萋　*phyu* 趣　*phye* 萋叶　*phyo* 萋岳

bya 挤鸦　*byi* 挤　*byu* 趄　*bye* 挤叶　*byo* 挤岳

mya 嘛鸦　*myi* 嘛伊　*myu* 嘛俞　*mye* 嘛叶　*myo* 嘛岳

藏文下加字 *ra* 与基字 *ka*、*kha*、*ga*、*da* 结合后产生舌尖后塞擦音 ta、t'a 等，这在《同文韵统》中也得到了忠实的反映。如第十二谱：

kra 查（嘎字下加喇答克记号，天竺例读作嘎喇，此读作查。）

khra 叉（喀字加喇答克记号，天竺例读作喀喇，此读作叉。）

gra 楂（噶字加喇答克记号，天竺例读作噶喇，此读作楂。）

dra 楂（达字加喇答克记号，天竺例读作达喇，此亦读作楂。余字加喇答克记号俱读本字带喇音，与天竺二字叠音例同。）

另外，藏文字母组合还有几个特殊的读音，如 *dba* 读 wa、*dbya* 读 ya、*zla* 读 ta、*lha* 读 a，见第十一谱和第十四谱：

dba 斡（达字加拔字，读同斡。）

dbya 鸦（斡字下加鸦答克记号，读同鸦。）

zla 答（鞁拉二字叠书，读同答。）

lha 拉哈（拉哈二字叠书，读作拉字带哈音。与天竺上音分数多、下音分数少例同。）

《同文韵统》没有描述藏文三个以上的字母组合。后加字讲到了 *na* 和 *nga*，其读法在所有的语言里都相同，相比之下，有些不可解的是第五谱，原文的目的是描述后加字 *sa* 的拼读。我们从中选择几组例字：

kas 该　*kis* 基伊　*kus* 归　*kes* 哥伊　*kos* 乖

cas 齌埃　*cis* 齌伊　*cus* 苴威　*ces* 接伊　*cos* 爵隈

tas 騃　*tis* 隄伊　*tus* 堆　*tes* 得伊　*tos* 陀隈

pas 拜　*pis* 偪伊　*pus* 碑　*pes* 杯　*pos* 波隈

tsas 哉　*tsis* 咨伊　*tsus* 檇　*tses* 则伊　*tsos* 撮隈

as 埃　*is* 伊伊　*us* 葳　*es* 餧　*os* 鄂隈

按照标准的藏文拼读规则，后加字 *sa* 本身不发音，但会引起前面元音的变化，使 a 变为 ε，u 变为 y, o 变为 ø，而《同文韵统》的编者显然是把后加字 *sa* 一律当成了 i，即把 *as* 读作 ai, 把 *is* 读作 ii, 把 *us* 读作 ui, 把 *es* 读作 i, 把 *os* 读作 oi。已知所有的现代藏语方言里都没有这样整套的双元音，而汉语官话里也没有单元音 ε 和 ø，因而我们难以猜测编者的真实想法——如果是要借用汉语的双元音模拟藏语的单元音，那么把 *is* 读作 ii 就显得毫无意义，如果要人为地设定一种新的拼读法，那么又不免被人讥为妄下雌黄。当然从感觉上说，译音汉字用 ai 模拟 ε、用 oi 模拟 ø 的可能性似乎稍大一些。

四

《同文韵统》对藏文的拼读规则做出了一些不合实际语音的规定，这应该是出于阅读佛经的需要。例如按照标准的藏文拼读法，下加字 *ra* 与 *ka* 组基字、*pa* 组基字结合后都应该读作舌尖后塞擦音 ṭṣa、ṭṣ‘a，而《同文韵统》却规定其中的 *pa* 组“读本字带喇音，与天竺二字叠音例同”，也就是说，仍然像梵文那样读作带复辅音的 pra、p‘ra 等。我们不知道清代是否真有 pra、p‘ra 之类实际读音，但对此最可能的解释是，清人规定保持梵文的读法，是因为要照顾到 *prajñā*（般若，智慧）之类在佛经中出现频率很高的词语——很明显，如果把这个词按照实际的藏文拼读法念成“查尼鸦”[ṭṣaṇa] 之类，会让人听来有些别扭。同样道理，藏文下加字 *ya* 与基字 *ma* 结合后应该读 ṇa，而清人规定保持梵文的读法，是因为要照顾到 *samyaksaṃbodhi*（三藐三菩提，正遍知）之类词语中的 *mya*。

由此我们可以理解《同文韵统》中所谓“藏文音读规范”的性质——那不是一套建立在藏语实际读音基础上的规范，编者也没有打算用它去指导全体藏人的文字拼读，而只是要满足藏文佛经阅读的权宜需要而已。正是在这一目标的指引下，编者首先想到的是建立藏文和梵文字母间的逐一对应，在许多情况下宁可背离藏语的实际读音也要尽量向梵语靠近，只有在咒语以外的文字叙述中，编者才要求读者用藏人的习惯方式拼读，而拼读出的字音仍然带有梵语的某些特征。

目前没有资料能详细展示当年的佛教徒用什么样的口音阅读佛经。从现在的情况看，藏族喇嘛即使是诵咒时也完全在使用藏式拼读法，若遇到其中出现不见于藏文的复辅音组合，则一律按藏文附加字母的原则处理，而这明显不是《同文韵统》编者的初衷。这样我们似乎就可以说，《同文韵统》设定的音读规范只是在后来编译《满文大藏经》和《满汉蒙古西番合璧大藏全咒》时得到了比较严格的遵守，而在信徒的口头阅读中则没有起到多少作用。

（原载《语言研究》2015 年第 1 期，页 118—122）

A Supplementary Note on "Khitan" in Tangut Historical Records

1. Historical data in Tangut

Tanguts (*Dangxiang* 党项) had close contacts with Khitans in the early stage of the Xixia dynasty, but historical records concerning Khitan or Liao are rarely seen in Tangut materials. As we have known so far, the word for "Khitan" appeared only twice in the Tangut dictionary *Wenhai* 文海 (*Sea of Characters*) where it is explained as the surname of a tribe, not as the name of a state or dynasty:

> [illegible]
>
> [*Chi, Chitan* (Khitan), means the surname of a tribe.]
>
> [illegible] [1]
>
> [*Tan*, the surname of a tribe, means *Chitan* (Khitan).]

Besides being briefly mentioned along with the names of other tribes in the Xixia codes, only two definite records concerning Khitan can be found in Tangut materials. One of them is in the Tangut primary reader *Xinji Suijin Zhizhangwen* 新集碎金置掌文 (*A New Collection of the Golden Grain in Palm*) excavated from the Khara-khoto ruins in 1909 and now preserved in the Institute of Oriental Manuscripts, Russian Academy of Sciences[2]:

> [illegible]
>
> [Mi-nyags (Tanguts) march bravely while *Chitans* (Khitans) walk slowly.]

---

[1] Shi Jinbo 史金波, Bai Bin 白滨, Huang Zhenhua 黄振华, *Wenhai Yanjiu* 文海研究, Beijing: China Social Sciences Press. 1983, p. 200.190.

[2] E.I. Kychanov, Krupinki zolota na ladoni — posobie dlya izucheniya tangutskoy pis'mennosti, *Zhanry i stili literatury Kitaya i Korei*, Moskva: Nauka, 1969.

The other record comes from a fragment of the "*śastra* of unknown contents" in the Turpan Collection of Ryūkoku University, Japan①:

[illegible]，[illegible]，[illegible]，[illegible]，[illegible]，[illegible]，[illegible]□[illegible].

[There are linguistic differences among Sanskrit language, Uyghur language, Tangut language, Tibetan language, Chinese language, *Chitan* (Khitan) language and *Mi*··· language.]

2. Pronunciation of the Tangut word

Although we have not any valuable historical and cultural information provided in the above quoted materials, there is still a noticeable problem to be discussed that *chitan*, the Tangut word for "Khitan", is not phonetically in accordance with what reflected in Chinese data. Having not been explained in detail for years, Jacques reasonably asserted that Tangut *chitan* was more a loanword from Khitan language than that from Chinese②, but it seems difficult for scholars to illustrate why the word *khitan* turned out to be *chitan* by itself after being borrowed into the inland of China. Based on this assumption, another possible explanation might be tentatively put forward in the present paper.

In the Tangut dictionary *Tongyin* 同音 (*Homophone*), *chi* [illegible] and *tan* [illegible] are listed as palatal and dental initials respectively③. Deducing from the phonetic spelling in the dictionary *Wenhai*, the Tangut word for "Khitan" may be reconstructed as *chi-tan*, which seems unexpectedly coincident with the pronunciation in contemporary Chinese. But as known throughout the realm of history studies, all the ancient transliteration data in northern Asian languages indicate that the initial consonant of the word for "Khitan" is absolutely a velar and never

①This fragment, got by Tachibana Zuicho from Turpan in 1909, seems to be a Tangut commentary of an uncertain Buddhist work. Because its content cannot be identified as any Buddhist compositions available so that its nature cannot be definitely discriminated, scholars, accepting the suggestion of Nishida Tatsuo 西田龍雄 in his "Seika go to Seika moji" 西夏語と西夏文字 (Seiiki Bunka Kenkyūkai ed., *Chūō Ajia kodai go bunken* 中央アジア古代語文献, 1961, p. 451), use to call it "śastra of unknown contents".

②G. Jacques, Review of Kane 2009, *The Khitan Language and Script*. *Diachronica* 27.1, 2010.

③Li Fanwen 李范文, *Tongyin Yanjiu* 同音研究, Yinchuan: Ningxia Prople's Publishing House, 1986, p. 396,272.

changed into a palatal, for example, we can see its native form *xiten 𘭁𘮧 in the Khitan small script[①] and the Mongolian-Chinese transcription *qitati* 乞塔惕 (< *kitat*) in the *Secret History of the Mongols*[②]. On the other hand, in the Tangut-Chinese glossary *Fanhan Heshi Zhangzhongzhu* 番汉合时掌中珠 , all the Tangut characters used for transcribing Chinese *kh-* take the initial *kh* without exception, i.e., *khi* 䌀 for *qi* (< ancient **khi*) 起 (10.5) 豈 (19.3) 乞 (23.2) 其 (29.4)[③], *khye* 䎗 for *qi* (< ancient **khe*) 㪍 (20.6) 岂 (35.3).

In its earlier stage the Xixia state had frequent warfare and cultural interactions with Khitans. Jiqian 继迁 , the founder of the Tangut regime, married the Liao Princess Yicheng 义成 , and then Yuanhao 元昊 , the first Emperor of the dynasty, married the Liao Princess Xingping 兴平 [④]. These facts prove that the people of Xixia must have been familiar to the Khitans, accordingly we believe that it would be absolutely impossible for Tanguts to mistakenly pronounce the common word *khitan* as *chitan*. As we already have learned from the research results of the history of the Chinese language, it is no earlier than the middle of the 18th century that the ancient syllable *khi* changed to *chi* in Mandarin[⑤], so it will be entirely unbelievable if we suspect that the evolution from *kh-* to *ch-* occurred in the Northern Chinese dialect 600 years ago. Thus we may conclude that the Tangut word *chitan* 𗿟𘐪 might have been a loanword neither from Chinese nor from Khitan language directly.

3. Tibetan origin of Tangut chitan

There are some data concerning Khitan in the surrounding areas of Xixia, in which the Tibetan transcription *chi-tan* is noticeable. This word frequently appears in Tibetan

---

①Wang Hongli 王弘力 , Qidan xiaozi zhong de Qidan 契丹小字中的契丹 , *Minzu Yuwen* 1987.5.

②Kuribayashi Hitoshi 栗林均 , *Ganchō Hishi* Mongorugo Kanji Onyaku · Bouyaku Kango Taishou Goi「元朝秘史」モンゴル語漢字音訳・傍訳漢語対照語彙 , Sendai: Tohoku University, 2009, p. 273.

③The figures in blankets indicate the folio and column number where the characters locate, e.g., "起(10.5)" means the character *qi* can be found on the fifth column of the tenth folio. See Huang Zhenhua et. al. (*Fanhan Heshi Zhangzhong zhu* 番汉合时掌中珠, Ningxia People's Publishing House, 1989) for the original plates.

④According to the *Liaoshi* 辽史 (vol. 115), in the year 989, the Liao Emperor Shengzong 圣宗 "conferred the title *Yicheng Gongzhu* upon the daughter of Yelü Xiang of the Prince's Palace to marry Jiqian". 以王子帐耶律襄之女封义成公主，下嫁继迁 , then "after his enthronement, the Emperor Xingzong let *Xingping Gongzhu* marry Li Yuanhao and conferred the title *Fuma Duwei* upon Yuanhao". 兴宗即位，以兴平公主下嫁李元昊，以元昊为附马都尉 . See 1974 edition of the Zhonghua Book Company, pp. 1525, 1526.

⑤Wang Li 王力 , *Hanyu Shigao* 汉语史稿 , vol. 1, Beijing: Zhonghua Book Company, 1980, p. 124.

historical records, e.g., Chinese *qidan daliao* 契丹大辽 was transcribed into *chi-tan ta'i-gle'u* ཆི་ཏན་ཏའི་གླེའུ by Śākya Rin-chen Bde in 1376① and into *chi-twan ta'i-gli'u* ཆི་ཏྭན་ཏའི་གླིའུ by Stag-tshang Rdzong-pa in 1434②. Compared with the phonetic forms in other languages, we may conclude that Tibetan *chi-tan* is just the real source of the Tangut transcription *chitan* 𗼇𗼈, or in other words, it was through the Tibetans' introduction that the Chinese word *qidan* spread over the old haunt of Tanguts. Re-renderings of the same property occur frequently in ancient and modern languages, for example, the Chinese country names *Fenlan* 芬兰 and *Xiongyali* 匈牙利 do not come from “Suomi” and “Magyar” in native Finnish and Hungarian languages respectively, but from their English form “Finland” and “Hungary”.

It might be inferred by the rule of Chinese phonology and Tibetan writing that the Chinese word for “Khitan” should possibly be written as *khyi-tan* ཁྱི་ཏན or *khye-tan* ཁྱེ་ཏན when it was first borrowed into Tibet, but it happened that the syllable *khyi* [khji] or *khye* [khje] was unsuited to the phonological system of Tibetan spoken language, so people used to read the written form *khyi* as *chi* [tɕi] according to the spelling rule of Tibetan *aksharas*. The assumption is supported by the Songpan dialect of modern Tibetan in which both the ancient initials *khy-* and *ch-* in literal Tibetan are pronounced *chi* [tɕi] without exception③, e.g., both *khyung* (phoenix) and *chung* (small) are read as *chu* [$tɕhu^{33}$]. Being a neighbor of the early residence of the Tanguts in historical records, Songpan County, located now in Sichuan Ngawa Tibetan and Qiang Autonomous Prefecture, has been a distribution center of tea and horses for Chinese and Tibetans in northwest Sichuan. This fact leads us to believe that it is an ancient tradition there to read the written form *khy-* as *ch-*, and maybe the Chinese word *khitan* was imported to Tibetan through the way of Songpan.

We know that Tibetan masters in earlier ages taught their history orally rather than literally just as what they did in teaching Buddhist scripture, and such a method caused

①Tang Chi'an 湯池安 (trans.), *Yalong Zunzhe Jiaofa Shi* 雅隆尊者教法史, Lhasa: Xizang Prople's Publishing House, 1989, p. 152.

②Chen Qingying 陈庆英 (trans.), *Hanzang Shiji* 汉藏史集, Lhasa: Xizang Prople's Publishing House, 1986, p. 72). According to a common spelling rule in ancient Tibetan, the subscript wa in twan does not present any sound here.

③Hua Kan 華侃, Gazangta 尕藏他, Zangyu Songpanhua de yinxi he yuyin de lishi yanbian 藏语松潘话的音系和语音的历史演变, *Zhongguo Zangxue* 1997.2.

many spelling divergences of proper nouns in writing of later ages, besides “Khitan” is merely a non-Buddhist word so that Tibetan masters need not normalize its writing form for religious requirement①. Suppose the Tibetan word *khyi-tan* ཁྱིཏན indeed handed down in its oral form *chitan* for a long time, it is reasonable for Tibetan historians after the 14th century to transcribe it as *chi-tan* ཆིཏན , and for Tanguts before then, when they heard or saw the oral or literal form *chi-tan*, to transcribe it as *chitan* into their own language as well②. Once the word was conventionally fixed in the language, it would not be changed even when people heard the real pronunciation of *khitan* later, just as British people always call “China” without change even after they have heard the real pronunciation of *zhongguo* 中国 .

The relationship between Khitan and Tibet was far less close so that it is difficult to find the data concerning the interaction between them. The fact that the Tangut word *chitan* came from Tibet, neither from Khitan nor from China, indicates that it is before they migrated inland, i.e., at the time they inhabited the borderland of Qinghai and Sichuan, that Tanguts learned the existence of Khitan tribes. During then, the Tanguts was adjacent to Tibetans and mostly enslaved by them, as recorded by the *Biography of Tibet* in the *Jiutangshu* 旧唐书 (vol. 196, p.5224) that “at that time the Tibetans entirely held the territories of Yangtong, Tangut and Qiangs, bordering on the Prefectures of Liangzhou, Songzhou, Maozhou, Xizhou and others to the east” 时吐蕃尽收羊同、党项及诸羌之地，东与凉、松、茂、巂等州相接 . Evidently, considering the Tanguts got in touch with Tibet much closer than with inland China, it is quite reasonable that Tanguts learned the word *chitan* from Tibetan historians and then received it into their own language. In the “*śastra* of unknown contents” quoted above, the Tangut **za/dza* (Chinese) is also not a loanword from Chinese *han* 漢 , but

①As a written material of early ages available, the Dunhuang manuscript *Introduction to the Genealogy of some Northern Monarchs* (P. T. 1283) provides us a spelling form ge-tan (Chen Jian 陈践 , Wang Yao 王尧 , *Tubo Wenxian Xuandu* 吐蕃文献选读 , Chengdu: Sichuan Minzu Publishing House, 2003, p. 200.210), which shows the habit of transcribing Chinese unvoiced initials (*kh*-) into voiced ones (*g*-) in Tibetan dialect at that time.

②It is interesting that the Tangut characters for “Khitan” take radicals with the meaning of “tree” for their upper parts, but forest was not the leading feature of the old Khitan territory. The place possessing plentiful forest resources is Songpan.

from Tibetan *rgya* (Chinese) in the same way[①].

4. More words about Jurchen

Incidentally, in the fragmentary "*śastra* of unknown contents" preserved in Ryūkoku University there is a Tangut word *mi* ··· *ŋwu̱* 𗏁□𗼇 (*Mi*··· language). Although the second character in the original is dropped, Nishida, considering the context and the first character clearly written, correctly predicated that the meaning of the whole word must be *Nüzhiyu* 女直语 (Jurchen language)[②]. Here is a peculiar case that Tangut interpreted the Chinese character *nü* in *Nüzhi* semantically than phonetically as usual. Evidently the Tangut word *mi* 𗏁 could not be a phonetic transcription of *Jur*(*chen*) 女（真）, but its meaning is completely consistent with *nü* 女 (woman, daughter) in Chinese. In the *Fanhan Heshi Zhangzhongzhu*[③], *mi* always corresponds semantically to Chinese *nü*, e.g., *ljo tjo mi kięj* 𘃡𘁂𗏁𗴂 (brothers and sisters) corresponding to *xiongdi nümei* 兄弟女妹 (brothers and sisters, 20.3), *gji bjij mi zji* 𗾞𗵒𗏁𗧓 (wife, daughter and son) corresponding to *qijuan nannü* 妻眷男女 (wife, son and daughter, 20.4). Thus we can conclude that Tangut *mi* in the word for "Jurchen" is not a phonetic transcription but a semantic translation of Chinese *nü* (daughter).

（原载《북방문화연구》5，2014，页 13—19）

①According to Zangmianyu Yuyin he Cihui Bianxiezu, *Zangmianyu Yuyin he Cihui* 藏缅语语音和词汇 (Beijing: China Social Sciences Press, 1991, p. 685), the Tibetan word rgya is pronounced as [dʑa] in Sde-dge and [ɦdʑa] in Xiahe respectively.

②Nishida Tatsuo 西田龙雄, Seika go to Seika moji 西夏語と西夏文字, Seiiki Bunka Kenkyūkai ed., *Chūō Ajia kodai go bunken* 中央アジア古代語文献, 1961.

③Huang Zhenhua 黄振华, Shi Jinbo 史金波, Nie Hongyin 聂鸿音 (compil.), *Fanhan Heshi Zhangzhongzhu* 番汉合时掌中珠, Yinchuan: Ningxia Prople's Publishing House, 1989, p. 113-114.

阿尔泰语言韵尾 -l 的汉语音译

中国北方的阿尔泰诸语言里有一些以舌尖流音 -l 收尾的音节，例如 altai 里的 al，但是汉语里没有，于是人们对韵尾 -l 采用了两种权宜的音译方式：一种是借用汉字“勒”的声母 l-，另一种是借用汉语山摄字的韵尾 -n。两种音译方式在近古时代的汉文典籍里并存，本文试图考察这一现象的成因。

用汉字“勒”来译 -l 是元明清三代最常见的音译方式，后来才逐渐被“尔”取代，如“阿勒泰”又作“阿尔泰”。相形之下，用汉语韵尾 -n 来译 -l 的情况比较少见，并且其出现条件似乎有两个限制——或者在舌齿音之前，或者在词的末尾。例如：

Altai，今新疆维吾尔自治区北部的阿尔泰山。*al* 的对音既可以是“阿$_{\text{勒}}$”（a-le），也可以是“按”（an）。《蒙古秘史》第 158 节作“阿$_{\text{勒}}$台”[1]，《圣武亲征录》作“按台”：“太阳可汗至自按台，营于沆海山之哈只儿兀孙河，引兵迎敌。”译音字“按”又可做“安”，《华夷译语·珍宝门》译蒙古语 altan（金）为“安坛”[2]。

Alčuka，今黑龙江省哈尔滨市阿城区的古名。*al* 的对音既可以是“阿勒”（a-le），也可以是“按”（an）。《大清一统志》卷四五作“阿勒楚喀”：“雍正三年，复设吉林副都统。是年，设阿勒楚喀副都统。”《金史》卷二四《地理志》译作“按出虎”：“上京路，即海古之地，金之旧土也。国言‘金’曰‘按出虎’[3]，按出虎水源于此，故名金源。建国之号盖取诸此。”译音字“按”又可做“安”，《女真译语·珍宝门》译女真语 *alču（金）为“安出”[4]。

Soltan[5]，穆斯林称君王。*sol* 的对音既可以是“莎$_{\text{勒}}$”（so-le），也可以是“算”（suan）。《蒙古秘史》第 257 节作“莎$_{\text{勒}}$坛”[6]，《长春真人西游记》之三作“算端”：

① 额尔登泰、乌云达赉：《〈蒙古秘史〉校勘本》，呼和浩特：内蒙古人民出版社，1980 年，第 338 页。
② 贾敬颜、朱风：《〈蒙古译语〉〈女真译语〉汇编》，天津：天津古籍出版社，1990 年，第 41 页。
③ 以“按出虎”的对音估计，女真语的这个词似应是 Alčuq(u)。
④ 贾敬颜、朱风：《〈蒙古译语〉〈女真译语〉汇编》，第 245 页。
⑤ 蒙古语形式据栗林均的复原。这个词在现代阿拉伯语作 سلطان（*Sultān*），通常译“苏丹”，*Soltan* 也许是这个词在进入阿尔泰语言时产生的音变。栗林均：《『元朝秘史』モンゴル语汉字音译·傍译汉语对照语汇》，仙台：东北大学东北アジア研究センター，2009 年，第 427 页。
⑥ 额尔登泰、乌云达赉：《〈蒙古秘史〉校勘本》，第 758 页。

“自七月十二日辞朝，帝将兵追算端汗至印度。”

Sultania，今伊朗北部的苏丹尼叶。*sul* 的对音既可以是“莎勒”（so-le），也可以是“孙”（sun）。*Sultan* 或作 *Soltan*，则“莎勒”译例同上引《蒙古秘史》“莎勒坛”。《元史》卷六三《地理六》作“孙丹尼牙”。

Barkol，今新疆维吾尔自治区巴里坤哈萨克族自治县。*kol* 的对音既可以是“库勒”（khu-le），也可以是“坤”（khun）。《大清一统志》卷二〇八作“巴尔库勒”：“雍正九年，筑巴尔库勒城，以安西同知驻防其地。”同书卷一九七作“巴里坤”：“巴里坤镇总兵官，驻西安府。”[1]

Sarikol，新疆维吾尔自治区塔什库尔干塔吉克自治县的古名，*kol* 的对音既可以是“库勒”（khu-le），也可以是“桓”（huan）[2]。《钦定皇舆西域图志》卷二作“色勒库勒”：“额尔勾郭勒之北，一泽三名：中曰巴巴，东曰达巴噶尔德，西曰赫色勒库勒。”《圣武亲征录》作“撒里桓”：“别遣哲别攻曲出律可汗，至撒里桓地，克之。”

尽管就辞源而言，上面例子中的有些词可能是从西亚语言输入中亚和东亚的，不过无论如何，不同时代、不同地域产生的古书对不同语言里的 -l 采用了同样类型的异译，说明导致这一现象的原因不可能是同一语言中的方音差异，而是译者各自不同的译音习惯。换句话说，不是阿尔泰语言的使用者把自己的 -l 变读成了 -n，而是汉语译者临时借用了汉语的 -n 来翻译阿尔泰语言的 -l。此前的大多数研究者显然忽略了译音汉字在这方面的实际作用——除了李盖提（L. Ligeti）以外，20 世纪之前几乎所有的学者都把《女真译语》的“安春”（*alčun，金）理解成了 anču(n)[3]，给人的印象似乎是阿尔泰语言的 al 在女真语里一度变成了 an。造成这一误会的原因在于研究者不假思索地认定译音汉字是女真语音的忠实再现，而没有意识到这里的译音字“安”实际上并不代表女真语的 an，而是被临时借用来对译 al 的。

在音译的过程中，一旦原语里出现了目的语没有的音素或者音素组合，译者总是会不自觉地借用目的语里听上去最为相近的音来替代。在汉唐时期，人们通常借用收 -t 尾的入声汉字来音译外民族语的 -l，例如佛经里的 *kalpa* 古来译作“劫”，而慧苑主

① 以“巴里坤”的对音估计，突厥语的这个词似应是 *Barqul*。
② 以“撒里桓”的对音估计，东伊朗语的这个词似乎是 *Sariqol*。
③ 金启孮：《女真文词典》，北京：文物出版社，1984 年，第 224 页。

张据梵文改作“羯腊波”[①]，就是借用了入声汉字“羯”（*kat）来音译梵文的 *kal*。汉语里没有 -l 韵尾，所以借用发音部位相同的 -t 来翻译 -l 是很自然的。唐代中期以后，汉语北方话原有的入声韵尾 -t 渐趋脱落[②]，迫使译者不得不另辟蹊径，于是不同的人采用了两种不同的办法：一种是借用“勒”字的声母 l-[③]，另一种是借用臻山两摄字的韵尾 -n。n 和 l 同为舌尖部位的浊音，只是发音方法稍异，在现代汉语北方方言里不乏混读的例子，比如二者在成都话同读作 n，在南京话同读作 l，而兰州话则读 n 与读 l 两可[④]。虽然这些现代方言例证仅限于声母，但毕竟说明 n 至少在汉语使用者听来是与 l 最为近似的音，所以人们借用 -n 来翻译 -l 也就是很自然的。事实上这种译法自古就有，我所见到的最早译例出自公元 2 至 3 世纪，例如：

Bṛhatphala，惟于潘（后汉支娄迦谶译《道行般若经》卷二）[⑤]，“潘”（*phan）相当于 *phal*。

Rāhula，罗云（三国吴支谦译《维摩诘经》卷上）[⑥]，“云”（*ɣiun）相当于 *hul*。

这类例子虽然极其罕见，但可以说明借用 -n 来译 -*l* 并不是近古时代译者的首创。

假如把 -n 和 -l 的转换也看成一种“音变”，那么我们就可以从古人用 -n 译 -l 的现象中领悟到古代阿尔泰语言的两个语音信息。首先我们知道，几乎是在所有的语言里，弱读的音总是比强读的音易于发生音变，这自然使我们相信古代阿尔泰语言的 -l 是个普通的、读得有些含混的 -l，而不是像法语那样读得很强、很清晰的 -l。其次我们估计古代阿尔泰语言带 -l 的整个音节都是弱读音节。现代阿尔泰诸语言多音节词的词首音节一般不重读，而古代阿尔泰语言的词重音位置在学界还没有定论。本文所举

①《慧苑音义》上：“劫，梵言也，具正云羯腊波，此翻长时也。”《大正新修大藏经》第 54 册，第 434 页下栏，“羯腊波”的对音是 kat-lap-pa。

② 例如白居易《琵琶行》的开头两句是“浔阳江头夜送客，枫叶荻花秋瑟瑟”，其中用“客”（-k）与“瑟”（-t）押韵，说明 -k 和 -t 两个入声韵尾在白居易的口语中已经合而为一了。

③ 公认译音最为考究的《蒙古秘史》特地把这个“勒”字写得小些，目的是提醒读者在这里只需读出它的声母。

④ 袁家骅等：《汉语方言概要（第二版）》，北京：语文出版社，2001 年，第 25 页。

⑤《大正新修大藏经》第 8 册，第 435 页上栏。又见支娄迦谶译《佛说兜沙经》，载《大正新修大藏经》第 10 册，第 446 页上栏。

⑥《大正新修大藏经》第 14 册，第 523 页中栏。又见康僧铠译《佛说无量寿经》卷上，载《大正新修大藏经》第 12 册，第 265 页下栏。*Rāhula*（覆障）通常译作“罗睺罗”，译“罗云”是因为译者参照的形式是 *Rāhul*。

词例中的 *Altai*（按台）、*Alčuka*（按出虎）、*Soltan*（算端）、*Sultania*（孙丹尼牙）的第一个音节弱读，符合现代的规律，而 *Barkol*（巴里坤）和 *Sarikol*（撒里桓）却是词末的音节弱读，这是不是可以说明某些语言在古时的词重音位置与现代不同呢？

（原载《满语研究》2013 年第 1 期，页 84—86）

光绪《丹噶尔厅志》蒙藏词语札记

《丹噶尔厅志》八卷，光绪三十四年（1908年）张庭武修，杨景升纂，宣统二年（1910年）甘肃官报书局刊本，2008年凤凰出版社《中国地方志集成·青海府县志辑》第5册有影印。丹噶尔厅，道光九年（1829年）置，隶甘肃西宁府，故地大致相当今青海省西宁市的湟源县。厅治位于西宁以西约50公里的青海湖东岸、日月山东麓，历来是青海与西藏间的交通要道，俗称“海藏通衢”。当地藏族人口远多于蒙古族，但因西宁州在1227年后被蒙古占领，故境内现存地名来自蒙古语者多于来自藏语者。

《丹噶尔厅志》卷八第47至48页有“翻译”一节，收录丹噶尔境内山水村庄名，为青海地方志里罕见的少数民族语言资料。书中所涉地名众多，或出自蒙古语，或出自藏语，或蒙古语、藏语混用。编纂者征询往来商贾，以读音推测词义，但由于大量地名的来历无考，故编纂者仅选录了33则，约占当地少数民族地名十之二三。这33则地名多为山水与村庄共用，其中有些依然难解，本文试用现代蒙古语、藏语及湟源地名见于记载者略为解说。《丹噶尔厅志》成书时间距今仅百年有余，其间方音变化较小，若书中原有词义提示，则所记全部地名的语源可知。只是个别地名尚不能确定其当今所在，须有条件者实地查访方能确定。

翻译

丹地古时沦于海部。

海部，指塞外诸番部。《丹噶尔厅志》卷三《地理》：“丹地古时沦于塞外，有城守兵防而后人民田庐，辟荆榛而渐开通焉。初防以兵而樊篱固，继设以官而吏治肃，未几而文教覃敷焉，未几而武功赫濯焉。雪山宿海，朝贡联肩；蒙酋夷豪，互市接踵。”

其地名命意，十八九皆从蒙番旧称。询诸熟于蒙古、番子情形之商贾，有可译以汉音者，有不能以汉义译者。一则转音之讹，失其本音，一则梵文名号，非番僧之精通经典者不能释也。今将译出各义略注数端，以概其余。

梵文，实指藏语，文中注作“番语”。当地俗以藏文佛经为梵经。

库库淖尔，青海也（库库，一作可可）。

蒙古语 *xöxe nayur*“青海”，此指青海湖。按本词又见《元朝秘史》第 89 节，音“阔阔纳浯儿”（青海子），可复原作 *köko na'ur*，对音较为切合。

丹噶尔，东科尔之转音。东科，寺名。福康安《筹藏善后奏》内有云：“西藏世家子弟称为东科尔，或其义也。”

东科寺，清顺治五年（1648）始建，雍正六年（1728）毁于罗卜藏丹津之乱。十一年，五世东科活佛索南嘉措移址重建于日月山北麓，其地东北距湟源县城约 30 公里，今属日月乡之寺滩村。该寺后承乾隆皇帝赐名“嘉善”，为钦差大臣每年七月十五日祭海会盟之所。按，“东科”藏文作 *stong 'khor*，字面义为“千众”，此当为 *stong 'khor los sgyur rgyal po*“大千世界转轮王”省称，则寺名实际含义似当作“大千世界转轮寺”。福康安所奏“西藏世家子弟称为东科尔”实际仅指本寺东科活佛传承而言，时为六世活佛东科·阿旺嘉样丹增嘉措（1754—1798），非西藏世家子弟统称。又，今名“丹噶尔”的“噶”或更合于藏语 *dung dkar*“白海螺”的 *ka*，但“丹”与 *dung* 读音不切，故《丹噶尔厅志》视为“转音”。

察汉托洛亥，白头山也，魏源译为白云山，犹言白云覆于山头也。

蒙古语 *čayan toloyai*“白头”。“汉”或作“罕”，卷六《古迹》：“察罕托罗亥，距丹城西南一百二十里，在青海东南大琼科滩北山垠。……按，察罕托洛亥，蒙古语也，译言察罕谓白，托洛亥谓头，言白云覆于山头，故魏默深直译为白云山也。”

察汉布拉，白泉也。

蒙古语 *čayan bulay*（白泉）。卷三《地理》：“西北乡……察汉布拉庄，即大山垠，距城西北十里许。”故察汉布拉庄在今大华镇。

散布拉，好泉也。

蒙古语 *sain bulay*“好泉”。卷六《山脉》谓柴塔峨博“山坳一泉，其味甚甘，流出山口，西注药水河”，当即指此。

毛布拉，恶泉也。

蒙古语 *maγu bulaγ*“恶泉”。“毛”或作“莫”，卷三《地理》：“西北乡……莫布拉庄，距城十二里许。”今申中乡有莫布拉村。

察汉素，白水也。

蒙古语 *čaγan usu*“白水”。卷三《地理》：“察汉素庄，距城正南十里，在湟水南。”卷六《水源》：“白水河，源出城南三十里许之雪山垠，西北流至药水硖口茶曲庄，北注于湟。”“察”今作“茶”，和平乡有茶汉素村。

喇嘛托亥，山顶浑圆，如僧秃头也。

藏语 *bla ma*“喇嘛”+ 蒙古语 *toloγai*“头”。卷六《水源》：“莫尔吉河，源出城西四十余里塞外莫尔吉脑喇嘛托亥山垠，东北流至扎藏寺。”按，蒙古语与“喇嘛托亥”对音不切。颇疑此地名经人讹读，致“托亥”中脱“洛”字。

河拉大山，黑山也。

蒙古语 *xara*“黑”+ *aγula*“山”。卷六《山脉》：“河拉大山当城正北可五里许，高逾千仞，阔十余里。形势雄壮，为丹城北路之屏蔽。山顶清泉澄澈，其下河拉泉水出焉，旱时流里许而入沙，雨多则南注于湟。”今申中乡有河拉村。

察什浪，黄草山也。

藏语 *rtswa*“草”+ 蒙古语 *sira*“黄”。卷六《水源》：“大察什浪河，源出城南六十余里大察什浪草山垠，西北流至东科寺，东南流注于湟。”按《元朝秘史》以来惯例，“察”字对音必是 *ča*，然蒙古“草”作 *öbs* 不作 *ča*。且依蒙古语，“黄草”组合次序必是 *sira*“黄”在“草”前。疑“察”音译自藏语 *rtswa*，则 *rtswa sira*（黄草山）是以西藏语序组合藏文 *rtswa*“草”及蒙古文 *sira*“黄”。今日月乡有大小察什浪村。

乌兰哈达，红石崖也。

蒙古语 *ulaγan xada*“红崖”。卷六《水源》：“湟水发源不一，在丹噶尔境者以二大支为宗。一出于西塞外附近青海北之乱山中，地名拨洛充克之乌兰哈达暨莫挥兔泉水会流。”

察汉哈达，白石崖也。

蒙古语 *čaγan xada*“白崖”，在青海湖中岛上。“察汉”或作“查罕”，卷六《山脉》记青海岛：“稍西又出一峰，曰查罕哈达，远而望之，万千波涛中俨如翠盖涌出之状。水晶盘里拥青螺，犹未足以仿佛其景也。”

达坂，牙壑也。

蒙古语 *dabaɣan*“垭口”，泛指两山岭间低凹处。卷六《山脉》：“达坂山，在城西五十余里拉拉脑黄毛尔滩。自城中望之，在正西方整削如墙，最高而寒。”

纳隆，细沟也。

藏语 *nar lung*“狭长沟”。卷六《水源》：“下纳隆口水，源出城西南二十余里之泉尔湾脑，经上博巷纳隆庄出口至城东南里许东北流，注于湟。”今波航乡有纳隆村。

申中，番族名也。

藏语 *hren krung*“族姓”。卷三《地理》：“申中大庄，在卡路庄之正北，距城西北十五里许。”卷六《水源》：“申中河，源出城西北三十余里申中前沟脑石山根，南流至申中大庄与后沟水合，复南流至卡路庄，南注于湟。”今有申中乡申中村。

郡科，蒙古札萨克名也。

通作“群科”，即和硕特南左翼末旗，在今青海海晏县，东界丹噶尔。

胡丹度，买卖处也。

蒙古语 *xudalduxu*“买卖”。卷三《地理》：“转嘴子庄，距城西稍北二十五里。迤北进山口为下胡丹度庄，距城二十八里，有迁善义学一处。再北上胡丹度庄，距城三十里。”卷六《水源》：“胡丹度河，源出城西北三十余里胡丹度脑，南流至转嘴子，南注于湟。”或省作“胡旦”，今巴燕乡有上下胡旦村。

阿哈丢，兄弟也。

蒙古语 *axa degüü*“兄弟”。卷三《地理》谓东乡有“阿哈丢小庄，与河北石崖相对”。卷六《古迹》：“南北古城，距厅城东五里许。一在河南，一在河北，守御相望，扼硖口之咽喉。北城之东起长垣，崇厚皆数仞，凭高视下。若据守得人，形势极为固险。沙土参差，板筑之痕依然。二城统名曰阿哈丢。蒙古谓兄为阿哈，弟曰丢。”

哈斯藏，捷路也，或称塔藏。

蒙古语 *as ǰam*“捷径”或称 *töte ǰam*“捷径”。卷六《山脉》：“塔藏山在城南三十里药水硖西。侧面石峰嵯峨，其顶极平，有路一线，可达青海，较大路为捷，番名哈斯藏，译言捷路也。药水河流其东，高陵河出其北，宗家沟水出其南。”按二名同出蒙古语，“哈斯藏”非“番名”，藏语“捷径”作 *myur lam*、*mgyogs lam* 或 *bde lam*。

巴燕，富人也。

蒙古语 *bayan*“富”。卷六《险隘》：“巴燕硖在厅城西三十余里，巴燕庄西北三四里至硖口。硖长五里许，出硖为青海界。”今有巴燕乡巴燕村。

巴燕己盖，富人第一也。

蒙古语 *bayan*“富”+ 藏语 *gcig*“一”。或作“巴燕吉盖”，卷六《水源》：“上纳隆沟河，源出城西三十余里巴燕吉盖庄脑大山垠，东北流出上纳隆沟口，北注于湟。”今大华镇有巴燕吉盖村。按藏语“第一”作 *dang bo* 不作“己盖”，《丹噶尔厅志》误基数词“一”为序数词“第一”。

哈拉库图，黑喇嘛也。

蒙古语 *xara xutuγtu*“黑呼图克图”。卷六《水源》：“哈拉库图河，源出哈城南十余里雪山垠，北流汇集四渠，至哈城东北仍分流，北注于湟。”今存清乾隆五年（1740）所筑哈拉库图城遗址。按，《丹噶尔厅志》编者或以“库图”为清廷所授高级喇嘛称号“呼图克图”省称，若谓“库图”即蒙古语 *xoto*（城），似亦无不可。今日月乡有哈拉库图村。

梭力苟，九筲也（番语）。

藏语 *gsol ldir dgu*“九罐”。卷六《古迹》：“梭力苟，哈拉库图尔，南山番人名曰梭力苟，西番语也。当以命名之义询诸熟悉梵经之番僧，据云：古昔活佛住锡于此山，此山一驻牧妇人聚牛乳九筲以供佛。佛鉴其诚，因名此山曰梭力苟。译言梭为筲，力苟为九也。”按，末句误，当作“梭力为筲，苟为九”。

茶曲，盐水也（番语）。

藏语 *tshwa chu*“盐水”。卷六《水源》谓白水河流经药水硖口茶曲庄，即今和平乡茶曲村。

莫灰兔，蛇也。

蒙古语 *moγoitu*“众蛇”。“灰”或作“挥”，卷六《水源》谓湟水源头一支为“莫挥兔泉”。

乙开乌兰、巴罕乌兰，即大小红山之谓。

蒙古语 *yexe ulaγan*“大红”、*baγaxan ulaγan*“小红”。卷六《水源》：“临

羌溪水，源出城西八九十里乙开乌兰、巴罕乌兰地方。”

蓝占巴，人名也。

蒙古语 *lam Ɉamba*“喇嘛弥勒”，藏语借词。“蓝”借自藏语 *bla ma*“喇嘛”，“弥勒”借自藏语 *byams pa*“强巴佛”。卷六《水源》：“蓝占巴水，源出城东十余里西石硖北蓝占巴沟脑。泉水汇集，经蓝占巴庄南流至石崖庄迤西，南注于湟。”蓝占巴庄即今东峡乡蓝占巴村。

拉毛勒，女人也。

藏语 *lha mo las*“天女业”。释义当作“女人名”。今地所在不详。

香错，管家也。

藏语 *phyag mdzod*“管家”。今地所在不详。

大、小高菱，原名若隆切阿、若隆群阿。

藏语 *ra lung che ba*“大山陵”、*ra lung chung ba*“小山陵”。卷三《地理》：“察汉素庄……迤南大高陵庄，距城十五里。再南小高陵庄，距城二十里。”卷六《水源》：“大高陵河，源出城西南四十余里加牙麻山垠，东北流至大高陵口，东注于湟。”今和平乡有大小高陵村。

星泉庄，原名若兰布拉。

蒙古语 *γaraγ bulaγ*“星泉”。卷六《山脉》：“星泉山，在城西十余里星泉庄北。山麓有泉甚伙，状如列星，故名。泉水汇集南流，注于湟。”今申中乡有星泉村。

（原载《满语研究》2021 年第 1 期，页 70—73）

《苗防备览》中的湘西语料

《苗防备览》二十二卷，清嘉庆四年（1799）严如熤辑[①]，初稿略经增补，于嘉庆二十五年（1820）初刊，道光二十三年（1843）绍义堂重刊，今有1969年台湾华文书局影印本，见王有立主编《中华文史丛书》第78册。全书仿中国传统“志书”体例，介绍湖南、贵州、四川三省苗疆的地理、风俗、兵防、历史和艺文，其中的卷八和卷九为《风俗考》，在记载当地风土人情的同时以汉字译音的方式提供了四种少数民族语言的词语566则。这四段文字由于所涉语言的性质不大明确，尤其是里面的“犵狫”一词很容易使人联想到现代的仡佬语，所以历来的研究者都感到无从校理[②]。本文在考求语言的基础上利用古代方志和现代语言调查资料校录这四段文字，目的是尝试借助少数民族语言整理汉文古籍的方法，同时也为今后全面整理《苗防备览》一书打下必要的基础。

一

《苗防备览》把使用这四种语言的人群分别称作“苗人”“土人”“犵狫”和“猺人”，相应的语料至少有三种不是严如熤本人亲自调查搜集所得，而是从前代编写的地方志抄录的。据目前所知，其中的“苗人”语209则和“猺人”语102则来自乾隆《辰州府志》卷十四[③]，“土人”语140则来自乾隆《永顺县志》卷四[④]。此外还有“泸溪乾州犵狫”语115则，我在见过的地方志里没有找到出处，但有证据表明它和《辰州府志》记载的“苗人”语关系极为密切，正如《苗防备览》所言：“骤遇接谈，未

① 严如熤，《清史稿》列传第一四八有传，见中华书局1977年点校本第1926—1928页。
②《苗防备览》的卷八和卷九后来被王锡祺冠以《苗疆风俗考》的题目，未加校勘即收入《小方壶斋舆地丛钞》第八帙（上海著易堂刻本，1891，第125—136页）。
③ 乾隆《辰州府志》五十卷，清席绍葆修，谢鸣谦等纂，通行江苏古籍出版社2003年影印清乾隆三十年（1765）刻本，见《中国地方志集成·湖南府县志辑》第59、60册。
④ 乾隆《永顺县志》四卷，清李瑾纂修，王伯麟增修，通行江苏古籍出版社2003年影印清乾隆十年（1745）刻本，见《中国地方志集成·湖南府县志辑》第69册。

有不疑为苗。”事实上，《苗防备览》“犵狫”语的词语选择和编排次序与《辰州府志》记录的“苗人”语如出一辙，只不过简化了很多而已。我们注意到前者有些词条与后者全同，例如“呼山曰补”“呼姐曰阿亚”“呼肥曰胀”“呼骑马曰藏美”“呼高曰率”，还有一些相当近似，例如“呼上山曰留（溜）补”“呼嫁女曰张得怕（帕）”等。这些事实引导我们设想，《苗防备览》“犵狫”语料的采集一定预先参考了《辰州府志》里那段关于“苗人”语的记载，至于具体采集者是否严如熤本人则不得而知。

尽管这四份语料并非出自同一个记录者之手，但不难感觉到参与采集的人员应该都是湘西人①。清代的辰州即今怀化市的沅陵县，永顺、泸溪、乾州都在今湘西土家族苗族自治州。从现代的方言分区推断，当时“土人”居住区通行的汉语应该属于北方方言的西南官话，“苗人”“犵狫”和“猺人”居住区通行的汉语应该属于湘方言②。事实上，记录者们在用汉字音译少数民族词语时也表现出了西南官话或者湘方言的某些典型特征，例如他们用“列”音译 le^{33}（地，“猺人”语），用“赖”音译 $lɑ^{24}$（物，“苗人”语），同时又用“列”音译 ne^{35}（睡，“土人”语），用“郎”音译 $nɑŋ^{22}$（雨，“犵狫”语），这反映了西南官话或者湘方言中 n-、l- 混读的现象③。当然，我们无从查考记录者所用土语的读音细节，只能参照西南官话或者湘方言的一般特征来理解那些译音汉字，这也是不得已而为之。

在《苗防备览》记录的四份语料中，此前获得圆满解决的只有“土人”语。田德生等在二十多年前就根据民国《永顺县志》的转录正确地辨识出那是土家语④，后来田恒金借助在湖南省永顺县大坝乡记录的土家语资料，对乾隆《永顺县志》的全部“土人”词语进行了漂亮的解读⑤。近来陈廷亮也曾尝试利用现代土家语来校理《苗防备览》中的那段文字⑥，但由于忽略了语言的地域差别，没有找到关键的方言语料，所以在此基础上的校理不免为人们留下了些许遗憾。2011 年，罗康隆、张振兴对《苗防备览》的两卷“风俗考”进行了研究，然而对这四份语料却未作校勘，只是列出了前两种语言与现代苗语、土家语的词语对照表⑦。表中给出的现代少数民族语言形式有

①《苗防备览》的最终编定者严如熤也是溆浦人，溆浦即今湖南省怀化市溆浦县。
② 鲍厚星、颜森：《湖南方言的分区》，《方言》1986 年第 4 期。
③ 袁家骅等：《汉语方言概要》（第二版），北京：语文出版社，2001，第 29、103 页。
④ 田德生、何天贞等：《土家语简志》，北京：民族出版社，1986，第 1 页。
⑤ 田恒金：《清代〈永顺县志〉中的土家语词》，《民族语文》2004 年第 2 期。
⑥ 陈廷亮：《〈苗防备览〉所记土家语词汇校释》，《中南民族大学学报》2010 年第 6 期。
⑦ 罗康隆、张振兴：《〈苗防备览·风俗考〉研究》，贵阳：贵州人民出版社，2011，第 74—82、190—195 页。

一些不能与原书的记载形成对应，看来是作者没有找到最为适用的语言调查资料。第三份语料被作者误会成了仡佬语，随之给出的现代瓦乡话形式更是与《苗防备览》毫不相干[1]。第四份语料作者感到无法识别，相关的研究全部空缺[2]。应该说，出现这样的情况并非作者的有意放弃，而可能是由于受到专业的限制，作者把全部注意力都集中在了历史和民俗的解说上面——当然在这两个领域内的解说是精彩的。

依据现代田野调查资料来鉴定古代文献语言的性质，这已被证明是一种颇为有效的方法[3]。本文即尝试采用这种方法来考求《苗防备览》记载的湘西语言。需要说明的是，清代记录少数民族语言的主要目的在于供官府断案参考，其中有些词语已属罕见，加上两百多年来语言本身的变化，我们已经不能在现代调查资料中为每一则词语查到对等形式，也就是说，我们无力对《苗防备览》提供的全部语料做出逐一的解读。不过尽管如此，能够找到对等形式的那些词语已经足以向我们展示其余三份语料的实质了。

借助与现代田野调查资料的对勘，我们现在可以断定《苗防备览》记录的“苗人”语属于苗语湘西方言的西部土语，“犵狫”语属于苗语湘西方言的东部土语，“猺人”语属于巴哼语的唔奈方言。以下各举几例。

“苗人”语：苗语湘西方言西部土语[4]：

箕（风）：ci^{53} “风”	侬（雨）：noŋ^{42} “雨”
能勾（路）：ne^{44}kɯ^{44} “路”	补楚（茅屋）：pʐɯ^{44}ntshɯ^{44}
得苟（弟）：te^{35}kɯ^{44} “弟弟”	得帕（女）：te^{35}mphɑ^{44} “女儿”
破多（说话）：phu^{44}tu^{53} “说话”	身读（写字）：ʂei^{53}ntə^{44} “写字”
果落（脚）：qɔ^{35}l̥ho^{35} “脚”	果北（发）：qɔ^{35}pji^{35} “头发”
胀（肥）：ʈɑŋ^{42} “胖”	瘠（瘦）：ntsei^{53} “瘦”
拢利（吃饭）：noŋ^{31}ljhe^{53} “吃饭”	欿忌（吃茶）：hu^{44}ci^{33} “喝茶”
中（七）：tɕoŋ^{42} “七”	喇亿（八月）：l̥hɑ^{53}ʑi^{33} “八月”

① 罗康隆、张振兴：《〈苗防备览·风俗考〉研究》，第 214—218 页。
② 罗康隆、张振兴：《〈苗防备览·风俗考〉研究》，第 240 页。
③ 孙宏开：《西番译语考辨》，载白滨等编《中国民族史研究》（二），北京：中央民族学院出版社，1989。
④ 本文引用的苗语湘西方言西部土语资料采自湖南省湘西土家族苗族自治州花垣县的吉卫镇，见向日征《吉卫苗语研究》，成都：四川民族出版社，1999，第 219—257 页。

“犵狫”语：苗语湘西方言东部土语①：

板围（天）：piɑ^{54}ŋwei^{31}“天”	浪$_{上声}$（雨）：nɑŋ^{22}“雨”
屋（妻）：ʔwu^{55}“妻子”	夫（保）：pɔ^{55}“丈夫”
唯（自呼）：wei^{44}“我”	穆（呼人）：mu^{31}“你”
肉样（好）：ȵu^{53}ʑɑŋ^{42}“美”	窄样（丑）：tɕɑ^{44}ʑɑŋ^{42}“丑”
泥抬（黄牛）：ȵi^{31}ntæ^{22}“黄牛”	沼（老虎）：tsɔ^{55}“虎”
昂（银）：ŋɑŋ^{31}“银”	罗（铁）：lɔ^{33}“铁”
旗$_{上声}$（吃茶）：dʑi^{44}“喝茶”	囊芽（吃肉）：nɑŋ^{31}ŋɑ^{31}“吃肉”
亚（衣）：ʔɑ^{55}“衣服”	窠（靴）：khɔ^{31}“鞋”

“猺人”语：巴哼语唔奈方言②：

抹（雷）：mpo^{35}“雷”	乌合（雾）：u^{53}ho^{35}“雾”
庇（伯）：pi^{13}“伯父”	打哒（相杀）：ta^{31}ta^{55}“互相杀”
味（菜）：wi^{35}“菜”	岩（肉）：ɴqai^{33}“肉”
郎稳（锅）：naŋ^{35}wɯŋ^{22}“锅”	亮（犬）：liaŋ^{53}“狗”
面（猪）：mpe^{55}“猪”	囊（吃）：naŋ^{33}“吃”
号（饮）：hau^{53}“喝”	倒（火）：tou^{22}“火”
给套（桌）：tei^{33}thau^{35}“桌子”	给总（床）：tei^{33}tsuŋ^{33}“床”
背（睡）：pei^{55}“睡”	果（路）：qo^{13}“路”

明确了这些语言的性质之后，再来校理《苗防备览》中的相关文字就不是一件太难的事情。不过如上所述，古书中的词语并不是每个都能在现代调查资料中查到，而且中国清代有些地方志的刻印质量很差，并不是每个字都能看得清楚，所以个别地方的失校亦所难免，这些疑难的最终解决还有待将来。

① 本文引用的苗语湘西方言东部土语资料采自湖南省湘西土家族苗族自治州泸溪县洗溪镇的洞头寨村。感谢孙宏开先生指引我看到了这份资料。又，徐世璇先生提示我说，她感到这份资料应该与现代湘西苗语东部次方言的丹青土语最为接近。丹青即湘西土家族苗族自治州吉首市的丹青镇，遗憾的是我们手头的丹青苗语资料远不如洞头苗语丰富，尚不足以用为参校。

② 本文引用的唔奈语词采自湖南省邵阳市隆回县的虎形山瑶族乡，见毛宗武、李云兵《巴哼语研究》，上海：上海远东出版社，1997，第 248—314 页。

二

苗人语，见《苗防备览》卷八第5页左面至第8页右面。对校乾隆《辰州府志》卷十四，参校乾隆《乾州志》卷四①、苗语湘西方言西部土语吉卫话（今称“吉卫苗语”）。

苗音鴂舌，非翻译不解。其称天曰各达，称地曰罗，称日曰奈，称月曰喇，称云曰靚，呼天晴曰鲁内，呼天阴曰乍内，呼天晚曰茫内，呼夜行曰晦际，呼风曰箕，呼雨曰侬，呼雪曰拍，呼山则曰补[1]，呼上山曰溜补，呼路曰能勾，呼塘曰各印，呼田曰蜡屋[2]，亦曰补，呼耕田曰铄喇，呼耕地曰铄落，呼瓦屋曰背瓦，呼茅屋曰补楚，呼木曰果柱[3]，呼竹曰木笼[4]，呼花曰盆，呼大官曰猛贵，呼小官曰得官[5]，呼兵曰乍金，呼民曰果乍，呼苗曰果雄，呼祖曰阿谱，呼祖母曰阿娘，呼父曰阿巴，呼母曰阿米，呼伯曰马龙，呼叔曰马腰，呼兄曰阿那，呼弟曰得苟，呼姊曰阿亚，呼妹曰亚苟，呼子曰得带[6]，呼女曰得帕，呼姑曰阿孟，呼姨曰能龙，呼外祖曰阿达，呼舅曰阿内，呼媳曰能，呼孙曰茁，呼夫曰帮，呼妻曰殴，呼妻舅曰嗪补，呼亲家曰把截[7]，呼朋友曰同年，自呼曰委，呼人曰蒙，呼说话曰破多，呼写字曰身读，呼娶亲曰内戳，呼嫁女曰张得帕，呼有丧曰达内，呼葬曰两内，呼祭曰绰滚，呼请客曰请内哈，呼叩头曰不备，呼头曰多北，呼耳曰果谋，呼眼曰合眉，呼口曰哈拢，呼手曰阿斗，呼脚曰果落，呼肚曰果体，呼发曰果北，呼看见曰乍蒙，呼大曰隆，呼小曰得，呼肥曰胀，呼瘦曰瘠，呼好曰若内，呼丑曰乍内，呼哭曰业，呼笑曰咒，呼立曰铄，呼坐曰重，呼卧曰卜梦，呼快走曰兽，呼慢走曰达，呼会水曰阿，呼来曰摆[8]，呼去曰散[9]，呼黄牛曰大跃，呼水牛曰大业，呼虎曰木瓜[10]，呼马曰大美，呼骑马曰藏美，呼羊曰大客[11]，呼猪曰大把，呼鸡曰大哈，呼狗曰大狗，呼鱼曰大某，呼鹅曰大奴，呼锅曰果碗，呼罐曰果着，呼碗曰果折，呼凳曰果灰，呼桌曰记摆[12]，呼钱曰钱当，呼银曰硬，

① 这段“苗人语”的最早记载见于乾隆《乾州志》卷四，原书清王玮纂修，乾隆四年（1739）刊，今通行北京图书馆出版社2005年影印本，收入《华东师范大学图书馆藏稀见方志丛刊》第12册。乾隆《辰州府志》的“苗人语”是在《乾州志》基础上的增补校订，故文字有所不同。从具体行文上看，《苗防备览》的“苗人语”显然是直接摘录自《辰州府志》，所以我们只把《乾州志》用作参校本而非对校本。

呼铜曰果[13]，呼锡曰蓦，呼布曰扐，呼笼曰果搭，呼背笼曰果的，呼铁曰果捞[14]，呼箱曰果补，呼鼓曰播侬，呼锣曰果钲，呼铳曰炮[15]，呼枪曰写，呼刀曰果滕，呼锁曰果索，呼戥曰听硬，呼称曰听度，呼盐曰仇，呼油曰删，呼火曰斗，呼烧火曰北斗[16]，向火曰奴斗[17]，呼冷曰嫩，呼热曰格内，呼小米曰糟侬，呼大米曰糟奴，呼糯米曰糟糯，呼柴曰果斗，呼吃饭曰挠利，呼吃酒曰欲酒，呼茶曰忌，呼吃茶曰欲忌，呼肉曰牙，呼吃肉曰能牙，呼吃烟曰欲烟[18]，呼被曰特泼[19]，呼帽曰果帽，呼衣曰阿，呼鞋曰硗，呼裤曰镇可，呼一曰哈，呼二曰偶，呼三曰补，呼四曰彼，呼五曰罢，呼六曰着，呼七曰中，呼八曰亿，呼九曰仇，呼十曰个，呼百曰阿[20]，呼千曰阿采，呼万曰阿万，呼升曰果赏，呼斗曰果斗，呼石曰果斗[21]，呼正月曰喇哈，呼二月曰喇偶，呼三月曰喇补，呼四月曰喇彼，呼五月曰喇罢，呼六月曰喇着，呼七月曰喇中，呼八月曰喇亿，呼九月曰喇仇，呼十月曰喇个，呼十一月曰喇冬，呼十二月曰喇柔，呼初一曰哈昧喇，呼初二曰偶昧喇，呼初三曰补昧喇，呼初四曰彼昧喇，呼初五曰罢昧喇，呼初六曰着昧喇，呼初七曰中昧喇，呼初八曰亿昧喇，呼初九曰仇昧喇，呼初十曰个昧喇，呼过年曰桂前[22]，呼东曰勾龘代，呼西曰勾龘莽，呼南曰纪中，呼北曰纪达，呼上曰溜，呼下曰落，呼高曰率，呼低曰亚，呼平曰排，呼欠债曰斗折，呼还债曰必折，呼公道曰苦理，呼不公道曰乍腮，呼是曰业，呼不是曰肘业，呼杀人曰打内，呼抢夺曰这忒内，呼帮斗曰戳紧，呼偷窃曰业内，呼人凶曰阿内内窝，呼挽人解忿曰讲歹，呼和事不成曰肘跌掌[23]，呼和事之人曰牙郎，又曰行人，呼主盟之人曰背箭，呼防事曰木掌，呼不管事曰张掌[24]。其命名，男子多以老，如老偶、老补、老彼、老罢、老铁、老乔、老伞、老叟、老宰之类，女子多以阿，如阿叟、阿中、阿帕、阿妹、阿吉、阿金、阿息、阿布之类为名。三厅中相距稍远者，其言语亦多不同，不能尽译也[25]。

校注：

[1] 呼山则曰补，“则”字衍，当从《府志》删。

[2] 呼田曰蜡屋，“蜡”，《乾州志》同，《府志》作“腊”。

[3] 呼木曰果柱，“柱”为“杜”字形讹。《府志》《乾州志》作“杜”，“果杜”即吉卫苗语 $qɔ^{35}ntu^{53}$“树”。

[4] 呼竹曰木笼，“木”当作“果”，《府志》《乾州志》作“果”，“果笼”即吉卫苗语 qɔ^{35}l̥ho^{44}“竹子”。

[5] 呼小官曰得官，“得官”当作“得贵”。考上文“呼大官曰猛贵”，下文“呼小曰得”，则“贵”必是吉卫苗语 kwei^{35}“官”。《府志》《乾州志》作“得贵”，是。

[6] 呼子曰得带，“带”字衍。《府志》《乾州志》但作“得”，即吉卫苗语 te^{35}“儿子”。

[7] 呼亲家曰把截，“截”当从《府志》《乾州志》作“戳”。下文“呼娶亲曰内戳”，则“戳”必相当苗语高坡话 tʃõ^{24}“娶”[①]。

[8] 呼来曰摆，“摆”当从《府志》作“拢”，即吉卫苗语 lo^{33}“来”。

[9] 呼去曰散，“散”下有脱文，当从《府志》作“撒猛”，“猛”即吉卫苗语 moŋ^{33}“去”。

[10] 呼虎曰木瓜，“木瓜”为“大爪”形讹。《府志》作“大爪”，即吉卫苗语 tɑ^{35}tɕo^{44}“老虎”。

[11] 呼羊曰大客，“客”为“容”字形讹。《府志》作“大容”，即吉卫苗语 tɑ^{35}ʑoŋ^{31}“羊”。

[12] 呼桌曰记摆，“记摆”《府志》《乾州志》作“记北”，二音可通，即吉卫苗语 tɕi^{44}pe^{31}“桌子”。

[13] 呼铜曰果，“果”下脱“铜”字。《府志》《乾州志》作“果铜”，即吉卫苗语 qɔ^{35}toŋ^{31}“铜”，为名词前缀 qɔ^{35} 加汉语借词“铜”。

[14] 呼铁曰果捞，“果捞”《府志》作“果劳”，二者皆可通，即吉卫苗语 qɔ^{35}l̥hɔ^{53}“铁”。按，本条自上文舛入，《府志》《乾州志》“呼铁曰果劳”在“呼银曰硬”条下，是。

[15] 呼铳曰炮，《府志》《乾州志》“铳”上有“鸟”字。

[16] 呼烧火曰北斗，“北”当从《府志》作“比”，“比斗”即吉卫苗语 pji^{44}tə^{33}“烧火”。

[17] 向火曰奴斗，句首脱“呼”字。《府志》作“呼向火曰奴斗”。

---

① 感谢孙宏开先生的提示。苗语高坡话材料最初采自贵州省贵阳市高坡苗族乡的甲定寨。另外，罗康隆、张振兴提供了 tɕhu“娶”这个词（《〈苗防备览·风俗考〉研究》第 76 页），语音形式与“戳”最为接近，只可惜没有交代所用苗语资料的来源。

[18] 呼吃烟曰欲烟，“欲”《府志》作“货”，二音可通。

[19] 呼被曰特泼，“泼”当从《府志》《乾州志》作“拨”，即吉卫苗语 pə^{35}“被子”。

[20] 呼百曰阿，“阿”下脱“八”字。《府志》《乾州志》作“阿八”，即吉卫苗语 ɑ^{44}pa^{53}“一百”，为苗语“一”加汉语借词“百”。

[21] 呼石曰果斗，“果斗”与上文重出，误。当从《府志》《乾州志》作“果各”。

[22] 呼过年曰桂前，“桂”疑当作“挂”。罗康隆、张振兴引苗语作 kwa^{35}tɕô^{54}“过年”，对音相合，惟出处不明。

[23] 呼和事不成曰肘跌掌，据《府志》《乾州志》，此句上脱“呼和事曰跌掌”一句。

[24] 呼不管事曰张掌，《府志》《乾州志》无“事”字。

[25] 不能尽译也，《府志》作“不能尽载”。

三

土人语，见《苗防备览》卷九第 2 页右面至第 3 页左面。对校乾隆《永顺县志》卷四，参校土家语北部方言永顺大坝乡话（今称“永顺土家语”）①。

土人言语呢喃难辨，近开辟渐久，能道官音者十有五六。其方语称天曰墨，地曰理，土亦曰理，人曰那上声，日曰硗[1]，月曰舒舒，云曰麦浪翁，雾曰所帕，风曰熟暑[2]，大雨曰墨者[3]，细雨曰墨者喧，下雪曰舒舒者，大山曰卡斜[4]，小山曰卡斜鼻，水曰辙，河曰受，路曰喇，池曰熊节，田曰细列格，火曰米，烧水曰米那上声[5]，岩曰什体各落[6]，哄火曰土乌[7]，热曰古，冷曰撒，树曰卡木，柴曰卡物，竹曰猛，花曰卡帕，吃酒曰喇儿[8]，坐曰猛背，官曰夸，民曰马那，祖曰布帕[9]，祖母曰帕八，父曰阿把，母曰阿捏，伯曰阿取，伯娘曰捏取，叔曰阿卑，婶娘曰阿蚁，兄曰阿科，弟曰阿米，姊曰阿大[10]，妹亦曰阿米，子曰必，媳曰帕，女曰必物，外祖曰卡公，外祖母曰卡布，夫曰那上声把，妻曰那上声假力，闺女曰补遂，作揖曰戳咱音哑，叩头曰卡打背，头曰卡打，眼

① 本文参考的土家语北部方言数据采自湖南省湘西土家族苗族自治州永顺县的大坝乡，见田恒金《清代〈永顺县志〉中的土家语词》，《民族语文》2004 年第 2 期，并参看罗安源等《土家人和土家语》，北京：民族出版社，2001。

曰落布，眉曰落布须加，鼻曰饔起，面曰骨，口曰哲，齿曰是是，舌曰亦腊，须曰喇帕，耳曰瓮切，手曰洁，掌曰絜里皮，胸曰历科冲，肚曰阿拱，足曰骑，好看曰察里家，丑曰奚腊，笑曰捏，哭曰齐，水牛曰苑，黄牛曰坳坳，马仍曰马，羊曰弱，猪曰止，狗曰哈里，虎曰力，猴曰额$_{\text{上声}}$，鸡曰匝，鱼曰送，鸭曰撒，鹅曰压，碗曰切背，杯曰切背背，箸曰补止，锅曰踏枯，桌曰席别，椅曰科椅，凳曰尖及，一曰脑聋，二曰捏聋，三曰梭聋，四曰惹聋，五曰五聋，六曰鹅聋，七曰泥聋，八曰节聋，九曰格聋，十曰墨聋[11]，一百曰那日屋戳[12]，金曰翁可，银曰我，铜仍曰铜，铁曰写，锡曰言，盐曰腊布，油曰设是，醋曰奚扯，谷曰力布，米曰哲，肉曰实，帽曰毛，衣曰西八，裤曰枯，被曰夕纳，鞋曰戳歇，袜仍曰袜，扣子曰西八布擂，带子曰麦肉腊[13]，欠债曰拖[14]，书曰亦[15]，读书曰赤秃，写字曰赤赤鸭，活曰赧跛大[16]，死曰赦胡，说话曰煞力，相打曰打偕，青曰浪夹，蓝曰信夹，红曰米纳节，黄仍曰黄，白曰阿使，绿仍曰绿，不知曰哈太，睡曰列，起曰佳[17]。

校注：

[1] 日曰硗，《县志》同。按“硗”字《广韵》平声肴韵口交切，今读 qiāo，不当与永顺土家语 nau^{21}“太阳”对音。字疑当作“挠”。

[2] 风曰熟暑，陈廷亮指“熟”字为“热”字之讹①，是。《县志》作“热暑”，即永顺土家语 ze^{24}su^{44}“风”。

[3] 大雨曰墨者，按，永顺土家语“大雨”作 me^{24}tse^{21}ke^{51}，“小雨”作 me^{24}tse^{21}suaŋ^{51}，则“大雨曰墨者”下疑脱“刻”字。

[4] 大山曰卡斜，“斜”为“科”字形讹。《县志》作“卡科”，即永顺土家语 kha^{42}kho^{55}“山林”。下句“小山曰卡斜鼻”仿此。

[5] 烧水曰米那$_{\text{上声}}$，田恒金指“烧水”为“烧火”之讹，是。永顺土家语“烧火”作 mi^{44}lo^{21}，按，“那”字《广韵》平声歌韵诺何切，普通话今读 nuó，当地方言大约读 lo^{21}，变读上声为 lo^{42}②，故可与土家语 lo^{21}“烧”对音。

① 陈廷亮：《〈苗防备览〉所记土家语词汇校释》，《中南民族大学学报》2010 年第 6 期。以下陈廷亮校语皆出此文。

②“那”字上声读音据全修忠《湖南永顺方言音系》（《怀化学院学报》第 30 卷第 11 期，2010）推测。

[6] 岩曰什体各落，湖南图书馆藏乾隆五十八年（1793）抄本“岩”作“炭”①。按，上条既谓“烧火”，下条又谓“烘火”，则当以“炭”为是。惜今永顺土家语资料未见“木炭”一词。

[7] 哄火曰土乌，“哄”为“烘”字形讹。《县志》作“烘火”，即永顺土家语 thu^{42}u^{55}“烤火”。

[8] “吃酒”与“喇儿”间脱十六字。《县志》作“吃酒曰热胡（ze^{24}xu^{21}），吃茶曰蜡辙胡（za^{24}tshe^{21}u^{21}），吃饭曰只架（tsɿ^{21}ka^{24}），行曰喇儿（la^{51}ɣe^{24}）”，是。

[9] 祖曰布帕，《县志》同。按“布”“帕”二字疑误倒，永顺土家语“祖父”作 pha^{21}phu^{44}，对音似当作“帕布”。

[10] 姊曰阿大，据《县志》则上脱“嫂曰查七”（tsha^{21}tɕhie^{21}）一条。

[11] 十曰墨聋，“墨”为“黑”字形讹。《县志》作“黑聋”，即旧时土家语 xe^{24}noŋ^{44}“十个”②。

[12] 一百曰那日屋戳，《县志》同。按“戳”为“截”字形讹。“那日屋截”即永顺土家语 la^{24}zɿ^{44}u^{21}tɕie^{21}“一百”。

[13] 带子曰麦肉腊，陈廷亮指“肉”字为“普”字之讹，是。《县志》亦讹。按“麦普腊”即坡脚土家语 mêe^{21}phu^{35}la^{55}“腰带”③。

[14] 欠债曰拖，“欠债曰”与“拖”间脱六字，《县志》作“欠债曰舍打（se^{51}ta^{51}），还债曰舍施（se^{51}sɿ^{24}）”。又，据永顺土家语则“拖”当作“施”。

[15] 书曰亦，“亦”为“赤”字形讹，下条“读书”作“赤秃”。《县志》作“赤”，即永顺土家语 tshʅ^{44}“书”。

[16] 活曰赧跛大，《县志》同。按，“赧”为“赦”字形讹，永顺土家语“活”作 sɿ^{21}po^{44}la^{44}，首音节为 sɿ^{21} 可证。

[17] 起曰佳，陈廷亮指“佳”为“住”字形讹，是。《县志》作“住”，即永顺土家语 tsu^{24}“起床”。

① 湖南省少数民族古籍办公室：《湖南地方志少数民族史料》（上），长沙：岳麓书社，1991 年，第 213 页。
② 这里面的量词 noŋ^{44}“个”是据汉字译音构拟的，现代永顺话已没有这样的说法。
③ 感谢孙宏开先生的提示。这条材料最初由陈康采自湖南省湘西土家族苗族自治州龙山县靛房镇的坡脚乡。

四

犵狫语，见《苗防备览》卷九第 6 页右面至第 7 页左面。参校同书卷八第 5 页左面至第 8 页右面“苗人”语、苗语湘西方言东部土语洞头寨话（今称洞头苗语）。

> 犵狫往来浦市、泸溪经商贸易者能言客话，与外人无异，居村寨中未尝至城市者则专为土语。又其自相问答俱不作客语。其称天曰板围，称地曰府都，称人曰灵，称天晴曰凯，称风曰急，称雨曰浪上声，呼云曰皮亮，呼山曰补，呼上山曰留补，呼溪曰夯屋，呼路曰回勾[1]，呼田曰耔菜[2]，呼地曰纳，呼茅屋曰背楚，呼瓦屋曰补瓦，呼木曰盖头，呼竹曰盖脑，小官曰躲贵[3]，大官曰聊贵，呼兵曰曹，呼客民曰凯去声，呼苗曰双，呼祖曰阿怕，呼祖母曰阿屋，呼父曰阿麻，呼娘曰阿奶，呼伯曰阿波去声麻，呼叔曰阿幼，呼兄曰阿古，呼弟曰阿巳[4]，呼姐曰阿亚，呼外祖曰家公，呼外祖母曰家婆，呼妻曰屋，呼夫曰保，呼媳曰妹，呼子曰得，呼女曰得怕，呼朋友曰把那，自呼曰唯，呼人曰穆，呼说话曰乌耍，呼写字曰随纸，呼讨亲曰觅处，呼嫁女曰张得怕，呼有丧曰抬来，呼葬曰恼来，呼祭神曰扯鬼，呼请客曰请纳凯，呼头曰扯北，呼耳曰盖谋，呼眼曰盖眉，呼口曰盖捞，呼手曰盖葡，呼脚曰盖达，呼肚曰盖体，呼看见曰泡载，呼不看见曰更迷载，呼好曰肉样，呼丑曰窄样，呼肥曰胀，呼瘦曰柴，呼睡曰踤，呼走快曰撇得尚，呼走漫曰撇得栗[5]，呼过水曰投屋，过船曰投隘，呼黄牛曰泥抬，呼水牛曰泥屋，呼老虎曰沼，呼马曰美，呼骑马曰藏美，呼猪曰陪，呼鸡曰艮，呼狗曰果卉，呼钱曰成当，呼银曰昂，呼铜曰塘，呼铁曰罗，呼布曰台，呼背笼曰果索，呼打鼓曰扒缈，呼打锣曰扒老，呼鸟枪曰铳，呼刀曰解毛去声，呼戥曰替昂，呼秤曰替，呼盐曰纳，呼油曰阿撒，呼火曰婆台，呼烧火曰抵台，呼天冷曰才去声，呼天热曰回，呼小米曰搓粮，呼大米曰搓谋，呼糯米曰搓茂，呼吃饭曰囊里，呼吃酒曰叶，呼吃茶曰旗上声，呼吃肉曰囊芽，呼帽曰盖幕，呼戴帽曰头盖幕，呼衣曰亚，呼靴曰窠，呼裤曰正卡，呼升曰赏，呼斗曰戴，呼过年曰贯者，呼上曰留莽，呼下曰落莽，呼高曰率，呼低曰矮，呼杀人曰打来，呼抢物曰皮赖，呼相斗曰厮排。其土语钩辀桀格[7]，大类鸟音，外人不能知其一字，故骤遇接谈，未有不疑为苗。彼虽分

辨，亦无由晓也。

校注：

[1] 呼路曰回勾，“回”疑当作“冒”，今洞头苗语“路”作 $mɔ^{31}ku^{55}$。

[2] 呼田曰耔菜，“菜”为“莱”字形讹，今洞头苗语“田地”作 $tsɿ^{55}lɯ^{31}$。

[3] 小官曰躰贵，“躰”字《玉篇》力登切，今音照例读 léng，又民国《南川县志·土语》谓“读浪之阴平”，则西南官话当作 lāng。此处不知是否相当洞头苗语 $ȵãŋ^{24}$“小”。

[4] 呼弟曰阿巳，古人译音不用“巳”字，此为“己”字形讹。考今吉卫苗语有 $te^{35}kɯ^{44}$“弟弟”，高坡苗语有 $kɯ^{31}kɯ^{13}$“弟弟”，kɯ 正当“己”字。

[5] 呼走漫曰撇得栗，上条既言“走快”，则此“漫”为“慢”字形讹。《府志》苗人语有“呼快走曰兽，呼慢走曰达”。

[6] 过船曰投隘，句首依例当有“呼”字。

[7]“桀格”当作“格磔”。钩辀格磔，比况鹧鸪叫声。唐李群玉《九子坡闻鹧鸪》诗：“正穿屈曲崎岖路，更听钩辀格磔声。”①

五

猺人语，见《苗防备览》卷九第 10 页右面至第 11 页右面。对校乾隆《辰州府志》卷十四，参校巴哼语唔奈方言、巴哼方言。

猺言与苗言不同[1]。其呼天曰昂[2]，呼地曰列，呼日曰听，呼月曰他，呼星曰扛，呼风曰康[3]，称云曰假合，呼雷曰抹，呼电曰敛[4]，呼雨曰鍬，呼露曰当卤，呼雾曰乌合，呼霜曰滓椋[5]，呼雪曰兵滂，呼春夏曰动荡，呼秋冬曰动巩，呼山曰补野，呼土曰假功，呼水曰椄，呼父曰罢，呼母曰嫚，呼祖父曰抱，呼祖母曰抱嫚，呼伯曰庇，呼兄曰老奄，呼弟曰老弟，呼姐曰哥，呼妹曰了鬼，呼夫曰纪男，呼妻曰娶，呼儿曰当，呼女曰嫳，呼孙曰当省，呼妻父曰搭，呼妻母曰度，呼妻兄曰了恕，呼妻弟曰当恕，呼人曰鬼[6]，呼老人曰果男，呼生子曰董当，呼死曰抬，呼葬曰乃，呼开路曰送亡，呼娶妻曰少领，呼嫁女曰了嫳，呼发曰绠庇[7]，

① 见《李群玉诗集》卷中，上海商务印书馆《四部丛刊》缩印上元邓氏藏宋本，第 16 页。

呼眉曰给庇美，呼须曰庇儞，呼眼曰郎扛眄，呼鼻曰郎孔标[8]，呼口曰郎假，呼耳曰郎假爸，呼指曰后当剐，呼指甲曰后骩，呼掌曰郎把浦，呼臂曰给赛，呼脚膝曰郎抗几，呼脚肚曰郎撇骯，呼脚背曰鼓踈，呼脚板曰郎把踈，呼打曰冒[9]，呼相骂曰打免，呼相杀曰打哒，呼屋曰别窝，呼烧屋曰扛跛，呼打劫曰冒客，呼铳曰炮，呼帽曰卯，呼衣曰拗，呼裤曰考，呼裙曰橙，呼裹脚曰介筒，呼谷曰哷，呼米曰叻[10]，呼饭曰餯，呼菜曰味，呼酒曰沼，呼茶曰巳[11]，呼肉曰岩，呼烟草曰雺，呼盘曰襶，呼杯曰饯，呼锅曰叻稳，呼鼎锅曰降，呼箸曰搗，呼马曰咩，呼牛曰峣，呼鸡曰介，呼犬曰亮，呼猪曰面，呼猫曰当虩，呼吃曰囊，呼饮曰号，呼火曰倒，呼向火曰裸倒，呼凳曰给檞，呼棹曰给套，呼床曰给总，呼被曰菴，呼睡曰背，呼行曰诣，呼路曰果。余亦有与汉音同者。

校注：

[1] 猺言与苗言不同，《府志》作“猺言与苗称绝异”。

[2] 呼，《府志》“天曰昂”至“雪曰兵滂”十四条皆作“称”。《备览》据下文统改“呼”字，是。

[3] 呼风曰康，“康”下脱“忌”字。《府志》作“糠忌”，即唔奈方言 aŋ^{35}tɕi^{55}“风”。按首音节 aŋ^{35} 与“康”字不尽相合，疑《备览》所记当系 qaŋ^{35}tɕi^{55}。

[4] 呼电曰敛，“敛”下疑有脱文，似当从《府志》作“焚白”，然其词不可解。

[5] 呼霜曰滓榢，“榢”不成字，当从《府志》作“榬”，合于唔奈方言 nto^{55}“霜”，然“滓”字不可解，依对音似当作“泥”。

[6] 呼人曰鬼，“鬼”为“男”字形讹。《府志》作“男”，即唔奈方言 nai^{33}“人”。

[7] 呼发曰绠庇，“绠”上脱“给”字，《府志》作“给绠庇”，一如下文“呼眉曰给庇美”。按，“给”字即唔奈方言名词前缀 tei^{33}。

[8] 呼鼻曰郎孔标，“标”为“摽”字形讹，《府志》作“摽”。“郎孔摽”即巴哼南部土语 a^{44}qhõ^{31}mpɦjɔ^{44}“鼻子”，仅名词前缀不同，唔奈方言名词前缀作 naŋ^{35}，与“郎”对音。

[9] 呼打曰冒，“打”上脱“叻相”字，《府志》作“相打”，一如下文“呼相骂曰打免”。

[10] 呼米曰助，“助”不成字，当从《府志》作“助”，可勘同唔奈方言 ntsu^{55}“米”及巴哼南部方言 ȵ̥tɕɯ^{55}“米”。

[11] 呼茶曰巳，“巳”为“己”字形讹，《府志》亦讹。按，“己”即唔奈方言 tɕi^{22}“茶”。

（原载张公瑾主编《民族古籍研究》2，北京：中国社会科学出版社，2014，页 98—107）

康熙《黔书·方言》中的少数民族语

《黔书》二卷，清康熙二十九年（1690）贵州巡抚田雯编[①]，今通行巴蜀书社影印民国《黔南丛书》本。书的卷上有“方言”一篇，原文分为四段，用汉字音义方式记录了贵州的少数民族词语 82 则[②]。这些少数民族词语至少来自四种语言，每段记录不但选词不同，而且训解格式各异——第一段的格式是“某，某也”，第二段的格式是“某为某”，第三段的格式是“某谓之某”，第四段的格式是“某曰某”。内容和形式的差别说明这些语料并不是在统一部署下采集来的，而是编者从不同的文献中转录的，只不过我们现在还没有找到任何一段文字的原始出处。

《黔书》没有注明这些词语都来自哪几种语言，不过从“苗蛮种类部落”一章看，当时人们心目中的贵州少数民族部落无非“苗”“蛮”两大族群，其下的部落概有“卢鹿”“狆家”“蔡家”“白猡”“犵狫”“木老”“龙家”“羊獚”“僰人”等。一望而知，“卢鹿”（彝人）的语言可以首先排除在外，因为彝语的特点是所有的音节均为开音节，而《黔书》每一段的译音汉字里都出现了带鼻韵尾的闭音节字，如“蒙”“贡”“艮”“砍”等，自然表明书中所录绝非彝语。那么很明显，其余语言应该不出当今所谓的壮侗语和苗瑶语范围。

经与现代壮侗、苗瑶诸语言的田野调查资料比对，我们首先可以确定“方言”篇第三段文字记录的是“狆家”语，也就是布依语。下面是《黔书》对这个民族的介绍：

> 何谓狆家？五代时楚王马殷自邕管迁来。其种有三：一曰补笼，一曰卡尤，一曰青狆。贵阳、定番、广顺皆青狆，而安顺、镇宁、顶营则补笼、卡尤也。[③]

---

① 田雯（1635—1704），《清史稿》卷四八四《文苑一》有传。见中华书局 1977 年点校本第 13330 页。

② 黄家服、段志洪主编：《中国地方志集成·贵州府县志辑》第 3 册，成都：巴蜀书社，2006，第 484 页。这一章后来作为《黔苗蛮记》的结尾部分，被王锡祺编入《小方壶斋舆地丛钞》，见光绪十七年（1891）上海著易堂刊本第八帙第 49 页。

③《中国地方志集成·贵州府县志辑》第 3 册，第 474 页。

现有最主要的布依语资料于20世纪50年代采自黔南布依族苗族自治州龙里县的羊场镇，那里与《黔书》提到的贵阳（今贵阳市）和定番（今惠水县）相邻，应该属于“青狆”分布范围。我们从中查找并组合出了下列词语作为理解参考①：

po^{53}“父亲”，me^{33}“母亲”，pi^{31}“哥哥”，kɯn^{35}ɣat^{35}“早饭”，kɯn^{35}lau^{13}“喝酒”，kɯn^{35}van^{11}“抽烟”，zaŋ^{53}“坐”，pjaːi^{13}“走”，ti^{11}“打”（打人），tsɯːŋ^{31}mu^{35}“养猪”，ko^{31}vuaŋ^{35}“做工”，ko^{31}kaːi^{35}tsɯ^{31}“做买卖”（做卖买），pai^{35}tɕe^{31}“赶集”（去街），tau^{13}vɯn^{35}“下雨”（雨降），kuːn^{35}“官”。

除了“作揖”和“雨过天晴”在现代调查资料中没有出现之外，“再饭”和“夕飧”可以参考现代壮语的kɯn^{35}liŋ^{11}“午后饭”和kɯn^{35}kjau^{11}“晚饭”。壮族习惯一日四餐，大致在早七点、早十点、午后两点和晚六点，其中七点的早饭视条件也可省去。

依靠现代布依语的佐证，我们可以把《黔书》“方言”篇里关于狆家语的那段文字校点如下：

父谓之索[1]，母谓之咪，兄谓之皮。朝饔谓之艮捱，再饭谓之艮林，夕飧谓之艮乔，饮酒谓之艮捞，食烟谓之艮完。坐谓之壤，行谓之拜，揖谓之张，打谓之敌。畜豕谓之廛慕，佣工谓之果甕，贸易谓之果介直，赶集谓之拜谒[2]。雨谓之汶到[3]，晴谓之汶艮[4]。官谓之贯。

校注：

[1] 父谓之索，“索”字误，今汉藏语系诸语言均不称“父”为s-声母。字疑当作“孛”，合于现代布依语po^{53}“父亲”。

[2] 赶集谓之拜谒，“谒”（於歇切，yè）当作“揭”（居竭切，jiē），《黔书》因上文“拜”字致误。“拜揭”即今布依语pai^{35}tɕe^{31}“赶集”，其中tɕe^{31}为汉语借词“街”。

[3] 雨谓之汶到，“汶到”当作“到汶”，即今布依语tau^{13}vɯn^{35}“下雨”。咸丰《安

① 喻翠容：《布依语简志》，北京：民族出版社，1980。原书标调类，本文改为标调值以求直观。

顺府志》狆语记作“刀愠”①，亦与“到汶”相当。

[4] 晴谓之汶艮，据上条则“汶艮”当作“艮汶”。“汶”即今布依语 vɯn^{35}“雨”，“艮”当有“停止”义。已刊资料未收“停止”一词，今布依语 ziaŋ^{31}“天晴”与“艮汶”不同源。

用同样的方式，我们接着可以确定“方言”篇里的第二段文字记录的是“木老”语，也就是一部分仡佬族人说的木佬话。《黔书》把“平伐、平远之犵狫”和“都匀、黔西之木老”视为两个不同的人群，放在了并列的位置②，这应该是当时人的普遍看法。

木佬语今天已经基本消亡，现有的资料于 20 世纪 80 年代采自黔东南苗族侗族自治州麻江县的下司镇，那里与《黔书》提到的都匀（今都匀市）紧紧相邻，自属木老人分布范围。我们从当代研究著作中查找并组合出了下列词语作为理解参考③：

pə^{33}“父亲”，mi^{53}“母亲”，tɑ^{33}qei^{33}“祖父”，ku^{24}mə^{53}“吃饭”，ku^{24}py^{24}“喝酒”，ku^{24}u^{33}“吃肉”，ku^{24}kə^{24}“喝茶”，qɑ^{24}“鸡”，ɑ^{53}“鸭”，ȵo^{53}“马”，m̥ɯ^{31}“狗”，se^{33}“一”，ɬu^{24}“二”，tɑ^{24}“三”，phu^{24}“四”，mu^{31}“五”，ȵe^{31}“六”，sɑu^{31}“七”，ɣɑu^{31}“八”，so^{24}“九”，ve^{53}“十”，tau^{31}tɑ^{35}“织布”（做纺），tau^{31}kuŋ^{53}“做工”。

在已刊布的著作中没有出现“赶集”和“丧祭”。此外，“狗”这个词的对应形式我们选择的是仡佬语的 m̥ɯ^{31} 而非木佬语的 nɑŋ^{24}，感觉这里似乎发生过词语的转用。

依靠现代语言的佐证，我们可以把《黔书》“方言”篇里关于木老语的那段文字校点如下：

父为包，母为蔑，祖为大[1]。食食为固脉，饮酒为固悖，食肉为固窝，啜茶为固高。鸡为奓④，鸭为阿，马为虐，犬为磨。一为序，二为瘦，三为大，四

① 常恩修，邹汉勋、吴寅邦纂：《安顺府志》，清咸丰元年（1851）刻本，卷十五第 16 页右面。
②《中国地方志集成·贵州府县志辑》第 3 册，第 474 页。
③ 张济民：《仡佬语研究》，贵州民族出版社，1993，第 486—508 页。
④ 这个字是清代以来川黔地区的方言用字，不见于正统字书。现代注音为 qiá，见汉语大字典编纂委员会：《汉语大字典》，四川辞书出版社、湖北辞书出版社，1986，第 541 页。

为布，五为目，六为逆，七为索，八为遮[2]，九为梭，十为完。织布为陶大，佣工为陶贡，赶集为拜其，丧祭为白号。

校注：

[1] 祖为大，“大”下疑有脱文。若作“大介”，则合于今木佬语 tɑ^{33}qei^{33}“祖父”。

[2] 八为遮，“遮”字疑误。按，今壮侗、苗瑶诸语言，“八”可作 ʑ-、j-、p-，并无一例作 tɕ-（遮）。

相比之下，第一段文字的情况要复杂得多，这涉及在贵州东南地区分布最广的苗人。如所周知，苗语的方言差异巨大，即使在同一方言内部，不同的土语之间也往往难以通话①。我们在已公布的现代田野调查资料中没有找到与《黔书》完全符合的土语，也许是因为材料相对丰富的缘故，我们感觉这个未知的土语和作为苗语川黔滇方言代表的“养蒿苗话”比较接近。下面是准备用作理解参考的词语，20 世纪 50 年代采自黔东南苗族侗族自治州凯里市的挂丁乡②：

pa^{35} 或 pa^{33}“父亲”，maŋ^{13} 或 mɛ^{13}“母亲”，tɛ^{33}“儿子”，ka^{35}“饭”，hə^{53}ʑen^{33}“抽烟”，shɛ^{35}“米”，qei^{33}“鸡”，ma^{11}“马”，pa^{44}“猪”，a^{55}ɣu^{44}“不好”，a^{55}to^{44}“得不到”。

其他可以用作参考的土语有些位于黔南布依族苗族自治州的惠水县③，例如鸭绒乡话的 no^{44}“吃”、taɯ^{53}“火”、ʔuŋ^{55}“水”，摆金镇冗章村话的 xo^{55}tɕaɯ^{35}“喝酒”、xo^{55}tɕi^{31}“喝茶”、mi^{31}“米”，也有些土语位于距“养蒿苗话”不太远的黔东南苗族侗族自治州内，例如黄平县重安镇枫香寨话的noŋ^{24}n̥haŋ^{55}“吃饭”、naŋ^{31}lau^{13}“下雨”（雨下）。最后，有些土语位于贵阳市郊，例如南明区云关乡野鸡坡话的 ho^{31}tɕo^{55}“喝酒”、花溪区青岩乡摆托寨话的 tɦɑu^{32}“火”。应该承认，尽管经过百般搜寻，我们仍然没有为“牛”“汉人”“春米”等词语找到令人满意的对应形式④，更无法确定这个土

① 关于苗语方言的概述，参看王辅世主编《苗语简志》，北京：民族出版社，1985，第 103—106 页。
② 王辅世主编：《苗语简志》，第 167—201 页。
③ 感谢孙宏开先生帮助我看到了下面的资料。
④ 能与《黔书》“大送，春米也”形成印证的只有咸丰《安顺府志》的“堕宋”，见卷十五第 22 页右面。

语的性质，甚至不知道《黔书》原文是不是把不止一个土语混录在一起了。

根据目前知道的材料，我们姑且把《黔书》“方言”篇里关于苗语的那段文字校点如下：

拔，父也，亦曰罢。蒙，母也，一曰明。的，孩也。努介，食食也，一曰农躰①。呼往，饮酒也[1]，一曰呵交。努拟，食肉也。呵巴，饮茶也[2]。呵应，食烟也。赛，米也。歹，火也，沱亦火也。瓮，水也。大送，舂米也。介，鸡也。拜，豕也。拟，牛也，一曰讹。商讹，放牛也。麻，马也，亦曰米。巴，亦豕也。蒙已，赶集也[3]。大弄，日午也。条，汉人也。雅奔条，不识汉语也。雅务，不好也。雅道，不得也。雨曰躰娄。

校注：

[1] 呼往饮酒也，“往”为“住”字形讹。“酒”在苗语各方言均为汉语借词，声母作 tɕ- 而不作 v-。“呼住”对应野鸡坡苗语 $ho^{31}tɕo^{55}$“喝酒”。

[2] 呵巴饮茶也，“巴”为“己”字形讹。“茶”在苗语各方言声母均作 tɕ- 而不作 p-。“呵己”对应冗章苗语 $xo^{55}tɕi^{31}$“喝茶”。

[3] 蒙已赶集也，“已”（羊己切，yǐ）在古书不用为译音字，当作“己”（居里切，jǐ），即汉语借词“集”（集市）。

“方言”篇的最后一段只有七则词语，由于大多涉及新旧时代的社会文化变迁，所以在现代的田野调查资料里无一能够找到现成的对应形式。这七则词语是：

上坟曰砍地里，送客曰勾业。管兵头目曰抹色，书办曰募施，伴当曰必苏，头人曰海折陌耕。

从感觉上说，“业”（客）似可勘同车江侗语的 ek^{13}“客人”，“募施”（书办，

① “躰”字《玉篇》力登切，今音照例读 léng。民国《南川县志·土语》谓“读浪之阴平”，则当作 lāng。西南官话 n-、l- 混读，故可以对应枫香寨苗语 $n̥-haŋ^{55}$“吃饭”。

官府的书吏）似可勘同车江侗语的 $mak^{21}ɕi^{323}$ “墨 + 纸”。[①] 车江侗语资料 20 世纪 50 年代采自黔东南苗族侗族自治州榕江县的车江乡，这里虽然也在《黔书》的介绍范围之内，但是可供比对的语料毕竟太少，我们不敢做出最后的决断。

（原载《文献》2013 年第 4 期，页 162—165）

① 梁敏：《侗语简志》，北京：民族出版社，1980，第 100、104 页。原书标调类，本文改为标调值以求直观。

乾隆《辰州府志》中的巴哼语词

《辰州府志》五十卷，清乾隆三十年（1765）席绍葆修，谢鸣谦等纂，今通行江苏古籍出版社影印清辰州府衙刻本[①]。这部书的卷十四以汉字译音形式辑录了湖南省西南部两种少数民族语言的词语二百余则，当时的意图是供后世治理这一地区的官吏参考，现在人们则可从中窥见两个半世纪前当地语言的信息。说这两种语言的人群在《辰州府志》中被称作“苗人”和“猺人”，其中“苗人”的语料改编自乾隆《乾州志》卷四[②]，为苗语湘西方言可想而知，而“猺人”的语言则迄今未获鉴定。经与现代田野调查资料对比，可以看出书中所谓“猺言”实际上是湘西南一部分瑶族人使用的巴哼语唔奈方言。这种方言因使用人口过少而未见专门探讨，只是在研究巴哼语的著作中被连带提及，因此本文介绍的这份早期记录应该能对瑶族语言的历史研究提供帮助。

一

我们讨论的这份“猺言”资料见于《辰州府志》卷十四的“溆浦猺俗”一章，清代溆浦辖地大致相当于今天湖南省怀化市的溆浦县。另据《苗防备览》卷九《风俗考下》说，溆浦猺人居住在麻塘山一带[③]，可以想定那里就是当初的语料采集地点。麻塘山应该是位于溆浦县和隆回县交界处的麻塘山乡，现在这里的瑶族人口不过三百，能流利使用唔奈话的人恐怕不易查访了。

学界迄今获得的唔奈语料主要来自半个多世纪前中国科学院少数民族语言调查队

① 江苏古籍出版社编选：《中国地方志集成·湖南府县志辑》第59、60册，南京：江苏古籍出版社，2002。
② 乾隆《乾州志》，清王玮纂修，乾隆四年（1739）刊，今通行北京图书馆出版社2005年影印本，见《华东师范大学图书馆藏稀见方志丛刊》第12册。乾州即今湘西土家族苗族自治州吉首市的乾州镇。
③ 严如熤在1799年编纂的《苗防备览》里全文转录了《辰州府志》的这份“猺言”资料，并在前面说：“永保三厅之间曰苗、曰土蛮、曰犵狫，无猺也。芷江、西溪土民称之曰猺，而实为峒苗，详见《明史》中。思州、镇远苗民外有黑犵、白犵各种，大约与泸溪下五都同俗。其在辰溪之七都、溆浦之麻塘山、黔阳之罗翁山、绥宁之檏木冈、邵阳之东山、城步之石灰寨、武冈之白茅冈，绕八面山居者，皆为猺人。”见《苗防备览》道光二十三年（1843）绍义堂重刊本，卷九第9叶。

第二工作队的调查记录。根据这些语料，人们最初把巴哼话和唔奈话归为瑶族布努语内部两个并列的方言[1]，后来经过陈其光的主张[2]，学界现在倾向于把巴哼话视为一种独立的语言，把唔奈话视为巴哼语内部的一个方言[3]。本文介绍的唔奈语词可以为这种看法提供一定程度的支持——在两个半世纪以前，唔奈话和巴哼话之间的关系似乎显得比现代更近一些。

下面全文标点抄录《辰州府志》卷十四《风俗考·溆浦猺俗》中的“猺言”一节，原文中的异体字直接改为相应的规范简体字。

猺言与苗称绝异。其称天曰昂，称地曰列，称日曰听，称月曰他，称星曰扛，称风曰糠忌，称云曰假合，称雷曰抹，称电曰燓白，称雨曰繷，称露曰当卤，称雾曰乌合，称霜曰滓榬，称雪曰兵滂，呼春夏曰动荡，呼秋冬曰动巩，呼山曰补野，呼土曰假功，呼水曰榶，呼父曰罢，呼母曰嫚，呼祖父曰抱，呼祖母曰抱嫚，呼伯曰庇[4]，呼兄曰老奄，呼弟曰老弟，呼姐曰哥，呼妹曰了鬼，呼夫曰纪男，呼妻曰婴，呼儿曰当，呼女曰婺，呼孙曰当省，呼妻父曰搭，呼妻母曰度，呼妻兄曰了恕，呼妻弟曰当恕，呼人曰男，呼老人曰果男，呼生子曰董当，呼死曰抬，呼葬曰乃，呼开路曰送亡，呼娶妻曰少领，呼嫁女曰了婺，呼发曰给绠庇，呼眉曰给庇美，呼须曰庇你，呼眼曰郎扛眄，呼鼻曰郎孔摽，呼口曰郎假，呼耳曰郎假爸，呼指曰后当剐，呼指甲曰后骩，呼掌曰郎把浦，呼臂曰给赛，呼脚膝曰郎抗几，呼脚肚曰郎撇骯，呼脚背曰鼓踈，呼脚板曰郎把踈，呼相打曰冒，呼相骂曰打免，呼相杀曰打哒，呼屋曰别窝，呼烧屋曰扛跛，呼打劫曰冒客，呼铳曰炮，呼帽曰卯，呼衣曰拗，呼袴曰考，呼裙曰橙，呼裹脚曰介筒，呼谷曰坯，呼米曰助，呼饭曰�，呼菜曰味，呼酒曰沼，呼茶曰巳，呼肉曰岩，呼烟草曰雾，呼碗曰襶，呼杯曰饯，呼锅曰郎稳，呼鼎锅曰降，呼箸曰搗，呼马曰咩，呼牛曰岘，呼鸡曰介，呼犬曰亮，呼猪曰面，呼猫曰当虓，呼吃曰囊，呼饮曰号，呼火曰倒，呼向火曰裸倒，呼凳曰给檞，呼桌曰给套，呼床曰给总，呼被曰葹，呼睡曰背，呼行曰诣，

① 毛宗武、蒙朝吉、郑宗泽：《瑶族语言简志》，北京：民族出版社，1982，第117页。
② 陈其光：《巴哼语》，《民族语文》1996年第2期。
③ 毛宗武、李云兵：《巴哼语研究》，上海：上海远东出版社，1997，第84页。
④ “庇”字原版残佚，据《苗防备览》卷九第10叶补。

呼路曰果。馀亦有与汉音同者[①]。

这份资料中的汉字译音方式看上去与同时代的同类著作有所不同，即译音者在明明有常见汉字可供使用的情况下却故意选用了一些罕见的汉字。这也许并不是出自译音者的故弄玄虚，而是由于他有时试图兼顾词语的意义。例如：

呼女曰嫳，按“嫳”字《广韵》入声屑韵普蔑切，同音有常用字“瞥”，译音者故意选用“嫳”，是为了强调词义“女”。

呼脚肚曰郎撇骯，按唔奈话“腿肚子”作（naŋ^{35}-）pjei^{13}haŋ^{35}[②]，第二音节译音本可选择常用字“杭”，译音者故意改木字旁为骨字旁，是为了强调腿肚子是肢体的一部分[③]。

呼脚背曰鼓趢，按“趢”字《广韵》入声烛韵力玉切，同音有常用字“绿”，译音者故意选用“趢”，是为了强调脚背是“足”的一部分。

呼猫曰当虣，按“虣”字《广韵》去声号韵薄报切，同音有常用字“暴”，译音者故意选用“虣”，是为了强调猫的样子有点像虎。

呼凳曰给檞，按“檞”字《广韵》上声蟹韵佳买切，同音有常用字“解”，译音者故意选用“檞”，是为了强调凳子是木制的。

呼被曰菢，按“菢”字《广韵》去声号韵薄报切，同音有常用字“暴”，译音者故意选用“菢”，是为了强调人躺在被子里像鸟孵卵。

还有一些罕见汉字的使用是因为没有合适的同音常用字可供选择。我们隐约感觉到译音者似乎是希望尽可能地表现“猺言”的声调。例如：

称雨曰𩅽，“𩅽”字奴动切，今读 nǒng。《广韵》上声董韵泥母仅此一字，译音者无可选择。

呼牛曰㟅，“㟅”字五江切，今读 yáng。《广韵》平声江韵疑母仅此一字，译音者无可选择。

呼妻曰婐，“婐”字乌可切，今读 wǒ。《广韵》上声哿韵影母共有七字，都不常用。

称霜曰滓榛，“榛”字奴可切，今读 nuǒ。《广韵》上声哿韵泥母还有常用字“那”，

① 乾隆《辰州府志》，1765 年府衙刊本，卷十四第 26—27 叶。

② 来母汉字有时可以与现代的 n- 对音，是因为当地的汉语方言里有 n-、l- 混读的现象。下文多见以“郎”译名词前缀 naŋ^{35}。

③ “骯”字《广韵》上声荡韵苦朗切，今音照例读 kǎng，不会是这里的读音来源。

译音者没有选用，是因为担心人们会读成 nuó 或者 nà。

呼鼻曰郎孔摽，“摽”字匹妙切，今读 piào。《广韵》去声笑韵还有常用字“漂”，译音者没有选用，是因为担心人们会读成 piāo。

二

迄今刊布的唔奈话词汇只有一份，记录自湖南省邵阳市隆回县的虎形山瑶族乡①，那里是所谓“花瑶”的居住区，地理位置与《辰州府志》的语言采集点麻塘山紧紧相连，所以在没有现代麻塘山语言资料可资参考的情况下，我们依据虎形山话来解说《辰州府志》的上述文字应该是可行的。事实上在《辰州府志》提供的 102 则词语中，有 32 则可以在现代调查的虎形山乡唔奈话资料中找到完全对等的形式，看来它们在当地已经至少按原样沿用了两百五十多年②：

抹（雷）：mpo^{35}“雷”	䨦（雨）：nuŋ^{31}“雨”
乌合（雾）：u^{53}ho^{35}“雾”	樉（水）：qhaŋ^{55}“河”
庇（伯）：pi^{13}“伯父”	纪男③（夫）：tɕi^{31}nai^{33}“丈夫”
男（人）：nai^{33}“人”	果男（老人）：qo^{55}nai^{33}“老人”
后骫④（指甲）：qhau^{35}ŋkwi^{55}“指甲”	打哒（相杀）：ta^{31}ta^{55}“互相＋杀”
扛跛（烧屋）：qaŋ^{35}pjo^{13}“烧＋房屋”	拗（衣）：au^{13}“衣”⑤
餩⑥（饭）：je^{53}“饭”	味（菜）：wi^{35}“菜”
沼（酒）：tɕou^{13}“酒”	巳⑦（茶）：tɕi^{22}“茶”
岩（肉）：nqai^{33}“肉”	郎稳（锅）：naŋ^{35}wɯŋ^{22}“锅”

① 毛宗武、李云兵：《巴哼语研究》，第 248—314 页。本文引用的唔奈语词主要出自这里，另有少量例词散见于该书的方言和语言比较部分，不再一一注明页次。

② 在以下的例子中，冒号前面是《辰州府志》记录的古词语，后面是现代唔奈话的调查记录。

③ 汉语臻山侵咸四摄开口字的鼻韵尾在《府志》里一律用来对应唔奈话的 i 韵尾（男：nai^{33}），同样的情况还有下文以“嫚”译 mai^{33}，以“饯”译 tjei^{55}，以“岩”译 Nqai^{33}。

④ “骫”字《广韵》上声纸韵於诡切，今读 wěi，音译当作 wi。这里用来译 kwi^{55}，大概是因为译音者将其讹读成了“轨”。

⑤ 这个语音形式是从记录的合成词里分离出来的，参看现代唔奈话的 au^{13}tai^{55}“单衣”、qai^{53}au^{13}“上衣”、au^{13}ka^{55}“棉衣”。

⑥ “餩”，字当作“餕”。《广韵》入声德韵爱黑切：“餕，噎声。”估计是译音者将其直接当作了“噎”。“噎”字《广韵》入声屑韵乌结切，今读 yē，与唔奈话 je^{53}“饭”相合。

⑦ “巳”为“己”字形讹。

捣（箸）：tjau^{31}“筷子”　　峗（牛）：n̩^{22}aŋ^{35}“水牛”

介（鸡）：qai^{35}“鸡”　　亮（犬）：liaŋ^{53}“狗”

面（猪）：mpe^{55}“猪”　　囊（吃）：naŋ^{33}“吃”

号（饮）：hau^{53}“喝”　　倒（火）：tou^{22}“火”

裸倒（向火）：nto^{55}“烤火”　　给檞（凳）：tei^{33}tɕei^{33}“凳子”

给套（桌）：tei^{33}thau^{35}“桌子”　　给总（床）：tei^{33}tsuŋ^{33}“床”

背（睡）：pei^{55}“睡”　　果（路）：qo^{13}“路”

《辰州府志》中另有20则词语与现代田野调查记录的区别仅在于没有带上naŋ^{35}、nai^{33}、n̩^{22}、qai^{53}之类的名词前缀①，这些词语无疑也可以看成是古今完全对等的：

昂（天）waŋ^{33}：naŋ^{35}waŋ^{33}“天”　　他②（月）l̥a^{55}：naŋ^{35}l̥a^{55}“月亮”

扛（星）qaŋ^{35}：naŋ^{35}qaŋ^{35}“星星”　　补野（山）pje^{55}：naŋ^{35}pje^{55}“悬崖峭壁”

罢（父）pa^{53}：nai^{33}pa^{53}“父亲”　　媚（母）mai^{53}：nai^{33}mai^{53}“母亲”

抱（祖父）pou^{53}：nai^{33}pou^{53}“祖父”　　老奄（兄）lau^{22}pa^{55}：nai^{33}lau^{22}pa^{55}“哥哥”

婴（妻）wo^{13}：nai^{33}wo^{13}“妻子”　　当（儿）taŋ^{35}：nai^{33}taŋ^{35}“儿子”

嫳（女）phjei^{53}：nai^{33}phjei^{53}“女儿”　　搭（妻父）ta^{35}：nai^{33}ta^{35}“岳父”

别窝（屋）pjo^{13}：naŋ^{35}pjo^{13}“房屋”　　考（袴）ŋkhau^{13}：naŋ^{35}ŋkhau^{13}“裤子”

呸（谷）pei^{22}：naŋ^{35}pei^{22}“谷粒”　　襶（碗）tai^{22}：naŋ^{35}tai^{22}“碗”

饯（杯）tjei^{55}：naŋ^{35}tjei^{55}“杯子”　　降（鼎锅）tɕaŋ^{35}：naŋ^{35}tɕaŋ^{35}“鼎锅”

咩（马）me^{22}：n̩^{22}me^{22}“马”　　葩（被）pau^{35}：qai^{53}pau^{35}“被子”

与现代田野调查资料对照，古时的名词有时也可以带有前缀。下面5则词语是带上了qa^{31}、tei^{33}、naŋ^{35}、qai^{53}之类前缀的例子③：

① 这里说的“名词前缀”也被一些著作称为“冠词”，参看向日征《吉卫苗语研究》，成都：四川民族出版社，第40–44页。

② 借用汉语透母字“他”音译外民族语的la，这种处理方式由来已久，例如“唐蕃会盟碑”以“他谱赞”音译藏文*lha po btshan*。参看罗常培：《唐五代西北方音》，中央研究院历史语言研究所单刊甲种之十二，1933年，第174页。

③ 下面词例中的前缀是参照译音汉字和巴哼语相应音节构拟的，所以在前面加星号标识。

假合（云）*qa^{31}ho^{35}：ho^{35}“云”

给庇美（眉）*tei^{33}pi^{35}me^{31}：pi^{35}me^{31}“眉毛”

郎抗几（脚膝）*naŋ^{35}khɯŋ^{55}tɕi^{31}：khɯŋ^{55}tɕi^{31}“膝盖”

郎撇骯（脚肚）*naŋ^{35}pjei^{13}haŋ^{35}：pjei^{13}haŋ^{35}“腿肚子”

介筒（裹脚）*qai^{53}nthjuŋ^{35}：nthjuŋ^{35}“裹腿”

《辰州府志》中也有一些词语与现代唔奈话的调查记录有所不同，其中有 13 则可以在唔奈话内部找到大致的根据①：

列（地）* le^{33}——现代唔奈话有 kuŋ^{35}le^{33}“地”一词，实际意义应该是“土地”。《辰州府志》谓“土曰假功”（*qa^{31}kuŋ^{35}），其中的“功”（*kuŋ^{35}）与现代唔奈话 kuŋ^{35}le^{33}“地”中的 kuŋ^{35} 相合，则“列（地）”必然等同于 kuŋ^{35}le^{33}“地”的第二个音节。

糠忌（风）*qhaŋ^{35}tɕi^{55}——第一个音节与现代唔奈话的 aŋ^{35}tɕi^{55}“风”略有不同。

露（当卤）*taŋ^{35}lu^{31}——第一个音节与现代唔奈话的 aŋ^{35}lu^{31}“露”略有不同。

滓樣（霜）*tsi^{13}nto^{55}——现代唔奈话的“霜”作 nto^{55}，第一个音节 *tsi^{13} 来源不明。

假功（土）*qa^{31}kuŋ^{35}——其中 qa^{31} 是名词前缀，kuŋ^{35} 是“土地”，参看唔奈话的 kuŋ^{35}le^{33}“地”。这个词与现代的 lai^{13}“土”不是一个来源。

抱嫚（祖母）*pou^{53}mai^{53}——现代唔奈话的“祖母”作 nai^{33}au^{53}，而《辰州府志》中的这个词却是用 pou^{53}“祖父”和 mai^{53}“母亲”合成的，说明在当时还没有像 au^{53} 这样对祖母的专门称谓。

哥（姐）*ko^{33}——在现代唔奈话的 nai^{33}ko^{33}thje^{53}“妹妹”中有 ko^{33} 这个音节。《辰州府志》中的这个词与 nai^{33}kwei^{13}“姐姐”不是一个来源。

了鬼（妹）*ljo^{35}kwei^{13}——这个构拟形式是用现代唔奈话 ljo^{35}i^{13}pai^{55}“长辈”的第一个音节和 nai^{33}kwei^{13}“姐姐”的第二个音节勉强拼凑成的，语义大致相关但并非全无疑义②。*ljo^{35} 似乎有“嫁娶”的意思，例如下文的“了恕”（妻兄）和“了嫛”（嫁

① 下文较多地用到了语音构拟形式，构拟时首先在现代唔奈话中寻找相应的对译音节。在没有现代唔奈话相应音节可资参证的情况下，我们构拟的调类一般依译音汉字而定，调值一般依现代唔奈话而定，即阴平对应 35 调，阳平对应 33 调，阴上对应 13 调，阳上对应 22 调，阴去对应 55 调，阳去对应 31 调，阴入对应 53 调，阳入对应 31 调。不过应该考虑到，《辰州府志》的编者在译音时虽然注意到了声调的对应，但在实际应用中往往出于各种缘故而不会严守规则，因此我们虽然对声母和韵母的构拟有一定的把握，但是对声调的构拟却绝对不敢妄称必是。

② 遗憾的是，我们至今还不太了解瑶族这个人群内部的亲属称谓系统。

女）。现代唔奈话的“妹妹”是 nai^{33}ko^{33}thje^{53}，当另有来源。

当省（孙）*taŋ^{35}sɯŋ^{13}——现代唔奈话的 taŋ^{35}sɯŋ^{13} 是“侄子”，“孙子”作 nai^{33}sɯŋ^{13}。估计早期唔奈话里的亲属称谓“侄子”和“孙子”是一个词①，现代的 nai^{33}sɯŋ^{13}“孙子”是后来才出现的。

了恕（妻兄）*l̥jo^{35}sjo^{53}、当恕（妻弟）*taŋ^{35}sjo^{53}——已刊布的唔奈词语表里没有这两个亲属称谓，这里的构拟形式参考了 l̥jo^{35}i^{13}pai^{55}“长辈”的第一个音节和 taŋ^{35}sɯŋ^{13}“侄子”的第一个音节，sjo^{53} 来自汉字读音。

了嫛（嫁女）*l̥jo^{35}phjei^{53}——phjei^{53} 是“女儿”，现代唔奈话同，则 *l̥jo^{35} 必有“嫁娶”义，参看上文“了恕（妻兄）”。

给绠庛（发）*tei^{33}keŋ^{13}pi^{35}——第一个音节 tei^{33} 是名词前缀，第三个音节相当于现代唔奈话的 pi^{35}“头发”，第二个音节的语源不明。

当甝（猫）*taŋ^{35}mpau^{35}——这个词的意思是“猫崽”。第二个音节可以勘同现代唔奈话的 mpau^{35}“猫”，第一个音节来自 taŋ^{35}ȵei^{35}“崽”。

通过上面的解读可以看出，《辰州府志》与现代唔奈话形式完全相同的词干超过了全部 102 则词语的 54%，加上略有变形的词语，这个比例已经超过了 65%，这一事实使我们确信《辰州府志》记录的“猺言”属于湖南西南部巴哼语的唔奈方言。

三

作为文化交流和发展的必然结果，人们总是会不断废弃一些旧词，转而使用新词。尽管目前还无法逐一讲清每个概念名称发生转用的具体时间和缘故，但这并不影响我们借助手边的资料对一部分词语的来源做出猜测。例如结合巴哼方言的北部和南部两个土语可以大致解读《辰州府志》里的 16 则词语②：

度（妻母）*tu^{22}——这个词似乎更接近巴哼南部土语的 tɣ^{53}“岳母”，而距现代唔奈话的 nai^{33}tei^{53}“岳母”稍远。

董当（生子）*tuŋ^{13}taŋ^{35}——这个形式接近于巴哼北部土语 tu^{44}taŋ^{35}qɔ^{22}l̥a^{55}“分娩”

① 参看现代巴哼北部土语的“侄子”和“孙子”都是 taŋ^{35}seŋ^{22}。

② 这两份土语资料当初采自贵州黎平县的滚董乡和广西三江侗族自治县的文界乡，词汇表见毛宗武、李云兵《巴哼语研究》，第 248—314 页。

的前两个音节，而距现代唔奈话的 kuŋ^{35}taŋ^{35}ȵei^{35}“分娩”稍远。

抬（死）*the^{33}——现代唔奈话“死”作 te^{31}。相比之下，《辰州府志》记录的形式更接近巴哼南部土语的 tɦe^{44}“死”。

庇你（须）*pi^{35}ȵi^{13}——这个词的结构是“头发＋胡子”，现代唔奈话“胡子”作 pi^{35}la^{55}。《辰州府志》这个词中的译音字“你”似可勘同巴哼北部土语的 ȵi^{44}“胡子”。

郎扛眄（眼）*naŋ^{35}qaŋ^{35}me^{31}——“眼睛”现代唔奈话作 naŋ^{35}me^{31}，其中 naŋ^{35} 是名词前缀。第二个音节 qaŋ^{35} 可以勘同巴哼北部土语 qoŋ^{55}mi^{44}“眼睛”里的 qoŋ^{55} 和南部土语 a^{44}qõ^{55}mɦɪ^{44}“眼睛”里的 qõ^{55}。

郎孔摽（鼻）*nnaŋ^{35}qhuŋ^{13}mpjau^{31}——“鼻子”现代唔奈话作 kei^{55}mpjau^{31}，《辰州府志》所记的“孔”似乎相当于巴哼南部土语 a^{44}qhõ^{31}mpɦjɔ^{44}“鼻子”里的 qõ^{31}。

后当剐①（指）*qhau^{22}taŋ^{35}va^{13}——这个形式明显接近巴哼北部土语的 qa^{44}taŋ^{35}va^{31}“手指”，而不像与现代唔奈话的 nei^{35}ŋkwa^{55} 有同源关系。

郎把浦（掌）*naŋ^{35}mpa^{13}phu^{13}——这个形式明显接近巴哼南部土语的 a^{44}mpa^{35}pɦʉ^{31}“手掌”，而距现代唔奈话的 tɕuŋ^{13}pu^{22}“手掌”较远。

给赛（臂）*tei^{33}sei^{55}——这里的 tei^{33} 是名词前缀，sei^{55} 或许与巴哼北部土语 tɕɔ^{35}sei^{35}“肘”的 sei^{35} 有某种联系。

鼓逯（脚背）*ku^{13}lu^{31}——第一个音节似乎相当于现代唔奈话 khu^{31}haŋ^{35}“脚背”的 khu^{31}“背”，第二个音节似乎相当于巴哼北部土语 ma^{35}lu^{35}“脚背”的 lu^{35}“脚”。

郎把逯（脚板）*naŋ^{35}mpa^{13}lu^{31}——这个词的结构是“名词前缀＋掌＋脚”，形式接近巴哼南部土语的 a^{44}mpa^{35}lʉ^{35}“脚掌”，而距唔奈话的 mpa^{35}haŋ^{35} 稍远。

冒（相打）*mɔ^{53}——这个形式完全符合巴哼北部土语，而距唔奈方言的 mpou^{53}“打”稍远。

打免（相骂）*ta^{31}m̥ei^{13}——这个词相当于巴哼北部土语的 ta^{31}“互相”加上 m̥ei^{22}“骂”，以及南部土语的 ta^{31}“互相”加上 mẽ^{31}“骂”，与唔奈话的 tshau^{13}“吵架”没有关系②。

卯（帽）*mɔ^{31}——这应该是个汉语借词，现代唔奈话作 naŋ^{35}mphau^{13}，不如巴哼北部土语的 a^{33}mɔ^{22} 显得贴近。

①“剐”字《广韵》上声马韵古瓦切，照例读 guǎ，作者在这里讹读成了 wǎ。
② 唔奈话的 tshau^{13} 大约借自汉语的“吵”。

橙（裙）*teŋ^{35}——这个词可以勘同巴哼北部土语的 teŋ^{35}“裙子”，与唔奈话的 khwêŋ^{13}“裙子”不同源。

助（米）*ȵtɕʉ^{55}——这个词可以勘同巴哼南部方言的 ȵtɕʉ^{55}“米”，距现代唔奈话的 ntsu^{55}“米”稍远。

借助汉语可以大致解读《辰州府志》里的另外 3 则词语：

兵滂（雪）*pjeŋ^{35}mpaŋ^{55}——其中的 pjeŋ^{35} 应该是汉语的“冰”，而 mpaŋ^{55} 在现代唔奈话中既可称“冰”又可称“雪”。冰雪在湖南罕见，当地语言不加区分是很自然的。

老弟（弟）*lau^{22}ti^{53}——其中的 ti^{53}（弟）或许是汉语借词。现代唔奈话的“弟弟”作 nai^{33}n̥uŋ^{22}。

炮（铳）*phau^{55}——现代唔奈话的“枪”作 tɕhaŋ^{55}，为汉语借词，《辰州府志》所记读音为汉语借词“炮”①。

最后，还有 14 则词语令我感到难得其解，列在下面以待来哲：

听（日）*thjeŋ^{35}——这个形式与现代巴哼语乃至苗瑶语的所有记录（n-- ）都不相合，其来源不得而知。

㸌白（电）——《苗防备览》作“歘”②。无论孰是孰非，这两个形式都找不到现代语言的印证，我甚至没有能力构拟它的读音。现代巴哼语诸方言的“电”都是在“雷”的基础上构成的，如唔奈话作 tou^{22}mpo^{35}“打闪”。

动盪（春夏）*tuŋ^{22}taŋ^{22}、动巩（秋冬）*tuŋ^{22}kuŋ^{13}——这两个词没有其他的资料实证。现代唔奈话的 tɕhiŋ^{55}“春”、ɕa^{53}“夏”、tɕhu^{55}“秋”、tuŋ^{55}“冬”都是现代汉语借词。看来在当年这个人群中还没有“四季”的概念，至多有“雨季”“旱季”两分。

乃（葬）*ne^{13}——与现代唔奈话的 l̥a^{31}“埋葬”全然不符，在其他苗瑶语里也找不到它的来源。

送亡（开路）*suŋ^{55}waŋ^{33}——根据上文，这里的“开路”似指送葬队伍前面的引路者。我们在已刊布的田野调查资料里没有见到相应的词。

少领（娶妻）*sjo^{13}ljeŋ^{13}——现代唔奈话的“嫁”和“娶”分别是 Nqa^{55} 和 tɕou^{53}，与《辰

① 用“炮”的汉语借词称“枪”，在当地可能是普遍的情况。《辰州府志》所录“苗人语”也有“呼鸟铳曰炮”的记载，见乾隆《辰州府志》，1765 年府衙刊本，卷十四第 17 叶。
② 严如熤：《苗防备览》，1843 年绍义堂重刊本，卷九第 10 叶。

州府志》所记不是一个来源。

郎假（口）$*naŋ^{35}qa^{31}$、郎假爸（耳）$*naŋ^{35}qa^{31}pa^{53}$——现代唔奈话的“嘴”和“耳朵”分别是 $naŋ^{35}la^{55}$ 和 $kei^{55}mpjau^{31}$，与《辰州府志》所记不是一个来源。

冒客（打劫）$*mɔ^{53}khe^{53}$——这个词的来源不明，第一个音节大概是巴哼北部土语的 $mɔ^{53}$“打”。现代唔奈话的“抢劫”作 $l̥au^{31}$，与此不合。

雾（烟草）$*wu^{31}$——词的来源不明，现代唔奈话的“烟叶”作 $nuŋ^{33}je^{53}$，“香烟”作 jei^{55}，是汉语借词“烟”。

诣（行）$*ŋei^{31}$——“诣”字《广韵》去声霁韵五计切，据以拟音。这个词没有现代巴哼语的方言印证。

四

现有资料足以说明《辰州府志》里的“猺言”是巴哼语唔奈方言的一种古代形式，但并不意味着它一定是现代虎形山唔奈话的直接祖先，也许它们只是同一种方言内部两个关系密切的土语。考虑到这一点，我们似乎就不好轻易断言这两个土语之间的差异究竟是两百年前就有的事实还是后代产生的变化，尽管可以感觉到后者的成份更多一些——很明显，湘西南的瑶族人放弃自己原有的“春夏”$*tuŋ^{22}taŋ^{22}$、“秋冬”$*tuŋ^{22}kuŋ^{13}$季节两分法，转而接受外来的 $tɕhiŋ^{55}$“春”、$ɕa^{53}$“夏”、$tɕhu^{55}$“秋”、$tuŋ^{55}$“冬”四分法，这可以看成现代产生变化的典型例证。

本文的词语解读结论给了我们一个初步的印象，即《辰州府志》里的“猺言”似乎比现代虎形山唔奈话更加接近南北两个巴哼土语，有些词语形式明显与虎形山话不合，却可以在南北两个巴哼土语中或多或少地找到一些痕迹。遗憾的是我们手边掌握的巴哼语资料毕竟不够丰富，而且对瑶族语言历史的进一步论证也已经超出我的学力之外了。

（原载《民族语文》2013 年第 3 期，页 44—51）

道光《安平县志》中的苗语和仲语

《安平县志》十卷，清道光七年（1827）刘祖宪修，何思贵等纂，通行巴蜀书社影印贵州省图书馆复抄本。原书卷五“风土志”末尾附有“苗语仲语合译”一篇[①]，用汉字记录了近两百年前贵阳、安顺一带苗语和布依语的信息。本文试图解说这份资料的方言依据和译音方法，希望能为中国少数民族语言研究提供参考。

道光《安平县志》卷五的“苗语仲语合译”后来又被收入咸丰《安顺府志》卷十五[②]，内容全同。原文体例仿照传统的“杂字体”字书，分“天文”“地理”“称呼”“言语动作”“身体”“村寨房屋”“衣服”“布帛”“饮食”“器用”“数目”“方向”“颜色”“疾病”“珍宝”“农功”“米谷”“菜蔬”“果瓜”“花木”“禽兽”“鳞介”“昆虫”23门，收词语凡504条。每条词语先列汉义，然后在下面用双行小字分左右列出苗语和仲语的汉语译音[③]，若遇到汉语借词则可以仅写一个“同”字以求简约[④]。在词语表的后面另有一段文字，专门强调州县官吏掌握当地语言的重要性，其中讲道：

> 惟是黔中苗民八十二种，微特仲语与苗语不同，即仲语亦有与仲语不同者。即如县属仲语谓天曰论闷、地曰囊、日曰刀轮、月曰莽高、父曰耶、母曰埋、兄曰哥、弟曰那，普安仲语谓天曰滇、地曰的、日曰完、月曰吞、父母曰拨茂、兄曰汲、弟曰暖，独山仲语谓天曰闷、地曰赧、日曰大握、月曰冗乱、父曰波、母曰媄、兄曰比、弟曰暖，此不可以概论也，惟即其地以译其语焉可耳。盖苗语难知，故用译。以译译译，故曰重译。兹仅译苗仲二语者，以二种最

① 黄家服、段志洪主编：《中国地方志集成·贵州府县志辑》第44册，成都：巴蜀书社，2006年，第117—121页。“仲”原作“狆”，据咸丰《安顺府志》改。

② 常恩修，邹汉勋、吴寅邦纂，见《中国地方志集成·贵州府县志辑》第41册，第200—204页。这段文字后来又被改编为“汉译青苗青仲通用言语表”，收入民国《平坝县志》（1932年江钟岷修，陈廷棻、陈楷纂）卷二，见《中国地方志集成·贵州府县志辑》第45册，第79-83页。

③ 编者自称是“左苗语、右仲语”，但实际的排列是苗语在右而仲语在左。

④ 例如“布帛门”有“绸”，下注仲语“同”，意为仲语“绸”读同汉语。参看壮语邕宁话 $tʃhou^{31}$ “绸”。

多故也。

清代的安平县即今贵州省安顺市的平坝县，苗族和布依族是境内人口最多的两个少数民族，《安平县志》在众多少数民族语言中仅选录苗语和仲语（布依语），就是出自这个考虑。值得称道的是，编者清楚地认识到了语言内部还存在方言的差别，并分别举出了“县属”“普安”（今黔西南布依族苗族自治州普安县）和“独山”（今黔南布依族苗族自治州独山县）的八个词例。迄今刊布的比较完整的布依语资料于1956年采自贵州省黔南布依族苗族自治州龙里县的羊场镇，通过与上述八个词的对比可以看出，除去“日”“月”两个词来历不明之外，其余六个词与《安平县志》记载的独山仲语最为接近①：

汉义	现代布依语	《县志》独山	《县志》县属	《县志》普安
天	bɯn^{35}	闷	论闷	滇
地	naːm^{33}	赧	囊	的
日	$\text{taŋ}^{35}\text{ŋon}^{11}$	大握	刀轮	完
月	$\text{zuaŋ}^{53}\text{dɯːn}^{35}$	冗乱	莽高	吞
父	po^{53}	波	耶	拨
母	me^{53}	媄	埋	茂
兄	pi^{31}	比	哥	汲
弟	nuaŋ^{31}	暖	那	暖

清代贵州巡抚田雯在康熙二十九年（1690）编写过一部《黔书》，书的上卷“方言”篇用汉字记录了19条狆家词语。我们看到其中有“母谓之咪”“兄谓之皮”两条，与《安平县志》记载的独山仲语可以勘同②，说明《黔书》和《安平县志》记录的或许是同一种布依方言。

由于布依语和壮语的北部方言极其相似，而学界多年来只注重研究壮语，所以迄

① 喻翠容：《布依语简志》，北京：民族出版社，1980，第85、91页。下文征引的布依语资料都来自该书的“词汇附录”部分。原书标调类，现改为标调值以求直观。

② 黄家服、段志洪主编：《中国地方志集成·贵州府县志辑》第3册，成都：巴蜀书社，2006年，第484页。这段文字的开头有“父谓之索”一条，对照现代布依语 po^{53}“父亲”，颇疑“索”为“孛”字形讹。假如这个猜测不错，那么这个词就可以勘同独山仲语的“父曰波”。

今很少见到以布依各土语为目标的调查和研究报告发表①，这使我们没有足够的资料来对《安平县志》记载的仲语进行全面解读。相比之下，学界对苗语各方言的调查就显得充分一些，我们可以通过对比川黔滇的多种土语资料来找出与《安平县志》所载最为接近的方言。在现有条件下的对比结果是，与《安平县志》所载苗语最为接近的并不是平坝县境内的土语，而是约 60 公里外的贵阳花溪青岩话②。下面参照青岩话从《安平县志》“苗语仲语合译”的 20 门中每门选注三个苗语词条③：

文：天曰董（ntoŋ^{54}），日曰上董（sɑŋ^{13} ntoŋ^{54}），雹曰劳（l̥ɦɑu^{21}）；

地理：地曰。打（tɑ^{55}），河曰矼（kɑŋ^{55}），田曰冷（leŋ^{54}）；

称呼：父曰脚（tɕɑu^{13}），弟曰牙（ʑɦa^{32}），子曰冬（toŋ^{55}）；

言语动作：死曰夺（tɦo^{21}），贫曰梗（kheu^{13}），捆缚曰开（qhai^{55}）；

身体：脸曰包（pɦɑu^{32}），乳曰农。蜜（noŋ^{55}me^{55}），足曰蹈（tɑu^{43}）；

村寨房屋：门曰枕（ʈeŋ^{54}），柱曰假把（n̠tɕɑ^{54}pæ^{13}），窗曰窗风（tsuɑŋ^{55}foŋ^{55}）；

衣服：裙曰登（teŋ^{55}），裤曰置（ʈɦi^{21}），裹脚曰称（ɳʈheŋ^{55}）；

布帛：布曰帑（ntu^{55}），绸曰种（tsoŋ^{54}），针曰根（keŋ^{55}）；

饮食：酒曰灶（tsɑu^{13}），茶曰及（kɦi^{32}），饥饿曰筛（sai^{55}）；

器用：箸曰招（ʈɦɑu^{21}），锄曰陆（l̥u^{43}），鼓曰卓（ɳʈɦo^{32}）；

数目：三曰巴（pɑ^{55}），七曰臧（tsɑŋ^{21}），十曰古（ku^{54}）；

方向：中曰章（ɳʈaŋ^{43}），前曰打（ntɑ^{54}），后曰光（qɔŋ^{55}）；

颜色：红曰伦（leŋ^{55}），黄曰广（kɔŋ^{54}）④；

疾病：耳聋曰浪拔（lɑŋ^{54}mpɦæ^{54}），眼瞎曰雷眸（ʔl̥ɦe^{21}mɦu^{21}），咳嗽曰论（ʔn̥eŋ^{43}）；

珍宝：金曰工（koŋ^{55}），银曰凝（n̠in^{54}），铜曰等（teŋ^{54}）；

米谷：糯米曰宋篓（soŋ^{13}mpləu^{54}），豆曰都（tu^{54}），黄豆曰都广（tu^{54}kɔŋ^{54}）；

---

① 当初李振麟编写过一本《贞丰仲家语字汇》（贵阳大夏大学社会研究部，1940），可惜我没能看到这本书。考虑到贵州省贞丰县距离平坝县将近 200 公里，我们当可估计那里的布依语也不会与《安平县志》的记载完全吻合。

② 语料采自贵阳市花溪区青岩乡的摆托村。感谢孙宏开先生帮助我看到了这份材料。

③ 以下括号里的音标是现代青岩话形式。需要说明的是，这份资料实际上不太完整，许多常用词在里面都没有记录，加之我本人对苗语并不熟悉，所以“农功”“菜蔬”“鳞介”三门的词例只好付诸阙如。

④ 这一门共有八个词，其中“紫”“赤”“绿”三个词于青岩话调查记录中未见，“青蓝”“白”“黑”三个词与青岩话调查记录不能勘同。

果瓜：桃曰敝裸（pji^{13}ʔlo^{54}），梨曰敝（pji^{13}）[1]，葡萄曰敝更（pji^{13}qeŋ^{13}）；
花木：竹曰找（ʧɦu^{54}），杉曰呵金（ho^{55}tɕin^{55}），干柴曰道踝（tau^{32}ɴqho^{55}）；
禽兽：狗曰拉（ʔlɑ^{13}），虎曰敝召（pje^{13}tsɑu^{13}），马曰敝密（pje^{13}mɦji^{32}）；
昆虫：虱曰硐（toŋ^{13}），蚤曰都膜（tu^{54}mu^{55}），蚓曰糯姜（no^{55}tɕɑŋ^{55}）。

上面的词例表明，在现有条件下借助青岩话来理解《安平县志》里的苗语是可行的。《安平县志》用来译音的汉语方言属于西南官话的黔西南片，通行于今天的贵阳、安顺一带。这种方言共有“阴平”“阳平”“上”“去”四个声调，古代的全浊上声变为去声，古代的入声一律变为阳平[2]。苗语和仲语也有声调，而且比汉语复杂，这使得“苗语仲语合译”的作者有时会找不到合适的汉字来描摹，为此作者写下了这样一段说明：

> 凡有音无字者，俱以四声圜读之。惟下平声圜读恐与上平声混，故注曰“下平”。余仿此。[3]

所谓“四声圜读”自然是指标注在译音汉字周围的“圈发”。“圈发”又作“点发”，起源于什么时代尚不清楚，就目前所见，较早提到这个词的是宋代岳珂的《刊正九经三传沿革例》：

> 音有平上去入之殊，则随音圈发。

到了清代，人们在读书时随手用“圈发”记下变读的字音，这似乎已经成了普遍的习惯。缪楷《经余随笔》卷一：

> 近世塾师以朱圈记字之四角，以别四声。[4]

---

① “敝”字下疑有脱文。青岩话 pji^{13} 的意思只是“水果”，也用作“桃”“李”等词的第一个音节。
② 刘光亚：《贵州省汉语方言的分区》，《方言》1986 年第 3 期。
③《中国地方志集成・贵州府县志辑》第 44 册，第 117 页。
④ 有关“圈发”史料的详细辑录和解释参看李爱国《“圈发”源流考》，《湖北社会科学》2008 年第 9 期。

我们相信《安平县志》的译音也遵循了同样的方法，即在译音汉字的左下、左上、右上、右下画一个小圈，分别表示相应的汉字应该依次变读为平声、上声、去声和入声。当地的汉语方言已经没有独立的入声调，所以《安平县志》的圈发不出现在译音汉字的右下方①。

《安平县志》所谓"有音无字者"实际指两种情况：第一种是在汉语里不存在所需的音节，第二种是所需的汉字比较冷僻或者是多音字②。下面略举几例：

母曰"。埋"（仲语 me^{53}）——"埋"字阳平声，左下圈发是要求读为汉语里不存在的阴平声音节 māi③。

土曰"。囊"（仲语 $na:m^{53}$）——"囊"字阳平声，左下圈发是要求读为汉语里不存在的阴平声音节 nāng。

乳曰"农。蜜"（苗语 $noŋ^{55}me^{55}$）——"蜜"字古入声，今西南官话读阳平声，左下圈发是要求读为汉语里不存在的阴平声音节 mī。

银曰"°凝"（苗语 $ȵin^{54}$）——"凝"字阳平声，左上圈发是要求读为汉语里不存在的上声音节 nǐng。

松曰"°歪既"（仲语 vai^{31} $tɕi^{35}$）——"歪"字阴平声，左上圈发是要求读为汉语里不存在的上声音节 wǎi。

地曰"。打"（苗语 $tɑ^{55}$）——"打"字上声，左下圈发是要求读为阴平声 dā，以避免使用冷僻字"褡""耷"等。

眉曰"奔°大"（仲语 $pɯn^{35}ta^{35}$）——"奔"字有阴平（bēn）和去声（bèn）两读，右上圈发是要求读为去声 bèn。

传统的"圈发法"不能区分汉语西南官话的阴平和阳平两个声调，所以《安平县志》的编者只好在需要变读的译音字下面特别注出"下平"两个字。《安平县志》"苗语仲语合译"中注出的"下平"共有 9 例，其中苗语 7 例，仲语 2 例：

① 这样的小圈在贵州省图书馆复抄本里写作半圆。
② 本文对"有音无字"和多音字的判断参考了丁声树编录、李荣参订《古今字音对照手册》，北京：中华书局，1981。
③ 本文的汉语注音采用汉语拼音以求易读。现代西南官话黔西南片的调值是：阴平：55，阳平：21，上声：42，去声：13，参看刘光亚《贵州省汉语方言的分区》。

风曰“帮$_{\text{下平}}$”（苗语 pɑŋ^{43}），下雪曰“饶帮$_{\text{下平}}$”（苗语 -mpoŋ^{43}）——“帮”字阴平声，注“下平”是要求读为汉语里不存在的阳平声音节 báng。

白曰“柏校$_{\text{下平}}$”（苗语 -tɕɦɑu^{32}），碓曰“校$_{\text{下平}}$”（苗语 tɕɦɑu^{32}）①——“校”字去声（读如“校勘”的“校”），注“下平”是要求读为汉语里不存在的阳平声音节 jiáo。

担子彐“庄$_{\text{下平}}$”（苗语—）——“庄”字阴平声，注“下平”是要求读为汉语里不存在的阳平声音节 zhuáng。

腹胀彐“包胀$_{\text{下平}}$”（苗语—）——“胀”字去声，注“下平”是要求读为汉语里不存在的阳平声音节 zháng。

桃曰“娄道$_{\text{下平}}$”（仲语 lɯʔ^{11}ta:u^{11}），核桃曰“敝道$_{\text{下平}}$”（苗语 pji^{13}ʔlɑu^{43}）——“道”字西南官话读去声，注“下平”是要求读为汉语里不存在的阳平声音节 dáo。

割草彐“管牛$_{\text{下平}}$”（仲语 kon^{11}ȵɯ^{13}）——这一例不可解，因为“牛”本身就读阳平声，注“下平”自属多余。或许其中有讹字，也未可知。

从这里发展出来的注法是“下去”，全书只有一例：

七曰“差° $_{\text{下去}}$”（仲语 tsat^{35}）——“差”字有平声（chāi）去声（chà）两读，这里显然需要去声的读法。编者已经用右上方的“圈发”标明了去声，却还要在下面多写“下去”两个字，大概是想用这种特殊的办法强调仲语的韵尾 -t，因为西南官话里已经没有真正的入声了。

应该指出，《安平县志》编者对“下平”这个术语本义的理解是错误的。汉语音韵学的“下平”见于《广韵》一系韵书的卷二，本来是因为平声汉字比较多，在编纂韵书时只好分作上下二卷，以求与“上声”“去声”“入声”三卷的篇幅取得平衡。“上平”和“下平”绝对不等于声调上的阴平和阳平，《安平县志》编者搬用“下平”

① 碓曰校$_{\text{下平}}$，“校”原误作“枚”，据上文“杵曰降校”“白曰柏校$_{\text{下平}}$”改。

这个术语来指称西南官话里的阳平声，显得对音韵学有点外行。

最后需要说明的是，通行本《安平县志》里的圈发可能存在一些误抄，因为那样微小的记号很容易被不理解其含义的抄书人将位置抄错或者误会为句读。一个显著的例子就是，咸丰《安顺府志》和民国《平坝县志》都移录了《安平县志》的“苗语仲语合译”，但是都把原有的圈发完全忽略了。毋庸讳言，限于当代语言调查资料的残缺，我们目前还没有能力对《安平县志》的圈发做出精审的校勘，这个难题的解决只有留待将来。

（原载甘肃省古籍文献整理编译中心编《文献研究》3，学苑出版社，2012，页112—116）

关于契丹制字的一则补注

史籍中关于契丹大字的最早记载见王溥《五代会要》卷二九《契丹》①：

契丹本无文记，唯刻木为信，汉人陷番者以隶书之半，就加增减，撰为胡书。

《新五代史》卷七二《四夷附录》所记大略相同②：

至阿保机，稍并服旁诸小国，而多用汉人，汉人教之以隶书之半增损之，作文字数千，以代刻木之约。

作为契丹造字依据的汉字“隶书”最初被理解为“汉隶”③，字面意思大约是“汉代的隶书”，其后几乎所有的研究者对此都持默认态度。然而，迄今我们见到的契丹大字石刻字体都是唐楷，完全不见传统隶书的风格。另外如所周知，现存文字与契丹文最接近的是约二百年后创制的女真文，其造字依据在史书里直接称作“汉人楷字”，见《金史》卷七三《完颜希尹传》：

希尹乃依仿汉人楷字，因契丹字制度，合本国语，制女直字。④

上述史料表明，“隶书”在当时一些人的心目中不过是“楷字”的别称，这与现今书法界的一般概念不同。进一步说，它不是指汉魏时代那种“蚕头雁尾”的波磔笔法，而极有可能是指唐代以后在小官吏和下层知识分子中流行的“俗体楷字”，例如辽人墓志里有“来”“将”“荅”“万”“弃”“尘”“国”“床”“会”等契丹大字，

① 王溥《五代会要》，上海古籍出版社 1978 年点校本，第 457 页。
② 中华书局 1974 年点校本，第 888 页。
③ 陈述：《契丹史论证稿》，北平研究院，1948，第 110 页。
④ 中华书局 1975 年点校本，第 1684 页。

这些字在辽代僧人行均于公元997年编成的《龙龛手镜》中都可以找到相同的汉字楷书俗体[①]。以下试以此为出发点，就“隶书”一词在当时人们心目中的实际含义略作补证。

后世又称为“八分书”的隶书发端于秦，盛行于汉魏，自南北朝以后逐渐脱离了人们的日常生活，仅作为书法艺术偶然用于碑碣，如西安碑林内唐玄宗所书“石台孝经”。在唐代以后的记录里，“隶书”与“八分”两个词的所指开始有了区别，例如《唐六典》卷十“校书郎、正字”条下附注曰[②]：

> 字体有五：一曰古文，废而不用；二曰大篆，惟于《石经》载之；三曰小篆，谓印玺、旛旐、碑碣所用；四曰八分，谓《石经》、碑碣所用；五曰隶书，谓典籍、表奏及公私文疏所用。

很明显，这里的“八分”与“隶书”形成了对立：前者指的是真正意义上的隶书，而后者指的肯定是当时官府和民间日常使用的楷书。与此相似，孙过庭在《书谱》的序言里评论钟繇（元常）、张芝（伯英）和王羲之（逸少）的书法时说：

> 元常专工于隶书，百（伯）英尤精于草体，彼之二美，而逸少兼之。拟草则馀真，比真则长草。虽专工少劣，而博涉多优。[③]

钟繇被《宣和书谱》推为“正书之祖”，存世法帖虽然系后人摹本，但均为正楷，由此可知“元常专工”的那种“隶书”实际上也是楷书。

至于“隶书”的命名缘由，最权威的解释见许慎《说文解字叙》：

> 秦烧灭经书，涤除旧典，大发隶卒，兴役戍，官狱职务繁，初有隶书，以趣约易，而古文由此绝矣。

① 聂鸿音：《契丹大字解读浅议》，《民族语文》1999年第4期。
② 李林甫等：《唐六典》，陈仲夫点校，北京：中华书局，1992，第300页。
③ 文渊阁“四库全书”本。

《晋书》卷三六载卫恒《四体书势》也说：

> 秦既用篆，奏事繁多，篆字难成，即令隶人佐书，曰隶字。[①]

这里说的“隶”是指“皂隶”，即官府里的低级办事人员。可想而知，当年帮助设计契丹大字的“汉人陷番者”当然不会是朝廷重臣，而仅仅是周边国家的一些民间知识分子，他们惯用的书体正是当时称为“隶书”的楷书。

顺便说，在晚些时候，“隶书”和“八分书”的概念趋于混淆，后者也用来指楷书。例如《宋史》卷四八五《夏国传上》对西夏字的描述：

> 元昊自制蕃书，命野利仁荣演绎之，成十二卷，字形体方整类八分，而画颇重复。[②]

存世的西夏字典都用楷书写成，则这里的“八分”实指楷书大约也是没有疑义的。

（原载刘宁、齐伟主编《辽金史论集》，科学出版社，2017，页55—57）

① 中华书局1974年点校本，第1064页。
② 中华书局1976年点校本，第13995页。

元代摩崖石刻《段信苴宝立常住记》考

云南省邓川县石窦村有一处元代末年的摩崖石刻，题为“段信苴宝立常住记”，文字俚俗难通，至今无人解读。以前曾有人提出上面记录的是白语，并把它和明代的“山花碑”相提并论，作为南诏、大理国时期创制“白文”的证据。因此，这件石刻的真正价值已远远超出了它本身所记载的内容，而扩展到了历史学和文字学这两个更为宽广的领域。本文试图重新考察史籍中有关所谓“白文”的记述，并从文字学角度对同类的文物资料加以辨析，证明《段信苴宝立常住记》是一件记有少量白语词的汉文石刻，同时对历史上“白文”的存在提出异议。

一

《段信苴宝立常住记》共18行，每行31字，其中缺字二十余个[①]。全文试为标点如下：

段信苴宝立常住记

大元国奉顺大大都元帅段信苴宝我立记□□□□

云路山难是□□溪林寂静，宝窟幽深。罗普贤菩萨梨□，现波上圣人罗汉。标□万古踪踪□是邓川州丘，灵异出□□调山水□□矣申因建立□几佉久废□浩难我波□州官未梨更修盛申不全。值敝至正二十五年丘，我请释觉真阐□修盛，住持波上。至至正三十年丘，难□造五十三□净土图像山水成就□可在。段信苴宝我奉施释觉真目已水山常住三项，开立碑面上边。后□代一世一诸人，不得取夺阻坏，永为常住。专乙祝延圣寿万岁，太子千秋，诸位百官，高增禄位。唯愿天下太平，法轮常转，风调雨顺，国泰民安。回向法界，十类四生，共证无上佛

① 龙云修，周钟岳等纂：《新纂云南通志》卷九四，云南印刷厂1949年铅印本。

果者。

这件石刻记载的是第十代大理路总管段信苴宝向觉真和尚舍田营寺的事。段信苴宝这个名字见于杨慎《南诏野史》，为元代大理名臣段功的儿子。文中两次出现“段信苴宝我”字样，可知为段氏亲手撰写。文中提及“至正二十五年”和“至正三十年”两个年份，后者应当就是刻石之年，即元顺帝的最后一年，相当于明洪武三年，公元1370年。段氏撰文的时候兼采中原雅音和当地土语，以致有些句读今天已不能尽知，目前可以猜测的只有以下四点：

1. 窪，当是“窟”字俗体。行均《龙龛手镜》卷四：“窪，旧藏作窟”。

2. 波，疑即白语代词“彼”①。“波上”相当于汉语“其上”，文中两见。

3. 丘，字又见《山花碑》“方丈丘烧三戒香”，有人考证为白语“里”的音译，用以表示时间或地点②。“方丈丘”即“方丈里”，则本文“邓川州丘”即“邓川州内”，“至正二十五年丘”即“至正二十五年中”，“至正三十年丘”即“至正三十年中”。

4. 目已，疑为“自己”形讹。

1956年，《云南日报》上开展了一次关于白族史的讨论，文章次年在昆明结集出版。这次讨论主要针对云南白族的形成和起源，其中也偶尔涉及语言和文字问题，《段信苴宝立常住记》就被引用来作为“白族文字”的证据③，只是未见有人对这件石刻进行研究和论证。今天我们可以坦率地说，这次讨论中的语言文字部分是令人失望的。可能当时的人们还没有受过普通语言学和比较语言学的专门训练，以致大多数文章都存在一些显著的缺陷。作者们在讨论白语的系属时没有能够区分开“发生学”和“类型学”的基本范畴，在讨论白文时则又往往把“语言”和“文字”这两个不同的概念混为一谈。因此，尽管肯定白文的一派一直占着绝对优势，学界普遍认为南诏、大理时期在云南地区流行过“白文”，但是，这个假设却始终没能得到历史学和文字学的有力论证。为了揭示《段信苴宝立常住记》的本质，我们还应该从文字学角度对有关历史资料重作一番考察。

---

① 邓晏如：《从白语的研究中使我们看到什么》，载杨堃等：《云南白族的起源和形成论文集》，昆明：云南人民出版社，1957。
② 徐琳、赵衍荪：《白文〈山花碑〉释读》，《民族语文》1980年第3期。
③ 孙太初：《谈“白文”》，载《云南白族的起源和形成论文集》。

二

关于“白文（僰文）”的历史记载有以下四条：

杨慎《滇载记叙》：“予以罪戍滇，求蒙、段之故迹而不可得。后得《白古通》及《玄峰年运志》二书于旧家，其词皆僰文，义兼众教。稍加删润，成《滇载记》。”

李元阳《云南通志（万历）·南诏始末》：“考《南诏始末》出于《白古通》《玄峰年运志》者，其文用方音，缙绅罕解。成都杨修撰慎，谪居永昌四十余年，熟习其语，因译之为书，曰《滇载记》。”

薛承教《滇略序》：“俗有《白古通记》诸籍，皆臆创之文字，传其蛮鴂之方音，学士大夫鲜能通之。询之闾里耆老，千百不一二谙也。”

释寂裕《白国因由跋》：“菩萨累劫救护此处，盖有十八化云，备载《白古通》。其本寺隔扇所图绘者，十化内仅有几段，余皆开国除魔始末缕之，使千百年古迹如在目前。逐段缘由原是白语，但白字难认，故译白音为汉语，俾阅者一见了然。虽未见《白古通》，而大概不外于斯。”

被人们屡次征引的史料只有这四条，其中前三条出自明代人，后一条出自清代人，没有元以前的资料。从内容上看，后三条显然都是因袭了杨慎的说法，所以这实际上只能看成是后代的一条“孤证”，不足以说明数百年前南诏、大理时期的情况，何况其中反复提及的《白古通》和《玄峰年运志》谁也没有见过，甚至连它是一本书还是两本书都不清楚[①]。另外，薛承教所说的“皆臆创之文字”以及寂裕所说的“白字难认”之类话，似乎暗示汉人是看不懂绝大多数“白字”的，这也不符合事实，因为即便是肯定“白文”的一派学者也承认，“白文文献”里的绝大多数字都是从汉文照搬来的。

至今我们所见有关南诏和大理的史料中并没有一处提及民族文字，有的地方甚至提供了反面的证据。例如《蛮书》卷二《高黎贡山谣》和《说郛·玉溪偏事》所收《骠信和清平官星回节唱和诗》，其中有“囊中络赂绝”“元昶同一心”“波罗昆勇猜”等句子，原注：“络赂，财之名也”，“谓朕元，卿日昶”，“波罗，虎也；昆勇，野马也”，有的学者认为这便是古代的白文[②]。其实这只是少数民族语言的汉字对音，

① 参看方国瑜《纂录南诏大理史请书概说》，《思想战线》1981 年第 4 期。
② 赵衍荪：《白文》，中国民族古文字研究会编：《中国民族古文字》，天津：天津古籍出版社，1986。

不能成为一种独立的民族文字。古籍中像这样的例子并非绝无仅有，如刘向《说苑·善说》中记有一首《越人歌》[①]：

滥兮抃草滥予？昌枑泽予？昌州州𩜱。州焉乎秦胥胥，缦予乎昭澶秦踰渗。惿随河湖。

《后汉书·西南夷传》李贤注中载有一首白狼王的《远夷乐德歌》：

提官隗构，魏冒踰糟。罔译刘脾，旁莫支留。征衣随旅，知唐桑艾。邪毗𫄨𫄨，推潭仆远。拓拒苏便，局后仍离。偻让龙洞，莫支度由。阳雒僧鳞，莫稚角存。

这两首歌的行文显然比“白文”奇特得多，但众所周知，前者不是“越文”，后者也不是“白狼文”，它们仅仅是少数民族语的汉文译音而已。这就好像我们不能说“英特纳雄耐尔”这六个字是法文，也不能说“布尔什维克”这五个字是俄文一样。

李京《云南志略》载：“保和中，遣张志成学书于唐。”虽然我们并不能确定他学的是文字还是书法，但这条材料已经暗示我们，南诏当时并没有本国的专门文字。历史上的少数民族政权如果已经有了自己的文字，一般都要致力于推行它，而不大会由皇家派专人到中原去“学书”。关于这一点，著名的“契丹书禁”就是一个典型的例证，这里无需多说了。

三

我们再来看一下文物考古方面的情况。

从1939年开始，云南大理点苍山麓的几处古文化遗址中相继出土了一些有字的瓦片，据称为南诏时期遗物[②]。瓦上的文字多为汉字，个别的字有省笔，此外还有一些意义不明的符号，如“≠”“⊗”“⋇”等[③]。曾有人认为这些符号就是早期的“白文”。

① 标点据韦庆稳《越人与壮语的关系试探》，民族语文编辑组编《民族语文论集》，北京：中国社会科学出版社，1981。
② 吴金鼎等：《云南苍洱境考古报告》，中央博物馆筹备处，1942。
③ 张增祺：《南诏、大理国时期的有字瓦》，《文物》1986年第7期。

其实从形体上看，这三个符号与后来的所谓“白文”相去甚远，却与彝文的 mbie、mie、hmi 三个字母相近。所以，假如这些符号真的是文字，那么与其说它是白文的始祖，还不如说它是彝文的前身。

有字瓦中有一个“诺”字曾引起过人们的注意，如“买诺”“官诺”等。“诺”字也见于公元 917 年所建的大理《段氏与三十七部会盟碑》[①]。据考证，它的意义相当于白语的“的”，“买诺”就是“购用的（瓦）”，“官诺”就是“官制的（瓦）”，“诺”字的这种用法一直传到了现代[②]。然而，证明了“诺”字是白语并不等于证明了一个文字体系的存在。今天的广州方言文字中常常把“的”写成“嘅”，显然谁也不能视之为“粤文”。

另外，1956 年在大理县又发现了一卷大理国晚期写本《仁王护国般若波罗密多经》[③]。这部经卷的汉文原文旁边被人用朱笔写上了不少旁注，这些旁注文字当然也不能认为是“白文”，因为都是用现成的汉字来记录白语中零散词语的读音，所以没有一条能自成句读。

《新纂云南通志》卷九二到卷九四收录了 60 种元代石刻，其中没有一种是带有“奇字”，可以称之为“白文”的。为绝大多数人确认的“白文”石刻只有明代杨黼撰写的《山花碑》，原件已由徐琳和赵衍荪共同研究，发表在 1980 年的《民族语文》上。碑文是一种所谓“山花体”的白族民间诗歌，共二十章。下面抄录的是前三章，原文的异体汉字已改为相应的简化字：

苍洱境锵玩不饱，造化工迹在阿物。南北金锁把天关，镇青龙白虎。
山侵河处河镜倾，河侵山处山岭绕。屏面西⿰氵雪十八溪，补东洱九曲。
⿰木加蓝殿阁三千堂，兰若宫室八百谷。雪染点苍冬头白，洱河秋面皱。

凭“直觉”来看，恐怕很难有人认为这不是用汉文写成的，只不过其中少数词语如“锵”“阿物”等不大容易解释罢了。事实上，徐琳和赵衍荪在论文中强调举出的“⿰扌卉”“⿸厂剌”“哽”“⿰口欲”“⿰氵雪”“⿰口毒”这六个“白文新创字”中，就至少有三个本

① 碑文见《新纂云南通志》卷八九。
② 赵衍荪：《白文》。
③ 周泳先：《凤仪北汤天南诏、大理国以来古本经卷整理记》，载李家瑞等编《大理白族自治州历史文物调查资料》，昆明：云南人民出版社，1958。

是原有的汉字，在汉文常用字书里都可以查到。如第一个字即“析”字异体，见《玉篇》及《正字通》，碑文“云窗下抍大乘经”就是“在云窗下展开大乘经卷”的意思。第二个字训“割”，见《集韵》，碑文“五华侣你劆霄充”就是“五华楼高得劈破晴空”的意思。第三个字见《说文解字》，原训“语为舌所介”，这里借用为对音字。其实，把带“口字旁”的表音字作为非汉族文字来看待是很不妥当的。在辽、金、元诸史书和唐以后翻译的佛经里，都有大量带口旁的对音字。人们给这些字旁边加上“口”，目的仅在于提醒读者这个字是外语的译音，以免读者从意义上去理解，这并不是有意要新创什么文字。在近代的翻译中，“英吉利”最初也有人写作“暎咭唎”，正是同样的道理。

当然，以上关于“白文”的讨论都是从“直觉”出发的，这自然引出了一个新的问题：从文字学角度应该怎样认识这些现象？换句话说，我们能为否定白文提供文字学理论上的证据吗？

四

无庸讳言，文字学只能提供区分文字与非文字的原则，语言学也只能提供区分语言和方言的原则。我们目前没有一个区分两种民族文字的现成原则可资借鉴，只能通过分析一些已知的文字来建立大致的标准，作为区分汉文和非汉文的依据。

首先应该认清的是，语言和记录语言的文字是两个不容混淆的概念，区分了语言并不等于就区分了文字。同是 26 个拉丁字母，用来拼写英语时被称为英文，用来拼写荷兰语时则被称为荷兰文，而与此相反，同是八思巴字母，用来拼写蒙古语时被称为（八思巴式）蒙古文，用来拼写汉语和藏语时却不能称为汉文和藏文。一种语言可以用好几种文字来记录，一种文字也可以用来记录好几种语言。所以，存在白语不能成为存在白文的证据。

其次应该认清的是，区分了民族也不等于就区分了文字。蒙古族在几年前使用着三种文字，蒙古人民共和国境内使用基利尔文字，我国新疆地区的蒙古族使用托忒文，内蒙古地区则使用现代蒙文。同是一种汉文，汉族人用它来记录汉语，回族人在交际中遇到阿拉伯语和波斯语借词时也可以用它来记录。一个民族可以使用好几种文字，一种文字也可以通行于好几个民族。所以，存在白族也不能成为存在白文的证据。

为了认清汉文和外族文字的本质区别，我们不妨设想一下，一个只认识汉字的人初次见到日文和西夏文时为什么不会误以为它们是汉文？这显然是因为他看到日文中虽然有能认识的字（当用汉字），但也有不少符号（平假名）的笔势不像汉文；而西夏文的笔势虽像汉文，但没有一个字能够认识。由此看来，一种外族文字要区别于汉文，它必须至少具备以下两个条件中的一个：一，笔势不像汉文；二，有大量“不认识”的字。

确定笔势不是一件难事。人人都会同意“白文”的笔势和汉文完全一样，所以可以肯定“白文”不具备第一个条件。第二个条件就比较复杂，因为“大量”这个词在语言里代表的是个模糊概念，假定有一个民族，最初完全照现成的汉字来记录自己的语言（不管是“音读”还是“训读”），后来逐渐使用了一些与汉字形体不同的字，开始时可能比例很小，只被人看成是“奇字”，但久而久之，这种奇字发展得越来越多，量的增加最终导致了质的变化，于是人们就开始叫它“民族文字”了。但如果有人要问，“不认识的字”究竟应该占到百分之几才能算是一种新文字？换句话说，在文字的形成过程中，引起质变的“临界量”是多少？目前谁也不能确切地回答这个问题。然而，尽管在理论上我们不知道临界量的百分比应是多少，但却可以通过简单的计算看出汉文字和非汉文字中“奇字”百分比的重大差异。下面选择汉文系统的六篇文字资料进行对比。我们用《重修护国寺感应塔碑铭》（赞和题名不计）作为西夏文的代表[①]，用《宴台金源国书碑》（小字不计）作为女真文的代表[②]，用《萧袍鲁墓志铭》作为契丹文（契丹大字）的代表[③]，用《北风同日头》作为汉语粤方言文字的代表[④]，并录入《山花碑》和《段信苴宝立常住记》，统计结果如下：

	总字数	奇字数	奇字百分比
重修护国寺感应塔碑	990	990	100%
宴台金源国书碑	852	814	95.5%
萧袍鲁墓志铭	322	267	32.9%
北风同日头	194	39	20.1%
山花碑	520	30	5.8%
段信苴宝立常住记	225	1	0.4%

① 罗福成：《重修护国寺感应塔碑铭》，《国立北平图书馆馆刊》第4卷第3号，1932。
② 罗福成：《宴台金源国书碑考》，《国学季刊》第1卷第4期，1932。
③ 阎万章：《契丹文〈萧袍鲁墓志铭〉考》，《民族语文》1988年第3期。
④ 袁家骅等：《汉语方言概要》，北京：语文出版社，1983，第232页。

一望可知，前三种文字材料与后三种文字材料的奇字百分比存在重大差异。尤其值得注意的是，西夏、女真、契丹在创制文字时与南诏、大理一样，都是地方割据的民族政权，国中事先也都有人认识汉文。如果说要创制文字，那么它们的条件应是大致相同的。然而在我们看到的统计数字中，“白文”和其他三种文字的差异竟如天壤一般，其中的“奇字”甚至比公认为汉文的粤方言文字还少很多，根本无法独立构成篇章。因此我们可以说，这个统计数字对否定白文的观点提供了强硬的证据。

综上所述，历史、文物、文字三方面的资料无一能够证实明代以前存在所谓“白文”。《山花碑》和《段信苴宝立常住记》充其量只是利用汉字记录了少量白族词语的汉文石刻，而不能称之为“白文”。《段信苴宝立常住记》至今尚未获得彻底解读，我们只有把文中少量难解的汉字当作对音汉字来看待，并通过这些字音寻找古代白语的相应词语，将其纳入汉文的上下文中，才是解决问题的可行途径。

（原载《北京师范大学学报》1990 年增刊，页 109—113）

Chinese Radicals as Distinctive Marks of Language

1. Introduction

The number of Chinese characters increased greatly after the Han Dynasty, for which the primary cause is that some new characters were created in order to share the burden of ancient polysemantic ones. The most common way to create a new character is adding a radical to the previous one, for example, the previous *qin* 禽, meaning "birds" and "to capture", was differentiated at later times as *qin* 禽 (birds) and *qin* 擒 (to capture); while the previous *mu/mo* 莫, meaning "sunset" and "nobody", was differentiated at later times as *mu* 暮 (sunset) and *mo* 莫 (nobody) to show semantic imparity. Differentiated characters are read identically or approximately in pairs, showing their divergence in meaning or grammatical function. Most radicals added to newly created characters are related to the differentiated meaning, as *qin* 擒 (to capture) has a radical *shou* 扌 (hand), *mu* 暮 (sunset) has a radical *ri* 日 (sun). Besides these well-known cases, another fact will be pointed out in the present paper that Non-Chinese people in China used to borrow Chinese radicals to create their own script to record their own language in Chinese imitations, but in a few cases the radicals they borrowed are irrelevant with their literal meaning. Strictly speaking, these graphs are not classically real radicals, but merely certain marks to indicate that the Chinese borrowings ought to be read semantically according to the native language rather than Chinese.

2. Materials

Materials selected in the present paper come principally from the living scripts such as Quadrate Zhuangese (*fangkuai zhuangzi* 方块壮字), Quadrate Dongese (*fangkuai dongzi* 方块侗字) and Quadrate Miaoish (*fangkuai miaozi* 方块苗字) in South China, where the word “quadrate” is a modern nomenclature in order to differentiate from the alphabetic writings for national minorities designed under the instruction of Chinese government in the last half of the 20th century.

Such type of script spreads over several regions in Guangxi, Hunan and Guizhou Provinces. Because all of them show the same philological nature as Chinese, though named differently according to different languages recorded, they are generally called by the term “Southern Scripts of Chinese Imitation”. It is generally acknowledged that these scripts first appeared no later than the Tang Dynasty①. Maspéro stated that a certain northern Chinese dialect was taught at schools in Jiaozhou 交州 (now Guangxi, Guangdong and North Central Vietnam) at that time and soon became the dialectical foundation of Sino-Annamite②. Thus, to speculate, Chinese characters might have spread over the ethnic minority regions through the same way and their development process might have been paralleling to chữ nôm 字喃 in Vietnam, i.e., some intellectuals educated at Chinese schools began trying to borrow Chinese characters to record their native languages, firstly they use Chinese borrowings in phonetic or semantic reading respectively as Japanese, and then they initiatively created some new characters in order to distinguish their own scripts from what they learned. Unlike Non-Chinese writings such as Khitan, Tangut and Jurchen in North China, the creation and employment of Southern Scripts of Chinese Imitation prove to be pure civilian behavior. There were not any local authorities established by ethnic minorities in those regions, so the newly created characters have never been regulated and standardized so far. Such a fact results in lots of literal variants arising among different regions or even individuals though there is a vast amount of literature preserved. Now the former characters are still in use in some villages and spreading by means of folk dramas and songs as a result of the lag of modern education in Non-Chinese regions and the ethnic people’s affection for their traditional culture. Civilian authors still use these characters in their literal works

①The earliest datum preserved nowadays is the stone inscription Eulogy of the Great Firm Mansion in the World (*Liuge jiangu dazhai song* 六合坚固大宅颂) carved on Qilin Hill of Shanglin County, Guangxi Zhuang Autonomous Region in the year 682.

②H. Maspéro, Le dialecte de Tch’ang-ngan sous les T’ang, *Bulletin de l’Ecole française d’Extrême-Orient*, 20.2, 1920.

nowadays when more and more new ones are constantly created, thus, it will be absolutely an impossible task to collect the living characters exhaustively.

Collection and collation of Quadrate Zhuangese proves to be the best contribution in those of all the Scripts of Chinese Imitation. A dictionary of ancient Zhuangese characters compiled by Guangxi government agency was published by Guangxi Nationalities Publishing House as first draft in 1989 and as final version in 2012. The dictionary contains 10700 characters including approximately 5000 variants. As for other quadrate characters, Dongese and Miaoish etc., they provide us with less literature to support any thorough studies than a few introductory articles. Most of the newly created characters, in fact, are compounds reassembled with loan Chinese radicals and their assembly patterns are nothing more than the well-known "semantic combining" (Chin. *huiyi* 会意) and "graph-phonetic combining" (Chin. *xingsheng* 形声). It is needless to say that the Southern Scripts of Chinese Imitation provide abundant data for folklore studies but are not able to show enough academic value in the realm of philology.

As the auxiliary data, we will also mention Tangut and Jurchen scripts which have already died out for centuries. These writing systems were both designed and generalized by the Xia 夏 and Jin 金 governments, so their standardization and application level are much higher than those of the Southern Scripts of Chinese Imitation.

The Tangut Script, including six thousand single characters approximately, was created under the guidance of Xixia Emperor Jingzong in 1036, which spread widely along the Gansu Corridor in the Song-Yuan era. In the great amount of Tangut literature discovered after the 20th century, there are several samples of dictionary or glossary preserved, which made it not so difficult to decipher and analyze the character structures. A Tangut-Chinese Dictionary compiled by Li Fanwen is the reference book with the most abundant materials so far①.

Jurchen Script, as an imitation of Khitan and Chinese, was first created under the Emperor's instruction and issued for enforcement in 1119. After twenty years, Emperor

①Li Fanwen 李范文, *Xiahan Zidian* 夏汉字典, Beijing: China Social Sciences Press, 1997.

Xizong of the Jin Dynasty created another type of script by himself, named "Brief Small Character" (Chin. *xiaojianzi* 小简字) in common use along with the former "Big Character". It seems that Jurchens simultaneously used two systems of ideographic and phonemic writing as Khitans, but all the Jurchen stone inscriptions and manuscripts preserved nowadays indicate one and the same script which was firstly assumed as Small Character①, but was generally believed as Big Character at present. The most important materials available to us are various samples of Chinese-Jurchen vocabulary *Nüzhen Yiyu* 女真译语 compiled by the Translation Bureau of Ming Dynasty, in which the entire content of a manuscript housed in German was published by Grube②. Now we have a dictionary of Jurchen compiled by Jin Qicong③, in which various inscriptions were complemented to the materials in each manuscript of *Nüzhen Yiyu* available at that time.

3. Chinese Radicals as Distinctive Marks of Language

It is well known that Chinese borrowings in Japanese, like the southern imitation scripts in China, may be read phonetically (Japan. *on'yomi* 音読み) or semantically (Japan. *kun'yomi* 訓 読 み) according to the specific circumstances of actual speech, which is regarded as one of the most important features in all the Asian writing systems of Chinese type. The graphs do not, in general, provide by themselves any hints for readers about how they should be read, but in a few cases, it seems that the script creators somehow intended to remind readers of their native semantic readings in their native words, because most commonly used Chinese characters involved here and may be casually misread in Chinese by educated readers.

In the Chinese ethnic scripts there is a category of graphic compound being unexplainable by the traditional Chinese theory *liushu* 六书 (six sorts of characters), i.e., the pronunciations of the two elements are both different from the compound itself, so it cannot be regarded as "graph-phonetic combining"; on the other hand, only one element there

①L. Ligeti, Note préliminaire sur le déchifferement des »petits caracteres« joutchen, *Acta Orientalia Academiae Scientiarum Hungaricae*, 3.3, 1953.
②W. Grube, *Die Sprache und Schrift der Jučen*. Leipzig: Harrassowitz, 1896.
③Jin Qicong 金启琮, *Nüzhenwen Cidian* 女真文辞典, Beijing: Cultural Relics Press, 1984.

serves semantically but the other shows not any relation to the meaning of the compound, so it cannot be regarded as "semantic combining". It is noteworthy that the semantic element in a compound does not merely remind of the semantic class as in Chinese, but directly indicates its exact meaning of the word. Pronunciation of the local language proves that the ideographic elements are read semantically, thus, the other element serving as neither semantic nor phonetic indicator should be regarded as a distinctive mark with the function of reminding people to read the ideographic element according to the relevant word in their native language than to that in Chinese.

We do not know whether the script creators really understand the concept of Chinese radicals, but the marks borrowed by them to differentiate languages are just simple Chinese radicals except having nothing to do with their literal meaning or at least what is no necessity to be added here. Some examples of the distinctive marks are given below, in which the ancient Chinese reconstructions by Karlgren① are given after contemporary *pinyin* and intonation marks on the transcription of Non-Chinese words are removed for conciseness.

Mark *yi* 乙：

乙 + 一 (Chin. *yi* / *ˑi̯ĕt*, one) = 乙一 (Miao.② *a*, one),

乙 + 二 (Chin. *er* / **ńźi̯ĕ*, two) = 乙二 (Miao. *ɯ*, two),

乙 + 三 (Chin. *san* / **sam*, three) = 乙三 (Miao. *pu*, three),

乙 + 个 (Chin. *ge* / **kua*, an item) = 乙个 (Miao. *le*, an item)③.

Mark *ren* 亻：

亻 + 合 (Chin. *he* / **ɣăp*, to merge) = 佮 (Zhuang. *ja:p*, to merge)④

亻 + 皇 (Chin. *huang* / **ɣwang*, Emperor) = 偟 (Zhuang. *ja:ŋ*, Emperor)⑤;

①B. Karlgren, *Analytic Dictionary of Chinese and Sino-Japanese*, Paris: Paul Geuthner, 1923.

②Quadrate Miaoish, designed and spread at the west of Hunan Province during 19-20 centuries, is the latest creation in the Scripts of Chinese Imitations.

③Zhao Liming 赵丽明, Liu Ziqi 刘自齐, Xiangxi Fangkuai Miaowen 湘西方块苗文, *Minzu Yuwen*, 1990.1.

④Zhang Shengzhen 张声震 et. al. ed., *Gu Zhuangzi Zidian* 古壮字字典 (First draft), Nanning: Guangxi Nationalities Publishing House, 1989.

⑤Zhang Shengzhen et. al., *Gu Zhuangzi Zidian* (First draft), p. 501.

亻+天 (Chin. *tian* / **t'ien*, heaven) = 亻天 (Dong. *mən*, heaven)①.

Mark *che* 辶 :

辶+上 (Chin. *shang* / **źi̯ang*, upper) = 辶上 (Zhuang. *kɯn*, upper),

辶+下 (Chin. *xia* / *ɣ*a*, nether) = 辶下 (Zhuang. *la*, nether)②.

Mark *shou* 扌 :

扌+追 (Chin. *zhui* / *t̂wi, to pursue) = 搥 (Zhuang. *pon*, to pursue)③;

扌+一 (Chin. *yi* / * ˙*i̯ĕt*, one) = 扌一 (Miao. *a*, one),

扌+二 (Chin. *er* / **ńźi̯ĕ*, two) = 扌二 (Miao. *ɯ*, two),

扌+三 (Chin. *san* / **sam*, three) = 扌三 (Miao. *pu*, three)④.

Mark *kou* 口 :

口+迫 (Chin. *po* / **pɒk*, to compel) = 口迫 (Zhuang. *eːp*, to compel)⑤,

口+他 (Chin. *ta* / **t'a*, they, them) = 口他 (Dong. *e*, they, them),

口+沙 (Chin. *sha* / **ša*, sand) = 唦 (Dong. *ɕe*, sand)⑥;

口+一 (Chin. *yi* / * ˙*i̯ĕt,* one) = 口一 (Miao. *a*, one),

口+二 (Chin. *er* / **ńźi̯ĕ*, two) = 口二 (Miao. *ɯ*, two),

口+三 (Chin. *san* / **sam*, three) = 口三 (Miao. *pu*, three)⑦.

Mark *yan* 广 :

广+來 (Chin. *lai* / **lai*, to come) = 庲 (Zhuang. *ma*, to come)⑧.

①Zhao Liming 赵丽明, Hanzi Dongwen yu Fangkuai Dongzi 汉字侗文与方块侗字, Chinese Association of Ethnic Palaeography ed., *Zhongguo Minzu Guwenzi Yanjiu* 中国民族古文字研究 3, 1991。

②Huang Ge 黄革, Shanglin Diqu Fangkuai Zhuangzi de Gouzao 上林地区方块壮字的构造, *Minzu Yuwen* 1982.2.

③Zhang Shengzhen et. al., *Gu Zhuangzi Zidian* (First draft), p. 29.

④The assumption of Zhao and Liu that it refers to oral or finger counting is not accepted in the present paper.

⑤Zhang Shengzhen et. al., *Gu Zhuangzi Zidian* (First draft), p. 148.

⑥Zhao Liming, *Hanzi Dongwen yu Fangkuai Dongzi.*

⑦Zhao Liming, Liu Ziqi, Xiangxi Fangkuai Miaowen.

⑧Zhang Shengzhen et. al., *Gu Zhuangzi Zidian* 古壮字字典 (First draft), 302.

Mark *men* 門：

門 + 火 (Chin. *huo* / **hua*, fire) = 閃 (Zhuang. *fei*, fire),

門 + 内 (Chin. *nei* / **nuǎi*, inner) = 閁 (Zhuang. *daɯ*, inner),

門 + 外 (Chin. *wai* / **ngwai*, outer) = 閉 (Zhuang. ɣo:*k*, outer)①.

Of course, the most simple way is to dot somewhere on a Chinese borrowing for differentiation. If, according to traditional dictionaries, regarding the dot as a real radical, we have:

Mark *zhu* 丶：

丶 + 門 (Chin. *men*, door) = 門 (Zhuang. *tou*, door),

丶 + 土 (Chin. *tu*, soil, local) = 圡 (Zhuang. *to*, soil, local)②.

Jurchens sometimes also dotted on Khitan borrowings to remind that the characters here ought to be read in Jurchen language. The dot is generally added on the right of the character as the last stroke, but if there are already too many dots on the original (as Khitan "year" below), the distinctive dot may also be added above the character③.

Table 1. Jurchen imitations of Khitan characters

Jurchen	Chin. transcription	Reconstruction	Khitan original	Meaning
日丶	一能吉	*inengi*	日④	sun, day
月丶	必阿	*bya*	月	moon, month
𠂇	阿捏	*ane*	𠂇	year

①Zhang Yuansheng 张元生, Fangkuai Zhuangzi 方块壮字, Chinese Association of Ethnic Palaeography ed., *Zhongguo Minzu Guwenzi* 中国民族古文字, Tianjin: Tianjin Ancient Classics Publishing House, 1987.

②Lan Liguo 蓝利国, Fangkuai Zhuangzi Tanyuan 方块壮字探源, *Guangxi Minzu Xueyuan Xuebao*, supplementary issue, 1995.

③W. Grube, *Die Sprache und Schrift der Jučen*, p.1. 5.

④It has been decided by every scholar so far that Jurchen 日丶 (*inengi*, sun, day) and 月丶 (*bya,* moon, month) were Chinese loan characters, but now considering the "year" (*ane*) in one and the same semantic category, we should believe they must have been Khitan borrowings. The Khitan representation of specific time and the writing form 日, 月 are identical to those in Chinese.

4. Appearance and Application of Distinctive Marks

It ought to be pointed out that marking a dot or a small circle on original graphs to change their pronunciation slightly is the most simple way easy to be thought of by every script creator, so there may not have been any histories of propagation and succession among different regions. Such method in Chinese writing system might originate from the temporary annotation in reading practice, for example, on the folio 27b of Tangut-Chinese glossary *Fanhan Heshi Zhangzhongzhu* 番汉合时掌中珠 there is a statement *xingxing bingde* 行行禀[秉]德 (to act behavior by holding morality)①, in which a small circle is added to the upper right corner of the second character *xing* in order to remind it to be pronounced as nominal *xìng* (behavior) with departing tone than verbal *xíng* (to act) with even tone.② According to Zhao Liming③, some of the modern Dong people also use the method of circle-dotting to remind the phonetic or semantic reading of characters in their manuscripts. Of course, such a civilian method will not initiate the process of character creation, but, if referring to a system of phonemic writing, dotting or circling on the side of original letters prove to result in a new one. The famous historical facts are the improvement of the Manchurian script by the Qing government in 1632, in which some letters are dotted or circled in order to eliminate the original phenomenon of heteronyms. For example, the letter  represented both *ta* and *da* previously, but after improvement it only represents *ta* while a dotted  is created for *da*; the letter  represented both *ka*, *ga* and *ha* previously, but after improvement it only represents *ka* while a dotted  and circled  are created for *ga* and *ha* respectively. Graphs with and without dots may also be designed simultaneously, such as  for š,  for ž in Khitan Small Scripts created by a Khitan noble Yelü Diela in the year 925④.

Small circle is not accepted by creators of ideological writing system because it is not

①Luc Kwanten, *The Timely Pearl, A 12th Century Tangut Chinese Glossary*, Bloomington: Indiana University Press, 1982, p. 215.

②This method of marking tones was called quanfa 圈发 (circle-dotting) anciently and *sijiao biaodiaofa* 四角标调法 (tone indication at four corners) at present, i.e., adding small circles to the characters at low left, upper left, upper right and low right to mark the even tone, rising tone, departing tone and entering tone respectively.

③Zhao Liming, *Hanzi Dongwen yu Fangkuai Dongzi*.

④Qingge'ertai 清格尔泰 et. al., *Qidan Xiaozi Yanjiu* 契丹小字研究, Beijing: China Social Sciences Press, p. 86,109.

an inherent Chinese stroke, while dot, although being a normal Chinese stroke, seems not so coordinated to be added to Chinese borrowings, such as above-mentioned Jurchen *inengi* 日卜 and *bya* 月卜, so it is also rarely accepted as a method for character creation. Users of Chinese writings are accustomed to compounds consisting of two or more elements, thus the radicals such as *ren* 亻, *shou* 扌, *kou* 口 with fewer strokes enter into their scope as the first choice.

In this way, we think of some special Tangut compound characters observed by Gong Hwang-cherng①. The function of radicals in these compounds is on the contrary to that of the Southern Scripts of Chinese Imitation, i.e., reminding that the compound should be read semantically not according to the native language, but to Chinese. The radical identification of the following examples refers to the Tangut rhyme dictionary *Sea of the Characters*:②

> [Tangut] śji, a transcription character of Chinese *shen* 神 etc., consists of an abbreviated radical [Tangut] (tree) and a phonetic [Tangut]. Tangut [Tangut] (deity) sounds *nją* originally, but ought to be read here as *śji* according to the pronunciation of the word "deity" in the 12th century Northwest Chinese dialect.
>
> [Tangut] *ljwĩ*, a transcription character of Chinese *lun* 伦 etc., consists of an abbreviated radical [Tangut] (sound) and an abbreviated phonetic [Tangut]. Tangut [Tangut] (wheel) sounds *dźiej* originally, but ought to be read here as *ljwĩ* according to the pronunciation of the word "wheel" in Northwest Chinese dialect.
>
> [Tangut] *na*, a transcription character of Chinese *nan* 南 etc., consists of an abbreviated radica[Tangut] (soil) and an abbreviated phonetic [Tangut]. Tangut [Tangut] (south) sounds *zjɨr* originally, but ought to be read here as *na* according to the pronunciation of the word "south" in Northwest Chinese dialect.

The Tangut radical [Tangut], [Tangut] and [Tangut] above, being equivalent to Chinese radical *mu* 木 (tree), *yin* 音 (sound) and *tu* 土 (soil) respectively, should also be regarded as distinctive

① Gong Hwang-cherng, Chinese Elements in the Tangut Script, *Journal of the Institute of History and Language, Academia Sinica*, 53.1, 1982.
②The following Tangut transcriptions come from Hwang-cherng Gong's reconstruction quoted by Li Fanwen, *Xiahan Zidian*.

marks of language because all of them have nothing to do with the literal meaning of special transcription.

The distinctive marks of language mentioned in the present paper do not show any unified and dedicated forms in any systems of Chinese imitation, e.g., either *yi* 乙 or *shou* 扌 and *kou* 口 may be added to the numerals of Quadrate Miaoish script, that is to say, there is not an exclusive mark for reminding people to read semantically in their native language. Moreover, all of the distinctive marks are borrowings of inherent Chinese radicals, but in most other cases, these radicals serve as ideograms of real sense in newly created Chinese imitations. These facts suggest that the application of distinctive marks of language in the Southern Scripts of Chinese Imitation is nothing more than an occasional behavior of individuals, which is quite different from the method used by alphabetic writing designers to create new graphs in dotting or circle-dotting consciously, and there seems no indications for the distinctive marks to evolve into a common way for creating new characters.

（原载 *Journal of Chinese Writing Systems* 3.2, 2019, p. 115—119）

Loloish Dialect and Script of 18th Century Liangshan Reflected in the *Luoluo Yiyu*

1. Introduction

Various Loloish dialects and scripts are recorded in various manuscripts of *Luoluo Yiyu* 猓猡译语 (Translation Glossary of Loloish) compiled under the instruction of the Qing Emperor Qianlong 乾隆, in which the collection of Ōtani University was identified as a definitive edition for Imperial reading. As seen so far, there are few Loloish texts with explicit dates before the 19th century preserved nowadays, except for a small number of stele inscriptions. As a precious Loloish text of early stage, *Luoluo Yiyu*, coming out in 1750 with its beautiful handwriting and complete preservation, was published in facsimile with a brief introduction by Matsukawa and Miyake①.

Wen You first made a preliminary contrastive study among nine manuscripts of *Luoluo Yiyu* preserved respectively in the Palace Museum of Beijing, French School of the Extreme-Orient and Ōtani University②. He pointed out that the second manuscript of the Palace Museum and the second one of the School of the Extreme-Orient were parallel with the Liangshan 梁山 (= 凉山) *Luoluo Yiyu* of the Ōtani University and published a photo of folio "11A" in that version. For his academic interest was focused on linguistic studies, he merely sorted out some possible historical evolutionary phenomena reflected in word pronunciation③, but neither introduced the Loloish script nor determined the specific location where the data was collected. The aim of the present paper is to illustrate the form

①Matsukawa T. 松川节 and Miyake S. 三宅伸一郎, *Kayi Yakugo (Seihan Yakugo Shijū Rara Yakugo ichi-jū) Eiin to Kenkyū* 华夷译语（西番译语四种猓猡译语一种）影印と研究. Kyoto: Shōkadō, 2015.

②Wen You 闻宥, Luoluo Yiyu kao 倮罗译语考, *Huaxi Xiehe Daxue Zhongguo Wenhua Yanjiusuo Jikan*, 1.1, 1940.

③Most Loloish words used by Wen You for comparison were selected from Henri d'Ollone et. al., *L'Ecritures des peoples non-chinois de la Chine*, Paris: E. Leroux, 1912.

and content of the Ōtani version in order to provide references for the study of the Loloish language and script in Liangshan Prefecture, Sichuan Province China.

2. An overview of the Lolo Yiyu preserved in Ōtani University

The *Luoluo Yiyu* preserved in the Library of Ōtani University comes from the collection of Kanda Kiichirō (1897-1984) in Taiwan. The original includes 103 folios of white tissue-paper in traditional thread binding, jacketed in a yellow silk brocade with a title scrip on its front cover, reading *Jianchang shu Shama Liangshan Ge Luoluo Yiyu* 建昌属沙骂梁山各猓猡译语 (Translation Glossary of Each Loloish in Shama, Liangshan governed by Jianchang Garrison, hereafter *SLLY*), which is abbreviated at the beginning of the text as *Luoluo Yiyu*. On the first folio there are also stamps of "Taiko Bunko", "Library of Ōtani University" and Kanda's "Neiko Shouku". The text includes 20 chapters (*men* 门), recording 740 entries of Loloish words and phrases in the middle of the 18th century by means of Loloish script, Chinese semantic translation and phonetic transcription.

Besides the collection of Ōtani University, it was reported that there were also eight manuscripts of *Luoluo Yiyu* surviving, five of them housed in the Palace Museum of Beijing① and three of them in the French School of the Extreme-Orient②. Wen You noticed such a fact that the writing order of Ōtani collection was from left to right in keeping with the same Loloish regulation set in the preface, but the writing order of Palace Museum collection was from up to down for Chinese translation and from right to left for Chinese transcription, evidently in order to comply with the Chinese reading habit at that time.

Like other *Xifan Yiyu* 西番译语 (Translation Glossary of Western Barbarians) editions

①Walter Fuchs, Remarks on a new "Hua-I-I-Yü". *Bulletin of the Catholic University of Peking* 8, 1931. Feng Zheng 冯蒸, "Huayi Yiyu" diaocha ji "华夷译语" 调查记, *Wenwu* 1981.2.

②In 1965, Louis Hambis transferred the whole collection of the same kind from French School of the Extreme-Orient to the National Library of France, including the glossaries of Xifan Guan 西番馆, Gaochang Guan 高昌馆, Huihui Guan 回回馆, Babai Guan 八百馆, Baiyi Guan 百夷馆, Miandian Guan 缅甸馆 and Xianluo Guan 暹罗馆, but I did not find *Luoluo Yiyu* at School of the Extreme-Orient in Paris in 2010, and have not got any messages about these three manuscripts these years.

in Ōtani University[①], Chinese translation and transcription in the exquisitely decorated *SLLY* were written in regular characters filled in the xylographic Chinese lists printed beforehand. In contrast, the collection in the Palace Museum and the School of the Extreme-Orient are simpler and cruder, for they are pure manuscripts without entry boundaries, even the full title and preface are omitted in the manuscripts of the Palace Museum and merely titled "Luoluo Yiyu" in the first folio. Shown either by the entry orders or by the script forms, it is proved that there are slight diferences between the Ōtani and the Palace Museum collection, reflecting the copyist's carelessness of the latter.

Most of the Chinese-Barbarian glossaries (*Huayi Yiyu* 华夷译语) were compiled within the 18th century, when Emperor Qianlong recognized that local languages and scripts should be comprehended for governing the Non-Chinese regions. Under his instruction, the work of collecting Barbarian scripts achieved in 1750 when Celeng 策楞, Viceroy of Sichuan, presented a memorial to the throne, in which he reported that some Barbarian scripts were collected and collated into eleven volumes with their word pronunciation and meaning in accordance to the stylistic rules and layouts of the Four Translation Bureau (*Siyiguan* 四译馆), and were submitted to the Central Government in accompany with precise overviews about the tribal headmen at the beginning of each volume[②].

Learning from the materials available, the eleven volumes of "Barbarian scripts" includes nine *Xifan Yiyu* and two *Luoluo Yiyu* collected from Sichuan[③]. Considering that the carving and writing specification of the *SLLY* is parallel with other volumes of *Xifan Yiyu*, we may firmly believe it to be one of the eleven volumes of "Barbarian scripts", that is to say, Ōtani collection was also achieved in 1750 and the eleven volumes of "Barbarian scripts"

①Other four *Xifan Yiyus* preserved in Ōtani University are *Taining shu Shenbian Lengbian Xifan Yiyu* 泰宁属沈边冷边西番译语, *Taining shu Muping Ge Cunzhai Xifan Yiyu* 泰宁属木坪各村寨西番译语, *Taining shu Mingzhengsi Suoguan Kouwai Ge Xifan Yiyu* 泰宁属明正司所管口外各西番译语 *and Jianchang shu Muli Guabie Ge Xifan Yiyu* 建昌属木里瓜别各西番译语.

②*Daqing Gaozong Chunhuangdi Shilu* 大清高宗纯皇帝实录, vol.8, *juan* 369, Taipei: Huawen Book Company, 1969, p.5562: "遵旨采集番书，除土番内或有音无字，或字不全备，无凭采录外，所有龙安，松潘，茂州，保县，汶川，雅州，宁远，打箭炉，冕宁，盐源，叙永等厅州县所辖西番，猓猡字语，遵照四译馆西番书例，注明音义，就其同者合之，异者分之，统辖之道府厅州县并部落土司，载明卷首，以备稽考，计共十一本，谨缮写进呈."

③Nie Hongyin 聂鸿音 and Sun Bojun 孙伯君, *Xifan Yiyu Jiaolu ji Huibian*《西番译语》校录及汇编. Beijing: China Social Sciences Press, 2010, p. 20-21.

were just the appendixes to the memorial by Viceroy Celeng.

The specific locations where the language data was collected for *SLLY* are recorded in the preface of the book①, by which it can be learnt that there were not any scripts used in the counties Dechang, Yuexi, Ganluo, Huili, Mianning of the present Liangshan Yi Autonomous Prefecture and Miyi County of Panzhihua City②. As for the regions ruled by Lolo tribal governments taking the same dialect and writing system, it can be explained as the following according to the 19th *juan* of Yongzheng *Sichuan Tongzhi* 雍正四川通志：

Shama Xuanfusi 沙骂宣抚司，local government in the Qianlong reign times set at Gulilada of the present Zhaojue County③, governing the borderland of Meigu, Jinyang and Zhaojue County.

Hedong 鹤涧，i.e., Hedong Zhangguansi 河东长官司，local government set in the present Xichang City, governing from Xichang City to Yanyuan County.

Adu Zhangguansi 阿都长官司，governed within the present Puge County.

Jishitian Tubaihu 继事田土百户，Dashitou Tubaihu 大石头土百户，Changcun Tubaihu 长村土百户，all underlings of Hedong Zhangguansi, local governments and governing regions were nearby the present Xichang City.

Yizanluo Tubaihu 意咱螺土百户，Zhulu Tubaihu 竹露土百户，Wumashan Tubaihu 五马山土百户. Bilishenzha Tubaihu 必力沈渣土百户，local governments and governing regions were within the present Xide County.

Although this dialect were widely distributed, we believe that the compilation of this *Luoluo Yiyu* were mainly accomplished in Xichang because the Jianchang 建昌 Garrison established there and, according to the preface, the language data was also collected nearby.

---

①Chinese text: 四川建昌镇建昌道镇标中营，靖远营，宁远府各所辖内：除镇标左营德昌所管辖之德昌，威龙，普济，右营管辖之高岸，虚郎，义什，拖郎，越巂营卫之印[卭]部十六寨，会州营会理州属之黎溪，普隆，红卜苴，苦竹坝，以固村，迷易，者保，永定之披沙，怀远营之白路，虚郎，耳挖沟，饿巴堡，宁远营之松林地，暖带密，白石村，老鸦漩，六翁，野猪塘，大树堡，桂皮罗，及泸宁之各番夷么么[[illegible]]并无字书不造外，所有中营管辖之沙骂，鹤涧，大梁山阿都，继事田，大石头，长村及大小梁山三十一处，靖远营管辖之意咱螺，竹雾[露]，五马山，必力沈渣等处猓猡字语均同．依照奉颁字书门类次序翻译，其书法自上而下，字行由左而右，照缮如左．

②The conversion from Qing tribes to present location is according to Gong Yin 龚荫，*Zhongguo Tusi Zhidu* 中国土司制度，Kunming: Yunnan Minzu Publishing House, 1992.

③Zhu Shengzhong 朱圣钟，Guanyu Sichuan Liangshan Yizu tusi jige wenti de kaozheng 关于四川凉山彝族土司几个问题的考证，*Zhongnan Minzu Daxue Xuebao* 2007.2.

3. Writing feature of the Liangshan Standard Yi Script and Luoluo Yiyu

The creation of Liangshan Loloish script cannot be dated. It was originally used for writing religious texts by Loloish clergies and afterwards gradually used in the daily life of the Lolos for accounts keeping and literary creating. The amount of Loloish glyphs may be more than eight thousand according to general estimation①, but have not been counted up exactly so far. As never being unified and regulated in history, the forms and calligraphic arrangements of traditional Loloish script vary with each individual, even a well-informed clergy is not able to read through the text transcribed by others. In 1974, the governments of Sichuan Province and Liangshan Prefecture designed the "Plan of Standard Yi Script" (*Yiwen Guifan Fangan* 彝文规范方案) and then popularized among the residences under the authorization of the State Council in 1980. The newly established "Liangshan Standard Yi Script" is a kind of syllabic writing system, including 819 glyphs representing all the 819 syllables in Xide 喜德 dialect of Yi (Lolo) language. Most of the glyphs are selected from traditional Loloish script except some strokes are simplified or normalized②. In fact, one can find many written forms in *SLLY* identical or similar to those in modern Standard Yi Script, therefore deciphering the traditional Loloish script in this book is not as difficult as we expected.

The names of Loloish translator and transcriber are not recorded in *SLLY* and its specific compilation process is not found in any historical materials. As the first impression, the difference from other glossaries is that its writing manner looks evidently not similar to that of Lolos. The Lolo people used to write with slender tree branches instead of brushes, so the stroke weight looks identical and the space between glyphs looks distinctive, while in *SLLY* the space between glyphs is not deliberately kept and the feature of Chinese calligraphy was shown at the initial or terminal of a stroke. It is obvious that the transcriber wrote with a Chinese brush and inadvertently showed his writing habit of Chinese characters. This fact leads us to suppose that the original of the book might be completed by co-operation of two transcribers, one is an official copyist who wrote Chinese characters, the other is a

①Li Min 李民, Yiwen 彝文, *Minzu Yuwen* 1979.4.
②Chen Shilin 陈士林, Lun Yiwen guifan fang'an 论《彝文规范方案》, *Minzu Yuwen* 1985.3.

Loloish who wrote his native scripts, while the last definitive edition for submitting might not be accomplished by the Loloish transcriber, but a depicted imitation by a Chinese copyist according to the original. To this fact we can explain that in the Tibetan glossaries of *Xifan Yiyu* the handwriting is beautifully skilled because there existed a Tibetan Translation Bureau (*Yiguan* 译馆) of the Qing government, so a copyist knowing both Chinese and Tibetan could be easily found even within the Capital, but the applied range of Loloish at that time was far from that of Tibetan and there was not a Loloish translation bureau in the government, so, when Loloish script must be used, a copyist of other scripts had to be invited for ghostwriting so that the Loloish glyphs were written distorted at last.

The fact that the copyist of the definitive edition was illiterate of Loloish may be further proved by glyph arrangement in the book. The preface stated that the whole writing should be arranged from top to bottom and glyphs should be arranged from left to right[1], but, compared with Liangshan Standard Yi Script, it seems that in all probability the copyist of Loloish script wrote his glyphs from right to left horizontally[2]. One can imagine that the copyist of the definitive edition must have misunderstood the reading order as Chinese style, so that he turned the paper written in Loloish at 90° counter-clockwise direction and copied it according to the arrangement stated in the preface. The following contrast with standard Yi script shows that if turn the Loloish script in the original at 90° clockwise direction and then read from right to left horizontally, it is exactly equal to the Liangshan Standard Yi Script reading from left to right horizontally.

 snow 阿 [vɯ³³]. Regarding as  , Liangshan Standard Yi: [3].

 Venas 诗鸡 [ʂʅ³³ tɕʅ³³]. Regarding as  , Liangshan Standard Yi:  .

 earth 咩多 [mʅ³³ dɯ³³]. Regarding as  , Liangshan Standard Yi:  .

 bad water 依勒过 [ʑʅ⁴² li³³ ɯ³³]. Regarding as  , Liangshan Standard Yi: 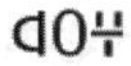 .

[1]Chinese text: 书法自上而下，字行由左而右.

[2]Traditional Loloish script used to be written either horizontally or vertically, in which the horizontal arrangement from right to left is more commonly used. Some local clergies used to turn the texts vertically for reading though they were originally copied horizontally.

[3]Word pronunciations of Xichang dialect in brackets and glyphs of Liangshan Standard Yi Script are kindly provided by Mr. Jimu Along 吉木阿龙 of Liangshan Museum of Slavery.

Considering the unskilled handwriting of the Loloish copyist and strict standardization in modern Yi script, we believe that the writing forms of traditional Loloish are identical with those of modern standard Yi, merely except the opposite glyph order to begin with left or right. However, it is hard to understand that one and the same glyph was sometimes written in obviously different forms. In the following examples, we changed the vertical line of the original Loloish script into horizontal, reading from right to left:

 sky 么迷 [mu^{33} mɿ^{33}]

 lightening 木咳 [mu^{33} ɬɛ^{55}]

 wind starts 木里坡 [mu^{33} ɬɿ^{33} phu̠^{33}]

 moon 梭波 [ɬɯ^{42} bo^{33}]

 moonrise 落薄多 [ɬɯ^{42} bo^{33} du̠^{33}]

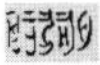 moonset 啰波过那舞 [ɬɯ^{42} bo^{33} ŋgɔ^{55} n̥o^{33} vu̠^{33}]

The word "mu^{33}" (sky) appearing in the first three entries was written in three slightly different forms as , and , the word "ɬɯ^{42}" (moon) appearing in the last three entries was written in three slightly different forms as , and . We do not know the cause of this appearance, but it is sure that the concept of strict writing specification was not reflected in the mind of that copyist.

4. Dialect of LuoluoYiyu

The place names given in the original preface of *SLLY* show that its language data is mainly collected from the region of *Shengzha* 圣乍 sub-dialect of the Northern Yi at present. In view of its widest distribution, largest population and relatively developed economy in Shengzha region, the Chinese government decided in 1980 to carry out the "Plan of Standard Yi Script" voiced as the standard pronunciation of Xide 喜德 and the *Shengzha* sub-dialect as the basis of dialect①.

① Chen Shilin, Lun Yiwen guifan fang'an.

Contrast to the first two folios of *SLLY* and their modern Xide forms are given below①:

№	Meaning	Chin. transcription	Xide form
1	天 sky	么迷 mo mi	mo^{33}m̩(ɿ)^{33}
2	日 sun	哼咧 heng bie	ho^{33}bu^{33}
3	月 moon	梭波 suo bo	ɬo^{21}bo^{21}
4	星 star	姆鸡 mu ji	m̩(u)^{33}tɕɿ^{33}
5	云 cloud	木呢 mu ni	m̩(u)^{33}ti^{33}
6	雷 thunder	木兹 mu zi	m̩(u)^{33}tsɿ^{33}
7	电 lightning	木咳 mu ke	m̩(u)^{33}ɬi^{55}
8	霜 frost	亨曲 heng qu	hi^{33}tɕhu^{33}
9	雪 snow	阿 a	vo^{33}
10	雾 fog	咕吽 gu hou	m̩(u)^{33}hø^{55}
11	露 dew	遮衣 zhe yi	tʂɯ^{55}
12	雨 rain	妈哈 ma ha	m̩(u)^{33}ha^{33}
13	雹 hail	嗟 jie	dzi^{33}
14	风 wind	咩哼 mie heng	m̩(u)^{33}ɿ(ɿ)^{33}

In the table above, there are only *yun* 云 (cloud) and *wu* 雾 (fog) entirely differentiated from those in modern Xide dialect, i.e., the transcription *ni* 呢 for ti、*gu* 咕 for m̩(u) cannot be explained by phonetic interchange in traditional philology. We do not know whether such facts occur as the result of word transference or merely errors of transcribing, but in any case, considering the great phonemic divergences and conversational difficulties among Yi dialects, the distinctions of small percentage cannot interfere with our conclusion that the basic materials of *SLLY* come from *Shengzha* sub-dialect of the Northern Yi branch.

①Modern Yi forms are selected from Chen Shilin 陈仕林, Bian Shiming 边仕明 and Li Xiuqing 李秀清, *Yiyu Jianzhi* 彝语简志, Beijing: Minzu Publishing House, 1985, p. 233,265. Tone marks are changed into numbers in the present paper. Loloish script is omitted in the following list.

One of the significant characteristics in the phonological system of Yi language is that its finals of all syllables take single vowels without nasal endings -n or -ŋ①, while these nasal endings do exist in Southwest Chinese dialect (*Xinan guanhua* 西南官话) widely spread in Sichuan②. Thus a natural expectation may accordingly come into being that Chinese characters with nasal endings should never be used for phonetic transcription in *SLLY*, but it is not the fact. The most common exceptions are *heng* 亨 and *heng* 哼 in the above list, which is pronounced xən^{44} in Southwest Chinese dialect but used for hi^{33}, ho^{33} etc. in Yi speech. There seems to be only one explanation to such phenomena that the dialect taken by the transcriber of *SLLY* was not the pure Southwest Chinese dialect, but its variant within Yi people, that is to say, the original transcriber must have been a Lolo literate speaking Chinese. We know actually that either in Sichuan or Yunnan, when Yi people meet Chinese loanwords in their talking, they always naturally omit the Chinese nasal finals and change them into open syllables in order to tally with the phonemic pattern of their own language, e.g., they pronounce Chinese *ɕian*^{44}*sən*^{44} 先生 as *se*^{33}*sê*^{33} and *ȵin*^{31}*xaŋ*^{31} 银行 as *ȵi*^{21}*ha*^{21}③. Thus the reason why *SLLY* used Chinese character xənŋ^{44} 哼 for Loloish ho^{33} may be well comprehended.

It is beyond doubt that the transcriber had not enough ability in using the Chinese language and evidently lacked experience in compiling this kind of book, because Chinese transcriptions of one and the same Loloish syllable are not one and the same④, and the initial and final categories of Chinese do not correspond to those of Loloish, these facts bring readers not easy to restore Yi words on the basis of their Chinese transcriptions. By the era of Qianlong in the Qing dynasty, the regulations had already been set for transcribing Tibetan, Manchurian and other non-Chinese languages, but the transcriber of *SLLY* entirely ignored

①Zangmianyu Yuyin he Cihui Bianxiezu 藏缅语语音和词汇编写组, *Zangmianyu Yuyin he Cihui* 藏缅语语音和词汇, Beijing: China Social Sciences Press, 1991, p. 247.

②Yuan Jiahua 袁家骅 et al., *Hanyu Fangyan Gaiyao* 汉语方言概要, Beijing: Language and Script Publishing House, 2001, p. 35.

③It took me five months to investigate at Xichang City and Zhaojue County in Liangshan Prefecture. My feeling at that time was that it is only younger people received higher education in Beijing or Chengdu who can pronounce the nasal finals exactly.

④For example, Loloish *ɬo*^{21}*bo*^{21} (moon) was transcribed as *suo po* 梭波 while in "moonrise" (*luo bo duo* 落薄多) and "moonset" (*luo bo guo na wu* 啰波过那舞) the word "moon" were transcribed as *luo bo* 落薄 and *luo bo* 啰波 respectively.

the existence of those regulations, i.e., he merely worked unconcernedly on the word list transmitted down from the local authorities, aiming for little else than relative tolerability in acoustical similarities. As for he provisionally used to create some characters as *bie* 咇, *die* 哆, *li* 唎 with radical *kou* 口, it seems that he just intended to prompt the readers that they were phonetic transcriptions without semantic meaning, not as what was done by Buddhist translators in Tang and Song times, who use the characters with radical *kou* to transcribe some Sanskrit sounds not existing in Chinese, e.g., *luo* 罗 for *la* and *luo* 啰 for *ra*, in order to maximally imitate non-Chinese sounds for readers.

As a result of the different social and living environments, the investigation word list of *Xifan Yiyu* set by the Qing government did not closely accord with the reality of the Loloish region at that time, for some popular concepts in the Central Kingdom never appeared in the daily life of Liangshan Lolos. On this occasion, the translator had to find some temporary way to paraphrase them rigidly. For example, the Lolos took knives as weapons rather than swords, so in *SLLY* the word for "sword" (*jian* 剑) had to be transcribed into Chinese *liangmiandao* 两面刀 (knife-edge on both sides). In addition, more than two hundred years have passed since the compilation of *SLLY*, the social upheaval in this period made a patch of original words and expressions thoroughly withdrawn from people's daily life. In contemporary Liangshan Prefecture we cannot find all the parallel words and expressions in *SLLY*, so it indicates that there will be a long journey on explanation of the whole book.

（原载 *Journal of Chinese Writing Systems* 2.1, 2018, p. 13—17）

萧袍鲁墓志上的梵语真言

本文讨论的“萧袍鲁墓志”1965年6月出土于辽宁省法库县柏家沟，今藏辽宁省博物馆。志盖背面刻有三种文字，主体部分是辽大安六年（1090）用契丹大字写的志文，四周环以带汉文标题的梵语真言。1988年，冯永谦发表了墓志的整幅拓片（见上图），并附有简单的描述[①]，阎万章也撰文考释了其中的部分契丹词语，顺便提到了周边的梵文陀罗尼[②]。不过，由于当时人们的兴趣仅仅在于解读契丹文字，那些与墓主人生平事迹无关的真言似乎并不引人注意，所以这部分文字不但没有得到解读，而且也没

① 冯永谦：《补辽萧袍鲁墓出土的契丹大字墓志铭》，《辽金契丹女真史研究》1988年第1期。
② 阎万章：《契丹文〈萧袍鲁墓志铭〉考释》，《民族语文》1988年第3期。

有得到正确的介绍。本文试图解读这些真言并寻找其在佛经中的来源，希望能为契丹考古研究和契丹文化研究提供参考。

“萧袍鲁墓志”志盖背面的真言用中古流行的悉昙体梵字写成，共计五首，其排列看不出有预定的先后次序。为了叙述的方便，我们从最上面的一首开始按逆时针方向介绍：第一首占最上面的两横行，汉文题目在左面，从左向右读作“一切如来灌顶陀罗尼”；第二首占最左面的三竖行，汉文题目在上面，从右向左读作“一切如来阿毗三摩耶百字密语”；第三首在最下两行偏左的地方，汉文题目在左面，从左向右读作“智炬如来心破地狱真言”；第四首在最下两行偏右的地方，汉文题目在左面，读作“生天真言”；第五首占最右面的三竖行，汉文题目在上面，从右向左读作“阿閦如来灭轻重罪障陀罗尼”。第一首和第二首的题目同处在文面的左上角而阅读方法不同，这导致前人把两个题目误会成了一个，并且读破了句子[①]。下面对这五首真言依次试作考释。

1. **一切如来灌顶陀罗尼**

上部悉昙体梵书两行，转写作：

oṃ a-mṛ-ta vā-re vā-ra vā-ra vā-ra pra-//va-ra vi-śu-ddhe hūṃ hūṃ phaṭ phaṭ svā-hā

这首真言可以勘同《大乘瑜伽金刚性海曼殊室利千臂千钵大教王经》卷三的“曼荼罗大灌顶密言陀罗尼”，有唐不空汉译，见《大正藏》卷 20，第 737 页上栏：

唵 阿蜜嘌二合哆 嚩𡃤 嚩啰 嚩啰 钵啰二合 嚩啰 尾朮悌 吽 吽 泮 泮 吒吒 吽 泮吒上[②] 娑嚩二合引贺引

不空译本的陀罗尼原题只有“灌顶”一词与“萧袍鲁墓志”相同。估计墓志上的真言题目可能来自《大乘瑜伽金刚性海曼殊室利千臂千钵大教王经》中与之相连的下一首“灌顶结契印真言”，其中有“萨嘌么二合怛他孽哆上”（*sarva tathāgata*）一句，华言正是“一切如来”。

2. **一切如来阿毗三摩耶百字密語**

左部悉昙体梵书三行，转写作：

① 真言题目冯永谦读作“百字密语，毗三摩耶，一切如来灌顶陀罗尼”，阎万章读作“顶陀罗尼，一切如来灌，一切如来阿，毗三摩耶，百字密语”。又，第四首真言的题目阎万章误读作“破地狱真言智炬如来心”，冯永谦不误。

② 泮泮吒吒吽泮吒上，依“萧袍鲁墓志”真言 *phaṭ phaṭ* 对音似当作“泮吒上泮吒上”。

*oṃ va-jra-sa-ttva su-saṃ-ma-ya ma-nu-pā-la-ya va-jra-sa-ttva tve-nū-pa-ti-ṣṭha dṛ-ḍho-me bha-va su-tu-ṣyo-mi-//bha-va su-pu-ṣyo-mi bha-va a-nu-ra-ktu-mi bha-va*① *sa-rva si-ddhi-mi pra-ya-ha-mi sa-rva ka-so-ca-mi ci-tta-śrī-ya ku-ru//oṃ hūṃ hūṃ*② *ho ho bha-ga-vāṃ sa-rva ta-thā-ga-ta va-jra mā-mi mū-ñca va-jri bha-va ma-hā sa-ma-ya sa-ttva aḥ hūṃ*③

这首真言可以勘同《金刚顶瑜伽中略出念诵经》卷二，有唐金刚智汉译，见《大正藏》卷 18，第 239 页上栏：

唵　跋折啰萨埵　三摩耶④　么奴波逻耶　跋折啰萨埵　哆㕭奴乌$_{\text{二合}}$播底瑟咤　涅哩茶乌$_{\text{二合}}$铭　婆嚩　素睹沙揄$_{\text{二合}}$铭　婆嚩　阿努啰$_{\text{上}}$讫睹$_{\text{二合}}$　婆铭嚩⑤　素补使揄$_{\text{二合}}$铭　婆嚩　萨婆悉地含铭　般啰野绰　萨婆　羯磨　素遮铭　质多失唎耶　句嚧　吽　呵　呵　呵　呵　护引　薄伽梵　萨婆　怛他揭多　跋折啰　么迷　闷遮　跋折哩　婆嚩　摩诃　三摩耶　萨埵　阿$_{\text{去引}}$

金刚智译本原题“一切如来大乘阿毘三摩耶百字密语”，大约得名于真言中的 *sarva tathāgata*（一切如来）和 *samaya*（三摩耶）⑥。此真言另见唐不空译《瑜伽集要焰口施食仪》卷一⑦，以及西夏金刚幢译《密咒圆因往生集》⑧，均题“金刚萨埵百字咒”，则是得名于真言开头出现两次的 *vajrasattva*（金刚萨埵）。“萧袍鲁墓志”

---

①*su-pu-ṣyo-mi bha-va a-nu-ra-ktu-mi bha-va*，疑当作 *a-nu-ra-ktu-mi bha-va su-pu-ṣyo-mi bha-va*。金刚智译文作“阿努啰上讫睹$_{\text{二合}}$ 婆铭嚩 素补使揄$_{\text{二合}}$铭 婆嚩”，不空译《瑜伽集要焰口施食仪》卷一作“阿奴啰屹都$_{\text{二合}}$弥 发吭 苏布東弥 发吭”。

②*om hūm hūm*，金刚智译文作“吽呵呵”。

③*hūṃ* 不见于金刚智译文。

④三摩耶，上疑脱“素”字。“萧袍鲁墓志”作 *su-saṃ-ma-ya*，不空译《瑜伽集要焰口施食仪》卷一作“苏萨麻耶”。

⑤“婆铭”二字误倒。

⑥汉文作“大乘阿毘三摩耶”，则梵语原咒结尾处的 *mahā samaya* 疑当作 *mahāyāna abhisamaya*（大乘阿毘三摩耶）。

⑦不空译文见《大正藏》卷 21，第 483 页上栏：“唵 斡资啰$_{\text{二合}}$萨埵 苏萨麻耶 麻纳巴辣耶 斡资啰$_{\text{二合}}$萨埵 谛奴钵谛瑟札$_{\text{二合}}$ 得哩$_{\text{二合}}$锄弥 发吭苏度東弥 发吭阿奴啰屹都$_{\text{二合}}$弥 发吭苏布東弥 发吭萨哩吭$_{\text{二合}}$ 些提弥 不啰$_{\text{二合}}$耶擦 萨哩斡 葛哩麻二合 苏拶弥 穆达释哩$_{\text{二合}}$杨 郭噜 吽 诃 诃 诃 诃 斛 发 葛湾 萨哩吭$_{\text{二合}}$ 答塔葛达 斡资啰$_{\text{二合}}$ 麻弥 扪拶 斡资哩$_{\text{二合}}$ 发吭麻诃 萨摩耶 萨埵 阿$_{\text{二合}}$ 吭。”

⑧金刚幢译文见《大正藏》卷 46，第 1012 页下栏：“唵　末唧啰$_{\text{二合}}$萨咄　萨麻也　麻鸈$_{\text{切身}}$钵$_{\text{引}}$辣也　末唧啰$_{\text{二合}}$萨咄　嘚永$_{\text{二合}}$那　钵帝实达$_{\text{二合}}$　哝吟$_{\text{二合}}$囊铭末斡　须多商铭末斡　须波商铭末斡　啊宁与$_{\text{切身}}$啰屹$_{\text{二合}}$多铭末斡　萨吟末$_{\text{二合}}$西泥林$_{\text{切身}}$铭　不啰$_{\text{二合}}$也嘐　萨吟末$_{\text{二合}}$葛吟麻$_{\text{二合}}$　须拶铭即怛　实哩$_{\text{二合}}$㖔　孤噜吽　诃诃诃诃　和末遏梲　萨吟末$_{\text{二合}}$怛达$_{\text{引}}$遏怛　末唧啰$_{\text{二合}}$麻铭闷引拶　末唧哩$_{\text{二合}}$末斡　麻诃引萨麻也　萨咄　哑”。

志盖似以金刚智译本为据，只是题目省略了“大乘”二字。

3. 智炬如来心破地狱真言

下部偏左悉昙体梵书两行，转写作：

na-maḥ a-ṣṭa śi-ti-nāṃ sa-myak-saṃ-bo-dha ku-//ṭī-nāṃ oṃ jñā-nā-va-bhā-si di-ri dhi-ri hūṃ

这首真言出自《瑜伽集要救阿难陀罗尼焰口轨仪经》，有唐不空汉译，见《大正藏》第 21 册第 470 页中栏：

娜谟 阿瑟吒二合 试帝南 三弭也二合三没驮 俱胝南 唵引 惹[illegible]二合曩嚩婆细 地哩 地哩 吽

辽道㲀译《显密圆通成佛心要集》卷二字异而音同[①]。不空谓原出《破阿毘地狱智炬陀罗尼经》，查《大正藏》本《智炬陀罗尼经》未见此咒。

4. 生天真言

下部偏右悉昙体梵书两行，转写作：

oṃ ma-ṇi//pa-dme hūṃ

这是著名的“六字真言”，佛经中多称“六字大明陀罗尼”，如宋天息灾汉译《佛说大乘庄严宝王经》卷三录有此咒，见《大正藏》卷 20 第 62 页下栏，汉字对音为：

唵 么泥 钵讷铭二合 吽

辽道㲀《显密圆通成佛心要集》卷一中此咒的对音文字全同[②]。不过，传统上不认为“六字真言”与墓志题目的“生天”有联系。考辽张文藻墓木棺左壁题有一首真正的

① 道㲀译文见《大正藏》卷 46，第 1005 页中栏：“曩谟 阿洒咤 悉底喃 三摩也二合三母馱 故致喃 唵 艮啮二合曩嚩婆悉 蹄哩提哩 吽。”

② 道㲀译文见《大正藏》卷 46，第 994 页中栏。

“佛说生天陀罗尼”[①]，悉昙字转写作 *oṃ ro-ni ro-ni svā-hā*，接下来写的就是“六字大明陀罗尼”，由此估计，萧袍鲁墓使用的底本上很可能由于真言相邻而出现了题目的互舛。

5. 阿閦如来灭轻重罪障陀罗尼

右部悉昙体梵书三行，转写作：

na-mo bha-ga-va-te a-kṣo-bhya-ya ta-thā-ga-ta-ya ar-ha-te sa-myak-saṃ-//bo-dha-ya

ta-dya-thā oṃ ga-ga-ni ga-ga-ni ro-ca-ni ro-ca-ni tro-ṭa-ni tro-ṭa-ni tra-sa-ni tra-sa-ni pa-bha-//ra-te pa-bha-ra-te ha-na-ni ha-na-ni pra-ha-na-ni pra-ha-na-ni sa-rva ka-rma praṃ pra-ya a-kṣo-bhya-ya svā-hā

这首真言由两部分组成，前半部分出自《大佛顶如来密因修证了义诸菩萨万行首楞严经》卷七，有唐般刺蜜帝汉译，见《大正藏》卷 19，第 134 页中栏：

娜牟 婆伽筏帝 阿刍鞞也 怛他揭多耶 阿罗诃帝 三藐三菩陀耶

后半部分非常近似唐玄奘汉译的《拔济苦难陀罗尼经》，见《大正藏》卷 21，第 912 页下栏：

羯羯尼羯羯尼 鲁折尼鲁折尼 咄卢磔尼咄卢磔尼 怛逻萨尼怛罗萨尼 般刺底喝那般刺底喝那 萨缚羯莫 般蓝般逻般谜 莎诃

玄奘汉译文可以勘同西夏金刚幢译《密咒圆因往生集》中的“不动如来净除业障咒”[②]，内容应该不误，但其中的“般刺底喝那般刺底喝那”与墓志上的 *pabharate pabharate hanani hanani prahanani prahanani* 不对应，玄奘汉译的“般蓝般逻般谜”与墓志上的 *praṃ praya akṣobhyaya* 不对应，这里面的原因还不清楚。

---

① 摹本见河北省文物研究所、张家口市文物管理处、宣化区文物管理所《河北宣化辽张文藻壁画墓发掘简报》，《文物》1996 年第 9 期。

② 金刚幢译文见《大正藏》卷 46，第 1010 页上栏：“捺么啰捺 嘚啰$_{\text{二合}}$也$_{\text{引}}$也 唵 葛$_{\text{上腭}}$葛祢葛$_{\text{上腭}}$葛祢 哴 拶祢哴拶祢 嘚哴$_{\text{二合}}$怛祢嘚哴$_{\text{二合}}$怛祢 嘚啰$_{\text{二合}}$引萨祢嘚啰$_{\text{二合}}$引萨祢 不啰$_{\text{二合}}$帝诃捺不啰$_{\text{二合}}$帝诃捺 萨呤末$_{\text{二合}}$葛呤麻$_{\text{二合}}$钵啰$_{\text{合口}}$钵啰$_{\text{引}}$祢铭莎$_{\text{引}}$诃$_{\text{引}}$”。

这首真言题目中的“阿閦如来”来自开头的 *bhagavate akṣobhya*，意译或作“不动如来”。“灭轻重罪障”的说法来自《首楞严经》卷七：“若有众生从无量无数劫来，所有一切轻重罪障从前世来，未及忏悔，若能读诵书写此咒，身上带持，若安住处庄宅园馆，如是积业犹汤销雪，不久皆得悟无生忍。”

出土文物证明，辽代盛行在葬具上用悉昙字刻写梵语真言，而且人们最常使用的真言只有不多的几首①。比如说，“萧袍鲁墓志”上的“一切如来阿毗三摩耶百字密语”“智炬如来心破地狱真言”“生天真言”“阿閦如来灭轻重罪障陀罗尼”又见于河北宣化出土的辽张文藻墓②，“智炬如来心破地狱真言”“生天真言”“阿閦如来灭轻重罪障陀罗尼”又见于北京出土的辽董庠墓③。这些真言当然不可能是人们临时从卷帙浩繁的“大藏经”里摘录的，而应该是从民间某种现成的“陀罗尼集”里直接抄来的，这种“陀罗尼集”的内容主要选编自唐代中原的密宗佛教著作，也许基本体例就是出土文献所表现的这个样子——梵文咒语加上汉文题目。由于部头很小且翻检方便，所以这类书从唐代以来一度在民间流传很广，不过就我见到的资料而言，辽人普遍参考的这本“陀罗尼集”好像并没有保存到今天。辽代同类著作最著名的要属道㲀《显密圆通成佛心要集》里的“供佛利生仪”，但其中并没有把全部这五首真言都收录进去，显然不是辽墓所本。

就目前所知，其他辽墓中的墓志都用汉文和契丹文写成，而契丹大字和梵文写在一起的情况为“萧袍鲁墓志”所仅见。这不免为我们留下了一个遗憾——可惜这些梵文陀罗尼是作为装饰花边那样刻在墓志四周的，正文并没有相应的契丹文翻译，否则我们就可以利用陀罗尼的对音得知一些契丹大字的读法，从而把契丹语音构拟工作大大推进一步。

（原载张铁山主编《中国少数民族碑铭研究》，北京：民族出版社，2019，页82—87）

① 这方面的概述见霍杰娜《辽墓中所见佛教因素》，《文物世界》2002 年第 3 期。
② 河北省文物研究所、张家口市文物管理处、宣化区文物管理所：《河北宣化辽张文藻壁画墓发掘简报》，《文物》1996 年第 9 期。同时发表的有全部梵文真言的摹本。
③ 北京市文物管理处：《近年来北京发现的几座辽墓》，《考古》1972 年第 3 期。

《显密圆通成佛心要集》里的梵语真言

辽代佛教著作保存至今的很少，其中著名的只有11世纪下半叶五台山金河寺沙门道㲀纂集的《显密圆通成佛心要集》。这部著作首倡在“真心”观念下融会显教的华严思想和密教的真言修行，为佛教在当时中国北方的发展开辟了一条新路。此前关于道㲀佛教思想的研究大都基于中土“华严禅”基础上的“圆教”观念[①]，则道㲀对于显教的精通自不待言。本文试图分析《显密圆通成佛心要集》里引述的密教真言，希望藉以考察道㲀对密教的熟悉和重视程度。

一

目前所见时代最早的《显密圆通成佛心要集》样品在1909年出土于黑水城遗址，今藏俄罗斯科学院东方文献研究所，经鉴定为12世纪初的宋刻本[②]或西夏刻本[③]。这个刻本只保存下来不足十个经折叶[④]，真言也只有上卷的五首，尽管资料极少，但仍然足以证明一个事实，即在每首汉译真言后面附上相应的悉昙体梵文是编者既定的体例。时下通行的《大正藏》本也写有梵文，不过只有最前面的两首短咒保留了原始格式，其他的悉昙字都被逐一分开，写在相应的对音汉字前面了。经与黑水城出土本的现存部分对校，可以认为后世的本子在内容上没有人为的重大改动，可以用作研究的基础资料[⑤]。

《显密圆通成佛心要集》上下两卷，附《供佛利生仪》，全书收录汉译真言凡18

① 蓝吉富：《〈显密圆通成佛心要集〉初探》，杨曾文、方广锠编《佛教与历史文化》，北京：宗教文化出版社，2001。索罗宁最近详细论述了道㲀一部未见著录的著作——《镜心录》，其中表现的佛教思想与《显密圆通成佛心要集》一致。参看 Kirill J. Solonin, The Teaching of Daoshen in Tangut Translation: The *Mirror of Mind*, in R. Gimello, F. Girard and I. Hamar ed., *Avataṃsaka Buddhism in East Asia*, Wiesbaden: Harrassowitz Verlag, 2012。

② 孟列夫著，王克孝译：《黑城出土汉文遗书叙录》，银川：宁夏人民出版社，1994，第171页。

③ 俄罗斯科学院东方研究所圣彼得堡分所、中国社会科学院民族研究所、上海古籍出版社：《俄藏黑水城文献》6，上海：上海古籍出版社，2000，第33页。

④ 俄罗斯科学院东方研究所圣彼得堡分所、中国社会科学院民族研究所、上海古籍出版社：《俄藏黑水城文献》4，上海：上海古籍出版社，1997，第358—359页。

⑤ 本文依据的是中华电子佛典协会制作的《大正藏》电子资料库（CBETA）。《显密圆通成佛心要集》见第46册，第989页中栏—1007页上栏。

首，其中 14 首有梵文对照。这些真言分别选自盛唐至宋初的多种密宗经典，清乾隆年间在编纂《四本合璧大藏全咒》时曾经逐一搜寻其原始出处[①]，但有些结论还欠精审。下面首先据《大正藏》本对这些真言再作考订，以作为后面分析的基础。

卷上：

1. 净法界真言

唵 嚂[②] *oṃ raṃ*

《大藏全咒》认为出自宋法贤译《佛说瑜伽大教王经》卷一的"宝生如来真言"，今查该咒作"唵引怛嚂二合"（《大正藏》第 18 册，第 562 页下栏），与"唵嚂"不能勘同。考"唵嚂"作为真言不见于前代经典，仅见于时代稍晚的《密咒圆因往生集》，题为"净法界咒"（《大正藏》第 46 册，第 1007 页下栏），当是同出一个未知的来源。

2. 护身真言

唵 齿[口臨] *oṃ kṣṇī*

《大藏全咒》认为出自唐义净译《曼殊室利菩萨咒藏中一字咒王经》，今查该咒作"唵叱洛呬焰"（《大正藏》第 20 册，第 781 页中栏），与《显密圆通成佛心要集》对音用字大异。考唐宝思惟译《大方广菩萨藏经中文殊师利根本一字陀罗尼经》正作"唵齿[口臨]"（《大正藏》第 20 册，第 780 页中栏），则应断为"护身真言"的真正来源。

3. 六字大明真言[③]

唵 么抳 钵讷铭二合 吽 *oṃ maṇi padme hūṃ*

如《大藏全咒》所考，这首真言出自宋天息灾译《佛说大乘庄严宝王经》卷四，原译"唵引么抳钵讷铭二合引吽引"（《大正藏》第 20 册，第 62 页下栏）。道殿在征引时删除了原文的三个"引"字。

4. 准提真言

南无 飒哆喃 三藐三菩驮 俱胝喃 怛你也二合他 唵 折[口隸] 主[口隸][④] 准提 娑婆二合诃 *namo saptanāṃ samyaksaṃbuddha koṭīnāṃ tadyathā oṃ cale cule cuṃde svāhā*

---

① 林光明：《新编大藏全咒》16，台北：嘉丰出版社，2001，第 481—488 页。

②《大正藏》本的一首咒语从头至尾连写，本文为之分词以便阅读。

③《大正藏》本把悉昙字逐一分开写在相应的对音汉字前面，本文一律改为拉丁转写形式附在整首真言后面，并为之分词以便阅读。下同。

④ 二"[口隸]"字《大正藏》本原作"隸"，据黑水城本改。

如《大藏全咒》所考，这首真言出自唐金刚智译《佛说七俱胝佛母准提大明陀罗尼经》，原文作“娜么飒哆南去音，下同。一三藐三勃陀去音俱去音胝上音南二怛侄停也反他三唵四折隶五主隶六准提七莎嚩二合诃八”（《大正藏》第 20 册，第 177 页上栏）。道殿在征引时有所删改。

5. 一字大轮咒

部林二合 *brūṃ*

原录误与“准提真言”合而为一，出处失考。这首真言实出天息灾译《大方广菩萨藏文殊师利根本仪轨经》卷十五（《大正藏》第 20 册，第 887 页下栏），原题“佛顶大轮一字明”。

卷下，附“供佛利生仪”：

1. 普礼真言

唵引 缚日啰二合 勿微一切 *oṃ vajra viḥ*

《大藏全咒》认为出自金刚智译《观自在如意轮菩萨瑜伽法要》，今查该咒作“唵钵头入么二合 微微吉反”（《大正藏》第 20 册，第 212 页上栏）。《大藏全咒》将“缚日啰”（vajra，金刚）混同“钵头么”（padma，莲花），大误。这首真言实出唐不空译《金刚王菩萨秘密念诵仪轨》，原题“持印真言”（《大正藏》第 20 册，第 571 页下栏）。另外，梵字 va 在唐密传统上一律译“嚩”，《金刚王菩萨秘密念诵仪轨》与《显密圆通成佛心要集》此处同作“缚”，似有不确[1]。

2. 净法界真言

囕 *raṃ*

《大藏全咒》认为出自法贤译《佛说瑜伽大教王经》卷一“宝生如来真言”，今查该咒作“唵引怛囕二合”（《大正藏》第 18 册，第 562 页下栏），与“唵囕”不能勘同。这首真言实出失译《大毘卢遮那经广大仪轨》卷上，原名“大火轮真言”（《大正藏》第 18 册，第 92 页中栏）。

3. 变食真言

娜谟 萨嚩怛他孽多嚩卢枳帝 唵 参婆啰 参婆啰[2] 吽 *namo sarva*

① 慧琳《一切经音义》卷二：“缚，无可反。或有加口作嚩为正也。”（《大正藏》第 54 册，第 319 页上栏）

② 二“参”字形讹，当作“叁”方可与 saṃ 对音。

tathāgatāvalokite oṃ saṃbhara saṃbhara hūṃ

如《大藏全咒》所考，这首真言出自不空译《佛说救拔焰口饿鬼陀罗尼经》（《大正藏》第 21 册，第 465 页上栏），只不过在“多”后面漏写了附注“引”[①]。

4. 出生供养真言

唵 *oṃ*

《大藏全咒》认为出自《不空罥索神变真言经》卷十八“二字真言”，今查该咒作“唵步引”，多出一字，不能视为“出生供养真言”出处。“唵”字在真言中极为常用，但单独使用的情况比较少见，不空译《大乐金刚萨埵修行成就仪轨》有“诵唵字真言供养本尊”的句子（《大正藏》第 20 册，第 513 页上栏），不知是否《显密圆通成佛心要集》的来源。

5. 甘露咒

南无 素噜皤耶 怛他揭多耶 怛侄他 唵 素噜素噜 皤啰素噜 皤啰素噜 莎呵

namo surupaya tathāgataya tadyathā oṃ surusuru parasuru parasuru svāhā

如《大藏全咒》所考，这首真言出自失译《佛说甘露经陀罗尼咒》，原文作“南无素噜皤耶一怛他揭多去声呼之耶二怛侄他三唵四素噜素噜五皤啰素噜六皤罗素噜七莎呵八”（《大正藏》第 21 册，第 468 页中栏）。道殿在征引时有所删改。

6. 破地狱真言

曩谟 阿洒咤悉底喃 三摩也二合三母驮 故致喃 唵 艮啮二合曩嚩婆悉 蹄哩 提哩 吽 *namo aṣṭaśītīnāṃ samyaksaṃbuddhā koṭīnāṃ oṃ jñānavabhasī diri dhiri hūṃ*

如《大藏全咒》所考，这首真言出自不空译《瑜伽集要救阿难陀罗尼焰口轨仪经》，原文作“娜謨阿瑟吒二合試帝南三弭也二合三沒馱俱胝南唵引惹䩕二合曩嚩婆細地哩地哩吽”（《大正藏》第 21 册，第 470 页中栏）。道殿在征引时有所删改。

7. 大灌顶光真言

唵 阿谟伽 尼[②]嚧左曩 摩贺母捺啰二合 么抳钵纳么二合 入嚩二合攞 钵啰二合靺哆野 吽引 *oṃ amogha vairocana mahāmudra maṇipadma jvala pravartaya hūṃ*

如《大藏全咒》所考，这首真言出自不空译《不空罥索毘卢遮那佛大灌顶光真言》

---

① 标注长元音的“引”字在这里是不可缺少的。梵语词 *tathāgata*（如来）和 *avalokite*（观）接合处的两个 *a* 照例要写成一个长元音 *ā*。

②“尼”字形讹，当作“尾”方可与 *vai* 对音。*vairocana*（大日如来）不空音译“尾嚧左曩”。

（《大正藏》第 19 册，第 606 页中栏），惟在“吽”下多一“引”字。

8. 消灭罪障真言

曩谟 啰怛曩二合怛啰二合夜引野 曩谟 阿去引哩也二合①嚩路枳帝湿嚩二合啰平引野 冒地萨怛嚩二合野 摩贺引萨怛嚩二合野 摩诃迦引噜抳迦野 怛爾②也二合他引 唵引 度顊 度顊 迦度顊 婆③嚩二合贺 *namo ratnatrayāya namo āryāvalokiteśvarāya bodhisattvaya mahā satvaya mahākārunikāya tadyathā oṃ duni duni kaduni svāhā.*

《大藏全咒》认为出自《圣佛母小字般若波罗蜜多经》，全然无稽。这首真言前半部实出《妙吉祥平等秘密最上观门大教王经》卷五“加持饮食真言”的前半（《大正藏》第 20 册，第 929 页下栏），且译音用字全同，后半部自“唵引度顊”以下原始出处不明④。整首真言仅见于时代稍晚的《密咒圆因往生集》，题为“观自在菩萨甘露咒”（《大正藏》第 46 册，第 1011 上栏—中栏），虽然译音用字迥异⑤，但可断定所据梵本必然同出一源。

9. 大宝广博楼阁善住秘密陀罗尼

曩谟萨嚩怛他引蘖多去声南引一 俺二 尾补攞蘖陛三 么抳钵啰二合陛四 怛他蘖多五 儞捺舍宁六 么抳么抳七 苏上钵啰二合陛八 尾么黎九 娑引蘖啰十 俨鼻𡃤十一 吽十二 吽十三 入嚩二合攞入嚩二合攞十四 没驮尾卢枳帝十五 麌呬夜地瑟耻二合多上声蘖陛十六 娑嚩二合诃十七 *namahṣarvatathāgatānāṃ oṃ vibulagarbhe maṇiprabhe tathāgata nirdaśane maṇimaṇi suprabhe vimale sāgara gabhire hūṃ hūṃ jvalajvala buddhavilokite guhyadhiṣṭhītagarbhe svāhā*

如《大藏全咒》所考，这首真言出自唐不空译《大宝广博楼阁善住秘密陀罗尼经》卷上“大宝广博楼阁善住秘密根本陀罗尼”，原文作“曩莫萨嚩怛他引蘖多去南一引唵二尾捕攞蘖陛三么抳钵啰二合陛四怛他⑥多五儞捺舍宁六么抳么抳七苏上钵啰二合陛八尾么黎九娑引蘖啰十俨鼻𡃤十一吽十二吽十三入嚩二合攞入嚩二合攞十四没驮尾卢枳帝十五麌呬夜二合地瑟耻二合多

①“二合”后脱“引”字。梵语词 *ārya*（圣）和 *āvalokiteśvara*（观自在）接合处的两个 *a* 照例要写成一个长元音 *ā*。

② 爾，当作“儞”。

③ 婆，当作“娑”方可与 *svā* 对音。

④《妙吉祥平等秘密最上观门大教王经》“加持饮食真言”的后半作“矩黎矩黎_矩黎昆夜二合，娑嚩二合贺引”。

⑤《密咒圆因往生集》“观自在菩萨甘露咒”的最后几句作“唵 ⿰寧各切身儞 ⿰寧各切身儞 葛引⿰寧各切身儞 莎引诃引”（*om duni duni kaduni svāhā*）。

⑥ 据梵文 tathāgata（如来），知“他”后脱“蘖”字。

上蘗陛十六娑嚩二合引诃引十七”（《大正藏》第19册，第624页上栏）。道殿征引中的少量文字差异可以忽略不计。

二

从以上整理的基础资料可以看出，道殿在征引真言的时候大都是照抄前人的译文，只不过出于某种原因或多或少地改变了真言的名称。全书中经他本人改译的真言仅四首，即“六字大明真言”“准提真言”“甘露咒”和“破地狱真言”。在这四首真言中，多少可以想出些理由的修改只有“六字大明真言”里删除的三个“引”字——梵文的 *oṃ* 和 *padme* 里的 *me* 都不是长元音，所以天息灾原译文给“唵”和“铭”附注的“引”略显多余[①]。另外，梵文的 *hūṃ* 虽然带有长元音，但这个音节在汉译咒语中早已与“吽”字形成了固定对应，而且所有的真言里都不存在 *huṃ* 这样的短元音形式，所以附注“引”也属蛇足。

除此之外，道殿还删除了“准提真言”和“甘露咒”原译文里的全部声调附注和词语序号，这自然无可厚非，因为在译音汉字下附注声调虽然可以在某种程度上模拟梵音，但汉语各方言的调值最不易把握，很难设想人们在诵读真言时会按照译者的预期正确地变读汉字的声调。至于在真言里加上词语序号，那更是少数译者的个人习惯，并非人人都要遵守。

值得注意的是，道殿在“六字大明真言”“准提真言”和“甘露咒”里删除的声调附注和词语序号在“大宝广博楼阁善住秘密陀罗尼”里还原封不动地保留着，说明他在编录这十几首真言时并没有预先设定一套统一的体例。非但如此，经他改译的“准提真言”更加不可理喻。我们知道，早期佛经语言里往往有 *ba*、*va* 混读的情况[②]，而汉语的轻唇音和重唇音在早期汉译佛经里也不加区分，只是到了盛唐以后，轻重唇两组音才有了明显的分化迹象。正是出于这个原因，早期的译者既可以用轻唇的“无”来译重唇的 *mo*，也可以用重唇的“婆”来译轻唇的 *va*，而盛唐以后的密教译者则在译 *mo* 时改用了重唇的“谟”或“么”，在译 *va* 时改用了轻唇的“嚩”[③]，

① 天息灾译文不妨看作对实际诵读的要求。当时人们在吟诵“六字真言”的时候很可能有意把元音拉长了，例如在回鹘文的真言里，梵文的 *oṃ* 或者汉文的“唵”会被译成 *oom*，见张铁山《敦煌出土回鹘文〈大乘无量寿经〉残页研究》，《民族语文》2005年第5期。

② 张建木：《祥金室杂俎》，《现代佛学》1964年第2期。

③ 嚩，慧琳《一切经音义》卷五注音“无可反”（《大正藏》第54册，第335页上栏），反切上字属微母。

与梵文构成了合理的对应。金刚智《佛说七俱胝佛母准提大明陀罗尼经》以“娜么”译 *namo*，以“莎嚩诃”译 *svāhā*[①]，其实无可挑剔，可是道殿却改“娜么”为“南无”，改“莎嚩诃”为“娑婆诃”。这样的改动看似“顺古”，实则背离了当时汉语的实际读音——当时不会有任何人把真言中最多见的 *namo* 读成 *navo，把 *svāhā* 读成 *sbāhā。

译音规则的不统一也反映在未经道殿改动的真言里。例如同是 *tathāgata*（如来）一词，道殿既保留了失译的“怛他揭多”（甘露咒），又保留了不空所译的“怛他蘖多”（大宝广博楼阁善住秘密陀罗尼）；同是 *samyaksaṃbuddha*（无上正遍知）一词，道殿既保留了金刚智所译的“三藐三菩驮”（准提真言），又保留了不空所译的“三摩也三母驮”（破地狱真言）。如所周知，凡遇到梵文的不送气浊音，旧时一律用汉语的全浊声母字对译，而改用鼻声母字来对译则是唐代“不空学派”的典型特点之一。带有这种特点的例子还有：

梵语 g — 汉语疑母：*garbhe* 蘖陛；

梵语 j — 汉语日母：*vajra* 缚日啰，*jvala* 入嚩攞；

梵语 d — 汉语泥母：*padme* 钵讷铭，*tadyathā* 怛儞也他，*mudra* 母捺啰；

梵语 b — 汉语明母：*bodhisattva* 冒地萨怛嚩，*buddha* 没驮。

与此形成对照的传统译法则有：

梵语 d — 汉语定母：*tadyathā* 怛侄他[②]，*diri* 蹄哩，*duni* 度顊；

梵语 b — 汉语並母：*brūṃ* 部林。

梵语鼻声母开音节传统上用汉语阴声字对译，而不空则改用阳声字对译[③]，这是不空学派的另一个典型特点。例如：

jñāna 艮喃曩，*vairocana* 尼（尾）嚧左曩，*namo* 曩谟，*ratna* 啰怛曩，*duni* 度顊，*padme* 钵讷铭。

不空学派在所谓“唐密”一系中享有最高的声望。以此想来，如果道殿主张“显密圆通”，他就应该依照不空的译音规则重新修订别人的真言翻译，以求保证读者能

① 以下为求行文简洁，举例时不再保留原来汉字后面的“二合”“引”之类语音附注。
② “侄”通“姪”，在这里用的是《广韵》“徒结切”的读音，反切上字属定母。
③ 马伯乐著，聂鸿音译：《唐代长安方言考》，北京：中华书局，2005，第 29 页。

够据以读出准确如一的梵音。可是道㲀完全没有这样做，这种粗疏的编书态度与他对显教义理富有逻辑的论述形成了鲜明的对照，说明出身华严传统的道㲀对于密教的念诵法还缺乏深入理解，至少是没有领悟不同时代的译音佛经规律之间存在重大差别。

作为“身语意”三密之一的“语密”即指真言。密教认为真言是诸佛之母、成佛种子，所以将其列入最基本的修行内容，而且始终强调在念诵时务求音韵准确，不能出现纤毫的差错。然而在《显密圆通成佛心要集》的下卷里我们看到，正确地念诵真言似乎没有受到足够的重视，至少说，道㲀对真言的说明不像对观想程序和供养仪轨的描述那样一丝不苟，正如下面一段自设的问答：

> 问曰：夫依显教，须得依教生信，依信生解，依解起行，行成得果。今密宗神咒不令生解，但诵持之便得道果，既越常规，难以生信。答曰：如世间病人不解医方，遇神妙药而服食之，便得病除身安。彼既不解药性，何得病除身安？世药尚尔，况如来不思议咒耶？（《大正藏》第46册，第1002页中栏）

这显然是说显教修行的基础在于“信解”，而密咒则由“不解”发展到了“不须解”。如果继续下去，最终肯定会发展到不再像不空学派那样穷究梵音的正误①，如他在《大宝广博楼阁善住秘密陀罗尼》的附注中总结说：

> 上来诸咒，藏中各有数本不同，皆是前后三藏西天诸国语音有异。但依一本诵持，无得拣择。寡学之者多分受一非余，呵斥圣贤。寄语后人，勿沾斯咎。（《大正藏》第46册，第1006页上栏）

这段话恐怕会使读者产生一个极端的理解——前人对同一首真言的各种不同译本都可利用，后人诵咒时只需随便找到任何时代的任何一个汉译本，对着汉字用什么方言念都行，是否符合真正的梵音都无所谓。毫无疑问，这个做法有违密教的基本精神。

没有资料表明道㲀的梵文水平如何，但从常识上考虑，诵咒毕竟比译经容易得多，念诵者不需要懂得那些繁难的名词术语和语法规则，只要能读出整套梵字就足够了，而

① 慧琳在《一切经音义》里每每指责旧译“梵语讹略”“梵音虏质不正”，同时提出“正梵音云某某”，就是在尽力保证读出的梵语不出差错。

这对于一位修行多年的和尚来说应该是轻而易举的事。没有资料表明道殿所说的汉语属于什么方言，不过无论如何，我们有理由要求他始终如一地用自己的口语诵咒，假如把 *buddha*（佛）忽而念成“菩驮”忽而念成“母驮”，那一定是连他自己都不会认可的。

认识梵字但提供的译音却自相矛盾，这应该表明道殿在《显密圆通成佛心要集》里辑录那些真言的主要目的是供人抄写而非供人念诵。如果这个认识不错，那么他在真言的汉译文后面加写梵文的目的也可以由此得到解释。道殿在“智炬如来心破地狱真言”的附注中强调了同时写上梵文的重要性：

> 凡诸经中说，书写陀罗尼利乐有情者，皆用西天梵字，非是随方文字也。如或梵汉字双兼书之，更妙。（《大正藏》第 46 册，第 1005 页中栏）

关于书写真言的功德，道殿的叙述显然受到了《佛顶尊胜陀罗尼经》中“遇影沾尘”一类说法的启发：

> 若书写陀罗尼，置佛像中、塔中、杵中，或书在幢上、堂殿上，或纸素竹帛上，或桦皮墙壁板木等上，有众生得睹视者，或身手触者，或影中过者，或真言字上尘飘在身者，又或书之戴在顶上者、身上者、衣中者，或书之幡上，若风吹幡动，其幡所指处众生，或书钟鼓铃铎螺钹等出声物上，有闻声者，此上来所说诸众生等纵有五无间之罪、诸佛不忏之业，悉皆灭尽。（《大正藏》第 46 册，第 999 页下栏）

既然书写比念诵传播得更加广泛也更加久远，能够累积更大的功德，那么口中梵音的规范与否自然就退居到了次要地位，因为不可能要求每一个佛教信徒都认识梵字，并且懂得正确的诵咒方法。对于信奉者来说，自己亲自动笔或者请人抄写一遍梵文则是一件相对容易做到的事情。

三

无论怎样开脱，道殿对他选录的真言未作统一校订，这在编书的角度看来毕竟是个不大不小的失误，事实上中古以后出现的各种“陀罗尼集”大都存在类似的问题。与之形成对照的是晚于《显密圆通成佛心要集》一个世纪问世的《密咒圆因往生集》，这本小书编录真言的认真态度堪称同类作品的楷模。

目前所见时代最早的《密咒圆因往生集》样品在1909年出土于黑水城遗址，今藏俄罗斯科学院东方文献研究所[①]，为西夏中书相贺宗寿在天庆七年（1200）卧病时选录当时民间流行的密咒编成。这些密咒的选录和解说虽然没有体现出什么创新理念，但难得的是编者在选定这些密咒之后并没有沿用旧有的汉译文，而是委托佛教专业人员反复作了校订，事实上是重新作了翻译。贺宗寿在序言中这样叙述成书的过程：

> 宗寿夙累所钟，久缠疾疔，汤砭之暇，觉雄是依。爰用祈叩真慈，忏摩既往，虔资万善，整涤襟灵。谨录诸经神验秘咒以为一集，遂命题曰“密咒圆因往生”焉。然欲事广传通，利兼幽显，故命西域之高僧、东夏之真侣，校详三复，华梵两书，雕印流通，永规不朽云尔。

从原书题款可知，“西域之高僧”指兰山崇法禅师沙门金刚幢（*rdo rje rgyal mtshan*），“东夏之真侣”指甘泉师子峰诱生寺出家承旨沙门智广和北五台山大清凉寺出家提点沙门慧真，前者负责重新译校那些咒语，后者负责最终编定成书。这三个人的生平都不可考，但他们所讲的汉语必是党项地区流行的西北方言，这一点可以认定无疑[②]。

《显密圆道成佛心要集》所录的真言有几首也见于黑水城本《密咒圆因往生集》的残存部分。下面是“智炬如来心破地狱咒”，勘同《显密圆通成佛心要集》的“破地狱真言”：

> 捺麻 啊实怛二合 石低引喃引 萨灭三莫嗏 光引低引喃引 唵 谒引捺引斡末引西 溺哩 溺哩 吽 *namo aṣṭaśītīnāṃ samyaksaṃbuddhā koṭīnāṃ oṃ jñānavabhasī diri dhiri hūṃ*

又如“七俱胝佛母心大准提咒”，勘同《显密圆通成佛心要集》的“准提真言”：

①《俄藏黑水城文献》4，第359—363页。
②孙伯君：《普宁藏本〈密咒圆因往生集〉的八思巴字注音研究》，《中华文史论丛》2009年第3期。

捺麻 萨不怛二合喃引 萨灭三莫嗏 光引低引喃引 怛涅达 唵 搒令 足令 尊宁 莎引诃引 *namo saptanāṃ samyaksaṃbuddha koṭīnāṃ tadyathā oṃ cale cule cuṃde svāhā*

12 世纪下半叶以后河西地区的汉译经咒具有鲜明的语音特征，孙伯君曾经将其分为七类[①]，在上面引述的两首咒语里恰好可以找到最常见的三类，其中前两类是西北方言区别于前代一切译音的独有特征，第 3 类是不空学派区别于其他学派的特征，但具体对音用字与不空学派的传统习惯不同：

（1）与梵文 *th-* 对音用汉语定母字，如：*tadyathā* 怛涅达。

（2）与梵文 *dh-* 对音用汉语泥母字，有时还可以加上“口”旁，如：*buddha* 莫嗏，*dhiri* 溺哩。

（3）与梵文 *e* 对音用汉语梗摄字，与梵文 *o* 对音用宕摄字，如：*calecule* 搒令足令，*cuṃde* 尊宁；*koṭīnāṃ* 光低喃。

显然，《密咒圆因往生集》的汉译真言始终如一地以 12 世纪的汉语西北方言作为标准音，而且在不同真言中出现的同一个词（萨灭三莫嗏，光低喃）其汉译都保持一致，甚至同一个梵语音节的对音汉字也都尽量保持一致，这反映了编校者深厚的密教素养和严谨的工作态度。

不知是否受到了《显密圆通成佛心要集》的影响，《密咒圆因往生集》也在每个译音汉字左面写上了梵文[②]，或许那也是准备提供给人们抄写的，但比起《显密圆通成佛心要集》来，严整的咒语译音显然更利于日常的念诵。念诵和书写同时进行会为人们带来更大的福祉，这正是《密咒圆因往生集》的咒语编录质量胜过《显密圆通成佛心要集》的关键所在。

总之，《显密圆通成佛心要集》编校真言的粗疏来自编者对密教精神的理解和重视不足。道𡵆思想的初衷无疑值得肯定，但他仅仅是把密教的念诵和观想仪轨作为一套标签附着在以显教为基磐的“真心”思想上面，而并没有能够最终实现两派教法的水乳交融，也就是说，这部书的理想是“圆”，但是没有真正做到“通”。

（原载《宁夏社会科学》2016 年第 3 期，页 199—204）

① 孙伯君：《西夏佛经翻译的用字特点与译经时代的判定》，《中华文史论丛》2007 年第 2 期。
② 这些梵字在元代编刊的《普宁藏》里被换成了八思巴字。

《菩萨蛮》《苏幕遮》考释

一 《菩萨蛮》

《菩萨蛮》在中国文学史上是出现得较早的词调之一，可是，从被奉为“百代词曲之祖”的《菩萨蛮》词（平林漠漠烟如织）中，已经看不出这个词牌命名的本意了，所以，历来讲词学的人大多引《杜阳杂编》为证：

> 大中初，女蛮国贡双龙犀明霞锦，其国人危鬓金冠，缨络被体，故谓之菩萨蛮。当时倡优遂制《菩萨蛮》曲，文士亦往往效其词。

据此，多数人认为“菩萨蛮”乐曲起源于女蛮国。胡震亨在《唐音癸签》中提出，女蛮国就是古代的骠国，也就是今天的缅甸：

> 南蛮骠国尝贡其国乐，其乐人冠金冠，左右珥珰，條贯花鬘珥双簪，散以毳，如女饰，而其国亦在女王蛮西南，故当时或以为女蛮。且其曲多佛曲，具在后简夷乐部，则其称为菩萨蛮尤可信。

看了这段话，我们自然会想到，菩萨来自印度，而佛曲却产生于缅甸，岂不是太难以理解了吗？胡震亨的话和白居易的《骠国乐》一诗（花鬘斗薮龙蛇动）都提到了舞蹈者所戴的花鬘，而这个“鬘”恰恰是菩萨“蛮”的本字。毛先舒在《填词名解》中说：

> 菩萨蛮，西域妇人首装也。出释典。词名取此，后作蛮。

古人所说的“西域”，概念往往比较空泛。但我们可以据慧琳的《大般若经音义》确定，“鬘”的发源地是在印度：

> 花鬘者，西国人严身之具也。梵语云么罗，此译为花鬘。五天俗法：取草木时花，晕澹成彩，以线贯穿，结为花鬘。不问贵贱，庄严身首以为饰好，号曰么罗。

这里说的“五天”就是“五天竺”（印度）。“花鬘”是梵语 *mālā* 的意译，而“么罗”则是音译。*mālā* 指的是一种用鲜花编成的花环，小的可以戴在头上，稍大些的可以套在颈上，所以后来又有“项链”的意思。更大的则垂挂在胸前，所以又有“念珠”的意思。戴花鬘的不一定是妇人，也不一定要戴在头上，因为慧琳《三戒经音义》说：

> （花鬘）无问男女，加于身首以为严饰，犹如绶带。

据佛教典籍记载，常用来作鬘的有波罗奈花（*varanasi*，见《百缘经》）、苏摩那花（*sumana*，见玄应《华严经音义》）和末利花（*mali*，见法云《翻译名义集》）等。这些花除了“庄严身首”以外，还有一个更重要的用途，就是供佛。古代印度经常举行“花会”，这是一种带有佛教色彩的民间习俗。《百缘经》中记载的波罗奈国人因给花会采花作鬘而遇佛升天的故事，恰恰生动地表现出了花鬘与佛的密切联系。从这里我们不难看出，“菩萨蛮”的本意是用花鬘供菩萨，是反映古印度礼佛仪式的歌舞曲，后来随着佛教的广泛传播，印度的风俗和音乐也一方面输入缅甸，一方面输入我国。所以，我国中原人知道这个风俗肯定不会迟到唐宣宗的大中初年，而应该是早在魏晋佛教开始盛行的时候。当然，文人们用《菩萨蛮》曲调来填词也许是比较晚的事情，可是尽管文人词的内容千变万化，这个带有印度风格的曲牌名称却一直保存着，正如《婆罗门引》保存了梵语 *brāhmana* 的道理一样。

二 《苏幕遮》

《苏幕遮》是从古龟兹国传入中原的一种舞曲。毛先舒《填词名解》说：

苏幕遮，西域妇人帽也……盖本是弧[胡]乐之饰，唐教坊作此戏，即以名曲。

的确，佛经中曾提到“苏莫遮冒”“苏幕遮帽”等，但这却不是某种帽子，而是舞蹈者头上戴的假面具。慧琳《六波罗蜜多经音义》中有一段文字，比较详细地介绍了这种舞蹈。慧琳本是西域疏勒国人，他对西域语言和风俗习惯的解释应当是可信的：

苏莫遮，西戎胡语也。正云飒磨遮。此戏本出西龟慈国，至今由[犹]有此曲，此国浑脱大面拨头之类也。或作兽面，或象鬼神，假作种种面具形状，或以泥水沾洒行人，或持羂索搭钩捉人为戏。每年七月初公行此戏，七日乃停。土俗相传云：常以此法攘压驱赶罗刹恶鬼食啗人民之灾也。

可见这是一种带有迷信色彩的舞蹈，目的是驱邪避灾，与当时中原流行的“拨头”戏相似，拨头很可能与苏幕遮同出一源。《旧唐书·音乐志》说：

拨头出西域。胡人为猛兽所噬，其子求兽杀之，为此舞以像之也。

现在日本还传有拨头，舞蹈者带着披发的红色面具，这与慧琳的记载基本吻合。

至于“浑脱”，则与苏幕遮完全是两回事情，可是确有些人认为，苏幕遮就是浑脱，也就是泼寒胡戏。例如胡震亨的《唐音癸签》：

中宗尝因蕃夷入朝，作此戏（泼寒胡戏）御楼观之，所歌曲即苏摩遮也。

泼寒胡戏大约是从古康国输入中原地区的。《旧唐书·康国传》载：

至十一月，鼓舞乞寒，以水相泼，盛为戏乐。

其实，文献中记载的泼寒胡戏与苏幕遮之间有两点本质的区别。首先，泼寒胡戏的目的是“乞寒”，而苏幕遮的目的却是“攘压驱赶罗刹恶鬼食啗人民之灾”；其次，泼寒胡戏是在十一月举行，而苏幕遮却是在七月初。我们知道，各民族的风俗习惯都具有极大的保守性，民间活动的目的和日期在千百年后也不会改变，所以，泼寒胡戏与苏幕遮是完全不同的两个习俗。

然而在中原人心目中，却很早就把这两个同是来自西域的习俗混淆了。例如张说的《苏摩遮》诗，从描写的内容看，很明显指的是泼寒胡戏，这很可能是由于二者的伴奏音乐彼此借用而造成的错觉。

在当时，苏幕遮或拨头之类都是一种综合艺术。演出时舞蹈、声乐、器乐并举，还可以穿插进简单的戏剧性情节，所以舞蹈的名称就是伴奏乐曲的名称，这是很自然的。后来这些舞蹈传入了中原，就有人按照声乐伴奏来填词，敦煌所出的曲子词也有《苏幕遮》，就是这个道理。逐渐地，这种调子又引起了文人们的注意，他们也据这类舞曲来填词，当然也就保留了原有的西域舞蹈名称作为词牌。

汉魏六朝时期，从民间收集来的俗曲都叫做“乐府”，可是到了唐宋，则把类似的文学体裁改名为“曲子词”，世称“胡夷俚巷之曲”。可见，除了传统的俚巷之曲以外，胡夷之曲，即作为新鲜力量的外来音乐，当时已经对我国中原地区文化产生了较大的影响，来自印度的《菩萨蛮》和来自龟兹的《苏幕遮》就是这样两个典型的例子。然而，这些外来的音乐被吸收到汉族文学里以后，就不可避免地与外来的宗教、绘画、雕塑等一起受到了中原文化的同化，例如《菩萨蛮》后来又叫《子夜歌》《重叠金》《巫山一片云》，《苏幕遮》后来又叫《鬓云松令》等，这就完全成了汉族风格的词牌，至于《宋史·乐志》中记载的那种以“女弟子”组成的“菩萨蛮队”，则更是变得面目全非了。

从外来文化那里吸收新鲜营养，并经过适当的选择和改造以丰富自己的文化宝库，这是中华民族千百年来的优秀传统，也是中国文学兴旺发达的重要原因之一。本文所举的两个例子当然不是“全豹”，但也可以借此而窥见一斑。

（原载《文学遗产》1984 年第 2 期，第 139—141 页）

高本汉和他的古汉语研究

兴起于公元18世纪的“乾嘉学派”把中国传统语言学推向了巅峰，这一派学者对古汉语文献的理解能力令后人感到难以超越。不过，在出色地运用“声音通训诂”这一科学方法的同时，“乾嘉学派”也不可避免地暴露了其学术思想的局限。中国学者历来都以“复古”为治学的基本理念，他们大都只集中于对远古时代语言现象的共时考察以求读懂古代文献，而不大考虑对汉语从古至今的演化脉络进行系统的阐释。到了20世纪初，高本汉首次提倡借用印欧历史语言学的方法来探讨汉语近三千年的演化规律，他一系列的出色研究不但被接纳为那个时代的惟一主导，而且他本人在中国也被视为汉语史一代学风的开创者。直至今天，在中国的汉语史教学和研究领域仍然可以体味到他当年的巨大影响。

一

高本汉（Klas Bernhard Johannes Karlgren）1889年10月5日出生于瑞典的一个教师家庭，1909年毕业于乌普萨拉大学的斯拉夫语专业，其后来到中国，游历于山西、陕西一带，在学习中国语言文化的同时考察汉语方言。大约过了两年，高本汉回到欧洲投身汉学研究，并于1915年在乌普萨拉大学获得博士学位。自那以后，他历任乌普萨拉大学副教授，哥德堡大学教授、校长，远东考古博物馆馆长，瑞典皇家人文科学院院长、皇家文史考古研究院院长，直至1978年10月20日逝世[①]。

“高本汉”是他给自己起的中文名，这是他音译了姓氏Karlgren的第一个音节再加上名字Bernhard构成的。按照西方人的读法，Bernhard本该译成“伯纳德”，而高本汉却巧妙地给这个名字赋予了纯粹的中国特色。据说当年他曾经用浓重的山西口音

①N. G. D. Malmqvist, Bernhard Karlgren in Memoriam, *Journal of Chinese Linguistics*, No. 1, 1979.

向别人介绍自己："我姓高，名字叫本汉，因为我本来是汉人嘤[①]。"这位"汉人"一生致力于研究中国的语言，宣传中国的历史文化，对中国这片土地和人民怀有很深的感情。据他自己说，他从事汉学研究为的是"对于他所敬爱的一个国家，一种民族，一系文化，或者还可以效些许的努力"[②]，这个愿望无疑构成了高本汉毕生的追求。

高本汉的第一篇文章发表于1908年，最后一篇文章发表于1976年[③]。在长达68年的时间里，他用三种语言写下了百余种著作和论文，内容涉及汉语言学、文字学、文献学、考古学、文学和宗教学等诸多领域。大致说来，他早期的论著使用法文和英文，后来的论著全部使用英文，普及读物和翻译著作一般使用英文和瑞典文。这些著作从20世纪20年代开始被陆续介绍到中国，据目前所知，他在40年代之前的研究著述大都有过汉译文，不过在当下已经不大容易查寻，其中主要有：

《答马斯贝啰论切韵之音》（The Reconstruction of Ancient Chinese, *T'oung Pao* 21, 1922），林玉堂译，载北京大学《国学季刊》1:3，1923。

《高本汉的谐声说》（*Analytic Dictionary of Chinese and Sino-Japanese* 的导论第三章， Paris, 1923），赵元任译，载清华大学《国学论丛》1:2，1927。

《原始中国语为变化语说》（Le proto-chinois, langue flexionelle, *Journal Asiatique* 15, 1920）[④]，冯承钧译，载《东方杂志》26:5，1929。

《上古中国音当中的几个问题》（Problems in Archaic Chinese, *Journal of the Royal Asiatic Society*, 1928），赵元任译，载《中央研究院历史语言研究所集刊》1:3，1930。[⑤]

《中国古音（切韵）之系统及其演变》（*Analytic Dictionary of Chinese and Sino-Japanese* 的导论第二章，Paris, 1923），王静如译，载《中央研究院历史语言研究所集刊》2:2，1931。

《论考证中国古书真伪之方法》（The Authenticity of Ancient Chinese Texts, *Bulletin of the Museum of Far Eastern Antiquities* 1，1929），王静如译，载《中央研究

① 高本汉著，赵元任、罗常培、李方桂合译：《中国音韵学研究》译者序，上海：商务印书馆，1940，第7页。
② 高本汉《中国音韵学研究》中译本著者赠序，第6页。
③Bernhard Karlgren, Moot Words in Some Chuang-Tse Chapters, *Bulletin of the Museum of Far Eastern Antiquities* 48, 1976.
④ 这篇文章的题目按现在的习惯应该翻译成"原始汉语为屈折语说"。
⑤ 这篇译文发表时在后面附有王静如的《跋高本汉的上古中国音当中的几个问题并论冬蒸两部》。

院历史语言研究所集刊》2:3，1931。

《中国语和中国文》（*Sound and Symbol in Chinese*, London, 1923），张世禄译，上海：商务印书馆，1931。

《藏语与汉语》（Tibetan and Chinese, *T'oung Pao* 2:28, 1931），唐虞译，载《中法大学月刊》4:3，1934。

《中国语言学研究》（*Philology and Ancient China*, Oslo, 1926），贺昌群译，上海：商务印书馆，1934。

《左传真伪考及其他》（On the Authenticity and Nature of the Tso Chuan, *Göteborgs högskolas årsskrift* 32，1926），陆侃如译，上海：商务印书馆，1936[①]。

《汉语词类》（Word Families in Chinese, *Bulletin of the Museum of Far Eastern Antiquities* 5，1933）[②]，张世禄译，上海：商务印书馆，1937。

《论周颂的韵》（The Rimes in the Sung Section of the Shï King, *Göteborgs högskolas årsskrift* 41，1935），朱炳荪译，载燕京大学《文学年报》3，1937。

《诗经研究》（Shï King Researches, *Bulletin of the Museum of Far Eastern Antiquities* 4，1932），张世禄译，上海：商务印书馆，1939。

《老子韵考》（The Poetical Parts in Lao-tsï, *Göteborgs högskolas årsskrift* 38，1932），张世禄译，连载于《说文月刊》1，1939—1940。

《中国音韵学研究》（Etudes sur la phonologie chinoise, *Archives d'études orientales* 15，1926），赵元任、罗常培、李方桂合译，上海：商务印书馆，1940。

中华人民共和国成立以后，仍然可以见到对高本汉著作的译介：

《中上古汉语音韵纲要》（Compendium of Phonetics in Ancient and Archaic Chinese, *Bulletin of the Museum of Far Eastern Antiquities* 26, 1954），聂鸿音译，济南：齐鲁书社，1987。

《汉文典（修订本）》（Grammata Serica Recensa, *Bulletin of the Museum of Far Eastern Antiquities* 29，1957），潘悟云等编译，上海：上海辞书出版社，1997。

《汉语的本质和历史》（*The Chinese Language*, an essay on its nature and history,

① 本书除了翻译高本汉的《左传真伪考》之外，同时也翻译了《中国古书的真伪》（The Authenticity of Ancient Chinese Texts, *Bulletin of the Museum of Far Eastern Antiquities* 1, 1929）和《书经中的代词“厥”》（The Pronoun Küe [厥] in the Shu-king, *Göteborgs högskolas årsskrift* 39, 1933）。

② 这篇文章的题目按现在的习惯应该翻译成“汉语词族”。

New York, 1949），聂鸿飞译，北京：商务印书馆，2011。

作为瑞典汉学的奠基人，高本汉为瑞典和世界其他各国培养了一批优秀的汉学家，其中最著名的学生是诺贝尔文学奖终身评委马悦然（Göran Malmqvist），前些年他为他的老师写了一本生动的传记①，而当代国人熟悉的两部介绍中国文化的有趣读物——《汉字王国》和《古琴》，则是出自他的另一位学生林西莉（Cecilia Lindqvist）之手②。

二

高本汉的学术生涯几乎涉及了当时汉学的所有领域。除去古代汉语之外，他还重点研究过中国古代的宗教和礼器③，也为《诗经》《尚书》《左传》等古书作过注释④，这使他在西方汉学界获得了巨大的声誉。不过，他在译注儒家经典的过程中表现出了对中华传统经学的强烈反叛精神，屡屡通过“因声求义”的过度运用来辩驳以“毛传”“郑笺”为代表的正统诂训，这让中国的学者感到难以接受。事实上，高本汉的此类研究成果只能在一定程度上辅助西方汉学家阅读古汉文经典，而在中国则几乎全然不见征引。与此相对的是，他早期的汉语音韵学研究却得到了学术界的交口称道，可以说是为20世纪初的中国语言学开创了一个崭新的时代。

这个崭新时代的奠基之作是《中国音韵学研究》。这部著作的前半部分是高本汉的博士学位论文，于1915年开始问世，后来增补了“方言字汇”部分，全文发表于1926年的《东方研究档案》（*Archives d'études orientales* 15）。在中国，除去早期的少数学者有能力阅读法文原著之外，后人阅读的一般都是赵元任、罗常培、李方桂合作的中译本。这个中译本的学术价值高于原著，因为在高本汉最初完成了中古汉语构拟方案以后，有很多人对他的方案提出过修正意见，其中有些被他采纳了。另外，高

① 马悦然著，李之义译：《我的老师高本汉：一位学者的肖像》，长春：吉林出版集团有限责任公司，2009。

② 林西莉著，李之义译：《汉字王国：讲述中国人和他们的汉字的故事》，济南：山东画报出版社，1998；林西莉著，许岚、熊彪译：《古琴》，北京：生活·读书·新知三联书店，2009。

③ 他在这方面的代表作是《中国古代的传说与迷信》（Legends and Cults in Ancient China, *Bulletin of the Museum of Far Eastern Antiquities* 18, 1946）和《皮茨堡藏品中的中国青铜器目录》（*Catalogue of the Chinese Bronzes in the Alfred P. Pittsburg Collection*, University of Minnesota Press, 1952）。

④ 高本汉对《诗经》和《尚书》的注释连载于1942年到1950年的《远东考古博物馆馆刊》（*Bulletin of the Museum of Far Eastern Antiquities*），对《左传》的注释连载于1969年和1970年的上述《馆刊》。

本汉通过自己不断的深入研究也修正了当初的一些结论，这些修正都通过译者与作者的交流反映到了中译本里，有的地方是脚注，也有的地方是删补。所以中译本与法文原著不尽相同，其中展示的已经是高本汉在 30 年代末期的意见了。

高本汉《中国音韵学研究》的目的是构拟公元 7 世纪汉语长安话的音韵系统，并描述从这种“共通语”到现代汉语诸方言千余年间的演化轨迹。他的全部工作分为三步：首先利用反切和等韵图整理公元 7 世纪的汉语声韵类别，然后通过比较多种方言资料来构拟各声韵类的读音，最后从构拟的中古音系统出发来梳理汉语诸方言特征的形成过程。

在高本汉开始这项研究之前大约 70 年，陈澧的名著《切韵考》就已问世。不过种种迹象表明，高本汉对陈澧的工作似乎并不知情，所以他没能利用陈澧系联《广韵》反切的现成结果，甚至没能利用《广韵》《切韵指掌图》等中古时代的原始资料，而仅仅使用了《康熙字典》里转引的《唐韵》反切和卷首那套来历不明的《等韵切音指南》[①]。然而令人惊异的是，凭着自己坚实的语文学基础和勤奋的工作精神，高本汉依照第二手材料整理出的中古声韵格局竟然丝毫没有出现原则性的纰漏。概言之，他整理的中古声韵系统与陈澧的最大不同有两处：第一，陈澧把古汉语的明见溪疑影晓来等声母各视为一类，共得四十声类，而高本汉则把这七个声类各分为二，以一二四等为一类，以三等为另一类，由此得出了被后人普遍认可的四十七声类；第二，陈澧首次发现古汉语的支脂祭真仙宵侵盐八个韵里存在若干“重纽”，而高本汉却对这个后来引起人们热烈讨论的现象未置一词[②]。

高本汉的第二步工作是利用音标为他整理出的声韵类逐一标注音值。他首先假定《切韵》所反映的是公元 7 世纪的汉语长安方言，而这个方言是除闽方言之外绝大多数现代汉语方言的始祖。在这个假定的前提下，他利用了当时能够得到的大量古今方音资料[③]，通过比较同一声韵类在各个方言里的读法来猜测《切韵》的声韵系统。高本汉构拟古音的基本出发点是语言学上所谓的“腭化”[④]，就是说，当一个辅音后面

① 陆志韦：《古音说略》，《燕京学报》专号 20，1947，第 2 页。
② 关于 20 世纪 40 年代围绕重纽问题的讨论，参看王静如《论开合口》（《燕京学报》29，1941）、董同龢《广韵重纽试释》及周法高《广韵重纽的研究》（《六同别录》，中央研究院历史语言研究所，1945）。
③ 这些资料中的大多数方言来自他本人在山西、陕西一带的田野调查记录，另外一些则转引自前人发表的字典。
④ 最早用“腭化”来解释古代汉语的是沙昂克的《古代汉语语音学》（S.H. Schaank, Ancient Chinese Phonetics, *T'oung Pao* 8, 9, 1897, 1898），高本汉的理论是在他的基础上发展而来的。

出现半元音 j 的时候[①]，辅音在正常发音时会产生一个舌面向硬腭抬起的附加动作，这个附加动作会逐渐导致那个辅音最终变成一个真正的舌面前音。在这一认识的基础上，高本汉把中古的一二四等声类构拟成了普通的辅音，而把三等声类构拟成了腭化的辅音。在韵类方面，他为三等韵母构拟了辅音性的 j 介音，为四等声母构拟了元音性的 i 介音，同时认为一等到四等的主元音表现为舌位由低到高的阶梯形差异。以见母效摄为例，他的构拟结论是：高（一等）kɑu，交（二等）kau，骄（三等）kjæu，骁（四等）kieu。

高本汉的第三步工作是从他构拟的中古音出发来阐释现代汉语诸方言的演化。例如他把中古汉语的並母构拟为 b‘-，接下来就可以在此基础上解释说，中古的 b‘- 变成现代北京话的 p‘-（如“平”）是平声字在演化过程中发生了“清化”，而变成现代北京话的 p-（如“並”）则是仄声字在演化过程中发生“清化”的同时又失落了“送气”。这类解释自始至终贯穿在高本汉对汉语中古音的推论当中。

顺便说，高本汉在为构拟中古汉语准备资料的时候，实际上也使他自己成了现代汉语方言调查的先驱。在《广韵》声韵分类的基础上利用音标来记录汉语方言，这是高本汉在中国的一项创举。当前汉语方言专业的学生手边都有一本《方言调查字表》[②]，从里面可以很明显地看出高本汉《中国音韵学研究》中“方言字汇”编制原则的影子。

通过一部《中国音韵学研究》对汉语中古音做出成功构拟之后，高本汉很快便着手实现他的下一个目标，即以此为基点上溯公元前 7 世纪的上古汉语音系。

高本汉对汉语上古音的探索始于他的《诗经研究》，集大成于《中日汉字形声论》[③]，所使用的材料是以《诗经》为代表的先秦韵文和谐声汉字，无论是整理资料的方法还是得出的声韵分类结论都大致不出清儒范围，其最引人注目的创新点是利用音标对上古声类及韵类间相互关系做出的解释。

高本汉在上古声母方面值得称道的观点有二：第一，他注意到了中古的部分喻母三等字与匣母字之间出现了频繁的谐声例子，而部分喻母四等字与定母字之间也出现

① 高本汉原著使用的是伦德尔（J.A. Lundell）设计的一套标音字母，赵元任等中译本把这套标音字母改成了相应的国际音标。这里为方便中国读者，在叙述语音时也一律使用国际音标。

②《方言调查字表》最初由赵元任在 1930 年设计，后来经过中国科学院语言研究所重新编辑，由科学出版社于 1955 年出版。现在的通行本是中国社会科学院语言研究所修订的《方言调查字表》，1981 年商务印书馆出版。

③Bernhard Karlgren, Grammata Serica Recensa, *Bulletin of the Museum of Far Eastern Antiquities* 12, 1940.

了频繁的谐声例子[①]，于是他把上古汉语的喻母三等构拟为与匣母（g‘-）相近的 g-，把上古汉语的喻母四等构拟为与定母（d‘-）相近的 d-，从而形成了上古汉语声母“清不送气”“清送气”“浊不送气”“浊送气”这样的严整格局。第二，他注意到了有些汉字的谐声关系不能用现成的单辅音演化规律来解释，例如“阑”（l-）从“柬”（k-）得声，无论是假定上古的 l- 演化成了中古的 k- 还是假定上古的 k- 演化成了中古的 l-，那都是不合音理的，于是他提出在上古汉语里可能存在 kl- 之类的复辅音声母。当然，由于汉字谐声的实际情况比他所举的例子要复杂得多，所以他始终没能回答上古汉语里除了 kl-、gl-、xm-、ml- 等等之外究竟还有哪些复辅音，自然也没能提出一个完整的上古汉语声母表。

高本汉推导出的上古韵母系统以 -d、-g 两个浊塞音韵尾为突出特色。“乾嘉学派”的学者已经注意到，有一些中古的阴声字在上古经常被用来与入声字押韵，并且在谐声和又音方面也反映出同样的规律，于是他们把这些阴声字和同谐声的入声字合为一个韵部，而高本汉则把阴声字从入声韵部中独立出来，理由是他们的韵尾并不相同。按照高本汉的想法，与 -t 类入声字关系密切的中古阴声字（如“害”声有“割”）在上古应该是 -d，与 -k 类入声字关系密切的中古阴声字（如“路”从“各”声）在上古应该是 -g，这两个韵尾从上古到中古的演化可以用浊塞音的“元音化”或者“脱落”来解释。

在完成了上古汉语音韵的构拟之后，高本汉开始探索早期汉语文献中反映的语义和语法。不知是否受到了中国传统小学的启发，他对“四声别义”这类现象给予了特别的关注，并由此而发展到对声母、韵母间“音转”的分析。不过，高本汉比清儒高明的地方在于他的观察并没有停留在表层的词义训解，而是进入了深层的语法阐释。例如他认为，汉语“恶”ʔɑk（凶恶）和“恶”ʔɑg（厌恶）之间的音变实际上是用辅音韵尾的转换来区分形容词和动词，汉语“见”kian（看见）和“见”g‘ian（出现）之间的音变实际上是用辅音声母的转换来区分主动动词和被动动词，汉语“配”p‘wər和“妃”pĭwər 之间的音变实际上是用介音的转换来区分动词和名词，等等。通过分析这类现象，高本汉得出了一个令当时学界震惊的结论，即早期的汉语并不是像现代汉语那样的缺乏词形变化的孤立语，而是具有较丰富形态变化的屈折语，其中甚至可以

① 这两种现象在中国音韵学界通常叫做“喻三入匣”和“喻四归定”，但中国没有人对其提出音理上的确切解释。

观察到人称代词格的遗迹[1]。进一步说，原始汉语的性质应该与现代欧洲语言没有本质区别，只不过其最初的屈折语特征已经在几千年的演化过程中逐渐消磨掉了。

三

由于在年轻时受到过名师的严格训练，高本汉的研究展现了早期欧洲历史语言学正统的“经院派”风格，他总是尽力使每一条结论必有公认的历史语言演化定律作为佐证，这使得他的一系列推导在形式逻辑上几乎无懈可击。然而人们感觉到，尽管在他所用材料和方法的基础上似乎只能得出那样的结论，但是结论中的某些地方却明显与中国人多年来对自己语言的感性认识不尽相符。人们从宏观角度对高本汉古音构拟最典型的批评是：“按照历史语言学的原则，在同一条件下的同一音位，在同一时间和同一地点，只能发生同一的音变。于是中古不同音的字，上古只能拟成不同音，而中古同音的字，上古还有不同音的。这样，势必形成一个倒竖的金字塔，上古的语音极其繁多。”[2]显然，人们不能相信上古汉语具有那么复杂的音韵系统，而那个音韵系统在其形成之后的几千年里所经历的仅仅是合并和简化的单一进程。

不过总的来说，20世纪上半叶的大多数学者还是全盘接受了高本汉的理论和方法，即使在与他辩难时也没有脱离他首创的研究范式[3]。那时中国学术界给人们的突出感觉是，几乎所有与高本汉辩难的文章都不得不在“法”与“情”之间做出抉择。我们这里所谓的“法”是指历史语言学的法则，而“情”则是指中国学者通过现代方言和古文献记载形成的对汉语的印象。毋庸讳言，在这一时代的汉语音韵学研究中，“法”与“情”有时会表现出难以调和的矛盾，高本汉当然是毫不犹豫地选择了前者，而中国学者则更希望在不与历史语言学发生重大冲突的前提下尽量照顾已有的印象。如上所述，在构拟中古全浊声母的时候，高本汉选择了送气浊音（b‘-、d‘- 等），因为这

---

① 高本汉认为《论语》和《孟子》里的代词“吾”和“汝”多用作主格和属格，“我”和“尔”多用作与格和宾格，参看他的《原始汉语为屈折语说》（Le proto-chinois, langue flexionelle, *Journal Asiatique* 15, 1920）。

② 王力：《中国语言学史》，太原：山西人民出版社，1981，第 197 页。

③ 最早与高本汉辩难的是马伯乐（Henri Maspéro）。参看他为高本汉《中国音韵学研究》写的评论（*Bulletin de l’Ecole française d’Extrême-Orient* 16:1, 1916, pp. 61-73），以及后来的《唐代长安方言考》（Le dialecte de Tch’ang-ngan sous les T’ang, *Bulletin de l’Ecole française d’Extrême-Orient*, 20:2, 1920）。中国学者在这方面的开端著作是李方桂的《切韵 â 的来源》（《中央研究院历史语言研究所集刊》第 3 本第 1 分，1932）和 Archaic Chinese **ĭwang*, **ĭwak*, **ĭwag*（《中央研究院历史语言研究所集刊》第 5 本第 1 分，1935）。

样可以用“失落送气”来解释现代方言的不送气浊音（b-、d- 等）、用“清化”来解释现代方言的送气清音（p‘-、t‘- 等）、用“清化 + 失落送气”来解释现代方言的不送气清音（p-、t- 等）。而中国学者则觉得他构拟的这种送气浊音颇显另类，很难得到文献语言的直接证明，于是他们提出应该将其改拟为不送气音（b-、d- 等）[①]。可是，这个拟音虽然能够解释现代方言的不送气浊音和不送气清音，却不能解释其中一部分字在后来变为送气清音（p‘-、t‘- 等）的缘故。人们当然可以说那里面的送气是在浊音清化时产生的一种伴随现象，但这毕竟不是历史语音学的经典规则。

中国学者对高本汉中古声母的另一个重要修正意见是“舌上音”的发音部位。高本汉把汉语的知彻澄娘构拟为舌面前音 ȶ-、ȶ‘-、ȡ‘-、ȵ-，并把这解释为腭化声母 tj-、t‘j-、d‘j-、nj- 演化的最终结果。然而人们却观察到，知彻澄娘这四个声母的字在汉译佛经中只与梵文的 *ṭ*-、*ṭh*-、*ḍ*-、*ḍh*-、*ṇ*- 一组字母相当，这说明古汉语的舌上音应该是舌尖后音 ʈ-、ʈ‘-、ɖ‘-、ɳ- 而非舌面前音[②]。尽管高本汉曾经认为佛典译音往往不够精确，不足以作为构拟汉字古音的证据[③]，但是这个对音规律本身毕竟没有任何疑问，只不过按照历史语言学的原则，舌尖后音绝对不可能从腭化声母演化而来，关于这一点，学者没有能够提供充分的解释[④]。

不过无论如何，上述这两处主要的修正意见最终还是得到了中国音韵学界的赞同，并且逐渐被多数人接受为构拟汉语上古音系的基础[⑤]。

在上古音研究领域，高本汉的“复辅音假说”引发了旷日持久的争论。早期的学者就此明显地分为两个阵营，即以林语堂、陈独秀为代表的肯定派[⑥]，以及以唐兰为代表的否定派[⑦]，这两派间的争论一直影响至今。然而冷静地看来，人们涉及的材料无非古代文献里的谐声字、又音字和联绵字这几种，而对这些材料的解释从古以来就是见仁见智，这导致双方的论证都不能做到无懈可击，因此这类争论在目前的条件下

① 较早提出这一修正建议的是陆志韦和李荣，参看陆志韦《汉语的全浊声母》（The Voiced Initials of the Chinese Language，哈佛燕京学社英文单行本 7，1940），以及李荣《切韵音系》（北京：科学出版社，1956）第 116—118 页。

② 罗常培：《知彻澄娘音值考》，《中央研究院历史语言研究所集刊》第 3 本第 1 分，1930。

③Bernhard Karlgren, Prononciation ancienne de caractères chinois figurant dans les transcriptions bouddhiques, *T’oung Pao* 19:2, 1918-1919.

④ 李方桂曾提出，知彻澄娘这四个声母在早期的介音不是 -j- 而是 -rj-，也许可以算是一种可能的解释。参看李方桂《上古音研究》，北京：中华书局，1980，第 15 页。

⑤ 李方桂：《上古音研究》，第 7 页。

⑥ 参看林语堂：《古有复辅音说》，《晨报》六周年纪念增刊，1924；陈独秀：《中国古代语音有复声母说》，《东方杂志》34:20、21，1937。

⑦ 唐兰：《中国文字学》，开明书店 1949 年初版，参看上海古籍出版社 2005 年新排本第 28 页。

还很难有一个结果[①]。其中值得注意的仅仅是，围绕复辅音的争论始终与语言学本身关系不大，起主导作用的其实是20世纪初期中国思想界对外来学术影响所持的不同态度。非常明显，提倡主动接受外来文化的人们大都接受了高本汉的“复辅音假说”，尽管他们的工作不过是为高本汉的原则性结论补充些例子，况且在目前的条件下，想要列出上古汉语的全部复辅音也还是个不可能达到的目标。与此相对，主张固守中国传统文化的人们大都反对高本汉的“复辅音假说”，他们认为这不符合人们此前对中国语言的固有印象，就像当时人们心目中的其他西方思想一样荒诞不经。

与“复辅音假说”命运不同的是，高本汉构拟的上古汉语浊塞音韵尾 -d 和 -g 遭到了音韵学界众口一声的强烈反对。人们凭经验感到，依照高本汉的原则构拟出的语音系统几乎全部是闭音节，而且带 -g 韵尾的字几乎占到了三分之一，世界上没有任何一种语言的开音节是像这样贫乏的[②]。事实上高本汉的想法可能是受了他的母语——瑞典语的误导。在瑞典语中，浊塞音韵尾一律脱落，取而代之的是元音的长度，而清塞音韵尾不脱落。高本汉把瑞典语的这种演变模式硬套在了古汉语上，显然是没有考虑到汉藏语系的语言没有清浊塞音韵尾的对立，所以汉语不可能发生像瑞典语那样的演变[③]。对于那些与入声字有押韵或谐声关系的阴声字（主要是去声字），人们另外提出了两种解释：欧德里古尔认为那些字的韵尾应该是 -ts 或者 -ks[④]，而王力认为那些字是“长入声”——上古的“长入声”变成了中古的去声，而相对的“短入声”则变成了中古的入声[⑤]。不过，王力的这个看法似乎没能以标音的形式体现出来，因为在他标注的《诗经》和《楚辞》韵脚中，“长入声”也只写作普通的清塞音韵尾，与“短入声”没有形式上的区别[⑥]。

在整个20世纪的讨论中，真正有可能对高本汉的古音构拟形成整体颠覆性意见的是对《切韵》性质的论证。按照历史语言学的思路，高本汉必须首先为诸多的现代汉语方言假定一个共同的始祖，而从现存资料的明确性和完整性考虑，他除了《切

① 关于历来围绕这个问题的争论，参看赵秉璇、竺家宁编：《古汉语复声母论文集》，北京：北京语言文化大学出版社，1998。
② 王力：《汉语史稿》（修订本），北京：中华书局，1980，上册第77—78页。
③ 这个情况是向柏霖（Guillaume Jacques）博士告诉我的，他由此认为，从语言学的历史来讲，高本汉的这个错误非常有趣，它体现了任何学者的思维都受到一定的局限。
④ 参看欧德里古尔《如何构拟上古音》（André-Georges Haudricourt, Comment reconstruire le chinois archaïque, *Word* 10:2-3, 1954）。
⑤ 王力：《汉语史稿》（修订本），上册第79页。
⑥ 王力：《诗经韵读》《楚辞韵读》，上海：上海古籍出版社，1980。

韵》之外别无选择。考虑到长安是公元7世纪中国的政治和经济中心，于是他便在缺乏史料依据的情况下断言《切韵》是当时长安方言的忠实记录。高本汉可能觉得针对这个问题不必要也不可能做出切实的考据，然而他始料不及的是，这个前提却遭到了一大批中国学者的非议——高本汉显然没有注意到陆法言在《切韵序》里关于“南北是非，古今通塞”的那几句话，那无疑说明《切韵》所代表的并不是一时一地的语音系统①。事实上，《切韵》书中所用的反切只是像《经典释文》那样从六朝的韵书抄录下来的，而陆法言的原意也只是要调和当时的各种方言②。由此人们自然想到，假如《切韵》所代表的不是一个实际存在过的方言，那么高本汉就没有理由把它当作隋朝的语音实录去研究③。换句话说，如果误会了《切韵》的综合性质，高本汉的全部古音构拟结论就都成了无本之木。当然，人们可以试着在两种观点之外再提出一种意见，例如说《切韵》虽然不能认为是一个地点的方音的记录，但可以认为是6世纪文学语言的语音系统④。这种意见尽管看上去相对“温和”，但毕竟不能对高本汉预置的前提提供决定性的支持。

四

中国一批顶尖学者对其著作的翻译、介绍和辩难把高本汉推上了20世纪上半叶中国语言学的顶峰，可以说，迄今还没有哪一位外国汉学家在中国产生过像高本汉那样巨大的影响，这种影响甚至从语言学界扩展到了历史学界⑤。通过高本汉的一系列著作，中国的汉语音韵学在传统“小学”的研究范式之外见到了一片崭新的天地。人们开始明白汉语史是个不断发展变化的过程，其主要阶段的语音系统是可以借助科学手段构拟出来的，汉语的古今音变和方言分化也是可以借助历史语言学的规律来描述的，而要想真正建立科学的汉语语音史，除了清儒留给我们的资料考据方法之外，从西方传入的音标也是不可或缺的有效工具。

① 罗常培：《唐五代西北方音》，中央研究院历史语言研究所单刊甲种之十二，1933，第1页。
② 陆志韦：《古音说略》，《燕京学报》专号20，1947，第2页。
③ 王力：《汉语音韵学》，北京：中华书局，1956，第177—178页。
④ 周祖谟：《切韵的性质和它的音系基础》，参看《问学集》，北京：中华书局，1966，第445页。
⑤ 在伯希和的开端工作之后，中国的一些史学家也尝试着利用高本汉构拟的汉字古音来考证史书里的人名和地名。他们引用的拟音一般来自高本汉的《中日汉字分析字典》（*Analytic Dictionary of Chinese and Sino-Japanese*, Paris:Paul Geuthner, 1923）。

不容否认，中国晚清时期的闭关锁国政策一度抑制了本国学人与海外同行交流的愿望，使得他们中的一部分人甚至不具备阅读外文著作的基础能力，这导致20世纪上半叶中国学界在与高本汉辩难时表现出的水平参差不齐。有些作为“乾嘉遗脉”的学者由于预先对印欧历史语言学的理论和方法缺乏深入探究，得知高本汉的学术观点也只是凭借道听途说的转述，所以无论是表示支持还是反对，经常是只能涉其皮毛而不能得其精髓。在这种形势下，几位有识之士撰写了一些普及读物，以求学界对西方语音学的成果有一个本质的把握，这些普及读物中最为人们熟知的是王力的《汉语音韵学》和罗常培的《汉语音韵学导论》①。作者写书的初衷虽然是服务于高等院校教学，但在整个学术界产生的影响却是深远的。从那以后的很长一段时间里，中国大批音韵学者对普通语音学和高本汉学说的了解可以说最初都是来自这两本书，直至今天我们仍然可以说，古代汉语专业的中国学生里还有很多人是通过高本汉的学说来了解西方历史语言学的。

作为20世纪汉语音韵学的里程碑，高本汉的研究在那以后的很长一段时间里引发了无穷无尽的讨论。时至今日，中国乃至海外学者重新提出的古音构拟系统已经与高本汉当初的结论有了很大不同，其中一些成果基本上是在原有资料和方法范围内提出的修正意见②，而另一些成果则突破了高本汉的基础资料范围，大胆地把汉藏语同源词的比较应用于古汉语音韵构拟③。后者的选材标准不但是高本汉当年强烈反对的，而且当代也有不少学者认为“汉藏语”只是个未经科学论证的假说，贸然使用少数民族语言来论证汉语恐怕难以服人，何况按照假想的汉藏语谱系分类，任何人也不能认为汉语是周边任何少数民族语言的直接祖先，所以不能指望仅仅从上古汉语语音系统出发来讲清汉语与现代各少数民族语言之间的“演化”关系。由此想来，这一派学者勇于打破历史语言学桎梏的创新精神自然可敬，但高本汉当年经院式的固执态度也并非全无道理。

---

① 王力《中国音韵学》，商务印书馆1936年初版，1956年再版改名“汉语音韵学”；罗常培《中国音韵学导论》，北京大学1949年初版，1956年中华书局再版改名“汉语音韵学导论”。

② 除了李方桂的《上古音研究》之外，尚可参考雅洪托夫《上古汉语音韵》（С. Е. Яхонтов, Фонетика китайского языка I тысячелетия до н. э., *Проблемы востоковедения*, № 2, 1959, № 6, 1960）、斯塔罗斯金《古汉语音韵系统的构拟》（С. А. Старостин, *Реконсрукция древнекитайской фонологической системы*, Москва: Наука, 1989）和白一平《古汉语音韵学手册》（William H. Baxter, *A Handbook of Old Chinese Phonology*, Berlin: Mouton de Gruyter, 1992）。

③ 例如蒲立本《上古汉语的辅音系统》（E. G. Pulleyblank，The Consonantal System of Old Chinese, *Asia Major* 9, 1962），潘悟云、徐文堪译，北京：中华书局，1999；潘悟云：《汉语历史音韵学》，上海：上海教育出版社，2000；郑张尚芳：《上古音系》，上海：上海教育出版社，2003。

就学科的基础理论和研究方法而言，我们应该承认汉语音韵学领域的“高本汉时代”仍在延续，这一时代自开创以来近百年的新成果大都可以视为在高本汉范式下的丰富和发展。我们无法预计这个时代会在什么时候、以什么方式结束，那或许要等待原始汉藏语的构拟成功及汉藏诸语言间谱系关系的最终确立，或许还要等待某个新的学科得以取代作为19世纪欧洲人文科学最高成就之一的历史比较语言学。一派学术思想培育了一批求知的学者，他们明知生也有涯而知也无涯，但是他们会尽毕生之力去顽强地追求——追求学术的进步，追求人类的新知。

（原载张公瑾主编《民族古籍研究》3，北京：中国社会科学出版社，2016，页281—290）

卜弼德和他的《胡天汉月方诸》

在20世纪初期的美国，汉学可以说是个不大为人所知的领域，当时的研究者主要都是旅美的华裔，非华裔的学者寥寥无几。到了20世纪70年代，汉学一跃而成为当地学术界的热门，至今已在全美国乃至全世界取得了令人瞩目的成就。促成这一重大转折的原因固然主要来自政治方面，但我们也不能不说，政治推动学术往往只能造出巨大的声势，而真正提高科研水平还要靠学术界内部的努力。事实上正是基于几位优秀学者尽毕生之力进行的准备工作，美国汉学才有了今天的生机勃勃。在这几位学者中，我们应该记住卜弼德这个名字。

卜弼德（Peter A. Boodberg）1903年4月8日出生于符拉迪沃斯托克市（海参崴）的一个没落贵族家庭，最初的名字是彼得·阿列克谢耶维奇·卜德别尔格（Пётр Алексеевич Будберг）。据说他的祖上是德国的美因茨大公，徙居爱沙尼亚后归属俄国，因此他有时也在名字里加写Baron或von以标示自己的贵族血统。第一次世界大战期间，他是圣彼得堡军事学校的学生，后来相继就读于我国哈尔滨的一所中学和俄国的符拉迪沃斯托克大学，主要学习汉语和语文学。1920年他转入美国的加利福尼亚大学伯克利分校继续学业，并于1930年获得哲学博士学位，论文题目是《中国古代兵法——〈李卫公问对〉研究》(The Art of War in Ancient China：A Study Based upon the Dialogues of Li, Duke of Wei)。毕业以后他曾写信给许多所著名的大学求职，但当时的美国大学并不像今天那样重视汉学研究，所以都以“我们未设此种课程”之类的理由拒绝了他。直到1932年6月，他的母校终于答应聘他为东方语言的教师，于是他便从此倾心于伯克利的东方语言教学和研究事业，四十年内历任助教、副教授、教授，至1972年6月29日因心脏病去世，其间还担任过加利福尼亚大学伯克利分校的东方语言系主任和美国东方学会会长。他在任职期间一直致力于东方学课程配置和学者知识结构的重组，极大地改变了以前美国汉学专业“只会说话，不懂学问”的尴尬局面，从而为日后美国汉学跻身于世界学术之林奠定了基础。从某种意义上说，卜弼德可称为近代美国汉学史上一位承前启后的改革家[①]。

语文学专业出身的卜弼德对汉语有着非凡的洞察力，这里只需举出一件事就足以说明他的水平。从事古汉语研究的中国学者都知道，在1934年，当时年仅25岁的丁声树写了一篇解释否定词“弗”和“不”的论文，并于1935年发表[②]。文章以百余则例句证明了上古汉语的“弗”字是一个含有“代名词性的宾语”的否定词，“不”字只是一个单纯的否定词，换言之，“弗”等于“不之”。这篇文章刊出后，以其贴切的分析和出人意表的结论赢得了许多学者的交口赞誉，至今传为佳话。可是恐怕很少有人知道，卜弼德在丁声树文章发表之前的1934年10月便写出了一篇短文，提出了同样的观点。我把他的这篇短文全部译在下面[③]：

“弗”的韵尾 –t

古汉语否定句中动词和代词宾语的顺序是倒置的，这久已被人们观察到并论述过了。然而语法学家们却没提及一个事实，即当宾语是第三人称代词“之”的时候，倒置会使否定词产生变化。先秦汉语在这种情况下，语法上似乎要求使用否定词“弗”而非常见的“不”。

我手头没有甲柏连孜写的语法书，但显而易见的是，他本人和他的追随者都忽略了这条规则。据甲柏连孜的《庄子的语言》和海涅什的《教程》，“弗”仅仅被释为 nicht auch prohibitiv（“不”或否定命令词），再无进一步的说明，可是在他的课文里却有“国亡而弗知”一句，恰可作为“弗”字这种奇特用法的明证。

没有真伪争议的周代典籍在使用“弗”字时，百分之九十的情况是，“弗”的后面都跟着一个动词，其间还隐含着一个“之”。换言之，如下例所示，“弗”总是相当于“不之”：

---

① 本文所述的卜弼德生平据 Edward H. Schafer, Peter A. Boodberg, 1903-1972, *Journal of the American Oriental Society* 94.1, 1974。

② 丁声树：《释否定词“弗”“不”》，《庆祝蔡元培先生六十五岁论文集》，《国立中央研究院历史语言研究所集刊》外编第一种，下册，1935。

③ 原题《汉语词法句法札记之一》（Notes on Chinese Morphology and Syntax, I）。原文在当时仅以复制打字稿的形式在同行学者中散发，1979年始由加利福尼亚大学出版社正式出版，见 Alvin P. Cohen 所编的《卜弼德选集》（*Selected Works of Peter A. Boodberg*）。

子知之？曰：弗知也。[= 不之知]

弗为耳。[= 不之为]

时至而弗失。[= 不之失]

“弗”在高本汉字典的古音是 pǐuət，其中的韵尾 -t 显然可以解释为轻读的“之”（高本汉字典 tɕi<ȶ-）粘附在普通否定词“不”（高本汉字典 pǐəu < -uǐ）后面所造成的遗迹。“不”和“弗”（即“不之”）在春秋时期以前划然可分，到了春秋之后，“不”被读成了 puət，从而完全取代了“弗”，它们二者间的区别只存在于后世仿古作家的作品中。

关于韵尾 -t 的此种解释同样也可以用于否定命令词“勿”（高本汉字典 mǐuət，如“勿听”即“无之听”），还可以用来解释动词“曰”（高本汉字典 ŋǐwɐt）的韵尾 -t。“曰”和“谓”“言”“语”不同，它后面从来不跟着“之”。

把两篇文章加以对照后可以看出，卜弼德尽管没有列出丁声树那样多的例句，也没有进行丁声树那样细致的语法分析，但他们二人关于“弗”“不”基本区别的认识竟然完全一致，而且卜弼德能从汉字古音入手讲清“不”和“弗”在语音上的关系，这一点则是当时年轻的丁声树所见未及的。

大约是深受法国汉学大师沙畹和伯希和著作的影响，卜弼德的治学风格明显接近于 20 世纪初风靡世界的“法兰西学派”。这个学派的特点有二：第一，注重对有关中国的史料进行细致入微的语文学考据，而不提倡诸如“历史地位”“重大意义”之类的泛泛长谈，这有些像中国的乾嘉学派；第二，注重把中国汉文化与周边民族文化联系起来考察以见其源流，而不提倡就汉族论汉族，只在一个十分狭小的文化范围内折腾，这又是法兰西学派高出乾嘉学派的地方。在 1944 年 8 月提交的一份伯克利分校东方语言系工作报告里，卜弼德这样描述他的学术理想：“东方学系及任职于东方学系的学者们要永远遵循这一原则来研究中国，即只有把中国视为整个欧亚大陆的一部分，才能正确地理解这个国家的发展。从‘全球’角度进行的研究要求研究者特别关注古代中国和草原邻国，以及通过草原邻国和欧亚‘远西地区’在语言、历史和文化上的关联。”① 卜弼德在这里颇为风趣地仿照“远东地区”自造了“远西地区”(Far

① 转译自 E.H. Schafer, Peter A . Boodberg, 1903—1972。

West) 这么一个词，目的也许是要强调每个国家、每个民族的文化都是平等的，谁也不是世界的中心。

卜弼德始终不渝地实践着自己在学校倡导的治学原则，他一生中写下的百余篇文章就是最好的证明。然而有趣的是，卜弼德有一个令当代中国学者大惑不解的怪癖——他写了文章并不是赶紧拿出去发表以供评职称急需，而是仅仅打字甚至手抄后自费复制若干份，分头寄给同行们就算完了。事实上他的论文在生前发表的好像还不到十篇，其中著名的如《拓跋魏的语言》①、《中国边疆史札记二则》②、《北朝史补注》③、《突厥札记三则》④、《若干早期儒家概念的语义学研究》⑤、《〈老子〉首章笺证》⑥等，其余的文章都是在他去世后由他的学生柯恩 (Alvin P. Cohen) 百般搜求才得以结集出版的，这部题为《卜弼德选集》(*Selected Works of Peter A. Boodberg*) 的书 1979 年由加利福尼亚大学出版社推出。也许，前面所言就是这个古怪的老头儿为什么在美国东方学界威望很高，但在中国学术界却名声不大的原因了。著名语言学家罗常培曾经在 1946 年写给他的一封信中说："在我看来，你是我在美国遇见的惟一有资格在这方面给我以帮助的学者。"

在卜弼德的手稿中，最受人称道的是《胡天汉月方诸》。这是卜弼德于 1932 年至 1936 年间陆续写成的一套系列札记，由于当时他只是随手写来并复制后寄给同行的朋友，所以流传范围极窄。许多人都是只听到别人复述而没有机会读到原文，甚至不清楚这套札记共有多少篇。柯恩编录《卜弼德选集》的时候也没能把每一篇札记都搜集齐全，现存的只有以下这些：

卷一 (1932 年 3 月)：胡天汉月方诸序。铁弗刘虎。刘务桓。刘阏陋头。刘悉勿祈。刘卫辰、刘库仁。匈奴语中的一个突厥语词。东亚"狼""马""龙"语源试考。蒙古语的 *odčin = odčigin"幼子"。

卷二 (1932 年 4 月)：刘眷。刘显。刘罗辰。赫连勃勃。忙哥帖木儿。大延、

①The Language of the T'o-Pa Wei, *Harvard Journal of Asiatic Studies* 1, 1936.
②Two Notes on the History of the Chinese Frontier，ibid.
③Marginalia to the Histories of the Northern Dynasties，ibid.3, 1938; 4, 1939.
④Three Notes on the T'u-chüeh Turks, *University of California Publications in Semitic Philology*, vol. XI, 1951.
⑤The Semasiology of Some Primary Confucian Concepts, *Philosophy East and West*, 2.4, 1953.
⑥Philological Notes on Chapter one of the Lao Tzu, *Harvard Journal of Asiatic Studies*，19, 1956.

成吉思和单于。《尧典》的结构。

卷五 (1933 年 1 月)：汉—阿尔泰学之一。

卷七 (1933 年 12 月)：汉—阿尔泰学之二。

卷八 (1935 年 2 月)：汉—阿尔泰学之二（续）。

卷九 (1935 年 5 月)：汉—阿尔泰学之三。

卷十 (1935 年 6 月)：汉—阿尔泰学之三（续）。

卷十一 (1935 年 9 月)：汉—阿尔泰学之四。汉藏语札记。

卷十三(1936年3月)：中国的狮子。汉—阿尔泰学之四(续)。汉藏语札记(续)。

卜弼德用中文为他的这个札记集起了个总名——“胡天汉月方诸”，并用英文译作 The Mirrorings of the Chinese Moon in a Barbarian Sky。对于这个奇怪的名字，卜弼德解释说,月亮象征着汉地本土文明,寒冬的天空象征着北方不开化的蛮荒之地,而“方诸”，据他说是取其有“镜鉴”的意思。这大约本于《周礼·秋官·司烜氏》郑注：“鉴，镜属，取水者，世谓之方诸。”说老实话，读了卜弼德的解释之后，我仍然不明白“胡天汉月方诸”是什么意思。

《胡天汉月方诸》的主旨是寻找中国古籍中一些汉语音译词的阿尔泰语源，藉以描述汉民族和阿尔泰民族的历史文化接触关系。同时代进行此类研究的还有日本的白鸟库吉[①]，不过白鸟库吉更多是从通古斯语和蒙古语中考虑，而卜弼德的研究则主要集中于蒙古语和突厥语，他寻找的词源在音义两方面比白鸟库吉更令人信服。“阿尔泰语系”这个概念是芬兰学者兰司铁 (Gustav J. Ramstedt) 在 20 世纪初提出来的，这是一个关于突厥、蒙古、满—通古斯诸语言间同源关系的假设。看来卜弼德是和当时的大多数学者一道接受了这个假设，并将其作为自己研究的理论前提，在此基础上他还杜撰了一个词——Sino-Altaica，这个词也许可以勉强译作“汉—阿尔泰学”，它暗示着汉民族和讲阿尔泰语的民族间的文化亲缘。

既然作为札记，我们就不必要求作者每篇都有新的见解，事实上卜弼德讨论的有些问题在他之前就被反复地讨论过了，例如匈奴王号问题、《魏书·官氏志》所载胡姓改汉姓的语文学依据问题、鲜卑官号的解读问题等，这时他也就是引述伯希和或

① 白鸟库吉：《东胡民族考》，原连载于日本《史学杂志》第 21–24 编，国内有方壮猷译本，上海商务印书馆 1934 年版。

白鸟库吉的话并略加解释而已。因此，人们在阅读《胡天汉月方诸》的时候，一定不要把每则词语的考证都当成卜弼德自己的，而应该首先排除前人的观点，这样才能充分领略作者不落俗套的综合能力和想象能力。在《胡天汉月方诸》卷十三《中国的狮子》一篇里，卜弼德首先指出西汉时代出现的“师”（狮）这个词是某种伊朗语言的音译，它应该和波斯语的 šer（狮子）相关联，这当然是学界此前就已知道的事实，不必多加注意。但是接下来卜弼德则展现了他个人的风格。他指出“狮子”这个词还有更古的三个形式，即《尔雅》的“狻猊”和《逸周书·王会解》的“尊耳”“酋耳”，这三个形式在音韵上是相通的（sun-ngi 或 tsun-ngi）①，它们相当于列普查语（Lepcha）的 sung-(n)gi（狮子），以及藏语的 seng-ge（狮子），最初的来源似应是梵语的 siṃha(僧诃，狮子)。由此卜弼德又想到，这个词在东南亚一定是极其古老的，它一定是从南部或西南部传入中国的。应该承认，“狻猊”“尊耳”“酋耳”来自 siṃha 是一个非常有意思的假设，它揭示了中国和西南邻国在先秦时代就有交往的可能性。在短文的最后，他又联想到《诗·召南》的“驺虞”和《说苑》的“騣虪”，虽然不见得十分稳妥，但也可聊备一说。

卜弼德原籍俄国，他写文章也表现出了鲜明的俄罗斯性格——知识渊博，但也经常不合时宜地卖弄文采；妙语惊人，但也经常在细枝末节上粗心大意。遍检《胡天汉月方诸》，阿拉伯文、波斯文、突厥文、西夏文、蒙古文的怪字随处可见，甚至有的小标题都用拉丁文来写，一般读者看了以后，除了佩服作者的才学之外，恐怕再难有多少具体收获。征引文献时使用的是一套只有他自己才明白的简称，若没有柯恩在著名阿尔泰语言学家波普 (Nicholas Poppe) 帮助下编制的一个缩略语表，恐怕绝大多数引文的出处都无从核对。由于是随手写下的札记，所以文章中不但间有错字，而且有时作者随兴致所至，写着写着就“跑题”了。我所熟悉的俄国学者或多或少都有这样的特点，我当面戏称之为“俄罗斯男人的魅力”，这时他们总是爽朗地大笑，然后递过来一杯伏特加。

卜弼德还有一个缺陷，也是“法兰西学派”的传统缺陷，这就是他虽然对中国乃至中亚的古代史料运用纯熟，但却很少注意明清以后中国学者的考据成果，这使得他的有些研究因和此前的中国学者相重复而降低了应有的价值。例如他在《汉语词法句

① 卜弼德在这里没有解释他为什么把“耳”的古音认作 ngi。按照常识，“耳”在上古时代应该是 ni。

法札记之二》论述古汉语的合音字时，仅从高本汉的字典里找出了“叵”（不可）、“盍”（何不）等几个有限的例子，却不知道这类合音例还有几十个，都记载在顾炎武的《音论·论反切之始》里。当然，从纯粹读书的角度上说，我们或许可以不必逐一追究每项结论的最早提出者是谁。著作最重要的是给读者以启发，是引导读者进入一个新的领域或者用新的思路探索一些新的问题，而在那个作为美国汉学史上转折点的特殊年代，卜弼德能做到这一点也就足够了。

（原载《书品》2002 年第 1 期，页 65—72）

鄂卢梭和他的《女真译语》研究手稿

这里介绍的“《女真译语》研究手稿”系河内的法国远东学院（*École française d'Extrême-Orient*）旧藏，1965 年由韩百诗（Louis Hambis）转交法国国家图书馆[①]。原件入藏时没有封面和书名，后经保管单位重新装订为一册，拟题“鄂卢梭 – 女真”（Aurousseau-Jučen），目的是提示作者和主题。这部稿本是经过法国学者鄂卢梭整理的《女真译语》及相关资料，内容梗概如下：

1，资料表；

2，法国远东学院藏“华夷译语”概观；

3，“华夷译语”序（杨守敬）；

4，女真译语；

5，法文索引；

6，汉字部首索引；

7，立项书、工作计划书和便条[②]；

8，《女真译语》照相底片；

9，西文参考著作目录；

10，中文参考著作目录；

11，日文参考著作目录。

稿本的前两页用钢笔书写，第 3 页以后的汉字改用毛笔书写，书法尚可。字里行间有密密麻麻的铅笔批注，有些字迹已经不易辨认。批注出自伯希和（Paul Pelliot）之手，主要目的是补充提供其他语言里的同源词。

看得出来，这是一部准备出版的稿本，而且在出版前征求过伯希和的意见。不过不知出于什么原因，这部书始终未能付梓，以致很多人都不知道它的存在。

① 感谢法国国家图书馆东方写本部中文处主任蒙曦女士（Nathalie Monnet）和法国高等研究实践学院教授马颂仁先生（Pierre Marsone）介绍我读到了这部手稿。

② 这一部分主要是些零散的工作记录，稿本装订时被逐一粘贴在纸页上，估计当初只是作为档案保存，不属于准备出版的内容。

手稿的原作者列奥纳尔 - 欧仁 · 鄂卢梭（Léonard-Eugène Aurousseau）1888 年出生于法国的戛纳，青年时就读于东方语言学院（École des langues orientales）和高等研究院（École des hautes études），师从法国汉学宗师沙畹（Edouard Chavannes）。1909 年，他以殖民军步兵的身份到了越南，并在河内法国远东学院兼职，这期间他做过教务和编务，还被先后派往中国的上海、北京和越南的顺化工作。1915 年，他被正式聘为远东学院的历史学和考古学教授，其后相继调任法国和西伯利亚，并于 1920 年再赴河内，接替著名汉学家马伯乐（Henri Maspéro）担任汉语教授，同时代理学院秘书。六年以后，鄂卢梭接替路易菲诺（Louis Finot）出任法国远东学院院长，次年因身体不佳离职回国，不久就于 1929 年弃世而去，年仅 41 岁 ①。

鄂卢梭一生奔波，只写过不多的几篇短文，主要发表在 1912 年到 1926 年的《法国远东学院学报》上 ②。本文介绍的这部《女真译语》研究手稿大概是他计划中的惟一专著，写作时间应该在 1925 年之前不久，当然，整部书稿并没有最后完成，目录中提到的《女真译语》照相底片也不见于现在的稿本。

鄂卢梭这项研究所依据的《女真译语》原书即石田干之助在 1931 年提到的“河内法国远东学院藏本” ③，1965 年和鄂卢梭的《女真译语》研究手稿同时入藏法国国家图书馆东方写本部。原件为明代末年的黄格笺纸抄本，线装一册，每半叶 12 行，四周单栏，版口下方有“霛湖堂藏”四字 ④。全书标 48 叶，实得 49 叶，第 1 叶与第 2 叶之间的一叶漏计。首叶卷端题“女直译语”，下钤“澹宁斋藏”印，知该书最初系明末学者李清所藏。李清（1602—1683）字心水，晚号天一居士，南直隶州兴化（今江苏兴化）人，著有《澹宁斋集》《澹宁斋史论》《澹宁斋杂著》等，《明史》卷一九三和《清史稿》卷五〇〇有传 ⑤。书的封面有题签“华夷译语，女真”，下钤“杨

① 鄂卢梭生平详见 *Bulletin de l'École française d'Extrême-Orient* 29, 1929。

② 这些论文有：Notes sur le Houa-yi-yi-yu, *Bulletin de l'École française d'Extrême-Orient* 12, 1912；Le temple de la littérature à Hanoi, *Revue indochinoise* 2/1-2, 1913；Le mot sampan est-il chinois? , Exposé de géographie historique du pays d'Annam, Hanoi à travers l'histoire (conférence) , *BEFEO*. 22, 1922；Une aquarelle annamite, *BEFEO*. 25, 1925；Nouvelle fouille de Dai Huu (Quang Binh, Annam) , Une fouille au village de Trung Quan (Quang Binh, Annam) , *BEFE*O. 26, 1926。

③ 石田干之助：《女真语研究的新资料》，载《桑原博士还历纪念东洋史论丛》，京都：弘文堂书房，1931。

④ “霛”即“灵”字异体。“霛湖堂”的所指我目前还不清楚。

⑤ 如《明史》卷一九三载李清：“崇祯四年进士，由宁波推官擢刑科给事中。熊文灿抚张献忠，清论其失策。以久旱请宽刑，忤旨，贬浙江按察司照磨。未赴，忧归。起吏科给事中，俄出封淮府，国变得不与。福王时，请追谥开国名臣及武、熹两朝忠谏诸臣，于是李善长等十四人、陆震等十四人、左光斗等九人并得谥。”

守敬印”，知该书曾一度归近代著名藏书家杨守敬（1839—1915）所有，至于后来怎么归属了法国远东学院，目前还没有见到相关的记录。

法藏本《女真译语》系毛笔墨书，运笔不合法度，明显不像受过训练的抄书人所为。全书内容分“天文”“地理”“时令”“花木”“鸟兽”“宫室”“器用”“人物”“人事”“身体”“衣服”“饮食”“珍宝”“文史”“声色”“数目”“通用”十七门，收词语凡1156条，每条词语上方边栏外有用铅笔写的阿拉伯数字序号，大约是鄂卢梭在研读时顺手所编。全书没有出现女真字和“来文”，这种形式属于所谓“会同馆译语”[①]，与备受学界重视的“四夷馆译语”不在一个系统。

鄂卢梭手稿的核心部分为会同馆《女真译语》的录文和同源词引证[②]，每条词语的考据分为三栏，下面是前三条：

1. 天，ciel; jour; espace.	阿瓜 ă-kouā.	Mandchou abka
2. 云，nuage.	秃吉 t’oŭ-hĭ.	m. tugi
3. 雨，pluie.	阿古 ă-koù.	m. aga

以第一条为例：第一栏的“天”字录自《女真译语》原书，后面三个词是法文释义，意思分别是“天空”（也可以是人格化的“天”）、“日子”（也可以是“白天”）和“太空”（宇宙）[③]。第二栏的“阿瓜”录自原书的对音汉字，后面是鄂卢梭为“阿瓜”标出的汉语官话读音。第三栏的第一个词是“满洲”（下文简写作m.），表示后面给出的是相应的满语词——满语的abka是“天”的意思。abka下面画一条横线是铅字排版时代的书写习惯，目的是提醒工人在这里使用斜体字。手稿引用满语词时大多采用拉丁转写，偶尔也会出现真正的满文，那满文写得相当熟练，初学者恐怕难以做到。

对于中国的研究者来说，手稿中最有价值的部分是第三栏给出的同源词。这种为

① 与此同类的本子还有藏于日本的“阿波文库本”和“静嘉堂本”，参看山本守《阿波文库本〈女真译语〉》（《东洋史研究》第3卷第5号，1938）、《静嘉堂本〈女真译语〉考异》（《书香》第15卷10月号，1943）、《〈女真译语〉研究》（《神户外大论丛》第11卷第12号，1951），以及 Daniel Kane, *The Sino-Jurchen Vocabulary of the Bureau of Interpreters*, Bloomington: Research Institute for Inner Asian Studies, Indiana University, 1989。

② 这一部分在手稿中称作 Vocabulaire Chinois-Jučen，字面意思是“汉语—女真语词汇表”。

③ 这三个法语词完全是据汉语的“天”翻译的，与女真语文的情况不符。事实上女真的“[illegible]”（*abqa*，天）并没有“日子”的意思，当“日子”讲的女真字是“日”（*inengi*）。

女真语寻找同源词的传统是格鲁贝在鄂卢梭之前30年开创的[①]，不过，格鲁贝的研究兴趣更多地集中在了“四夷馆本”的女真文字上面，而对于其后代语言同源词的甄别则颇有疏漏[②]，加之将同源词附注的部分另立一章，令读者对照翻检略感不便。相比之下，鄂卢梭几乎为“会同馆本”里的每一个女真词都举出了同源形式，尽管其中少量形式由于缺乏必要的说明而难免招致后人指摘，但毕竟比格鲁贝所用的“四夷馆本”多涉及了近三百条词语，其资料之丰富至今还难有匹敌。毋庸讳言，鄂卢梭没有能够像后来的清濑义三郎则府那样参照明代汉语的特点来理解《女真译语》里的对音汉字[③]，也没有能够参照女真语文的实际含义为每个汉语词做出精准无误的法文翻译，但是无论如何，他的这部手稿是女真语乃至阿尔泰诸语言研究领域一份值得重视的学术遗产。

令人略感遗憾的是，鄂卢梭的《女真译语》研究手稿有些地方字迹潦草，伯希和的铅笔批注尤甚，这为中国学者的阅读带来了困难。我们设想，将来中国如果能出现一位既精通法语、满语、蒙古语，又有古籍整理经验的人才，把这个稿本整理出版，那一定会成为令女真语言学界瞩目的贡献。

（原载辽宁省辽金契丹女真史研究会编《辽金历史与考古国际学术研讨会论文集》，沈阳：辽宁教育出版社，2012，页531—534）

①Wilhelm Grube, *Die Sprache und Schrift der* Jučen, Leipzig: Otto Harrassowitz, 1896.

② 参看石田干之助：“Jurčica”，载《池内博士还历纪念东洋史论丛》，东京：座右宝刊行会，1940。李基文：《中古女真语的音韵学研究》，原载《汉城大学论文集》人文社会科学7，1958，黄有福译文载中国社会科学院民族研究所语言室编《民族语文研究情报资料集》第3集，1984。

③ 清濑义三郎则府：《女真音的构拟》（原载《言语研究》第64号，1973），邢复礼、刘凤翥译文载中国社会科学院民族研究所历史室资料组编《民族史译文集》第12集，1984。原文对汉字译音的理解依据明代徐孝所著的《重订司马温公等韵图经》（1606）。

《敦煌吐蕃汉藏对音字汇》读后

20世纪初敦煌藏经洞所出的写卷里有十多种藏汉对音文献。自从罗常培在1933年首次利用这类文献探讨唐五代时期的汉语西北方音之后[①]，藏汉对音在汉语音韵学研究中的作用就显得日益突出，相关的新资料也不断得到公布。通过所用原始文献的种类和所集对音汉字的数量或可看到近几十年的学术发展——当年罗先生只从6种原始资料中提取了523个对音汉字，半个世纪后，日本学者高田时雄研究利用的原始资料已有14种，提取的对音汉字已达1218个[②]。2006年，中央民族大学出版社更是推出了一部《敦煌吐蕃汉藏对音字汇》，该书提供了从18种原始文献中收集的对音汉字1432个，堪称迄今最为丰富的一份汉藏对音资料集。

《敦煌吐蕃汉藏对音字汇》是老一辈藏语专家周季文、谢后芳伉俪花费十余年功夫编成的，全书的主体部分是“汉—藏”和“藏—汉”两个古音对照表，后面附有全部原始语料的校译和部分原件的照片，以供研究者在使用时参照复核。我们知道，敦煌写卷上的藏文字迹大多潦草漫漶，颇难辨认，研究者的识别和拉丁转写往往各不相同，常会令人感到无所适从。为解决这个问题，周、谢二位先生在书中为每一个藏文对音详细地列出了楷体摹录、国际音标转写和现代藏语读音，有的地方还以校注的形式给出了此前诸家的不同识读结论，使不懂藏文的汉语音韵学者利用起来非常方便。

根据目前的认识，敦煌所出的藏汉对音文献分为两种类型，一种称作“对音本”，即把注音藏文写在汉字旁边，使用者可以直接对照阅读；另一种称作“音译本”，即仅用藏文对原始文献进行音译，其中不再出现汉字，研究者要利用这类材料，必须找到藏文翻译所依据的汉文原书作为参照。从罗常培开始，这两种本子的性质就被视为同一的，也就是说，其中藏文所标示的音基本都可以视为汉语西北方言的实际读法，是否出现汉字其实并没有什么关系。不过近年来公布的新资料表明，我们在使用所谓

① 罗常培：《唐五代西北方音》，中央研究院历史语言研究所单刊甲种之十二，1933。
② 高田时雄：《敦煌资料による中国语史の研究——九、十世纪の河西方言》，东京：创文社，1988。

“音译本”来研究汉语音韵时必须事先明确一个问题，即相应的汉文原本是否有文献的确证，这将直接影响到基础资料的可靠程度。如果相关的汉文底本完好地保存到了今天，那么我们尽可以放心大胆地使用它，例如音译本《般若波罗蜜多心经》就是这样[①]，而如果相关的汉文底本并没有保存到今天，现在人们手边的汉文本只是研究者根据其他资料“构拟”的，那么我们在使用时就难免会陷入循环论证的怪圈。以通常称作“汉藏对照词语”的音译本为例[②]，这是个“杂字体”的字书，但书中只给出了每则汉文词语的藏文意译和音译，并没有出现汉字，当然，藏学家自可通过藏文的意译和音译构拟出相应的汉字来，比如根据藏文的词义 *btsan-po*（赞普、王）和汉语音译 *then-tse* 猜到其汉文原词必是“天子”。不过很明显，这样的结论尽管本身无可挑剔，但毕竟是在汉语读音基础上得出的，我们若反过来再用它来论证汉语，就多少显得有些滑稽。另外，这个卷子的内容也并不都是像“天子”那样可以一望而知的，其中还有许多词语至今无法解出，即使是已经解出的词语，研究者的意见也往往不尽一致[③]，因此，这类资料在音韵学研究中的可靠程度要稍低一些。

《敦煌吐蕃汉藏对音字汇》收录的基础文献比前人多出了 5 种，其中的《藏汉对照词语》和《吐蕃医学文献精要》就属于上面所说的“构拟本”。另外三种是《尚书》《孔子项橐相问书》和《春秋后语》的藏译文，尽管藏学界对这些文献的鉴定和释读还存在些许疑问，但由于《敦煌吐蕃汉藏对音字汇》只是摘录了其中的汉语音译词，并不涉及总体的意译，所以应该都是可靠的。这里需要补充的只是，从藏译汉文书籍里摘录音译词固然不失为收集语音资料的一条可行途径，但如果真去收集的话，原始文献也许会比周、谢二位先生列出的要略多一些，比如说还有敦煌藏经洞所出的《儒家格言》（P. tib. 987、988）[④]，我们可以从中摘录出的音译词至少还有 *yang-'chin*（杨震）、*ci'u-yag*（周易）、*the-kong*（太公）、*sang-zhu*（相如）等几个[⑤]，且其中“太”字的对音（*the*）不见于《敦煌吐蕃汉藏对音字汇》，却与现代藏语拉萨方言和安多方

① 周季文：《藏译汉音的〈般若波罗蜜多心经〉校注》，《语言研究》1982 年第 1 期。

②F.W. Thomas and L. Giles, A Tibeto-Chinese Word-and-phrase Book, *Bulletin of the School of Oriental and African Studies* 12, 1947-48.

③ 参看黄布凡《敦煌〈藏汉对照词语〉残卷考辨订误》，《民族语文》1984 年第 5 期。

④R. A. Stein, Tibetica Antiqua Ⅵ, Maximes confucianistes dans deux manuscripts de Touen-houang, *Bulletin de l'Ecole française d'Extrême-Orient* 79.1, 1992.

⑤ 聂鸿音：《敦煌 P.988 号藏文写卷考补》，《民族研究》2005 年第 3 期。考虑到排字的方便，本文改用了国际藏学界最通用的那一套藏文拉丁转写法，与《敦煌吐蕃汉藏对音字汇》所用的国际音标转写法和上述石泰安文章所用的法国式转写法略有不同。

言相符，或许可以算是一则新的资料。

需要进一步考虑的问题是，有些对音资料即使此前已被音韵学界沿用成习，但其性质恐怕未可一言以蔽之。高田时雄曾经提出，吐蕃统治时期和归义军统治早期的藏文写本反映的是汉语长安标准音，而归义军统治晚期的写本则展示了河西方言的特色[①]。这当然是站在音韵学立场上提出的看法，在整理基础文献时似可不必过于在意，然而有一个问题却是我们切不可掉以轻心的，这就是对音的“方向”，即在整理基础资料时一定要注意区分哪些资料是从汉语译成藏语的，哪些资料是从藏语译成汉语的，两种不同方向的对音在音韵学研究中绝对不具有同质性。这方面的典型例子来自汉藏合璧的《唐蕃会盟碑》。我们看到，这通石碑的铭文里既有译成藏文的中原人名和职官名，也有译成汉文的吐蕃人名和职官名，前者的对音规律与敦煌汉藏音译资料基本一致，而后者则与之相去甚远。例如吐蕃人名 *lha mthong* 汉译作“贪通”，*lho gong* 汉译作“土公”，其中汉语透母字的对音一律作 *lh-*，与敦煌文献译透母字为 *th-* 的正常对音迥然不同。又如吐蕃官名 *blon* 汉译作“论”，而汉字“论”在敦煌文献里的正常对音是 lun 或者 lon，如果把两种情况摆到一起，用汉语音韵学就无论如何也无法解释吐蕃官名里的藏文 *b-* 为什么没有被译出来。由此我觉得，尽管由藏文译成汉文的例字在《敦煌吐蕃汉藏对音字汇》里出现的比例并不太高，但似乎还是以忍痛割爱为妙，这样可以更精确地保证原始资料的同质性。

在《敦煌吐蕃汉藏对音字汇》的“汉—藏”和“藏—汉”两个古音对照表中，汉字的“声韵呼等调”一栏留下了少量空缺。据周、谢二位先生在全书的“体例说明”里讲，他们描述汉字等韵地位时依据的是郭锡良的《汉字古音手册》，该手册中所无的则付诸阙如。然而我觉得二位先生在这里恐怕是过于谨慎了。事实上从理论上说，古书使用的所有汉字，不管是否见于《汉字古音手册》，其等韵地位都是可以确定的。下面我们尝试着来填补这些空缺，汉字后面括号里的页次是《敦煌吐蕃汉藏对音字汇》的页次。

啊（第 1 页），《集韵》箇韵安贺切，等韵地位当作“影箇开一去”。按，此字多见于盛唐以后的汉译佛经咒语，对应梵文长元音 *ā*。

吧（第 1 页），《广韵》麻韵普巴、伯加二切，其藏文对音为全清 *pe* 字，可知

① 高田时雄著，钟翀等译：《敦煌·民族·语言》，中华书局，2005 年，第 12 页。

当读伯加切，等韵地位当作“帮麻开二平”。

吃（第 8 页），《广韵》锡韵苦击切，等韵地位当作“溪锡开四入”。

閦（第 9 页），《集韵》屋韵初六切，等韵地位当作“初屋合三入”。按，此字多见于汉译佛经，对应梵文 *kṣob*。

砻（第 12 页），《玉篇》徒阆切，等韵地位当作“定宕开一去”。

斗（第 14 页），《广韵》厚韵当口切，与“斗”同音，等韵地位当作“端厚开一上”。

槅（第 19 页），《广韵》麦韵古核切，与“隔”同音，等韵地位当作“见麦开二入”。

睺（第 22 页），《广韵》户钩、胡遘二切，分属平、去二声。按，此字多见于汉译佛经，“罗睺罗”习惯读平声，则等韵地位当作“匣侯开一平”。

桊（第 30 页），《广韵》线韵居倦切，与“眷”同音，等韵地位当作“见线合三去”。

麽（第 37 页），《广韵》果韵亡果切，等韵地位当作“明果合一上”。

鞧（第 44 页），《广韵》尤韵七由切，与“秋”同音，等韵地位当作“清尤开三平”。

佉（第 44 页），《广韵》戈韵丘伽切，等韵地位当作“溪戈开三平”①。按，此字多见于汉译佛经，对应梵文 *kha*。

什（第 48 页），《广韵》缉韵是职切，与“十”同音，等韵地位当作“禅缉开三入”。

荽（第 54 页），《广韵》脂韵息遗切，与“绥”同音，等韵地位当作“心脂合三平”。

鍮（第 56 页），《广韵》侯韵託侯切，与“偷”同音，等韵地位当作“透侯开一平”。

芫（第 65 页），《广韵》元韵愚袁切，与“元”同音，等韵地位当作“疑元合三平”。

莜（第 70 页），《广韵》啸韵徒吊切，又音苕，显然不是藏文对音 *yi'u* 的来源。按，俗称“莜麦”的“莜”从“攸”得声，又或作“油麦”，则当从“攸”“油”二字定为以周切，等韵地位亦当作“以尤开三平”。

怎（第 73 页），《字汇》子沈切，等韵地位当作“精寝开三上”。

揔（第 78 页），此为“总”字异体，等韵地位当从“总”字作“精董合一上”。

汉字的古音大致如此，而藏文的古音则可以启发我们更进一步的思考。在“汉—藏”和“藏—汉”两个古音对照表中，周、谢二位先生都为藏文列出了“古音”一栏，里面采用了国际音标式的转写，只是把古藏文的零声母标示为喉塞音（前人习惯不标），又把元音“反写 i”标示为下面加一个小圆圈的 i̥。国际音标式转写法尽管在国际上不

① 等韵地位依陈澧所定，参看所著《切韵考》，北京市中国书店 1984 年影印成都书局本，“外篇”卷 2 第 46 页。

大通行，但久已为中国语言学界所习用，其符号本身自然没有什么缺陷，但周、谢二位先生仍然就此告诫我们：

> 必须说明的是，由于藏语史的研究水平还很低，至少还没有达到汉语史研究水平的高度。历史分期并不清楚，不能像汉语那样分出“上古音”和“中古音”来。因此，这里的“古音”，有一定的模糊性。只能说，它基本上代表敦煌吐蕃时代的语音，一部分代表的是更早时期的语音，而这时已经起了变化。

毋庸讳言，我们不能奢求藏语历史语音学的研究水平在短期内能和汉语音韵学相匹敌。周、谢二位先生实际上是在暗示学术界，当前部分藏学家和汉语音韵学家习惯把藏文的拉丁转写或国际音标转写视为对藏语的古音构拟，这种办法实际上是很危险的。我们知道，藏文拼写形式给人最突出的感觉就是大量出现复辅音，这使得许多人据此认为古代藏语是一种复辅音极其丰富的语言，也使得喜欢利用藏语来研究汉语史的一批学者为原始汉语和上古汉语构拟出了大量带复辅音的音节。然而值得注意的是，人们似乎很少对这项研究的预置前提做出论证——藏文的书面拼写法真的就一定是藏语古代读音的真实反映么？

据《通典》卷一九〇《边防六》载，吐蕃始祖号“鹘提悉补野”，这是藏文 *'od lde spu rgyal* 的音译。这个译名的藏汉对音透露了一个有趣的事实——藏文复辅音声母里的有些字母原本恐怕是不发音的，比如 *lde*（堤）里的 *l* 和 *rgyal*（野）里的 *rg*。“悉补野”在《旧唐书》卷一九六《吐蕃传上》又作“窣勃野”，是吐蕃建国前的国号，由此我们想到，松赞干布的大臣图弥三菩扎在创制藏文的时候，口中念出的“鹘堤悉补野”这个词大概就是 'od de spu ya，而他在设计文字形式时多写出了字母 *l* 和 *rg*，只不过是要遵循文字的某种书写规则，与词的实际读音未必形成对应。类似的情况还有著名的 *bla ma* 和上文提到的 *blon*，这两个词在中原史书中的汉译始终都是“喇嘛”（辣马）和“论”，而绝对没有出现过“不喇嘛”和“不论”之类的译法。这一事实是不是也可以说明藏文“复辅音”*bl-* 里的 *b* 从来就是不发音的呢？

字母组合中的某些符号从文字创制时起就不发音，这在世界文字史上并非绝无仅有，公元前 2000 年左右的苏美尔楔形文字里就经常出现一些不代表实际语音的楔形符号，其作用也仅仅是要对同音字在书写形式上做出人为的区别而已。

当然，上面论述的目的并不是要证明古代藏语是一种复辅音贫乏的语言，只是我们至今还不知道古藏语里有哪些复辅音和没有哪些复辅音，换句话说，我们不知道藏文复辅音中出现的字母有哪些真正代表了藏语的实际读法，又有哪些仅仅是用为区别同音字的符号。尽管带有复辅音的注音藏文形式在《敦煌吐蕃汉藏对音字汇》里的出现频率并不算高，但从整个汉藏语言学的角度来看，这却是一个非解决不可的问题。现在我国的汉语音韵学界还没人有能力从事这项研究，因此，在怀着欣喜而崇敬的心情读完《敦煌吐蕃汉藏对音字汇》之后，我希望周、谢二位前辈能够继续发挥他们深厚的藏语文功底，在不久的将来为我们解开这个疑团。到了那个时候，不但《敦煌吐蕃汉藏对音字汇》这本书能够发挥更大的作用，而且我国的汉语音韵学研究还将由此而打开一片崭新的天地。

（原载张公瑾主编《民族古籍研究》1，北京：中国社会科学出版社，2012，页288—291）

《契丹小字释读问题》读后

1922年，比利时神父凯尔温（L. Kervyn）在辽庆陵发现了用契丹小字写成的辽兴宗和宣懿皇后哀册。时过八十年，各地出土的契丹小字石刻已达四十余件，可是这种文字的解读工作却是步履维艰。我们甚至可以说，迄今所有的解读尝试都建立在了层层假定的基础上，尽管其中有一些似乎经过了某种验证，但那样的验证实际上只是利用零散的资料偶然核对出来的，离形成一套科学的方法论还差得很远。

要形成一套科学的方法论，不可不做的工作就是把此前的研究情况详细总结一下，看看其中有什么成功的经验和失败的教训。现有契丹字的研究论著主要出自中日两国学者之手，散见于各个杂志，其中不乏非公开发行的内部资料，收集起来颇为困难，幸好内蒙古大学的清格尔泰教授最近写出了一本大部头的总结性著作《契丹小字释读问题》，才使人们一卷在手就能对这一领域的研究状况有一个全面的了解。

《契丹小字释读问题》是清格尔泰教授从1999年起在日本从事教学和科研时写成的，2002年由日本东京外国语大学的亚非言语文化研究所印刷。全书分成三个部分，第一部分为“契丹小字研究总论”，介绍了20世纪的契丹小字研究概况和当前面临的问题。第二部分为“契丹小字释读问题”，其中包括有关契丹小字释读的论著目录和契丹小字原字总表[①]，这一部分的重点是对已释读的原字的述评，有些像参以己意的“集释”。第三部分为“资料”，包括已刊布的契丹小字文献（主要是墓志）的照片、电脑录文和对文献的简要说明，最后附有已释读的契丹词语表，其中详尽注明了每则词语的每一个出处，为今后的研究提供了很大方便。

作为杰出的蒙古语言学家，清格尔泰教授在二十年前就曾领导一个研究小组进行了契丹小字解读的尝试，其最终成果就是受到国内外学界交口赞誉的《契丹小字研究》[②]。这部名著设想了一套解读契丹小字的方法，其基点概括说来就是，首先参照

① “原字”是日本人发明的一个术语，它的含义也许可以表述为“契丹小字中用来表示音素或音节的、不能再行切分的最小书写单位”。

② 清格尔泰、刘凤翥、陈乃雄、于宝林、邢复礼：《契丹小字研究》，北京：中国社会科学出版社，1985。

相关的汉文铭文，假定其中的“固有名词”（专有名词）会被借入契丹语，再假定这些借词在契丹语里的读音和汉语相同，再假定用来拼写汉语借词的那几个契丹原字分别代表了汉语一个音节里的一个或几个音素，于是就得出了契丹原字的读音。举例来说，契丹铭文里有用十二个原字两两拼成的六个音节，其中前三个音节的声母同写作一个原字，后三个音节的声母同写作另一个原字，于是研究者找到了具有相同语音特征的汉语官名“检校国子祭酒”。他们假定契丹文的那些字是汉语“检校国子祭酒”的音译，因而就把相关的契丹字标音为 k-em k-iau k-uei ts-ï ts-i ts-iou。

契丹人没有像同时代的西夏人和女真人那样给后人留下一部用本民族文字和汉字对译的字典，所以毫无疑问，研究者在全无切实文献可供参考的情况下提出一个“汉语借词假说”，并以此作为解读全部契丹文字的基础，这诚属不得已而为之，当然并非全然不可行。不过问题在于，“汉语借词假说”在刚提出时还比较谨慎，可是在提出后的二十年来却被人们无限制地夸大了，其应用看似越来越广，实则越来越滥。清格尔泰教授清楚地认识到了这一点，他在书的第 15 页以下列举了用这种方法构拟契丹字音所导致的混乱状况，并发出了由衷的慨叹。事实上，如果试着用此前人们提出的全部结论来为一整篇契丹铭文标音的话，我们就会发现，契丹文竟然变成了汉语——除了少量数词和天干地支的名称以外，我们倾尽几十年心血要寻找的契丹语在哪儿呢？难道契丹人当年创制契丹字不是为了记录契丹语，而仅仅是为了给国人提供一套古怪的汉语拼音字母么？

清格尔泰教授对前人解读的契丹字逐一进行了细致的辨析，其中在蒙古语言基础上进行的论述尤其显出他的精深学识。书中对一些解读意见的批评大多是令人信服的，然而在我看来，当前学界所面临的最大困难并不是对个别字如何处理，而是古代汉语知识的总体性欠缺。遗憾的是，契丹语言文字的研究者们好像始终没有意识到这一点。

迄今所有的研究者似乎都不假思索地认为契丹语里汉语借词的读音应该和音韵学家为《广韵》或《中原音韵》构拟的字音一模一样，他们总是直接把音韵学上的《广韵》或《中原音韵》汉字拟音原封不动地照搬过来作为相应契丹字的读音，而不知道这条看似省力的道路实际上充满了危险。

经验告诉我们，发生学和类型学都不相同的两种语言间如果发生音译（包括借词），那么其实际读音在绝大多数情况下都不会是完全等值的，只不过有某种程度的相似而已。一个民族在借用外语词的时候经常会遇到一些音是本民族语言里没有的，这时人们就会很自然地用本民族语中相近的音来替代它。替代音的选用有时很难理解，我所见到的一个有趣的例子是新西兰毛利语的 Hātarei，这个词借自英语的 Saturday（星期六）[①]，其中毛利人把 s 变成 h 仅仅因为它们都是摩擦音，把 d 变成 r 仅仅因为它们都是舌尖前音，而 s 与 h、d 与 r 在我们看来实在是差得太远了。

具体看一个解读契丹小字的例子。现在的人们都认为契丹小字"主"是汉语"皇"或"黄"的译音，所以通常把"主"标音作 ɣuɑŋ，这在当前的契丹语文研究者中已无异议。然而我们必须知道，汉语音韵学上把"皇""黄"两个汉字拟音为 ɣuɑŋ，这仅仅是为了解释公元 7 世纪的长安话（即所谓"切韵音"），而时隔三四百年的契丹人借用了它之后还读 ɣuɑŋ，则是绝对不可能的。参考古代蒙古语和其他阿尔泰语言，可以想到契丹语里也有一些和蒙古语相似的音韵规则，其中就包括在词首不会出现舌根浊擦音 ɣ，在词中也不会出现双元音 uɑ[②]，这就决定了当年契丹人在借入"皇""黄"的字音的时候必然要采用某种语音替代手段以使其适应自己的音韵特征。这类替代手段可以在文献中得到明确的证实，考虑到契丹语属于蒙古语族，而契丹小字又是在回鹘语文的启发下创制的（《辽史·皇子表》），所以我们只举蒙古语和回鹘语的例子就够了。

《元史》卷九五有人名作"黄兀儿塔海"，相当于《元朝秘史》第 278 节的"中晃中豁舌儿塔中孩"（*Qongqortaqai*）[③]。"晃""黄"上声平声相承，可知"黄"（皇）在古蒙古语的对音是 *qong*。

在回鹘文音译的《千字文》里，"天地玄黄"的"黄"和"鸟官人皇"的"皇"都译写作 *qw*，可知"黄""皇"在回鹘语的对音是 χo[④]。其中没有译出中古汉语的鼻韵尾，反映了晚唐五代汉语西北方言的特点。

这就是说，即使我们有足够的证据证明契丹人称其君主为"皇帝"而非"可汗"，那至少也应该把"皇帝"的读音标作 *qong-di* [qoŋ-ti]，而不应使用蒙古语里并不存在的音节 ɣuɑŋ-ti。

清格尔泰教授在他著作第一部分的结尾说了这样几句发人深省的话：

①W.L. Williams and H.W. Williams, *First Lessons in Maori*, Tenth ed., Whitcombe and Tombs Ltd., 1940, p. 112.

② 回鹘文献中偶见有把"莲花"译作 *lin hua* 的，这可以算是极其特殊的现象。

③ 方龄贵：《元朝秘史通检》，中华书局，1986，第 156 页。

④ 庄垣内正弘：《ロシア所藏ウイグル语文献の研究》，京都：中西印刷有限公司，2003，第 120、124 页。

> 在近些年的研究工作中，研究人员付出辛勤的劳动，作［做］了大量的工作，取得了可贵的成就，这是很明显的。另一方面由于缺乏共同的验收标准，主要是缺乏假设、推论还需要验证这些必要的程序问题上缺乏共同的认识，互相之间也引起了不少不必要的误会和争论。

清格尔泰教授呼吁的“共同的验收标准”实在太重要了，这实际上要我们回答的问题是，此前或此后提出的契丹文解读方案究竟要符合哪些条件才能有效地说服别人？清格尔泰教授没有继续他的论述。然而，作为一个对契丹语文研究颇感兴趣的外行人，我觉得今后专家们的研究成果只要满足两个条件就可以说服我。

第一个条件是，构拟出的契丹语音面貌必须与阿尔泰语尤其是蒙古语相近而不能是汉语的翻版。蒙古文字所体现的古代蒙古语的元音和辅音远不像汉语那么丰富，我们当然也应该为契丹语相应地构拟一套简单的系统。当前的构拟方案中屡屡出现汉语式的 f-、ŋ-、ts-、ts‘- 等声母，还有 tʃ-、tʂ- 两组声母的对立，以及大量的后响二合元音甚至三合元音，这些东西在古蒙古语和契丹语里都是不应该存在的[①]。要达到这个标准，建议研究者把构拟出的零星字音按元音和辅音分别归纳整理，再把它们逐一代入整篇的文献当中，看看最终的面貌像不像蒙古语，尤其是能不能拼出一些此前未知的、地地道道的蒙古语词来。

第二个条件是，构拟出的契丹语必须能够解释中原史书的相关记载。这涉及一些比较大的原则性问题。例如据《辽史》可知，契丹小字是在回鹘语文的启发下创制的，可是我们知道，历史上的回鹘文充其量也只有 23 个音素字母，而契丹小字的“原字”总数则多达 378 个[②]，从数量上看，契丹小字绝不会是简单的音素字母，它或者是音节字母，或者像现代日文那样，是音节文字（假名）和表词文字（当用汉字）的混合系统，于是就产生了这样的问题——契丹人既然在回鹘人的启发下创制文字，怎么会连人家文字最根本的性质都没有采纳呢？又如据中原史书同样可知，辽代有南北两套官制，其中管理宫帐部族的北面官多用契丹语或突厥语命名，如“夷离毕”“惕隐”之类，可是当前学者解读的契丹墓志却无不充斥着大量的汉语官称——难道人们几十年来挖的都是南面官的坟不成？

---

① 聂鸿音：《论契丹语中汉语借词的音系基础》，《民族语文》1988 年第 2 期。
②《内蒙古大学学报》1977 年第 4 期“契丹小字研究专号”，第 96—97 页。

毋庸讳言，如果没有《番汉合时掌中珠》或者《女真译语》一类的双语对译词典出土，要想仅凭没有实证的猜测去解读全部契丹文字，那几乎是不可能的。但是无论如何，我们可以通过百倍的努力进行一点一滴的积累，从而一步一步艰难地接近那个遥远的目标。这工作也许需要几代人甚至十几代人才能完成，就此而言，清格尔泰教授的这部《契丹小字释读问题》将和当代同一领域的其他著作一样，尽管遗留的问题远远多过解决的问题，但它毕竟详细记录下了20世纪探索过程中的艰难坎坷，因而值得问心无愧地留给后人。

（原载《书品》2004年第6期，页44—49）

《契丹小字再研究》读后

1985 年由中国社会科学出版社推出的《契丹小字研究》把人们的研究视角和研究方法引入了一个崭新的领域，契丹文字的解读和契丹语言研究由此在世界范围内形成了一个热潮。其后历经三十多年，消亡已久的契丹语文逐渐被勾画出了大致的轮廓，内蒙古大学出版社 2017 年底出版的《契丹小字再研究》可以称为这个新阶段的总结，读者可以从中了解到此前几乎所有的解读意见。

由清格尔泰、吴英喆和吉如何合著的《契丹小字再研究》凡三巨册，内容分为三编：第一编题为“契丹小字再研究及资料图版”，从字形、字音、字义三方面论述契丹文字的现有研究成果；第二编题为“契丹小字资料总编”，用电脑字符摹录 1922 年至今发现的全部契丹小字资料并附解读；第三编为契丹小字词汇和原字索引。全书对原始资料搜集全面，校勘精审，编排合理，令读者查阅起来颇有信心。唯一感到不足的是，书中使用的音标缺乏统一处理，有时会让读者觉得无所适从。例如有的地方会同时出现 tɕ、tʃ、tʂ 三个音标，结合已知语言来看，这三个辅音出现在同一种语音系统里的可能性是极低的。当然，在引述别人的研究成果时，《契丹小字再研究》的作者肯定是觉得不宜对原作擅加改动，然而若从读者一方考虑，最容易让人接受的办法也许是把那些音标统一转写成拉丁字母，就像第三册的词语索引那样，然后在书后附上一个“诸家所用音标和本书拉丁转写对照表”。

《契丹小字再研究》沿用了当年的考据方法，但研究的深度和广度明显超过了当年，这是因为近来发现的契丹文字资料远多过三十年前，学者有条件利用众多语料的对勘来验证最终的结论，而不至于像早期的研究那样过多地借助猜测。读过这部优秀的著作之后可以进一步想到，还有几个问题在不久的将来或许可以得到答案。

首先是一个老问题，即契丹人当初造字时脑子里在想什么，这就是说，宋元史籍里记载契丹字是在汉人建议下“以隶书之半”增减笔画造出的，这话里面是否还隐藏着更深一层的意思。当然这里说的只是契丹大字，不过若单纯就形体而言，似乎也适用于解释契丹小字。我们知道，在此前公认解读正确的字中，有些字形的来源是可以大致猜出的，例如契丹的“**关**”表示 i，似乎是从汉字“一”增笔而成，契丹的“**九**”

表示 k，似乎是从汉字“儿”增笔而成；契丹的“木[?]”表示 l，似乎是从汉字“來”减笔而成；契丹的“用[?]”表示 ing，似乎是从汉字“用”减笔而成。然而人们早就注意到，可以这样解释其来源的字毕竟为数甚少，而大多数契丹小字虽然看上去与汉字形体相近甚至相同，但其读音却与汉字毫无关系。这里面涉及的一个关键问题是：契丹小字的设计者兼通汉语，但其母语毕竟是契丹语，他设计文字时会不会更多是从契丹语角度考虑的？

《契丹小字再研究》的作者在书的第 127 页上为我们提供了两个极具启发性的例子：契丹大字“馬[?]”（马）的字形来自汉字“馬”，但是按契丹语读作 mori；契丹大字“杏[?]”（国）的字形来自汉字“杏”，但是按契丹语读作 gui。很明显，这是非汉民族借用汉字常用的方法——训读，只不过前一个例子与当今日本的习惯一样，而后一个例子则略显复杂，那是因为契丹语“国”与“杏”的读音同为 gui，所以契丹人就借用了“杏”来表示“国”，这可以看成是在训读的基础上又多了一步“假借”。由此我们想到，在时代稍晚的西夏文里也有类似的例子，如“蔽[?]”śji^{1} 从“彶[?]”得声，“彶[?]”nja̜^{1}（神）在这里依汉语西北方言的“神”读若 śji^{1}；“頑[?]”ljwĩ^{1} 从“夗[?]”省声，“夗[?]”dźiej^{2}（轮）在这里依汉语西北方言的“轮”读若 ljwĩ^{1}。这种造字法可以看成是在训读的基础上又多了一步“形声”。当然，西夏语文受到的汉语文影响比契丹语文受到的更大，但考虑到一般认为西夏文字的设计者野利仁荣是契丹人（野利≈耶律），我们似可相信以上思路在造字者头脑中是普遍存在的。由此进一步说，当我们看到一个契丹小字的形体与汉字相同或相近而读音却毫不相干的时候，是不是可以考虑一下那个汉字所代表的词在契丹语里的读法？或者说，看看蒙古或索伦等语言的相应词里有没有预期的音素或音节？

说到语音，这也许是迄今契丹语研究最薄弱的一环。此前研究者在利用汉语音译词为契丹小字标音时总是在机械套用前人对《切韵》和《中原音韵》零星字音的构拟结论，而不习惯从语音系统的角度来观察问题。尽管大家都承认这两套语音系统不完全代表辽代的情况，但是在不知道辽代汉语面貌的时候也只好用它们来凑合一下。毋庸讳言，这里面忽略了一个重要的事实，即汉语是契丹文使用者的第二语言。从现代人学习外语的情况类推，绝大多数学习者在说外语的时候都会受到母语的干扰，他们不但读不准某些音素，甚而还会出现声韵类的混淆。我们已经知道，西夏时代党项人所说的汉语与当时的标准方言差别很大，在许多地方都不能看成是中古汉语自然演化的结果，而契丹人说的汉语虽然不至于像河西地区那样难解，但差别肯定是存在的。比如说，契丹语的音系里很可能没有塞擦音 ts、tsh，所以契丹人当遇到带这些声母的汉字时总会不自觉地把 ts- 和 tsh- 替换成契丹语里原有的 s-。这就是说，如果我们试图借助汉语音译词来构拟契丹语音，首先应该明白，契丹人口中的汉语对于我们来说也是个未知的系统，必须想办法加以论证，而不能轻易用“切韵音系”或者“中原音韵音系”来敷衍。具体说来应该是首先据现有的资料大致确定当时汉语里哪些音素是契丹语里也有的，哪些音素是契丹语里没有的，然后再确定契丹人习惯用自己语言里的哪个原有因素来替代，一旦建立了这样的一套对应规则，对契丹小字的拟音就可以避免许多自相矛盾的地方。

关于契丹字的解读，也许还有些其他办法可想，虽然即使成功也只能解决零星的问题。《契丹小字再研究》的 1599 页到 1600 页给出了韩国所藏一面铜镜背面铭文的录文，全文 28 个契丹“字”，每个“字”由 2 至 4 个“原字”组成，考虑到在记录契丹语时组成“字”的“原字”可以多至 7 个，而记录汉语时则不超过 4 个，足以使人们相信这是 28 个汉字的音译。前人已经正确地判断这是一首七言绝句，现在我们不妨把这首诗的形式特征仔细分析一下：

（1）第 6 字和第 7 字是“叠韵字”，它们的韵母都是“**幺 朱**”。

（2）第 8 字和第 9 字、第 10 字和第 11 字是叠音字的连用，如“寻寻觅觅”。

（3）第 7、14、28 字都以“**幺 朱**”收尾，可以断定这是韵脚。这首诗首句入韵。

（4）假定汉文原诗使用的是七绝的标准格式，押平声韵，则可以把这首诗的平仄谱推断如下：

平平仄仄仄平平（叠韵，末字入韵），
仄仄（叠音）平平（叠音）仄仄平（韵）。
仄仄平平平仄仄，
平平仄仄仄平平（韵）。

显然，在中国的古诗中，能满足全部这些条件的绝句出现概率极低。这就是说，假如我们能在现存的汉文古诗里找到满足这些条件的绝句，那么对照已有的契丹小字拟音，则几十个原字的读法当可得到最直接的证据。不过现在的问题是，将来我们真的能找到那首原诗么？

（原载 *Journal of Northern Cultures Studies* 9，2018，页 337—340）

《契丹语和契丹文》读后

自从辽陵帝后哀册1922年在内蒙古巴林右旗出土之后，学界围绕契丹语文的探索已经断断续续地进行了80多年，但是解读这种神秘文字和语言的征途依旧漫长。当下如果有人试图加入这个研究队伍，希望尽快掌握必要的基础知识并了解现有的研究状况，那么我觉得他最应该读的一本书就是刚刚在荷兰出版的《契丹语和契丹文》（*The Kitan Language and Script*, Leiden: Brill, 2009）。

《契丹语和契丹文》的作者康丹博士（Daniel Kane）是澳大利亚麦柯理大学（Macquarie University）的汉语教授，他于20世纪70年代初曾在北京大学学习中文，后来担任过澳大利亚驻华大使馆的文化参赞。由于受过专业训练并在北京生活多年，他能讲流利的汉语，并且对中国北方古代语言有着极大的兴趣，早在20年前就发表过一项关于《女真译语》的研究（*The Sino-Jurchen Vocabulary of the Bureau of Interpreters*, Bloomington: Indiana University, 1989）。他的作品风格总是在平易里透着亲切，而不像中国的有些同类著作那样，时常带有某种令人不解的偏执。作为“东方学手册”（*Handbuch der Orientalistik*）系列出版物的一种，《契丹语和契丹文》遵循的是国际上“手册”类著作的标准写作模式，这决定了其目的不是一定要提出某种新理论或者研究某个新问题，而是要对本领域的学术背景和研究现状做出全面扼要的介绍，以作为初学者的津梁。从某种角度上说，“手册”有些像我国传统的目录学，只是它更加重视学术发展脉络和最新研究成果的叙述，一般不集中于对以往研究著作的逐一评论。

《契丹语和契丹文》全书凡七章，首章介绍有关契丹语言文字的历史资料、研究概况和语言文字特征，以下依次介绍契丹小字的形音义、契丹语的语法形态、契丹大字的研究历史，然后以举例形式解读了“郎君行记”“耶律敌烈墓志”和“宣懿皇后哀册”三件契丹石刻，最后一章介绍了作为契丹语文解读基础的辽代汉语方言。书中附有丰富的参考文献和索引，读者一册在手，全部资料线索无需他求。

如所周知，存世契丹文献中没有《女真译语》之类的双语字典和《蒙古秘史》之类的双语对译史书，因此契丹文字的解读工作进展缓慢，甚至可以说至今还没有找到一条通向终极目标的途径，这导致每个研究者都可以凭借零星的资料对文字的形音义做出自己的猜测，即使是同一个研究者，也常常会在几年内多次改变看法而不做出令人信服的说明。应该说，康丹博士在收集整理现有成果的时候花费了不少心血，他希望选用被多数人认可的结论，而尽量避免纠缠于那些昙花一现似的“一家之言”，然而一个不可回避的事实是，近十几年来的契丹文字解读成果几乎都是在猜测的基础上从铭文中反复比对出来的，这决定了研究者很难就此做出合乎学术规范的论证，即使偶然言中，也终究无法躲避来自方法论的责难。相比之下，契丹语法研究尽管迄今只涉及少量形态学成分，但由于作者的论述比较规范，所以得到的支持意见明显比反对意见要多。面对这种局面，康丹博士在举例介绍契丹字的时候，即使遇到多数人公认的字义和字音，也不得不尽可能地搜集证据为之补出合乎学术规范的解说，而在介绍语法成分时就轻松一些，他可以利用已有的研究著作，比如乌拉熙春的《契丹语言文字研究》（京都：东亚历史文化研究会，2004），从中选取合适的例子重新组织一下就行了。

“手册”类著作对作者的思想境界有一个很高的要求，即他必须有能力从足够的学术高度俯瞰整个研究领域的全部成果，对每个研究者的劳动都给予同等的尊重，而不能仅仅局限于某个狭隘的专题而对其外的研究妄加褒贬。在这个问题上，康丹博士的著作可以说是处理得最好的一部，我甚至觉得他对学术史所持的公允态度应该成为我国学者的楷模。毋庸讳言，我们国内还没有哪本著作或者哪篇论文做出过这样全面的、心平气和的总结。假如有学生希望在国内报刊上找一篇回顾性的文章来了解近时的契丹文字研究史，那么他多半会感到失望，因为文章所展示的大都是作者本人对其卓越贡献和高尚品格的自诩，而极少去关注大批的同行的研究成果。

这里想特别指出的是，康丹博士在书中做出的一项努力绝对值得赞许，这就是对契丹小字进行拉丁转写的尝试。他在著作的第 26 页谨慎地指出：“中国和日本的研究者在引用契丹词语和句子的时候都不予转写，而在用英文写的著作中不能采用这种方法。”其实何止是用英文写的著作，用中文和日文写的著作同样有必要给出文字的拉丁转写。这里面的道理很简单——契丹小字是一种拼音文字，如果我们只知道一个或几个字符组合在一起所表示的意义，却不知道每个字符的读音，那么我们就永远不能真正理解契丹的语言。事实上，20世纪初期就有学者在解读契丹铭文时使用过拉丁转写，可是不知为什么，这个良好的学术传统却在数十年后被抛弃了。康丹博士主张恢复这个传统，并且设计了一套初步的转写规则，例如用句号标示契丹“原字”间的界限，用冒号标示契丹词根后附的词缀，等等。同时，为了尽可能地让契丹字与拉丁转写在出版物上形成直观的对应，他还大胆地把原来叠床架屋式的契丹文字改为直线排列。下面以“郎君行记”的第一行为例，这一行的中文意思是“大金国皇弟都统经略郎君”：

GREAT GOLD g.úr:en qa.ha:an deu cau.ji hur.ú g.iŋ l.iau.u ś.a.rí

前面两个契丹字知其义而不知其音，康丹博士直接用大写英文意译。对于大致知道读音的后面那些字，他基本上仿照蒙古学界的习惯采用了拉丁转写，至于为什么把舌根鼻音写成了国际音标的 ŋ 而非拉丁字母的 *ng*，我猜想那大概是为了保持“一字一音”的理想标音原则。当然，如果能在书的适当地方附上一个“拉丁转写和国际音标对照表”就更好一些，读者就会很方便地知道转写的 *g* 是 k、*c* 是 tʃ、*ś* 是 ʃ，等等。

我不知经他改革的契丹字排列法在今后会不会招致学界非议，但无论如何，新的排列法毕竟显得整齐美观，很好地适应了现代出版物的要求。当然，转写中使用的“句号”和“冒号”让人看上去有点不大习惯，我觉得不如一律代以连字符，另外，中国的著作如果能同时用汉语注出词义就更好，例如：

–	–	*g.úr:en*	*qa.ha:an*	*deu*	*cau.ji*	*hur.ú*	*g.iŋ*	*l.iau.u*	*ś.a.rí*
大	金	国	皇	弟	都统		经	略	郎君

应该承认，康丹博士的这一尝试极大地方便了语言研究，但同时也带来了研究者们羞于见到的一个后果，那就是把迄今契丹语音构拟的一切缺陷都暴露无遗。上面用来举例的那个词组是迄今解读得最好的少数契丹语料之一，读者借助蒙古语和《辽史》可以从中清楚地体味到 *güren*（国家的）、*qahan*（可汗的）和 *śäri*（郎君）这三个词，可是其中 ging liau（*g.iŋ l.iau.u*）的音韵结构却让人看上去极不协调——这是汉语“经

略”的音译，而我们知道，所有阿尔泰系的语言都是以单元音为主，双元音已经很少，而 iau 这样的三元音结构实在不像是阿尔泰语的特征。事实上，任何语言中外语音译词的语音形式大都不会是外语的原样再现，而总要依照借入语的音韵面貌或多或少地起些变化。一般说来，两种语言的发生学和类型学关系越远，彼此间的音译词在语音形式上的差异就越大。这就是说，我们在构拟契丹语中的汉语音译词时，绝对不该不假思索地把近古汉语的语音形式照搬过来，而应该尽可能地参照相关资料，比如蒙古和回鹘文献中的汉语音译词，使我们的契丹字拟音最大限度地接近阿尔泰语言的借音习惯。作为一个外行的建议，我想我们或许应该考虑把“略”构拟成 lyo 或者 lyu，这样不但避免了三元音甚至双元音结构的出现，而且还大致与蒙古、回鹘文献中的汉语译音形式相符。

关于音译词还有一点是不能忽略的，那就是借入语无论对外语有多大程度的改动，其中一定存在严整的语音对应规律。具体到汉语来说就是，中古等韵特征相同的汉字在进入外语之后，其读音必然相同。可是我们在康丹博士的著作中却发现了一些打乱语音对应规律的情况，以第二章中汉语匣母字的译音为例：

开口一等 韩 *qa.an*（[契丹字] 2.053），后 *heu*（[契丹字] 2.250）
合口一等 和 *xo*（[契丹字] 2.057），皇 *hoŋ*（[契丹字] 2.075），黄 *oŋ*（[契丹字] 2.340）
开口二等 行 *xa.áŋ*（[契丹字] 2.280）
合口二等 华 *xua*（[契丹字] 2.143）
合口四等 县 *ki.ên*（[契丹字] 2.163）

同是汉语匣母字，契丹人竟把它们读成了 q、h、x、〇、k 五个不同的声母，尤其是古今读音都完全相同的“皇”和“黄”也被分别读成了 hoŋ 和 oŋ，应该说这是绝对不可能的。另外我们还看到，上面转写作 *xo* 的“[契丹字]”字在第 41 页第 20 行又转写作 *hó*，转写作 *hoŋ* 的“[契丹字]”字在第 51 页第 5 行又转写作 *oŋ*。所有这些情况都说明我们的契丹文字转写还缺乏一套语音严格对应的预置规则。

康丹博士本人没有从事过契丹小字的拟音研究，《契丹语和契丹文》中的拉丁转写都是从其他研究者的结论中折合转化而来的。看得出来，康丹博士已经运用其丰富的汉语言学知识对时人的构拟进行了力所能及的调整，为此他还专门论述了当时是否存在汉语和契丹语两套译音字的可能性，从而在一定程度上弥补了一些固有的理论缺陷。然而可惜的是，契丹字音的构拟毕竟属于先天不足，所以康丹博士的努力并没有带来原有结论脱胎换骨的变革。毫无疑问，现存的转写缺陷不应由康丹博士来负责任，我觉得这反而更加衬托出了对契丹字进行拉丁转写的必要性。作为“手册”类的著作，全面反映已有的研究成绩固然必要，但更难得的是不加掩饰地向读者公开这一领域存在的所有问题——明确了问题的所在才有继续前进的目标。比如除了上面所举的那个词组之外，在附上转写的其他契丹句子中我们就找不到那么多与蒙古语相近的词，这很容易导致读者产生一个错觉，即契丹语在阿尔泰语系中跟蒙古语的关系非常疏远，然而我相信，将来一旦学界能够给出每个契丹字的准确转写，我们就会看到契丹语和蒙古语的关系比我们想象的要近得多。就像康丹博士指出的那样，现在已经有证据表明契丹语存在像蒙古语那样的元音和谐，以及表示多种语法意义的词缀，只不过我们还没有足够的资料来描述这些现象的细节而已。

契丹语言文字之学一度被称为“绝学”，而近些时候关心这一领域的人已经越来越多了。几年前我曾经为美国达慕斯大学（Dartmouth University）一篇契丹语的学位论文做过通信评审，听说现在澳大利亚也有学生以契丹语为目标开始了学位论文的写作，显然，人们正在逐步意识到契丹语在阿尔泰语言研究中无可替代的重要地位，这已和多年前单纯“认字”的着眼点不可同日而语。我们感谢康丹博士及时为国际东方学界提供了这样一部优秀的著作，也殷切希望《契丹语和契丹文》中提出的研究前景能够在更多学者的共同努力下尽早变成现实。

（原载《满语研究》2009 年第 2 期，页 137—139）

《契丹小字的新资料》读后

契丹语文研究在最近十几年间的发展速度令人始料不及。这种多少带些神秘色彩的文字正在引起国际上众多学者的兴趣，人们的研究视野也从最初的单字对译拓展到了对语音和语法的全面探索。与此同时，作为学科发展基础的原始资料搜集整理工作也取得了可喜的进展——内蒙古大学蒙古学研究院近年来搜集到了五方契丹小字墓志和两张拓片[①]，其中的两方墓志近日在英国刊布，这无疑会构成现阶段一个饶有兴味的话题。

这里介绍的著作题为“契丹小字的新资料——萧敌鲁和耶律详稳墓志考释”，作者是内蒙古大学的契丹语文学家吴英喆和赫尔辛基大学的阿尔泰语言学家杨虎嫩[②]，其主要目的是首次刊布内蒙古大学收藏的契丹小字“萧敌鲁副使墓志”（1114 年）和“耶律详稳墓志”（1091 年）并进行尝试性的解读。在书的“导言”一章里，作者简要介绍了史书对契丹语言和文字的记载，回顾了学术界此前解读这种文字的历程，整理了存世的石刻目录，并且在分析归纳字形的基础上叙述了契丹小字的拉丁转写和计算机编码原则。其中的契丹小字编码方案已经在几年前由蒙科立公司付诸实践，而拉丁转写方式则是采纳了康丹教授的提议[③]，即对目前只知其义而不知其音的字采用大写英文意译，对大致知道读音的字采用普通的拉丁转写，再用齐线点标示契丹“原字”间的界限，用空格标示契丹词与词之间的界限，等等。另外，由于契丹文竖行叠加的传统书写方式与现代出版物产生了难以调和的矛盾，康丹教授在自己的著作中把契丹字改为横行直线排列，这本来是不得已而为之，而现在看来则是个值得接受的创新。可以预计，这种拉丁转写方式和横行直线排列法在今后的出版物中会得到越来越广泛的应用。

《契丹小字的新资料》的主体部分是对“萧敌鲁墓志”和“耶律详稳墓志”的译释，

① 吴英喆、宝音德力根、吉如何：《关于新近发现的几件契丹文墓志》，载聂鸿音、孙伯君编《中国多文字时代的历史文献研究》，北京：社会科学文献出版社，2010。

②Wu Yingzhe and Juha Janhunen, *New Materials on the Khitan Small Script: A critical edition of Xiao Dilu and Yelü Xiangwen*, Folkestone: Global Oriental, 2010.

③Daniel Kane, *The Kitan Language and Script*, Leiden: Brill, 2009.

作者参考了此前出自多家的绝大多数契丹字词研究成果，并且给予了公允的辨析。作为结论，作者指出墓主萧敌鲁在辽朝的地位并不显赫，远比不上他那几位拥有“太师”或“大王”封号的祖先，因此墓志用了相当多的篇幅来记叙其家世，从中可以看出他的家族世代在契丹西北地区与当地的部落征战。萧敌鲁是这个家族的最后一位男性，两个夫人仅生有一女，他死后这个家族就绝嗣了。耶律详稳在辽朝的地位看来比萧敌鲁要高，他的祖先做过“王”或“统军”，他的父亲曾在军队、政府乃至学界担任过多种职务。在他去世的时候，他的三个儿子都已成为军政要员，其中一个后来还从“将军”升为“太师”。应该承认，尽管两件墓志的绝大多数语句还不能得到完整的解读，但是正如吴、杨两位所说，其中出现的大量历史人物和职衔今后一定能够丰富我们关于契丹语文的知识。

《契丹小字的新资料》为我们带来的一个重要话题是契丹墓志的辨伪。自从内蒙古大学收购第一件契丹墓志时开始，学界就有人质疑那是赝品。毋庸讳言，最近十多年来的中国文物市场显得混乱，有些人利用伪造的大量假古董来谋取不正常的经济收益，所以，市场上的任何一件文物如果不是正规的考古发掘所得，人们都有理由怀疑其真实性。然而，尽管凭经验来判断文物的真伪历来是收藏界最常用的鉴定方法，但是作为科学研究，我们首先应该建立一套鉴别某类文物真伪的公认标准，抛开了这套标准，任何从感情出发的争吵都是徒劳。前些时候刘凤翥先生曾撰文怒斥内蒙古大学收藏的“萧敌鲁墓志”等两件契丹石刻为赝品[①]，但是没有交代他据以判断真伪的原则。从文中体会，刘先生似乎是在看铭文中词语的写法和用法是否与自己从其他墓志中得到的固有印象相符，那么很明显，限于当前的契丹文字释读状况，学者们对许多契丹词语的认识并不统一，因此任何人的主观判断恐怕都难以成为具有普遍价值的准则。倘若只是在墓志当中个别字词的用法上纠缠不休，执意要与作伪者竞赛学术水平的高低，那就未免有失学者身份了。相比之下，吴、杨两位先生对此的态度就平和得多，他们在观察分析存世契丹字石刻的基础上提出了判别真伪时需要考虑的五个要素（第33—34页）：

（1）所用石料的类型：大多数墓志使用的是质地不同的中等硬度石料（板岩、石灰岩、砂岩），颜色由浅到深不等，尤以后者多见。根据石料的硬度，其表面视刻

① 刘凤翥：《契丹小字〈萧敌鲁墓志铭〉和〈耶律廉宁墓志铭〉均为赝品》，《中国社会科学报》2011年5月19日第5版。

字的需要可以打磨也可以不打磨。在大多数情况下不妨估计石料是本地所出，一般说应该能够找到原产地。

（2）石料加工的早晚：由于新近切割的石料相对难以做旧，所以作伪者常常使用唾手可得的旧石料，这使得石料加工的早晚并不总能表明铭文的早晚，当代研究者有时可以看到作伪者利用旧的石料来镌刻新的铭文。这样做的时候肯定需要对刻文的表面进行再次加工，一般说通过仔细观察是可以看出来的。

（3）镌刻质量：在当今能见到的一些伪品中，在旧石料表面刻新字时好像用的是机器，而不是像辽代那样用手工，结果是刻出的字不像中古时代那样带有笔锋。

（4）书法风格：无论镌字的刻工多好，其中都会有笔误，通过细致的观察可以看出来，当今的契丹小字作伪者也概莫能外。尽管两种契丹文字在创制时都仿照了汉字的间架结构，但是其形体毕竟不同，因此当代的作伪者很容易忽略其中一些重要的细节，从而把正确的契丹字符组合写错。

（5）语言学和历史学分析：最可信也最方便的辨伪方法显然应该是看铭文是否契合已有的契丹语言知识。除去真迹的复制品之外，这一标准肯定会带来正确的结论，因为作伪者没人能够精通大量契丹文献中词汇和语法的详情，也没人能够精通在那前后的辽代史实。

在对上述五个要素进行综合分析之后，《契丹小字的新资料》的作者判定“萧敌鲁墓志”和“耶律详稳墓志”是真品。当然作者承认，这五个要素中没有一个能够成为绝对的判断依据，例如我们在鉴定石料类型和加工时间的过程中还没能应用有效的科技手段，此外，墓志文字的书写和镌刻风格也往往会因人而异，而我们为达此目的而必须进行的契丹文字学研究还几乎全未开始。

毋庸讳言，即使是综合考虑上述五个要素，任何人也不能保证在相关的分析中不掺杂丝毫的主观意识。为了使做出的评价尽量客观，我们在当前的鉴定中需要执行一套“纯形式”的标准，就像在研究语法时应该只考虑结构而不考虑语义那样。当然，要建立一套理想中的标准还有待众多专家的共同磋商，而纯粹作为个人意见，我觉得上述五个要素的前两个当可成为今后实践的基础。

石料类型标准虽然暂时还不能用岩石学数据来表述，但在现阶段已经足以帮助我们把一些高质量的建筑材料排除在外，例如我见过一件“契丹墓志”，竟然是刻在淡黄色的大理石上，那么依照“石料类型标准”，自然就可断为伪品，不需要再考虑其他要素了。

石料的加工时间好像很难用岩石学手段来测定，因为岩石学只能测定岩石的成分以及形成的年代而非后世采石或打磨的年代。我们应该信任通过人工对原石进行“目验”而得出的结论——新近开采或者打磨的石料可以一望而知。即使是在旧石料基础上完成的伪作，如吴、杨两位先生所说，其表面也多少总会有些新近加工的痕迹。

相比之下，镌刻质量标准和书法风格标准就略显缺乏实用意义，吴、杨两位先生也并不否认，因为传统上的手工镌刻技艺至今仍留存民间，我们不能假定现代作伪者一定会放弃手工而改用机器。况且不管是用机器还是用手工，事先都需要有人给刻工写出字样，而写字人的书法水平难免参差不齐，即使是在公认的契丹墓志真品中，书法拙劣的也并不少见。

另外恕我直言，我觉得鉴定契丹墓志不同于鉴定汉文墓志，语言学和历史学分析在这里不是最可信的，而是最靠不住的，这不仅是因为我们目前对契丹语还所知甚少，对契丹字的解读也大多不能形成一致的意见，而且因为我们已经看到，从同一个基点出发竟然导致了两个完全相反的结论——《契丹小字的新资料》的作者认为“萧敌鲁墓志”铭文符合已有的契丹文法规则，因而是真品；刘凤翥则认为有不少地方不符，因而是伪品[①]，后者还写下了这样一段话：

> 令人叹为观止的是作伪者的手法之高超和学习研究契丹文字之勤奋。笔者认为，其可能是目前世界上最勤于学习和研究契丹文字之人。从蛛丝马迹可以觉察出他不仅学习和研究了2006年以前国内外有关契丹小字的专著和论文，还认真研读了《辽史》。他就是在这些知识的支撑下，东抄西凑地虚构了一篇《萧敌鲁墓志铭》。

平心而论，刘先生的这段叙述有悖常情。根据以往的经验，除去专业人员的恶作剧之外，文物作伪的目的只在渔利，作伪者的文化水平都不高，阅读中文古书对他们来说就已经是个难题，而要让他们去阅读那些连刘先生都没本事阅读的外文原著，绝

① 见刘凤翥：《再论〈萧敌鲁墓志铭〉为赝品说》《中国社会科学报》2011年6月16日第5版。刘先生在文中反复使用了“性语法”“复数格”之类前所未见的术语，说明他对普通语言学的理解与我们的课堂教学完全不同。

对是个不可能达到的目标。退一步说，即使这位作伪者是“世界上最勤于学习和研究契丹文字之人”，如此繁重的学习任务也绝不是他在三两年内所能完成的，我们实在不能设想有人在寒窗下苦读十载，最终的理想仅仅是要伪造出一篇一千来个词的墓志，换来区区万把块钱，当上个小小的假文物贩子——他简直可以冒充中国社会科学院的学部委员。

关于鉴定的标准，今后还有必要深入讨论，但是无论如何，把注意力集中在原件的石料上会比集中在铭文上显得客观得多。这里也许还可以补充一点，那就是应该重视针对墓志来历的访谈。事实当然如《契丹小字的新资料》所说，当今文物市场上的墓志大都几经转手，最初的出土地点已经很难查访，不过我仍然觉得，对持有者进行常规的询问偶尔也可以得到判断的依据。前几年有人曾向我推销一方墓志，当我问到墓志的来历时，持有者给出了一个早已被人们用滥了的回答——那是他父亲耕田时从地里挖出来的。当我继续追问附近还有什么东西的时候，他咬定附近什么东西都没有。我没有研读墓志上的铭文，但倾向于判断那是伪品，因为众所周知，墓志在入葬时深埋墓内，最初的出土现场不会只见墓志而不见墓穴。假如古墓经过盗掘，盗墓者除去拿走金银细软和随葬的生活用品之外，对于那两块用大石头刻成的笨重墓志则或者弃置原地，或者搬走倒卖，不会下大力气搬出来再运到别的地方留待别人发现。当然在访谈中需要注意的是，墓志持有者的叙述有时不是真话——假如他找到了一个被掘开的古墓，墓内的小型随葬品已被前人盗空，仅剩下这方墓志，那么他也许真的会把墓志搬走伺机出售，而当被人问及墓志来历时，由于怕背上盗墓的恶名，他会谎称是从某处偶然挖出来的。从《契丹小字的新资料》看（第49—50页），内蒙古大学的学者曾向一位不愿透露姓名的文物贩子做过访谈，尽管所获的线索不尽人意，但这毕竟是墓志鉴定中一个不可或缺的步骤，所以我建议把访谈结果也列为辨别真伪的标准之一。

内蒙古大学收藏的契丹墓志也许还有待最终论定，但是即便证明不真，进而证明《契丹小字的新资料》是一项毫无价值的研究，其于学术倒也无伤。真正令人感到无奈的是，究竟是什么原因使得我们的专业学者不得不耗费时间去争执这个本不属学术领域的“学术”问题？

（原载《满语研究》2011年第2期，页137—139）

《俄藏回鹘语文献研究》读后

在20世纪初流入国外的中国古代文献中，只有俄国的收藏品因为历史上的原因迟迟未能大量刊布。直到世纪的最后十年，国外学者才有条件直接接触到这批珍贵的典籍。日本回鹘语专家庄垣内正弘的《俄藏回鹘语文献研究》[①]就是作者亲自赴俄考察后写出的一份学术报告。

俄国现有的回鹘文文献主要是鄂登堡、马洛夫、科兹洛夫和克罗特科夫等人在中国收集的，今藏俄罗斯科学院东方研究所圣彼得堡分所，此前获得研究的大部头著作只有译自义净汉译本的《金光明经》[②]和译自慧立原著的《玄奘传》[③]，而小型的回鹘文献和残片未见发表几件，以至于迄今我们连俄国的收藏总量都不清楚。在这样的情况下，庄垣内先生的《俄藏回鹘语文献研究》可以认为是给学界提供了一份最新的、最详细的信息。

这本书分为两部分：第一部分据回鹘文对音的中原典籍讨论当时西北地区的汉字读音，涉及的文献有《圣妙吉祥真实名经》、《四分律比丘戒本》、“礼忏文”、《天地八阳神咒经》和《千字文》，后面附有回鹘文对音的汉字总表；第二部分是对回鹘语佛典的解读和详注，涉及的文献有《大乘法苑义林章》《慈悲道场忏法》《观世音陀罗尼经》《续命经》《缘起圣道经》《阿含经》《杂阿含经》和《菩萨修行道》，后面附有回鹘语和汉语的对照词汇。除了已经发表的《金光明经》和《玄奘传》之外，俄罗斯科学院东方研究所圣彼得堡分所收藏的可以考定的、成篇的回鹘文献大致都在这里。当然据我所知还有一些残片没有收入书中，这大约是因为残损过于严重，其经题的判定甚至字迹的辨认都相当困难，目前还不宜仓促刊布。

《俄藏回鹘语文献研究》在突厥学和佛教文献学方面的功用自不待言，而对于不专攻突厥学的大批中国学者来说，我更想提请大家注意这本书在古代汉语尤其是汉语

① 庄垣内正弘：《ロシア所藏ウイグル语文献の研究——ウイグル文字表记汉文とウイグル语佛典テキスト》，京都：中西印刷有限公司，2003。
②W. Radloff und S. Malov, *Suvarnaprabhāsa*, Bibliotheca Buddhica XXVII, I-III, 1930.
③Л. Ю. Тугушева, *Уйгурская версия Биографии Сюан-Цзана*, Москва: Наука, 1991.

音韵学领域的巨大价值。

众所周知，利用少数民族文献系统地研究中古汉语西北方言，这一工作始于著名语言学家罗常培[①]，他利用敦煌汉藏对音文献归纳汉语音韵体系的方法至今还是这一领域的轨范。此后国内比较多见的是利用八思巴字的对音来考求元代北方汉语，而利用回鹘文献来进行古汉语研究的论文还非常之少，国外对这一领域虽然早有涉足，但真正成系统的探究也不过是近二十年的事，主要作者也不过寥寥数人，这大概是由于回鹘文和汉文对音的原始资料尚未大量刊布，学者难得一见的缘故。

罗常培当年写作《唐五代西北方音》的时候一共得到了523个藏汉对音字，而庄垣内先生从回鹘文文献中提取的对音字已达543个，今后若把《玄奘传》和《金光明经》的译音也加进去，其数量还会更多。此前我们并不知道俄藏文献中回鹘文—汉文对音资料的丰富程度丝毫不逊于敦煌汉藏对音，为此我们由衷地感谢庄垣内先生，他在书中不但提供了部分回鹘文原件的照片，而且还提供了全部文献的拉丁转写，这使得不认识回鹘字的中国古汉语学者也能比较方便地利用这批资料从事研究。

《俄藏回鹘语文献研究》中提供的回鹘文—汉文对音资料分为两种类型，一种是对原始汉文献的单纯音译，如《圣妙吉祥真实名经》的开头四句[②]：

vwγsy kyrsw cykymqw, t’ndyw vwγ cwnk synk dyw vwγ, ywnkm’ cywcwr s’mq’ycwnk, sys’y kymqw pyrcwnk synk.

参照元释智的汉译本，可以看出实际的对音是这样：

复 vwγ、次 sy、吉 kyr、祥 sw、持 cy、金 kym、刚 qw，难 t’n、调 dyw、伏 vwγ、中 cwnk、胜 synk、调 dyw、伏 vwγ，勇 ywnk、猛 m’、超 cyw、出 cwr、三 s’m、界 q’y、中 cwnk，自 sy、在 s’y、金 kym、刚 qw、密 pyr、中 cwnk、胜 synk。

另一种类型是对原始汉文献的音译加意译，如《千字文》残卷里的“云腾致雨，

① 罗常培：《唐五代西北方音》，中央研究院历史语言研究所单刊甲种之十二，1933。
② 为阅读方便，下面把庄垣内先生的“补字”直接纳入了正文。另外，他使用的回鹘文拉丁转写系统与通行的系统略有不同，考虑到电脑录入的问题，我们参照通行系统进行了符号的改动。

露结为霜”两句：

ywn tynk cw yw // pwlyt sykrydy y’γmwr y’γdy, lw kyr vy sw // s’lqym s twyšdy qyr’γw twnkdy.

抛开意译的部分不管，可以看出其中的对音是：

云 ywn、腾 tynk、致 cw、雨 yw，露 lw、结 kyr、为 vy、霜 sw。

庄垣内就是在这些对音的基础上构拟汉字读音的，例如他把《千字文》的“云腾致雨，露结为霜”构拟作 yun tïŋ ču yu，lu ker vi so，等等。在具体工作的时候，庄垣内显然并没有严守回鹘字母的读法，而是把对音结论进行了一些人为的改动以求适应宋代的等韵学格局。例如上面对《千字文》两句的构拟不但出现了回鹘文里没有的字母 e，而且还把用来标注“云”“腾”“为”三个汉字的回鹘字母 y 改成了 y、ï、i 三个不同的音（第 121 页）[①]。在从事对音研究的时候既要充分利用材料又不能拘泥于材料本身，这当然是正确的科研原则，庄垣内的改动也显示出他对汉语音韵学相当内行，然而我觉得现在的问题在于，我们究竟是要构拟当时的汉语西北方言呢，还是要构拟回鹘人学说的那种“洋泾浜”汉语呢？庄垣内为自己定的是前一个目标，但如果是那样的话，我觉得我们手边还缺少一份至关重要的基础材料，这就是一部以汉语西北方言为基础编写的古代韵书。我们知道，现存古汉语韵书的音系基础都是中原方言，而当时中原方言和西北方言的差别之大是人所共知的，其中最著名的例子就是汉语宕、梗二摄阳声字的鼻韵尾问题，在《切韵》系统的韵书里，宕摄因有鼻韵尾而区别于遇摄，梗摄因有鼻韵尾而区别于止摄（含齐韵，下同），而宕梗二摄在西北方言里则失落了鼻韵尾，变得分别与遇摄和止摄相同了，这在各民族的文献中都可以找到铁证[②]。假如当时有人据此编一部韵书，那么就必然会把宕摄和遇摄、梗摄和止摄归到一起，有这样一部韵书的声韵分类作基础，我们研究回鹘文和汉文的对音就稳妥得多了。可惜

① 回鹘文的一个字母有时可以表示两个相近而不相同的音素，但我认为在处理对音时没必要这样区分。

② 汉文文献如张师正《倦游杂录》谓关右人赋诗以“萝”“忙”押韵，陆游《老学庵笔记》卷六谓秦人谓青为萋，谓经为稽；汉藏对音文献如敦煌本《大乘中宗见解》；西夏—汉对音文献如《番汉合时掌中珠》。

古人没有为我们留下一本这样的书。

我倾向于后一个目标，也就是构拟回鹘人学说的那种“洋泾浜”汉语，也就是庄垣内做的第一步工作，这个目标是在现有的材料基础上比较容易达到的。我们在初学一种外民族语言的时候，总是会不自觉地用本民族语中固有的音去替代本民族语中没有的外族语音，使别人听起来有些怪怪的感觉。在《俄藏回鹘语文献研究》的第107页上，庄垣内为我们提供了一件他称之为“汉文《天地八阳神咒经》难字音注”的有趣文献，全文如下：

代大　痡　病[①]　穴古月　铜通　镕禾谷[②]　灌干
筋斤　骨古忽　烂罗丸　血决 kwyr　臊 syv　延言
浩好　幽 'yw 已有　侵心　呼古　延因　胎大　卜木
谐戒　焉言　灾在　田天　并平　凶共　妨方
葬藏

这是使用了直音、反切和回鹘文三种手段来为佛经中的汉字注音。从《广韵》的立场看，除了筋音斤和骨切古忽之外，其他的注音和被注音字都不相等，即使不论声调，这里面也还有声母清浊的相混（铜通）、声母发音方法的相混（谐戒）、声母发音部位的相混（焉言）、主要元音的相混（代大），以及开合口的相混（灌干）。这份主要用汉字写成的资料向我们表明当时的回鹘人就是这样说汉语的，因为若把回鹘文对音代入进去[③]，这些注音就变得完全一致了：

代大（t'y）　痡　病　穴古月（qwr）　铜通（twnk）　镕禾谷（？）　灌干（q'n）　筋斤（kyn）　骨古忽（qwr）　烂罗丸（l'n）　血决 kwyr　臊 syv　延言（yyn）　浩好（γ'w）　幽 'yw 已有　侵心（sym）　呼古（qw）　延因（yyn）　胎大（t'y）　卜木（pwγ）　谐戒（q'y）　焉言（yyn）　灾在（s'y）　田天（tyn）　并平（py）　凶共（kwynk）　妨方（vw）　葬藏（sw）

① “痡”和“病”两个字是什么关系还不清楚。
② “谷”似为“容”的误录。
③ 下面有些例子未见现成的回鹘文对音，括号里注的音有的是我根据庄垣内先生总结的声韵对应规律推出来的。

显然，材料能向我们显示的只是回鹘人口中的汉语而非当时的汉语西北方言。尽管在这批材料的基础上无疑可以或多或少地窥测到汉语西北方言的某些特征，但若要得出一个像《切韵》音系那样严整的系统，恐怕还有不小的困难，这大概是由于可用为佐证的材料不足。不过无论如何，庄垣内先生整理的资料以及构拟汉语读音的尝试都值得赞许，将来若有中国的学者愿意沿着庄垣内开辟的道路继续探索下去，我料定他必然还会有可喜的创获。

不能不说的是，在处理这批文献的时候有一个遗憾，那就是我们目前还没有办法确定每一份文献形成的时间，这在一定程度上影响了回鹘文对音在汉语发展史上的精确定位。我们知道，回鹘文的使用时间是公元 9 世纪到 15 世纪，还有一个最晚的抄本成于清康熙二十六年（1687），估计多数文献是在宋元时代写就的。可是由于回鹘人好像没有在书上署明年代的习惯，所以这个遗憾大概是要永远保留下去了。

（原载《书品》2005 年第 2 期，页 16—20）

《中国女书合集》读后

2004年9月，随着最后一位女书老人阳焕宜的去世，颇带几分神奇色彩的“中国女书”也永远成了历史。

湖南江永一带的民间流行着一种专由妇女使用的文字，这个消息在半个世纪前就曾披露于世，不过“江永女书”真正进入学术界的视野则是最近二十年的事，而那时能熟练使用女书的只剩下寥寥数人了。这几位年逾古稀的老太太被称为“女书老人”，她们在生命的最后阶段应各方学者之邀写下了上千件女书作品，终于把女书这种特殊的文化现象清晰地留在了学界的记忆当中。面对当今社会上以女书名义展开的种种商业般的炒作，我不知道什么时候人们能够彻底抛开功利的需求，纯粹以学术的眼光来审视这批文化遗产，如果那一天真的到来，我向人们推荐的第一部参考书肯定是赵丽明教授的《中国女书合集》（中华书局，2005）。

丽明教授是我的老朋友。据我所知，她20年前在攻读博士学位时就开始接触女书了，也由此而成了中国最早关注和研究这种文字的学者之一。后来执教于清华大学，女书更是成了她课余几乎惟一的科研兴趣。为了搜集资料和了解情况，她几乎年年都要自掏腰包赴湖南从事田野调查，以至于现在连自己也记不清在北京和湖南江永之间究竟走了多少个来回。我不属女书研究的圈内人，不敢妄言女书文献的存世情况，但总觉得丽明教授书斋里一定存有多年来积累的许多女书原件，其数量在当今即使称不上首屈一指，至少也足以名列三甲。我的书架上放着她十多年前主编的《中国女书集成》（清华大学出版社，1992），那本厚达九百多页的著作精选了四百多篇女书作品，逐字予以标音、翻译，为促进女书研究的深入发展打下了重要基础。与上次的摹录排印本相比，这次由中华书局出版的《中国女书合集》则集中影印了更多的女书作品原件，浏览一过，可以把存世的女书精华尽收眼底，令人感觉是丽明教授向刚刚逝去的中国女书时代奉上了一个完美的祭礼。

《中国女书合集》凡五册，卷首有老专家季羡林、周有光、李学勤三篇序言，卷尾有“与女书有关的史志族谱资料”和“女书传说与女书老人”两个附录，另附“女书字表”和“江永土话音系”，全书主体是652篇有普通话翻译对照的女书原作影印件。看得出来，丽明教授在确定入选作品时颇费了一番脑筋。近些年江永及周边地区有不少女青年出于经济利益在自学女书，据说还有地方政府出面组织的学习班，这些“新学员”的作品遍布当地的旅游市场，其间自造女书的也不少见。大约是考虑到这些新情况，丽明教授决定在《中国女书合集》里只收录20世纪80年代以前传世的佚名作品，以及出自那几位“女书老人”之手的作品。这样严格的态度毫无疑问是正确的，因为可以在极大程度上保证原始资料的可靠性，然而在我看来，书中收入的有些作品还不是全无商榷的余地，例如现有的《感谢赵老师寄钱》（阳焕宜作品）、《来到清华做女书》（何艳新作品）等一批专为丽明教授本人写的东西，似乎就没有收录的必要。作为当今国内一流女书研究者中惟一的女性，丽明教授比其他人更容易建立和女书老人之间的友情，但丽明教授毕竟是著名学府的高级知识分子，她和女书老人交谈时无论怎样留心，也不可能完全避免使用现代的词语和思想观念，而这些现代的词语和思想观念势必对老人的创作产生影响，这种影响在直接写给丽明教授本人的作品特别是书信中会更为突出地表现出来。当然，如何一丝不苟地区分传统与现代，这是所有的研究者在从事田野调查时都感到棘手的问题，丽明教授发表这批比较晚近的作品自有她的理由，我在此只想提请读者注意，《中国女书合集》里的这一部分资料虽然从形式上看确为原创，但从内容上看则否，将其用为研究的基础资料时还是小心些为好。

今后有志研究女书的人最常翻阅的可能是第五册末尾的“女书字表”，因为它在一定程度上可以起到字典的作用。不过，这个字表中有一个问题是需要在今后改进的——目前的编排法好像没有足够清楚地反映出什么是女书的一个“字”。以字表的第1页为例，那上面有连续六个字头的形体完全相同，在当地汉语方言里的读音也相同或者相近：

乂 是 sɯə^{13}
乂 十 sɯə^{21}
乂 实 sɯə^{21}
乂 事 sɯə^{21}
乂 侍 sɯə^{21}

乂 拾 $sɯə^{21}$

按照通行的字典编纂体例，像这样的情况应该只出一个字头，下面分列几个义项，先在第一个义项下给出与字源相应的本义，然后再把其他的通假义分别另出义项附在后面，即：

乂，① $sɯə^{21}$，十；② $sɯə^{13}$，是；③ $sɯə^{21}$，实；④ $sɯə^{21}$，事；⑤ $s\ ɯə^{21}$，侍；⑥ $sɯə^{21}$，拾。

如果嫌义项分得过于琐碎，那么也可以考虑把同音字适当合并，调整成这样：

乂，① $sɯə^{21}$，十；② $sɯə^{21}$，实、事、侍、拾；③ $sɯə^{13}$，是。
或者：
乂，（一）$sɯə^{21}$。①十；②实，事，侍，拾。（二）$sɯə^{13}$，是。

这样排列字表可以更有条理地反映出女书的“字”及其音义，使读者利用起来更觉方便。

《中国女书合集》纯粹以资料汇编的形式出版，卷首却只有一篇简单介绍江永县人文地理状况的前言，而没有同类著作中多见的那种长篇导论，这也许是因为丽明教授不愿重复她在此前发表的论文中屡次说过的话。然而我觉得，对于像我这样的大多数读者来说还是有一篇导论好些，我们需要从中详细了解女书的本质和起源、女书文献的存世状况和内容、学界对女书的认识和研究历程，以及编者对迄今各种学术或非学术观点的评判。这应该是一个具有时代意义的、集中的、全面的总结，不会被人们视为某些研究成果的重复发表。我相信没写导论是丽明教授由于过分谨慎而留给读者的最大遗憾。

当然这里也许还涉及另一方面的问题，那就是我们目前对女书的一些基本情况还只是知其然而不知其所以然——假定有人要问，女书的文字学本质是怎样的？女书最初是怎样产生的？究竟是什么缘故造成了女书目前这种特殊的写法和用法？恐怕谁都还拿不出一套令文字学界普遍信服的论证。按当地风俗，女书的使用者在去世时都必须用她生前的全部女书作品陪葬，再加上20世纪前的地方志中全然不见有关女书的记载，因此，当代所有这方面的研究成果都不过是没有历史文献实证的假说。固然，符合人类认识规律或者生活经验的假说也往往能够成立，可是现有假说中的一部分在我们看来未免太“离谱儿”，例如有的学者花了许多年的时间试图证明女书和甲骨文的关系，这恐怕只能说是徒耗学术青春了。我知道，丽明教授是不屑于把这类“假说”归入学术观点之列来正式评介一番的，这也许是她不为《中国女书合集》写导论的另一个原因。

缺乏实证文献使得专门研究者的工作难以为继，但对于像我这样的业余爱好者来说却不失为一件好事，因为这使我们获得了驰骋想象的广阔空间。借此机会我也想谈谈自己对女书的一点粗浅认识，斗胆作为《中国女书合集》的续貂。

女书给人最突出的印象是呈“多”字形，也就是说，其中最常见的笔画是从右上方向左下方斜写，而不是像正规汉字那样从左向右横写。人们曾对这种特殊写法的形成原因有过种种猜测，甚至认为那是妇女们为了不让男人们知道书写的内容而故意创造的一套神秘文字。其实，情况也许并不像想象的那样复杂。我的老同学孙雍长教授是湖南人，多年前我们曾谈起过女书，他的解释却是异常简单——那是拿腿当书桌写字的结果。据雍长兄讲，湖南农村过去不允许妇女和男人们一起坐在桌边吃饭或者写字，妇女要写字只能盘腿坐在地上，把纸放在右腿上写，而用那样的姿势就很容易把字写成斜的，如果再把从左向右的横笔改成从右上向左下的斜笔，写起来还会更顺手一些。雍长兄没有研究过女书，但我认为他告诉我的答案是最合情合理的。不难理解，近几十年来，中国妇女虽然有了和男人一样坐在桌前写字的权利，但是已经步入暮年的女书使用者们在青少年时代都没有进学校学习过正规汉字，所以她们还保留着旧日的书写习惯——即使在桌上写的字也是斜的。事实上，只是在20世纪80年代以后才开始有学者到湖南农村去调查女书，这时他们看到的女书使用者大都已经由坐在地上写字改为坐在桌前写字了，大概正是后来这种“正常的”写字姿势蒙蔽了调查者，使他们没能看到女书产生的真正原因。

至于女书的文字学性质，我觉得我们不必纠缠于“表意文字”和“表音文字”的纷争。通过《中国女书合集》第五册末尾的“女书字表”可以看出，有一大批女字只不过是楷书汉字的变形，如把“三”字的三个横笔写成三个斜撇，这批字构成了女书最基本的符号。当然相对于汉字而言，女书的基本符号要贫乏得多，而这无疑是因为当地妇女认识的汉字数量少于男人。不难设想，最初的女书使用者一定粗通汉字，但她们毕竟没有受过学校教育，所以认识的汉字是极其有限的，也许连字的笔顺都搞不清楚，这样，她们在写信时遇到不会写的字便只好借用另外的同音字或者近音字来替代，这种做法相当于古汉文的“通假”，只不过通假字在女书中的使用频率远远高于古汉语文献而已。一旦想到这里我们就会明白，女书的文字学性质和汉字是一样的。如所周知，现在的学术界始终未能就汉字的文字学性质达成一致意见，那么我们现在就来界定女书的文字学性质似乎也还为时过早。

如《中国女书合集》卷首几篇序言所暗示的，近年来发表的一些论文和著作表现出了某种不正常的趋势——人们似乎在不遗余力地把女书神秘化，甚至说那是原始母系氏族社会流传下来的与男人隔绝的奇怪符号。用这样的说法来配合当前的旅游炒作自属无可厚非，我也相信适度的炒作必将或多或少地促进当地经济的发展，但在此我们千万不要忘记，以招商引资为目的的宣传绝不可贸然视同科学研究的成果。事实上女书一点也不神秘，它不过是汉字的一种近代变体，妇女使用女书实在是不得已而为之，如果她们能够享受到正规的学校教育，恐怕谁也不愿意整天坐在地上写那些让男人不屑一顾的错字和别字。妇女和男人一样，也渴望和其他人交流，也渴望被其他人理解，只不过是当时的社会没有赋予她们与外界沟通的正常本领，迫使她们必须勉为其难而已。从《中国女书合集》和赵丽明教授的一系列著作中我们可以看到，现存的女书作品尽管有些诉苦的味道，但丝毫不包括任何难以示人的内容，男人读不懂绝对不是女人的初衷。

（原载《书品》2005 年第 4 期，页 40—45）

《古汉语音韵学手册》读后

借用印欧比较语言学的方法来研究汉语音韵，这一天才的尝试于20世纪初由瑞典汉学家高本汉（Bernhard Karlgren）发其端。在高本汉发表第一个完整的上古汉语构拟方案之后，世界各国的学者竞相提出了许多修正意见。到目前为止我们似可看出，其中比较系统的修正意见大致可以分为两派，一派以王力为代表，其特点是尽可能地简化高本汉的拟音以使上古汉语看上去更像一种“念得出的”实际语言；另一派以李方桂为代表，其特点是为求尽可能多地解释相关的语言现象而不得不把上古汉语构拟得极其复杂。近年来，后一派意见通过李方桂的学生们及追随者们的努力而呈现出了迅猛的前进势头，到20世纪末已在音韵学领域占据了主流地位。这一派的著作大都已经介绍到我国来了，比如我们可以读到李方桂的《上古音研究》（商务印书馆，1980）、雅洪托夫的《汉语史论集》（北京大学出版社，1986）、包拟古的《原始汉语和汉藏语》（中华书局，1995），以及蒲立本的《上古汉语的辅音系统》（中华书局，2000）。不过，如果打算只通过一本书来了解这一派的研究概况，我觉得最值得推荐的是美国学者白一平的《古汉语音韵学手册》（*A Handbook of Old Chinese Phonology*, Berlin · New York: Mouton de Gruyter, 1992）。

白一平（William H. Baxter，1949—）是美国康奈尔大学教授包拟古（Nicholas C. Bodman）的高足，而包拟古又曾受业于李方桂两年，故此我们可以认为白一平是李方桂一派学者在当今中青年学者里的代表人物。他的《古汉语音韵学手册》是在其1977年博士论文的基础上扩展而成的，书名“手册”是沿袭印欧语言学的习惯，这意味着书的主要目的并不集中于宣传作者个人的新观点，而是试图对此前本领域的研究结论和证据进行一番系统的展示，以作为读者研究汉语史或古典文献学的工具。当然由于师承的关系，书中较多展示的是李方桂一派的结论，这也无可非议，何况对于很难把国外相关著作收集齐全的中国学者来说，书中着意介绍的东西也正是人们急于想知道的东西。

《古汉语音韵学手册》全书 922 页，共分十章。第一章是导言，介绍了本书的目的、汉语史的一般概念和基本研究方法。第二章题为“中古汉语的音韵系统”，介绍了以韵书和等韵图为代表的中古语料，并以“五音”和“四等”为纲分别展示了高本汉原来的构拟和其后学者们的修正结论。第三章题为“在历史音韵学中用为证据的诗韵字”，其中作者提出可以利用数学统计方法来甄别古诗正常的押韵和临时的合韵。第四章题为“汉语古韵分部的传统研究”，依次评述了朱熹的“叶韵说”以及吴棫、陈第、顾炎武、江永、段玉裁、戴震、孔广森、王念孙、江有诰诸家的古韵分部结论。第五章题为“上古汉语音节概观”，可以视为以下第六、七、八章的小引。第六章至第八章具体讨论上古音节中的辅音声母、中介元音和主要元音、韵尾和后置韵尾，通过这些讨论，作者描绘了他心目中上古汉语的框架。第九章讨论《诗经》中的文字问题，如谐声和异文等。第十章题为“新的上古汉语韵部”，其中分古韵为真文元质物月（祭）脂微歌之幽（u）支鱼侯职觉锡铎屋蒸东耕阳东幽（iu）宵觉药侵谈缉盍三十二部，逐一讨论了其中各小韵类的划分及相关的语音构拟证据。全书最后二百多页是包括《诗经》韵谱在内的几个长篇附录和索引。毋庸讳言，要求当今的中国学者精读这样一本厚厚的英文书是不太现实的。作为一种变通的手段，我冒昧地建议国内的古汉语同仁只阅读本书的第五章到第八章以及第十章就够了，至于第一章到第四章，其中讲的基本上都是大学中文系的学生在课堂上学过的东西，我们与其跟这堆洋字母“较劲儿”，还不如去温习一遍王力的《汉语音韵学》。

现代音韵学的开创者高本汉在研究中古汉语时只是参考了一部《康熙字典》，后来在研究上古汉语时虽然广泛涉猎了先秦典籍，但几乎没有怎么征引过清代以后中国学者的著作，这给人们造成了一个印象，即外国人没有意愿也没有能力阅读近现代的中国学术成果。我相信白一平的《古汉语音韵学手册》可以极大地改变中国学者的此类印象。读这本书的时候我们感到，作者不但研读过了近现代中国、日本音韵学的几乎全部主要论著，而且对这两个地区的学术发展脉络有着相当准确的把握。当然，大概人人都能看出书中的第四章是脱胎于王力《汉语音韵学》的第五章，但尽管如此，我觉得一个外国人若没有对清代学术精神的理解也是写不成今天这个样子的。

依照传统的汉语史分期法，白一平把上古汉语的时代定在公元前 11 世纪到公元前 7 世纪之间，他称之为 Old Chinese，也就是高本汉所说的 Archaic Chinese。这一阶段的文献虽然保存下来了一些，但应用到音韵学研究时总让人感到不那么充足，例如我们从这些文献中找不到像后来的《广韵》那样现成的声韵调搭配框架，从方块汉字上也不能直接看出它们在当时的读音。高本汉之后的学者们为发掘新的表音材料而费尽了心思。就目前来看，有许多人对佛经的梵汉对音和汉藏系其他少数民族语言中的同源词给予了极大的关注，这几乎构成了“后李方桂派”音韵学的一大特色。事实上，梵汉对音资料都不早于东汉，藏文代表的读音资料都不早于唐代，而原始汉藏语则只是人们对远古蛮荒时代的一种假定，用这些资料来论证西周时代的语言，令人感到是一种严重的时间错位。即使是从情理上考虑，人们也会质问：凭什么认为藏语那么念，汉语也必须那么念？应该承认，在对待这批新资料的态度上，王力是审慎的，白一平也是审慎的。白一平虽然并没有对这种对音方法提出正面的质疑，但从其具体的研究实践来看，他在著作中基本上都集中于对《诗经》韵和谐声字的分析，极少利用梵汉对音和汉藏同源词的资料，这可以说是一反其前辈包拟古和蒲立本等人的惯例，从而使其研究上古汉语的风格显示出向高本汉的复归。

白一平的审慎不仅表现在它对原始语料的甄别上，也表现在他对传统和当代学者研究成果的取舍上。他并不像同时代的一些“新派”学者那样，一上来就以全盘否定传统为己任，而是基本站在传统研究的出发点上考虑这样的问题——上古文献中是否还存在前代学者没有注意到的言语事实？是否还存在前代学者虽已注意到但不能解释或者不能圆满解释的言语事实？这样的科研定位无疑是正确的，但带来的直接后果却是，研究者为了解释尽可能多的事实而把上古汉语构拟系统搞得极其复杂，难免顾此失彼，超出了汉语使用者甚至研究者的心理承受能力。随便举个例子，《诗经·邶风·柏舟》有“薄言往愬，逢彼之怒”两句，其中的“愬”（sù）和“怒”（nù）不但在今天念来上口，而且在所有传统的研究中也都是正常押韵的，可是在《古汉语音韵学手册》的第591页上，白一平为这两个字标的音却是sngɑks（愬）和nɑʔ（怒），我们不能想象-ks和-ʔ这两个完全不同的韵尾怎么能够押韵。当然标音者可以申辩，在元音-ɑ后面加-k是为了解释“愬”最初为什么从“朔”（-k）得声，再在后面加-s是为了解释“愬”为什么在后代变成了去声等等。不过这样解释来解释去，最终竟是连《诗经》用韵这个研究上古汉语的头等资料都解释不通了。再举一个关于声母的例子。白一平在《古汉语音韵学手册》的第667页上把“卯”字标音作mruʔ，其中的声母m-用来解释“卯”的后代读法m-，后面的-r-用来解释“卯”为什么可以和“柳”（*r->l-）有谐声关系，这当然无可非议，可是我们应该知道，在《周礼·考工记·匠人》里还出现过一个同样与“卯”有谐声关系的“窌”字，注云“穿地曰窌”，这显然就是“窖”（k-）字。按照白一平拟音的原则，他应该把这个古声母为k-的“窌”也考虑进去，从而为“卯”拟出mkru^{ʔ}、kmru^{ʔ}或mrku^{ʔ}之类的怪音来，可是他没有这么做。事实上我觉得他是正确的，否则上古汉语的复辅音声母一定会变得一串一串的，愈发离奇了。不信请翻检一下沈兼士主编的《广韵声系》，那里面什么样的古怪谐声关系都有。

于是我们自然要提出一个根本性的问题——人们所认识到的后代所有言语事实是否都早就以某种形式孕育在原始语言中了？也就是说，我们在构拟上古汉语时是否一定要反映出后代所有言语事实的来历？已有的经验告诉我们这是做不到的，也是没有必要为之孜孜以求的。语言本身是一个异常复杂的系统，在其漫长的演化过程中，影响他的固然有语言自身的发展规律，但我们也不可忽视影响语言的心理因素、社会文化因素甚至地理因素，这些因素造成的语言变化往往难以用历史比较语言学的公式来解释。对于专业的汉语史研究者来说，我以为最重要的是掌握住来自语言本身的大趋势和普遍规律，至于那些不太常见的“怪现象”，不妨先整理出来搁置一边，等到资料积累得多了，再看看它们是否可能反映了某种未知的语言演化规律。如果还看不出来，那也许就应该考虑这些现象有没有可能是语言以外的因素造成的，而不必再用历史语言学的公式生搬硬套了。我们现在就好像站在一条长河的下游，不应该设想眼前的每一滴水和每一颗沙粒都来自这条河的源头。

在高本汉之后的音韵学研究中，王力是“求简”的代表，蒲立本是“求繁”的代表，白一平则可以认为是居其中。也许就是这种“中庸”的心态，让他能够比较公允地博采各种不同风格的成果，最终使《古汉语音韵学手册》成了一部集大成的优秀著作，我们甚至可以把这本书喻为一面镜子，它如实地折射出了20世纪下半叶上古汉语研究的优点和缺陷。

《古汉语音韵学手册》刊行至今已经十年了，尽管始终没有中译本出版，这使得白一平的著作在中国学术杂志上的征引率很低，但其前辈包拟古、蒲立本等人的学术主张还是对当代的中国音韵学产生了强烈的冲击。不过我们也要不客气地说，“后李方桂派”音韵学在极大地启迪了人们思路的同时，也为中国学术界带来了一定程度的负面影响，这种负面影响一旦和中国当前的“泡沫学术”结合起来，其后果将是严重的。众所周知，当年高本汉提出他的上古汉语构拟方案时，中国的很多知名学者都认为那不像一种真实的语言而表示不能接受，不过人们慢慢地就习惯了。后来李方桂又提出了一套构拟方案，中国学者觉得那更不像一种真实的语言而表示不能接受，但后来慢慢地也习惯了。而现在的中国学术界似乎正处在对“后李方桂派”的习惯过程当中。这一段小小的学术发展史好像让中国的某些“新生代”学者预见到了什么，于是他们不再安心于对原始资料的研读，而是搬来一套最新派的古音构拟系统进行七巧板式的超前组合。其目的也不再是整理汉语的历史现象并为之寻求理论阐释，而是由求真理变而求新奇，由求新奇变而求诡异，以期待将来有一天学术界也会习惯他们。这样做的结果是不但没有把国外理论的精髓学到手，而且有把我们国家的优秀传统也丧失殆尽的危险。

我对于上古汉语音韵不甚了了，本无资格指摘学者们耗费了心血的构拟成果。在此我只想提醒当前在校的学生们，希望他们以白一平为榜样，一定要舍得花时间和精力去研读历史文献，而不要急于去追赶时尚，制造一些连自己也说不清来历的新观点。

（原载《书品》2003 年第 1 辑，页 53—58）